GOVERNANCE IN A GLOBALIZING WORLD

グローバル化で世界はどう変わるか

ジョセフ・S・ナイJr.
ジョン・D・ドナヒュー
［編著］

嶋本恵美
［訳］

英治出版

ガバナンスへの挑戦と展望

GOVERNANCE IN A GLOBALIZING WORLD

edited by

Joseph S. Nye Jr. and John D. Donahue

はじめに

グローバル化は、鬨の声となっているが正体がよくわからず、ロールシャッハ・テストのようなところがある。伝統主義者は嘆き、投資家はここぞとばかりに利用し、専門家は分析や批判に余念がない。そもそも、グローバル化とは何なのか。主に経済や、病原菌や、報道の問題か、それともまったく別の問題か。新しい現象なのか、それとも社会を騒がせた事件がおさまってから見えてくる長期にわたる傾向なのか。いったい、何がグローバル化を推し進めているのか。グローバル化は、世界の勝者と敗者の格差を広げるのか、それとも全体を仕切りなおして機会を増やすのか。国内と国家間のガバナンスの課題は、グローバル化によってどう変わってきているか。各国の指導者は、どうすればグローバル化する世界のガバナンスと折りあいをつけられるか。

こうした問題について、「二一世紀のためのガバナンスの展望」プロジェクトが行った一連の討議から本書が生まれた。このプロジェクトはつねにきわめて学際的で、本書も政治学者、経済学者、歴史学者、社会学者、情報技術の専門家などが執筆している。グローバル化のように多くの側面を持つ現象を理解するには、テーマや分野に多様性を持たせることが欠かせない。本書はまた、ハーバードの行政大学院の出版物にふさわしく、現実の世界に深く根を下ろしている。抽象概念や専門的表現は、必要最小限にとどめてある。本書が目指すのは、健全で有益な考え方を提示し、学者には刺激を、実務者には情報を提供することである。

本書は、序論につづいて三部で構成されている。第1部では、経済、軍事、文化などのさまざまな角度からグローバル化を検証し、以前からあるものと新しい動きをたどっていく。第2部では、グローバル化が国内統治におよぼす影響について、法律の移転や行政改革の広がりといった全般的な観点から考え、さらに特定の国家および国家群に焦点を合わせて見ていく。第3部では、今度は望遠鏡を逆さに構えて、ガバナンスがグローバル化におよぼす影響を探り、非政府組織（NGO）の役割、情報政策、グローバル経済とガバナンスの相互関係などについて論じる。

ガバナンスの展望プロジェクトは当初より、ケネディ行政大学院の中心的使命の一翼として、民主主義にとって重要な問題を明らかにすることを目指してきた。一九九六年のプロジェクト開始以来、参加している学者たちは目下の課題である自治について、データ、考え方、枠組みを一般市民の重要な話し合いに提供してきた。このプロジェクトからはこれまでに、*Why People Don't Trust Government*（1997）（『政府はなぜ信頼されないのか』英治出版、二〇〇一年）と*democracy.com? Governance in a Networked World*（1999）が出版されている。本書はこれらにつづくものであり、またブルッキングス研究所出版局との出版提携の第一号となる。

編著者として、本書の執筆者や多くの同僚に感謝したい。執筆者たちが草稿を仕上げる際、多くの仲間が助言し、批評し、励ましてくれた。アシスタントを務めてくれたリン・アキンとニール・ローゼンドルフにも感謝したい。ガバナンスの展望プロジェクトは、本書をまとめる段階で、クリスチャン・A・ジョンソン・エンデバー財団、ダニエルおよびジョアンナ・S・ローズ基金、ハーバート・S・ウィノカー公共政策基金、パーカー・ギルバート・モンゴメリー基金、ケネス・G・リッパー、ゼロックス財団の支援を受けたことを記して謝意を表したい。また、本書の執筆開始時にこのプロジェクトのディレクターであったエレーヌ・シウラ・カマークの尽力に深く感謝している。

本書を、レイモンド・ヴァーノンに捧げる。彼は、グローバル化がまだこれほど注目されていない何十年も前から、この分野の著名な学者として名声を博していた。この本が形になりはじめた頃、稀にみる気力、誠実さ、鋭敏さの持ち主であったレイは逝った。他の多くの人たちと同様、私たちには彼の影響がしっかりと刻まれている。

ジョン・F・ケネディ行政大学院院長／「ドン・K・プライス」教授（公共政策）
ジョセフ・S・ナイ・Jr.

「二一世紀のためのガバナンスの展望」プロジェクト、ディレクター／「レイモンド・ヴァーノン」講師（公共政策）
ジョン・D・ドナヒュー

グローバル化で世界はどう変わるか

目次

グローバル化で世界はどう変わるか

第1章 | Introduction | Robert O. Keohane, Joseph S. Nye Jr.

序論――グローバル化の実態

「グローバル化」は、ちょうど一九七〇年代の「相互依存」のときと同じように、一九九〇年代に専門的流行語となった。人によっては、新しいか今風だと思うものにむやみやたらに使っている。だが、グローバル化とは、根本に関わるほど重要な実際の変化である。それは、政治、経済、軍事活動、環境と深く関わっている。本書では、三つの基本的な問題について考えていく。第一に、二一世紀の初めにグローバル化はどういう展開を見せるか。第二に、その趨勢が、かつて国民国家と密接に関連していた統治にどう影響するか。第三に、グローバリズムをいかに管理すべきか。

グローバル化は、統治のプロセスに影響し影響される。一九九七~九九年のような金融危機にたびたび見舞われると、相互依存を制限しようという大衆運動が起こり、経済のグローバル化は逆戻りしかねない。大半の人にとって、混沌とした不確実性は、繁栄の平均的水準を少々引き上げるための対価としては高すぎる。グローバル化は、いくつかの側面をうまく管理しないと、現在の形では持続させられないかもしれない。完全な自由放任主義は、グローバル化の早い段階では実行可能な選択肢ではなかったし、今も可能だとは思えない。グローバル化を管理できるかどうかではなく、いかに管理するかが問われている。

グローバリズムの定義

グローバリズムとは、相互依存関係の網の目(ネットワーク)がいくつもの大陸にまたがって広がっている世界の状態をいう[1]。これらのネットワークは、資本や財、情報や考え方、人や力、環境や生物学に関連する物質(たとえば酸性雨や病原菌)の流れや影響によってつながっている。グローバリズムが拡大するのがグローバル化、縮小するのが反グローバル化だ。相互依存と比べて、グローバリズムには二つの特性がある[2]。

(1) 複数の関係——グローバリズムは、単なる一対一のつながりではなく、つながりのネットワークを指している。たとえば、「日米間の経済面や軍事面の相互依存」という言い方はできるが、「日米間のグローバリズム」とは言えない。日米間の相互依存は現代のグローバリズムの一部だが、それ自体はグローバリズムではない。

(2) 距離——ある関係の網の目が「グローバル」であると見なされるには、単なる地域のネットワークではなく、いくつもの大陸にわたる距離をともなっていなければならない。距離は当然ながら連続型変数であり、隣同士（たとえば米国とカナダ）から、地球の反対側（たとえば英国とオーストラリア）までさまざまだ。したがって、相互依存を「遠距離」と「地域内」に画然と分けることはできず、たとえば日本とインド、エジプトと南アフリカといった、中間的な距離の関係をグローバルとするかどうか決めるのは意味のないことだ。そうは言うものの、「グローバリズム」という言葉は、近隣の地域的な関係にはそぐわない。距離が大々的に縮まるのがグローバル化（グローバリゼーション）である。対照的な語に、「地方化（ローカリゼーション）」「国家的・全国的にすること（ナショナリゼーション）」「地域化（リージョナリゼーション）」がある。

いくつか例をあげてみよう。イスラム教がアラビアからアジアを横断して現在のインドネシアまで急速に普及したのはグローバル化の明らかな例だが、ヒンズー教が最初にインド亜大陸に広まったときは、私たちの定義ではグローバル化ではない。アジア太平洋経済協力会議（ＡＰＥＣ）にはアジアとオーストラリアに加えてアメリカ大陸の国々が参加しているので、ＡＰＥＣ諸国間の関係は複数の大陸にまたがる相互依存だが、東南アジア諸国連合（ＡＳＥＡＮ）は地域的なものだ。

グローバリズムは、普遍性を意味しない。二〇〇〇年の時点で、米国では人口の二五％がインターネットを利用していたが、南アジアでは〇・〇一％にとどまっていた。現在、世界の大半の人が電話を持っておらず、何億もの人が、世界市場や世界的な情報の流れとはほとんど無縁の辺鄙（へんぴ）な農村で暮らしている。グローバル化は多くの点で貧富の差を拡大させ、均質化や公平を意味するものではない[3]。第2章でフランケルが、第16章でロドリックが示しているように、統合された世界市場では財や人や資本が自由に移動し、金利は同じになるはずだ。しかし、現状は、まったくそのようになっていない。二〇世紀後半、世界の生産高と比べて世界貿易は二倍、海外直接投資は三倍の伸びを記録したが、今の英国とフランスの貿易（生産高に対する貿易の比率）は一九一三年のレベルよりわずかに拡大したという程度で、日本はそれ以下である。見方によっては、資本市場は二〇世紀初頭のほうが統合されていたし、労働力の可動性は六〇〇〇万人がヨーロッパから新世界へ渡った一九世紀後半のほうが高かった[4]。社会的には、宗教的信条や他の基本的価値観の異なる人たちが接触したことによって、しばしば衝突が起こった[5]。こうした衝突の象徴ともいえるのが、イランのイスラム教原理主義者が米国を「大悪魔」と称したことと、一九八九年、天安門広場で民主化を要求する学生たちが自由の女神像の複製を作ったことである。明らかに、グローバル化は社会的にも経済的にも均質化をもたらすとは限らない。

グローバリズムの側面

相互依存とグローバリズムは、いくつもの側面を持つ現象である。よくあるのは、まるで世界経済がグローバリズムを決定づけているかのように、経済の面だけが論じられることだ。だが、他の面におけるグローバリズムも負けず劣らず重要である。最も古くからあるグローバル化は、環境に関するものである。気候の変動は、何百万年にもわたって人間の栄華盛衰に影響してきた。移住は、大昔からある地球規模の現象である。約一二五万年前、人類は発祥の地であるアフリカから移動しはじめ、アメリカ大陸には三万年から一万三〇〇〇年前のあいだに到達した。また、グローバル化の最も重要なものの一つに、病原体に関するものがある。紀元前一三五〇年、最初の天然痘の流行がエジプトで記録されている。それが西暦四九年には中国まで広がり、ヨーロッパには七〇〇年以降、アメリカ大陸には一五二〇年、オーストラリアには一七八九年に広がった[6]。ペスト（黒死病）はアジアから発生したが、ヨーロッパで一三四六～五二年に蔓延して、人口の四分の一から三分の一が死亡した。一五世紀～一六世紀にヨーロッパ人が新世界に渡ったときには、彼らが運んだ病原菌によって最悪の場合には原住民の九五％が死滅した[7]。今日、人間が地球の気候変動におよぼす影響は、世界中の人びとの生活に影響しうる。もっとも、環境衛生面のグローバリズムは悪い影響ばかりではない。たとえば、旧世界の食生活は、新世界からジャガイモ、トウモロコシ、トマトといった作物が入ってきたおかげで豊かになった[8]。

軍事のグローバル化は少なくとも、アテネからエジプト、インダス川までの三大陸にまたがる帝国を築いた二三〇〇年前のアレキサンダー大王の遠征まで遡ることができる。グローバル化のうち、特定するのは最も難しいが、ある意味では最も広範囲にわたっているのが、情報や考え方の普及である。アレキサンダー大王の征服は、ヘレニズムという形で西洋の思想と社会を東洋に伝えたところに最大の意義があるともいわれる[9]。仏教、ユダヤ教、キリスト教、イスラム教という世界の四大宗教は、過去二〇〇〇年にわたって世界各地に伝播し、インターネットの時代に入ってからは、ヒンズー教など、かつては地理的に限定されがちだった他の宗教も広まってきている[10]。

分析していくと、広域にわたるネットワークで生じる動きと関係の型によって、次のような側面が見分けられる。

（1）経済におけるグローバリズム――これは、財やサービスや資本と、市場の交流にともなう情報や考え方が、遠距離にわたって移動することを意味する。また、こうした移動と関係のあるプロセスが組織されることでもある。例としては、アジアで欧米市場向けに低賃金生産が組織されることがある。一部の経済学者は、グローバル化を「技術と資本が賃金の高い国から低い国へ移転され、その結果として労働集約型の第三世界の輸出が伸びること」と、狭く経済的観点から定義している[11]。経済の流れ、市場、組織は、多国籍企業に見られるように、切り離せないものだ。経済におけるグローバリズムの現状は、第2章でフランケルが論じる。

（2）軍事におけるグローバリズム――これは、軍事力の行使や軍事力による威嚇の相互依存のネットワークが、遠距離にわたって存在することを指す。軍事のグローバリズムの好例が、冷戦時代に米ソ間で見られた「恐怖の均衡」である。米ソ間の戦略的な相互依存は重大なものとなり、十分に認識されていた。これによって世界中に広がる同盟が形成されただけでなく、両陣営とも相手側を三〇分以内に滅ぼすことができる大陸間弾道弾を使用できる状態にあった。この関係の際立った特徴は、前代未聞だという点ではなく、起こりうる衝突の規模と速度が途方もないものだという点だった。軍事面と他のグローバリズムが安全保障の概念をどう変えつつあるかは、第3章でアリソンが論じる。

（3）環境におけるグローバリズム――これは、大気中や海洋の物質、あるいは人間の健康に影響する病原菌や遺伝物質といった生物学的物質が、遠距離にわたって運ばれることを意味する。例としては、化学物質による成層圏のオゾン層破壊、人間によって引き起こされる地球温暖化、一九七〇年代末に中央アフリカから世界中に広まったエイズ・ウイルスなどがある。他のグローバリズムの場合と同じく情報の移転が欠かせない要素で、これには遺伝物質の移動による直接的なものと、物質の流れに基づいて推定された間接的なものがある。地球では人間が大きな影響をおよぼすようになる前にも温暖化・寒冷化が起こっており、環境のグローバリズムにはまったく自然なものもあるが、第4章でクラークが述べているように、最近の変化には人間の活動によるものが多い。

(4) 社会と文化におけるグローバリズム

——これは、考え方、情報、映像、さらにそれらを運ぶ人間が移動することによって生じる。例としては、宗教の展開や科学的知識の普及があげられる。社会におけるグローバリズムの重要なものに、ある社会の慣習や制度を他者がまねることがあり、一部の社会学者はこれを「異種同形」と称している[12]。だが、社会のグローバリズムは多くの場合、軍事や経済におけるグローバリズムの結果として起こる。考え方、情報、人間が、軍隊や経済とともに動くことによって社会や市場を変容させるのである。社会のグローバリズムは、その深層において個人の意識や文化、政治、アイデンティティに対する認識に影響する。第5章でローゼンドルフが論じているように、社会と文化におけるグローバリズムは、他のグローバリズムと互いに影響しあう。軍事・環境・経済における活動が情報を伝え、考え方を生みだし、それが地理的・政治的境界を越えて広がるからである。現在、インターネットの発達によって通信コストが低下して、通信のグローバル化が進むにつれ、考え方の流れが他のグローバル化と切り離されて拡大している。第6章で、ハーリーとマイヤシェーンバーガーが社会におけるグローバリズムを情報の観点から分析する。

もちろん、これら以外の側面も考えられる。たとえば、社会のグローバリズムの一部で、権力やガバナンスをめぐる考え方や情報に関するものを、政治のグローバリズムと称することができる。これは、憲法の制定や民主主義国の増加に見られる模倣効果や、政府の政策の伝播、国際体制の普及などに現れる。また、世界貿易や国家指導者による戦争犯罪の有罪化をはじめ、さまざまな問題に関して法的な慣行や制度が広まるのを、法律のグローバリズムと称することができる。それ以外にも、科学、娯楽、ファッション、言語などの分野でグローバル化が起きている。

こうしたグローバリズムの側面をすべて対等のものと見なすと、カテゴリーが増えすぎて役に立たなくなる。それを避けるため、本書ではこれらの側面を、社会と文化におけるグローバリズムの一部として扱うことにしたい。また、政治のグローバリズムは、別の側面というより、先にあげた四つの側面すべてに関わるものだと言える。なぜなら、グローバル化のほとんどが、政治的な意味あいを帯びているからだ。たとえば、世界貿易機関（WTO）、核拡散防止条約（NPT）、モントリオール議定書、国連教育科学文化機関（UNESCO）はそれぞれ、経済、軍事、環境、社会のグローバル化に対応している。

コソボと東ティモールの紛争のあと、一九九九年の国連総会で焦点となったのは、人権および人道的介入と伝統的な国家主権をめぐる考え方の対立だった。国連事務総長コフィ・アナンは、グローバル時代には「集団の利益が国家の利益だ」と主張し、南アフリカ大統領ターボ・ムベキは、「グローバル化のプロセスでは、国家主権という概念と慣習について定義しなおす必要がある」と述べた。アフリカ統一機構の議長国アルジェリアの大統領アブデルアジズ・ブーテフリカは、人権侵害を非難する権利が先進国にないとは言わないが、「我々にとって主権は、不平等な世界のルールに対する最後の防衛手段」であり、「我々（アフリカ諸国）は意思決定のプロセスに参加していない」と反論した[13]。

これは、社会や軍事と次元の異なる政治のグローバル化というより、社会や軍事のグローバル化の政治的な意味あいに関する議論である。

グローバリズムを異なる側面に分けることは、いくらか恣意的にならざるをえない。それにもかかわらず、グローバル化のさまざまな側面の変化は必ずしも同じように推移しないので、分析には役に立つ。たとえば、経済におけるグローバリズムは、帝国主義と独立国間の貿易と資本移動の拡大に現れているように、一八五〇年〜一九一四年に進展し、一九一四年〜四五年に後退した。ところが、軍事におけるグローバリズムは二度の世界大戦中に新たな頂点に達しており、同じことが社会におけるグローバリズムの多くの面にも起こった。たとえば、一九一八〜一九年にインフルエンザが世界的に流行して二一〇〇万人の命が奪われたが、これは世界各地に送られた兵隊が広めたものだった[14]。では、グローバリズムは一九一四年から一九四五年までの時期に進展したのか後退したのか。その答えは、グローバリズムのどの側面を話題にしているかによる。それを特定しないでグローバリズムを一般論として論じるのは、得てして無意味であり誤解を招く。

厚みを増したグローバリズム——どこが以前と違うのか

人びとが日常会話でグローバル化について語るとき、たいてい昨今のグローバリズムの高まりに言及している。「グローバル化は根本的に新しいものだ」といった意見は、こうした場面に限って意味をなすが、それでもやはり誤解を招く。本書では、グローバリズムを古い起源を持つ現象として位置づけ、グローバル化を今であれ昔であれ、グローバリズムの高まる過程として捉えたい。

問題となるのは、グローバリズムがどのくらい古くからあるかではなく、その時点でどのくらい「薄い」か「厚い」かである[15]。「希薄なグローバル化」の例として、シルクロードがあげられる。シルクロードは昔、ヨーロッパとアジアのあいだに経済的・文化的つながりをもたらしたが、行き来したのは少数の果敢な商人であり、運ばれた商品に直接的影響を受けたのは主として沿道の限られた富裕層の消費者だった。それに対して、「厚みのあるグローバル化」には、もっと集中的で広範囲にわたる関係が数多く見られる。はるか遠くにまでおよぶ大規模で絶え間ない動きが、多くの人の生活に影響している。たとえば、今日の世界的な金融市場の動きは、世界中の人びとに影響する。「グローバル化」は、グローバリズムが厚みを増していく過程である。

今日のグローバル化は、特に米国の大衆文化と資本主義を腹立たしく思っている外国人によって、しばしばアメリカ化と同一視されている。たとえば一九九九年には、フランスの一部の農民が「食の主権」を守るのだといってマクドナルドの店を襲撃した[16]。現在、グローバリズムのいくつかの側面が、ウォール街、国防省、マサチューセッツ州ケンブリッジ、シリコン・バレー、ハリウッドなどにおける、米国発の活動に支配されているのは事実だ。グローバル化の内容がインターネットに「アップロード」され、他の場所で「ダウンロード」されるという見方をするなら、米国はどの国より多くの内容をアップロードしている[17]。しかし、グローバル化はハリウッドやブレトンウッズよりずっと前からあるものだ。スパイス貿易が行われたのも、仏教・キリスト教・イスラム教が大陸を越えて伝播したのも、米国の建国どころか、アメリカ大陸が発見される何世紀も前のことである。それどころか、米国そのものが一七世紀から一八世紀のグローバル化の産物である。また、一世紀ほど前に日本がドイツ法を取り入れたことや、日系人の多いラテン・アメリカ諸国と日本とのつながり、ヨーロッパの銀行が東アジアの新興市場国に融資していることなども、米国とは関係のないグローバル化の例である。つまり、グローバル化は現段階では米国で起こることに大いに影響されているが、本質的にアメリカ的なのではない。

現在のグローバリズムは、情報革命の動きの大半が米国発で、世界的な情報ネットワークの情報内容の多くが米国製であるという点で、米国中心である。だが、世界的なネットワークに流される考え方や情報は、それぞれの国内政治や現地文化を背景として「ダウンロード」され、届いた内容はふるいにかけられて修正される。政治制度はふつう、大衆文化のようには国境を越えて伝わらない。一九八九年、天安門広場では中国人学生が自由の女神像の複製を作ったが、中国は断固として米国の政治制度を取り入れなかった。もっとも、これは今に始まったことではない。一九世紀の日本では、明治の改革者たちは英米式の考え方や制度についての知識はあったが、ドイツ式のほうが適していると判断して、そちらを選んだ[18]。第11章でシャウアーが論じているように、今日の多くの国にとって、義務をより重視するカナダの憲法上の制度や、人種差別となる発言を制限するドイツの法律のほうが、米国のものより適している[19]。また、カマークによる第10章では、目下盛んに模倣されている行政改革は英国とニュージーランドから始まったもので、米国ではないことが示されている。

米国が世界的規模のネットワークで中心的地位を占めているために生みだされるのが「ソフト・パワー」、つまり、米国人が欲しがるものを他者にも欲しがらせる力である[20]。だが、このプロセスは多くの点で相互的なものであり、一方通行ではない。米国の制度には、食品医薬品局（ＦＤＡ）が行っている医薬品の公正な規制や、証券取引委員会（ＳＥＣ）が監視下に置いて自己取引に歯止めをかけている透明な証券法や慣行など、他国にとって非常に魅力的なものがある。米国製の標準には、インターネットを統制している規則のように、避けて通れないものもある。だが米国の標準や慣行にも、ヤードポンド法から死刑制度、銃所持の権利、完全な言論の自由まで、他国に受け入れられないばかりか、理解されないものもある。ソフト・パワーは実在するが、すべての分野のものが米国にあるわけではなく、米国だけが持っているものでもない。

最近のグローバリズムには、これまでと根本的に違う点があるのだろうか。どの時代も、それ以前の時代を土台としている。歴史をひもとくと、現在と同じ現象が必ず過去にも見られるものだが、今日のグローバル化は「これまでより速く、安く、深い」[21]。グローバリズムの厚みが増すことによって、ネットワークの密度が高くなり、「制度の速度」が増し、国家を超えた参加が増えている。

製品の利用者が増えるとその価値が増すことを、経済用語で「ネットワーク効果」という。インターネットがこれほど急速な変化をもたらしているのは、このためである[22]。世界銀行の元チーフエコノミスト、ジョセフ・スティグリッツは、知識を基盤とする経済活動には、「強力な溢出効果があり、炎のように広がってさらなる革新の引き金となり、発明の連鎖反応を引き起こすことがよくある……だが財は知識とは違い、炎のように広がるとは限らない」と述べている[23]。さらに、相互依存とグローバリズムの厚みが増すにつれ、異なるネットワーク間の体系的関係がいっそう重要になった。ネットワーク間の連絡が増えた結果、「システム効果」の重要性が増す[24]。経済の面で相互依存が強まると社会や環境の面における相互依存に影響し、こうしたつながりを認識することが、今度は経済関係に影響する。たとえば、貿易が拡大すると環境基準の低い国で工業が興り、環境に配慮しないまま工業化を進めれば、環境保全活動家が苦言を呈する。その結果、たとえば国境を越える大気汚染が減って、環境の面での相互依存に影響するかもしれないが、新興工業国が憤慨して、社会・経済関係に影響するかもしれない。

グローバリズムが広がると、世界中でつながりができて、ときには予想もしない結果をもたらすことがある。たとえ二つの社会間の相互依存を構成する要素を徹底的に分析したとしても、社会間のこうした結びつきによる関係の相乗効果を見落とすことがある。

この点は、環境におけるグローバリズムの例で説明するとわかりやすい。一九二〇年代に米国の科学者がフロンを発見したとき、多くの人が歓迎した。優れた冷却効果があるうえ、化学的に安定しているので爆発や引火のおそれがなかったからだ。ところが七〇年代に、有害な紫外線から人間を守っている成層圏のオゾン層をフロンが破壊しているのではないかと疑われるようになり、八〇年代になってそれが証明された。「すべてのものが互いにつながっている」という環境スローガンは、炭素を排出する燃料の使用（気候変動を引き起こす）から遺伝子組み換え作物まで、多くの人間活動が思いがけない影響をおよぼしうることを警告している。

クラークによる第4章に示されているように、環境におけるグローバリズムは、政治、経済、社会に影響する。フロンなどの化学物質がオゾン層を破壊することが判明し、この問題は国際的な政治課題となった。世界的な大論争が巻き起こり、ついには一九八七年のモントリオール議定書を皮切りとする一連の国際協定が締結され、こうした化学物質の生産と販売が規制された。これらの協定に違反した国には貿易制裁が加えられるので、経済のグローバリズムに影響がおよぶ。これらはまた、社会におけるグローバリズムにも波及する。生態環境の危機に対する人びとの意識を高め、人類に影響をおよぼす生態学的過程について、国境を越えて伝えられる知識や情報が大幅に増えた。

つながりがどういう結果をもたらすか、別の例で見てみよう。一九九七年七月、タイで通貨危機が起こった。当初、小さな新興市場国だけの銀行業務と通貨をめぐる危機のように見えたものが、全世界に予想外の厳しい影響をおよぼす。韓国とインドネシアを筆頭にアジア諸国で通貨パニックが起こり、国際金融界のトップレベルの緊急会議が開かれた。多額の「緊急援助」パッケージが国際通貨基金（IMF）によって取りまとめられ、国際金融機関の有効性と新興市場に対する信頼が大きく損なわれた。この信頼喪失の広がりを食い止められないうちに、ロシアが債務不履行に陥り（一九九八年八月）、米国の大手ヘッジファンド、ロングターム・キャピタル・マネジメントが急遽、ニューヨーク連邦準備銀行の介入によって救済される事態となった。回復の段階に入ってからも、一九九九年一月には、ブラジルが金融破綻を回避するのにIMFの巨額の融資を必要とし、通貨切下げを余儀なくされた。

通貨危機が起きた一九九七年、海外投資の規模は、今までに例がないほどの水準だったとは言えない。資本市場は、見方によっては二〇世紀の末より初頭のほうが統合されていた。たとえば、一九一四年までの四〇年間、英国の海外投資は平均して国内総生産（GDP）の五％に達していたが、今日の先進国では二〜三％にすぎない[25]。また、金融危機が世界に広がったのも、初めてのことではない。一九二九年にウォール街で起きた「暗黒の木曜日」[訳注1]や、一九三〇年のオーストリアのクレジット・アンシュタルト銀行の破綻は、世界的な金融危機と大恐慌を引き起こした。これを見ても、グローバリズムが目新しいものではないのがわかる。世界の主要金融センターはつながっているため、危機が広がるのは避けられない。ある銀行の預金が一斉に引き出されると、他でも引出しが起こり、どこかの国で銀行が破綻すると、遠く離れた国の債権者でさえ破産する。ところが、今日の金融の知識は両大戦間の時期よりはるかに発達しているのに、大半の経済学者、政府、国際金融機関がまったくというほど危機を予測できなかった。世界銀行にしても、一九九三年に『アジアの奇跡』という報告書を発表したばかりで、アジア向けの投資は急速に伸びて一九九六年にピークに達し、危機が起こるまで高水準を維持していた。一九九八年一二月、米国の連邦準備制度理事会の議長アラン・グリーンスパンは、「新しい国際金融システムがどのように機能するか、この一年でそれまでの二〇年間より多くのことを教えられた」と述べている[26]。デビッド・ヘルドたちが論じているように、今日のグローバル化は規模、複雑さ、速さの点で、これまでのものとは一線を画しているということだ[27]。

さらに、つながりは軍事面のグローバリズムにも見られる。超大国による二極世界という状況から見ると、冷戦の終焉は軍事における反グローバル化を意味した。遠くの紛争は、勢力均衡にそれほど関係しなくなった。だが、社会におけるグローバル化の進展は、それとは逆の効果をもたらした。人道的な懸念と通信のグローバル化の相互作用によって、ソマリア、ボスニア、コソボなどの紛争や軍事介入が、ドラマに仕立てあげられたのである。その一方で、スーダン南部など、容易に近づけない遠隔地の衝突は無視されがちだった。戦術のレベルでは、世界的な軍事大国とネットワーク間の相互の連絡が非対称であることから、新たな戦闘手段が生まれる。その例として、中国の一部の軍人が米国に対抗する戦略を編み出すのに、テロ、麻薬の密輸、環境破壊、コンピューター・ウイルスを提案したことがあげられる。たとえば、テロにメディア戦争と金融戦争を加味するといったように、組み合わせが複雑になるほど満足な結果が得られると主張している。「こうした観点からすると、〈制限なき戦争〉とは、中国古典の兵書『孫子』を近代的な軍事技術や経済のグローバル化と結びつけたものだ」[28]

これらに共通するのは、グローバリズムの厚み——相互依存関係の網の目(ネットワーク)の緻密さ——が、これまでになく増しているだけではないことだ。厚みがあると、さまざまな相互依存関係に、より多くの、より深い接点ができる。ある地域の、ある側面に起こった出来事が、他の地域で他の側面に深い影響をおよぼす。複雑系のカオス理論や、天候システムに見られるように、どこかで起こった小さな出来事が触媒作用を起こし、やがて他の場所で甚大な影響をもたらすことがある[29]。こうした仕組みは理解しにくく、影響を予測するのが困難だ。しかも、それが人間によって作られたシステムである場合、人間は予測不可能な行動をとることによって他者を出し抜き、経済・社会・軍事的優位に立とうと躍起になりがちだ。つまり、グローバリズムには不確実性が付随している。複雑さと不確実性が競いあうように拡大しつづける一方で政府や市場参加者などが、このつながっているシステムの掌握や管理に追われることになる。

グローバル化とガバナンスのレベル

私たちがいうガバナンスとは、ある集団の集合的活動を導きかつ制限する公式・非公式の手順と制度を指している。政府はその一部として、権限を持って行動し、正式な義務を定める。ガバナンスは必ずしも、政府や、政府に権限を委任された国際機関だけが独占的に行うものではない。民間企業、企業連合、非政府組織（NGO）、NGO連合なども携わっており、たいていは政府機関と協力してガバナンスを生み出すが、ときには政府の権威なしに行われることもある。

国民国家は、一部の予言に反して、国内と世界全体のガバナンスの最も重要な機関としてとどまっている。グローバリズムが国内統治におよぼす影響については数多くの論文が発表されているが、結論には微妙な差異があるように見受けられる（要旨は後述）。私たちは、複雑さを増した全体の配置において、国民国家は民間部門や第三セクターという他のアクター（行為主体）に補完されつつあると考え

図1-1　ガバナンスの活動

	民間部門	公共部門	第三セクター
国際	多国籍企業	政府間組織	NGO （非政府組織）
全国	企業	中央政府	非営利団体
地方	地方企業	地方政府	地方団体

ている。国民国家は、世界政治の舞台における最も重要なアクターだが、唯一の重要なアクターではない。たとえば、社会と政治の空間を九つに分けて考えてみると、ガバナンスの活動は、国家資本に該当しない分野のほうが多い（図1-1）。

より複雑になったのは全体の配置だけでなく、ガバナンスの手順も三つのレベルすべてで複雑になった。ローレンス・レッシグが指摘しているように、ガバナンスは、法律、規範、市場、設計概念（アーキテクチャー）によって達成される。たとえば、地域の交通を緩和したい場合、スピード制限を課す、「子供の飛び出しに注意」といった標識を立てる、通行料を徴収する、道路に徐行帯を設けるといった措置をとればよい。それがレッシグが論じるインターネットの世界では、ガバナンスに用いられるのが、政府が定めた法律から企業が作った設計概念へと変わる。「こうして実効性のある規則は、立法者からコード作成者によるものへと一変する」[30]。一方、民間企業は国内でも国際的にも有利な法律制度を政府に迫り、その点は第三セクターのアクターも同じである。その結果、国民国家は衰微するのではなく変容し、競争のある新たな空間で政策が生みだされるようになる。

多くの著者が、グローバリズムの管理について語る際、ヘドリー・ブルのいう「国内の例からの類推」を用いている[31]。これがあまりにも広く用いられているため、グローバル・ガバナンスとは全世界的な政府のことだというのが一般通念のようになってしまった。たとえば、マイケル・サンデルは、一九世紀に米国経済が全国的な規模に拡大したことが進歩党の時代に米国政府が全国的になるのにつながったように、世界経済のグローバル化は世界政府をもたらすはずだと主張する[32]。だが、米国には連邦主義の体制がすでに存在したし、土台となる共通の言語と政治文化があった（それでも、一九世紀半ばの血なまぐさい内戦を防げなかったが）。

別の例として、国連の人間開発報告書[訳注2]がある。この報告書は、国連機関を強化するという見地からグローバル・ガバナンスについて述べたもので、たとえば二院制の年次総会、世界的取引に対する課税収入を再配分する投資信託、世界的な中央銀行などが必要だとしている[33]。だが、国家が他国との関係を築き、相互依存の問題を処理し、機能面から考えれば正当化されるような合併に抵抗できるのは、国の体制があって、特定の国に対する人びとの忠誠心があるからだ。したがって、全世界が一致団結しないと対応できないような世界的脅威に見舞われないかぎり、私たちが生きているあいだに世界政府が誕生することはなさそうである。そうした脅威がなければ、二〇〇もの国の国民が、国内の例からの類推に基づいて二一世紀も同じように行動していくとは思えない。いくつもの好ましくない結果をもたらすと私たちには思われる世界政府だが、望ましくても望ましくなくても、実現することはなさそうだ。

そうかと言って、しっかりした管理手段のないグローバル化が効果を上げられるとも思えない。カール・ポランニーの強力な主張によると、国家が一九世紀のグローバル化の破壊的影響に対応できなかったことが、二〇世紀になって共産主義とファシズムという大いなる障害が発生する一因となった[34]。より最近では、ジェフリー・ウィリアムソンが、いかに「一九世紀末のグローバル化の反動が大戦間の反グローバル化に大きく寄与した」か立証している[35]。規制——以前は「保護」と称されていた——がないと、多くの人が耐えられないほどの個人的不安を抱くことになるかもしれない。ポランニーがいささかドラマチックに述べているように、「人類とその自然環境の命運を市場メカニズムのみに託すことは……社会を破壊させる結果となる」[36]。

世界政府は実現不可能で、経済の自由放任主義は反動をもたらすとなると、何か中間の解決策を探さなければならない。つまり、調整機能を高めて、政治的・社会的圧力に対する安全弁を作りだすガバナンスのための慣行で、国民国家を政治組織の基本様式として持続させられるものを探さなければならない。こうした取り決めには政府とならんで民間部門と第三セクターからの外来の要員が必要だと、私たちは考えている。しかも、政府の要員は必ずしも政府の「上位」からの命令で動くのではない。それらの要員が効果を上げられるかどうかは、彼らが関わっているネットワークと、それらのネットワークで彼らが占める地位にかかっている。そしてガバナンスのためのネットワークでは、階層性は受け入れられないか効果を上げられないと思われる。

私たちが考えているガバナンスの構造は、おおまかに言うなら「ネットワーク化されたミニマリズム」である。なぜ「ネットワーク化」かというと、グローバリズムの特徴が、階層性ではなくネットワーク化にあるからだ。「ミニマル」とする理由は、グローバル・ガバナンスが受け入れられるのは、それが国の統治に取って代わるものではなく、国や共同体の自治に対する侵害が、協力による成果という点から明らかに正当化される場合に限られるからだ。

「ネットワーク化されたミニマリズム」はむろん、これがグローバル・ガバナンスの問題を解決するということではなく、単に解答の方向を示すものである。さらに言うならこうした言い方は、民主主義的な正当性に不可欠な説明責任を自明のものとして論を進めている。

グローバル化と国内統治

グローバリズムがガバナンスにおよぼす影響について、数多くの論文が発表されている。最も説得力のあるものは、国家の重要性は変わらない、グローバル化とその影響に適応するときの鍵となるのが国家の内部構造だ、といった一般的結論に集中しているように思われる。

この問題については、まず第一に、近い将来に起こる変化を大げさに言い立てないことだ。フランケル（第2章）とロドリック（第16章）が指摘するように、世界全体の経済統合はまだ遠い先のことである。この状態は、経済の観点からすると「非効率」かもしれない。だが、政治経済学の見地からは、国内政治の違いによる衝突を避けながらグローバル経済を推し進められるので、「有益な非効率」だと言える。やがて市場が統合されると、この有益な非効率は失われる。国の政治的制度には、技術の力では簡単に消せない強い影響力がある。たとえば、ジョン・ヘリウェルの研究調査によると、北米でさえ国境が経済活動に大きく影響しており、トロント－バンクーバー間の商業取引は、トロント－シアトル間の一〇倍にのぼる。電子商取引が発達してきているが、米国でさえ、取引全体から見るとまだ微々たるものだ。ジェフリー・ギャレットは、政策に自律性がなくなったと言われているが、「グローバル化によって経済協力開発機構（ＯＥＣＤ）加盟国間の政策争いが新自由主義風に少なくなったということはなく、干渉政策を貫いたすべての政府が資本逃避に見舞われて困っているということもない」と指摘する[37]。

第二に、グローバル化は分配の政策と不平等に大きく影響するかもしれないが、今日のグローバル化に対するこの影響は、一九世紀の場合ほど明白ではない。不平等が拡大している、「貧者がますます貧しくなる」と普遍的に言い切るのは単純すぎる。まず、国内と国際的な不平等を分けて考えなければならない。一般的にいって先進国では、ヘクシャー＝オリーンの理論から見て、不平等が拡大すると考えられる（豊富に存在する要素である資本と技能労働者が、未熟練労働者を犠牲にして利益を得るので）。一方、発展途上国では、少なくともある程度は平等が拡大するはずである（少なくとも市場部門で雇用されている労働者に関するかぎり）。グリンドルの第8章で示すように、現実は理論より複雑かもしれず、途上国では政治システムの性格と制度の脆弱さが結局はすべてを決めるのかもしれないが、要するに、先進国と途上国では基本的に経済に予期されるものが違うはずである。

経済の観点からすると、途上国の低賃金労働者は、貿易と移住によって利益を得るが、先進国の低賃金労働者は損害を被る。一九世紀末は、移住の規模から考えても、まったくその通りだった。ジェフリー・ウィリアムソンは、次のように述べている。「一九世紀末の収斂をもたらした力には、商品価格の収斂、貿易の拡大、技術の追い上げ、人的資本の蓄積などがあったが、中心的な力は何といっても集団移住だった」[38]。ヘクシャー＝オリーン効果は、たとえば英米間などの一部の関係ではかなり見られたが、他の場合にはあまり見られなかったので、「ヘクシャーとオリーンは、徴候を正しく読みとったかもしれないが、こと規模に関しては当を得ていたとはいえない」[39]。

今日のグローバル化は、労働者の移住によって推進されることが一九世紀と比べてはるかに少ないため、ウィリアムソンの主張の今日的意味あいは明らかではない。先進国と途上国のあいだの貿易という形のグローバル化は、ヘクシャーとオリーンの理論にあるように、先進国における所得格差を拡大させると思われる[40]。だが、一九世紀には、資本移動は逆の効果をもたらした。資本の主な移動先が、手つかずの天然資源がある高賃金国だったからである[41]。現在、米国は高賃金国でありながら、莫大な資本の輸入国である。したがって国際的に見ると、この形のグローバル化は、収斂ではなく拡散を生じさせると考えられる。収斂をもたらす移住は、今日でもかなりあるが、一九世紀とは比べものにならない[42]。それに先進国には、技術や変化する労働力の構成など、不平等を生みだしかねない原因が他にもある。フランケルによる第2章に、賃金格差の拡大のうち貿易によるものは五～三三%ではないかという一般的な推定値があげられている。私たちにはこうした問題点を明らかにする資格はないのだが、注目に値するのは、分析経済学の立場からこうした数字が発表されても、所得格差の拡大が政治的に「グローバル化」のせいにされることがなくならないという点だ。この三〇年間に先進国で所得格差が拡大した最大の原因が技能に偏向した技術の変化にある場合でも、グローバル化が政治的に論争の的となる[43]。

第三に、グローバル化が国家におよぼす影響は、政治・経済の体制によってかなり違う[44]。この点について、「生産システム」から考えてみよう。市場制度では、技能労働の市場価格が競り上がり、分業が広がるので、グローバル化は所得の不平等をもたらす。社会民主主義的な福祉国家では、移転支出によって所得の不平等は制限されるが、失業が生じる[45]。日本のような制度では、グローバル化によって終身雇用制度や、企業を通して福利厚生を提供する制度に圧力がかかる。総合すると、グローバル化と国内政治は互いに影響しあうものであり、グローバル化はどこでも同じ影響をもたらすというのも（ましてや福祉国家を崩壊させるとか、国家権力を失墜させるというのも）[46]、グローバル化は無関係だというのも正しくない。グローバル化の影響に対応するのに、歴史、機構、意識によって異なるいくつかの方法があり、たった一つの「黄金の拘束服」といったものは考えられない。

グローバリズムは、国の制度を弱体化させるのだろうか。その答えは、国の体制と機能がどういうものであるかによって違ってくる。たしかに、市場は三〇年前と比べると国を制約するようになっているが、その影響は一様ではない。フランス、ドイツ、スウェーデンといった国は、市場の圧力を感じても福祉国家であることが揺らぐことはない。だが一部の途上国の場合は、市場の圧力を感じても、そもそも強力な安全網や行政制度がない。資本や技能労働者が国境を越えて移動することによって、徴税能力が弱まる。国境を越える情報通信とインターネットによって、権威主義的な警察が国民を管理するのはいっそう難しく、費用がかかるようになる。場合によっては、差別的な開発のために民族間の緊張が高まり、国の制度が破綻することさえある。さらに、第8章でグリンドルが指摘しているように、途上国のなかには（どのような歴史的・文化的理由があるにせよ）制度が脆弱であるために、指導者がグローバル化によってもたらされる新たな課題に対処できない国がある。だが、他の途上国では、経済のグローバリズムによって経済基盤がより強固になって、国の制度が強化された。その例が、シンガポール、マレーシア、韓国の発展に見られる。そして中国は、サイクの第9章に示されているように、特別なケースである。リンダ・ワイスによると、国家は弱体化しているというより、機能を変化させているのである[47]。グローバリズムが国内統治にどう影響するかについて、私たちの主要な結論は慎重なものにならざるをえない。たしかに大きな影響はあるが、それを一般化しようにも、その国の規模、力、国内の政治文化によって違ってくる。

ガバナンスの観点から二〇世紀後半に目立っていたのは、グローバル化に対応して各国が払った努力がかなり効果を上げたことである。主な措置の一つが、福祉国家だった。一九世紀のグローバル化の破壊的影響に国家が対応できなかったというポランニーの説が正しいかどうかはともかく、この見方は広く行き渡っていた。第二次世界大戦後、先進国ではジョン・ラギーが「埋めこまれた自由主義」と呼んだ妥協に達する[48]。開放経済の対価は、社会の安全網であった。第16章でロドリックが示しているように、開放性と福祉国家には密接な相関関係がある。福祉国家に加えられたのは、国家間の協力を促進するために考案された金融や貿易などの分野における国際的な管理体制の構築であった。その結果、二〇世紀後半は驚嘆すべき時期となり、景気後退期があったにもかかわらずきわめて力強い経済成長が達成されたうえ、多くの国が他国からの製品と資本流入に漸進的に市場を開放していった。

次の時代、経済のグローバル化はどうなるのか。相互依存の度合いが変化して状況が根本的に変わることによって、あるいは情報革命によって、これまでと違うものになるのだろうか[49]。ケネス・ウォルツによると、ものごとは変われば変わるほど、同じ状態にとどまる。「各国は、国内外の試練によって気概を試される。合格できない国もあるが、みごとに合格する国もある。現代においては、必ず十分な数の国が合格して、国際制度は国家間の制度として維持される。さまざまな試練があっても、国家は持ちこたえる」[50]。これとは対照的に、一部の著者は、対外的に独立したアクターとしての国は「過去の遺物となる」と断言する[51]。そして情報時代の予言者は、グローバルなサイバースペースが領土空間に取って代わり、政府による管理が不可能になると主張する。

急速な根本的変化が安定性と結びつくと、安易に評価を下すのが難しくなる。「国家は持ちこたえる」と言うと、他の重要なアクターの台頭と、それらが国家の自治に課すかもしれない制約を見過ごしたことになる。だが、「何もかもが違うものになる」と言うと、近代国家に回復力も資源もあるという事実を見過ごしたことになる。国境を越えるのが容易になっていることや、統制のなかに問題の多いものがあるのは事実だが、国内統治の未来はそれほど単純ではない。インターネットは最初、自由論者で反政府的なコンピューターマニアが作り上げたものだったが、商取引によって急速な変化を遂げている。信用証明を認証するための商業的手順によって民間の規制となる枠組みが作られているが、事業体が大規模であるために、公的な規制の対象にもなっている[52]。

要するに、グローバリズムや国民国家に関する経済論文にもあるように、「何もかも変わる」でも、「何も変わらない」でもないようだ。問題は、権力が失われるか保たれるかではなく、空間の捉え方がどう変わるかだと思われる。世界的な電子商取引の通信は自由に国境を越えて行き来するが、通信が生みだされる過程では物質的空間の構造を変えなければならないことが少なくない。サスキア・サッセンは、国の首都から「国境も旧来の南北の境界も越えた、新たな経済の中心地」である世界的都市への「政治の移転」に言及している[53]。

私たちは、ガバナンスの中心が国民国家であることは変わらないと見ている。国家権力はこれまで通りきわめて重要であり、国家間の権力の分布も同様である。米国が支配的地位にとどまるか、それとも他国にその地位を奪われるかが、グローバリズムとその管理に根本的に影響する。一方、国の機関が民間部門や第三セクターとネットワークでつながるにつれて、「国家」というイメージに混乱が生じると思われる。政府を超越したネットワークと、さまざまな分野における国家を超えた関係がいっそう重要になる[54]。第12章でブラウンたちが述べているように、政府の一部の組織とNGOが提携して、多国籍企業と連携している政府の他の組織に対抗するという、混成の連合が起こる。全世界的ネットワークは、ますます複雑になる。第13章でコグリアニーズが、第15章でハーリーとマイヤシェーンバーガーが論じているように、ガバナンスは幅広いネットワークによる協力をいっそう必要とするようになり、階層的な支配ではいよいよ効果を上げられなくなると思われる。

グローバリズムの管理――体制、ネットワーク、規範

グローバル・ガバナンスは世界政府と同じことではなく、国内の例からの類推は適切ではない。二一世紀の世界システムは、単一政府国家が外交、国際公法、国際機関を通じて互いに交流するだけのシステムとは違う。かつてのモデルでは、国家が行為主体として互いに影響しあい、国際体制を構成していた[55]。だが、このモデルでは具体化された単一政府国家に照準が合わせてあるため、行為主体間の「ネットワーク」と、行為主体間で広く受け入れられている「規範」――期待される行動の基準――という、今日の世界システムに欠かせない他の二つの要素が軽視されている。この国際体制は、今日の世界システムにとってシステム全体が機能するのに不可欠な骨組みだとは考えられるが、システム全体ではない。この簡略化されたモデルは、包括的な説明の根拠にはなりえないが、グローバル・ガバナンスについて考えていく手がかりにはなる。

ガバナンスの問題への政府の対応

グローバル・ガバナンスについて考えるのにまず、国家が直面する問題と機会にどう対応するか見ていこう。国家は国際制度を作って協力を促し、それによって自国の目的を達成しようとする。これ

は大まかに言って、効果が期待できるから行っているので、合理的な機能上の理由である[56]。国内の利害関係者は他の国家やアクターの行動に影響され、そのために「国際的な管理体制に対する要求」が出てくる[57]。つまり、政府は他のアクターの行動にいくらか影響を与えるのと引き換えに、自国の行動の法的自由を一部手放してもよいと考えるようになる。これが「主権を失う」ことになるのかどうかは、結ばれた取り決めに左右される法律上の問題だ。国内の利害関係者のほかに、国際的なアクター（企業やＮＧＯ）が国境を越える取引にいっそうの予測可能性を求めるようになり、そのための取り決めを迫る。この機能を求めるということが、オットセイから世界貿易まで、さまざまな問題を管理する何百もの政府間の組織や制度が存在する理由だと思われる。これはまた、一九世紀末のハーグ平和協定から国際連盟を経て国連憲章や安全保障理事会に至るまで、軍事力の国際的利用の管理に努力が払われてきた理由の一つかもしれない。

こうしたガバナンスの形態のうち、グローバルなものは一部にすぎず、かつて世界連邦主義者によって提唱され、この数十年間、政府や学識経験者に嘲笑されてきた「世界政府」のイメージと一致するものは一つもない。正式なグローバル・ガバナンスの例としては多国間制度を通して行われているものがあり、国家は国際的な管理体制を作りあげ、権限の一部を政府間機関に譲って特定の問題を管理させている。広範に設定された制度へのこうした委任は、貿易政策（ＷＴＯ）や金融・開発政策（ＩＭＦや世界銀行）に見られる。それより限定的な委任が環境政策に見られ、たとえばオゾン層を破壊する化学物質を管理する制度や、領海外の漁場に関するものがある。人権擁護のための国際制度は世界的な役割が拡大しており、この傾向は国際刑事裁判所が現実のものになるとさらに弾みがつく。地球全体を見渡すと、目に映るのは世界政府ではなく、規範、規則、制度による管理体制であり、これらが世界政治のきわめて多くの問題を管理している。ガバナンスの存在は先進国に集中しているが、それが全世界的な広がりを持っていることも少なくない。

重要な点は、政府がグローバリズムの拡大に対応するのに、多国間による全世界的な管理体制を発足させて維持する以外にも方法があることだ。実際に、特に目につくのは次の三つの対応である。

(1) 一方的な対応——これには、グローバリズムを損なう孤立主義や保護主義がある。だが、他者の一方的な行動が、グローバル・ガバナンスを拡大させることがある。とりわけ興味深いのは、国家が他国によって作られた標準を受け入れることだ。これには自発的なものから強制的なものまである。一方的な受容が自発的に起こりうるものに、共通の標準がある。たとえば、米国で(多くの費用をかけて)練り上げられたコンピューターの西暦二〇〇〇年問題に対応する標準を他国や外国企業が取り入れたことや、国家が自ら特定した国内問題を解決するのに他国の政治的取り決めをまねるときが、これにあたる。共通の標準は、半ば自発的に採用されることもある。たとえば、国家が一般に公正妥当と認められた会計原則を採用するとき、会計の透明度を高めるとき、他国をまねて規制機関を設立するときなどがそうだ[58]。この場合、自発性の度合いは、その措置をとらないと強力な外部のアクターが外国投資や他の便益を控えるかもしれないことによって小さくなる。より強制的なものとしては、IMFが課す条件があり、これは「ワシントン・コンセンサス」と一致するマクロ経済的見解を受け入れることと密接に結びついている。さらには、たとえば一九世紀に英国が奴隷制度に反対して行ったように、大国が小国に標準を強いることがある[59]。

(2) 二国間もしくは「ミニ多国間」制度――これは幅広い合意が難しいか高くつきすぎる場合に、同じ考えを持つ数カ国のあいだで築かれる[60]。例としては、何百もある二国間の租税条約や、銀行の自己資本比率に関するバーゼル規制があげられる。こうした戦略がとられたために、現状の局面が変わることがある。それによって非参加者は不利になり、当初の現状より不利な取り決めに参加せざるをえなくなる[61]。

(3) 地域的な対応――地域の国が集団を形成すれば、世界的な勢力によりよく対処できるという考え方がある。地域内では、法律や政策の相互承認によって、法律を大幅に調整することなく協力を促進することができる。こうした地域主義の最大の例が、最近になって強化された欧州連合(EU)に見られる。

ここでは世界的な多国間協力に焦点を合わせているが、述べていることの多くは「ミニ多国間」や地域の制度にも当てはまる。私たちは、二〇世紀後半に支配的だった多国間協力のパターンは変化していると見ているが、急速にグローバル化の進む世界で多国間協力が成功を収めるには、さらに変化しなければならない。だが、この点について論じる前に、進行中の二つの重要な変化について説明する必要がある。それは、国際的・超国家的な公共政策の問題に積極的に関わっている行為主体と、多国間協力に関係があると思われる規範における変化である。

ネットワークにおける新しい行為主体

世界政治におけるアクターは国家だけではない。民間企業、NGO、政府の下部組織なども、独立した役割かそれに近い役割を演じることがある。これらの行為主体は、権力の拡散によるジレンマ、透明性、行詰りを生じさせたり悪化させたりするのに一役買って、国際機関を悩ませる。とはいえ、これらがネットワークの一部として機能するときは、ガバナンスに重要な役割を果たすこともある。

情報通信コストの急速な低下によって参入障壁が低くなっているため、国の執行機関や立法機関が管理していない多くのガバナンスの取り決めに、他のアクターがいっそう関与するようになっている。つまり、グローバル・ガバナンスには、政府とならんで民間部門のアクターと、「第三セクター」のアクターであるNGOが関与しているということだ。

超国家的な企業ネットワーク。多国籍企業は、統治法のないところに独自の統治方式を築いて対処する。たとえば、航空会社やコンピューター会社は、互いに提携関係を結ぶことによって競争優位を手に入れる。他にも、生産者主導かバイヤー主導の第一次産品の系列網（コモディティー・チェーン）の例がある[62]。数多くの重要な標準が、民間によって設定されている。薬品業界の例では、国レベルや国際的レベルの管理を避けるために考え出された「責任あるケア」基準がある[63]。サイバースペースでは、商業的に作り上げられた規定が、プライバシー、財産権、著作権法などの問題に大きく影響している。取引成立の民間のルールは、「特定の法域における契約のルールと一致するものもしないものもある……各国の政府はルールを制御できなくなり、有効なルールはサイバースペースで決められるようになる」[64]。

NGO。二〇世紀末の一〇年間に、国際NGOの数は六〇〇〇から二万六〇〇〇に増えた。その規模は、会員数五〇〇万人を数える世界自然保護基金から非常に小さい組織までさまざまである。ブラウンたちによる第12章にあるように、これらはサービスを提供し、政治的な行動を起こし、情報の提供や分析を行う。NGO全体では、国連システム全体を上回る援助を提供している。サービスの提供以外にも、ロビー活動を行い、行動を起こす。一九九九年には、先進国と途上国の約一五〇〇のNGOが、インターネット上で回覧されたWTOへの抗議宣言に署名した。技術志向のNGOは高度な分析や情報を提供し、それらは化学兵器条約の検証システムや地球の気候変動に関する交渉に影響をおよぼしてきた[65]。このパワー・シフトの真の敗者は政府というより、政策決定者に政治的影響力をおよぼすことができず、顔の見えない官僚主義というイメージがつきまとう政府間機関だと一部の識者は言う。ガバナンスにおける三つのセクターの関係は、単に別々に分析されるべきではなく、ましてやゼロ・サムの観点で考えてはならない。グローバリズムの勢力に対する国の対応は、民間および非政府アクターによって補完されており、それには政府の行動と競合するものもあれば補足するものもある。多国籍企業は、国の立法機能に取って代わる場合がある。たとえば、ナイキやマテル社が低開発国の下請業者を管理する行動規準を設けると、ホンジュラスやインドの議会では通過するはずのない（さらに、これらの政府がWTOで反対するはずの）規準を課すことがある。

企業はまた、進出先の国の司法機関を回避することがある。時間がかかりすぎる、あるいは腐敗していると見なしているからだ。国内で裁判になるのを避けるために、商事仲裁について規定した契約書が増えている。これには国際商業会議所が大きな役割を果たす。だが一部の政府は、外国企業が国内法にはない基準や手順にしたがうきっかけとなる、ムーディーズやスタンダード・アンド・プアーズといった民間の格付け機関による格付けを歓迎している。

一部の政府や政府内の部門が歓迎しているものとしてはさらに、NGOが政治課題の設定に影響をおよぼして他の政府に行動を迫ることがある。その重要な例として、女性および産児制限といった女性が特に関心を持つ問題について、一連の国際会議が国連によって開催されたことがあげられる。この政治課題を先頭に立って推し進めたのはNGOだったが、政府や国連も積極的であった[66]。さらに、汚職の摘発に効果を上げているトランスペアレンシー・インターナショナルの存在も見逃せない。他にも、NGOが一部の政府と提携して他の政府に対抗することがあり、地雷禁止条約では米国に対抗したカナダが支持された。NGOのなかには、OECDや世界銀行といった政府間組織の会議に定期的に参加しているものもある。人権や難民に関する場合など、NGOはサービスの提供を手伝うだけでなく、政府に決定的な情報を提供している。また、財団も同じような役割を果たしている。

三つのセクターによる提携も、よく目につくようになってきた[67]。多国籍企業とNGOは、ときには一致協力して、ときには政府間組織とともに、サービスを提供する。シティバンクは、バングラデシュで現地のNGOを活用して、少額融資を実施している。一九九九年に[訳注3]はアナン国連事務総長が、国連と企業が協力して開発と労働基準の改善を支援する「グローバル・コンパクト」を提案した。国際商業会議所も支援を申し出ている。その他にも、政府、民間企業、NGOから四名ずつ委員を出して運営されている世界ダム委員会がある。インターネットのドメイン名の管理では、米国政府の肝いりで設立されたNGOのICANNが、民間会社を補足しながら協力している。米国政府がNGOという形態を選んだのは、正式の政府間組織では、インターネットのドメイン名に関して急速に展開する問題の対応に時間がかかりすぎて、扱いにくいと考えたからだ。

要するに、世界政治におけるいくつかの問題を管理している民間部門と第三セクターのアクターとの競合的で協力的な関係には、政府間調整の領域があるということだ。特に、こうした取り決めの多くで準司法能力と「ソフト立法」能力が、「ハード立法」および執行能力よりはるかに急速に向上し、それが「ソフト」な法律と規範の発展に現れている。政府間組織の拘束力のある正式の規則は国家によって決められるが、政府間組織による自らの規則の解釈に重きが置かれるようになり、運営上の規則が拘束力のある正式の規則を大幅に超えることが少なくない。一方、政府間組織における正式のガバナンスの構造はきわめて脆弱なままで、しばしば手詰まり状態に陥っている。

規範

機関が変わることは、世界的問題の管理に起こっている変化の重要な部分である。NGOと民間部門のアクターは、競合するさまざまなネットワークで活動するようになり、重要性を増してきた。だが、それだけではない。構成主義の理論家が指摘するように、変化する考え方によって関心が形成されて、それが広まる。知識、規範、信条が収斂することは、ガバナンスの制度と手順が収斂することの前奏曲である[68]。超国家的な情報伝達が民主主義と相まって世界的な規範を発展させ、それを背景として点在するガバナンスが浮かびあがる。

規範が変化することは、初期段階にある市民社会の発展の一部と見なすことができる。これは、まったく初めてのことではない。一九世紀の奴隷制度反対運動には、国内政治とならんで国家を超えた理念が関与していた[69]。初期の例には他に、科学の普及がある。二〇世紀の例としては、後半に人権思想が発達したことがあげられる。サッセンが指摘しているように、「国家を正当化するのに、自己決定だけではもはや十分ではなく、国際人権法を守ることも要素の一つである」[70]。別の例として、冷戦終了後、自由主義の市場要因が広く受け入れられたことがある。一九七〇年代に国家主義的な「新国際経済秩序」が要求されたときとはまったく対照的に、一九九九年、先進国と途上国が参加して新たに発足したG20の会議では、新自由主義的な金融制度が望ましいかどうかではなく、制度の詳細が討議された[71]。安全保障の分野における伝統的な領土主権に対する圧力は、主として人権と人道的規範（伝統的な主権の規範と相容れない）から生じており、激しい論争がつづいている。一九九九年九月の国連総会でのアナン国連事務総長の演説を受けて、アフリカ統一機構の議長は、人道的介入の権利は「不平等な世界のルールに対する我々の最後の防衛手段」を脅かすものだと懸念を表明し、米国では、元政府高官が「戦争、少なくとも共和党との戦争」になると予言した[72]。

ソフト・パワーは、アクターとその原則が他者にとって魅力的であることに基づいている。したがって、ソフト・パワーは規範に比例し、広く賞賛されている規範に適合するアクターが影響力を増す結果となる。国内の法律や慣行に起こる変化のうち、どれが規範の変化に直接的に影響されたものなのかを突きとめるのは難しい。だが明らかに、人権や主権の役割といった領域では、世界的な規範が劇的な速さで変わってきている。主権については、一七世紀以来なかったほどの大混乱が起こっている。国連憲章はウェストファリア条約の主権の概念に基づいているのに、アナン国連事務総長が主権を批判したという事実が、規範が変化していることを雄弁に物語っている。

規範は自動的にではなく、ネットワークにおける行為主体の活動を通して影響をおよぼす。拘束力のある国際法でさえ、自動的かつ普遍的に守られることはない。さらに自動的ではないのが、ソフトな法律の影響である。第9章でサイクが述べているように、中国が「市民的および政治的権利に関する国際規約」[訳注4]に署名したのは、ちょうどソ連が一九七五年のヘルシンキ宣言に署名したときのように、国内に深刻な影響がおよぶのを避けるためだったかもしれない。こうした規範が、実際に政策を変えたり制度の正当性を損なうことになるかどうかは、行為主体の動き方次第である。たとえば、ケックとシッキンクのいう「ブーメラン効果」が生じることがある[73]。

二一世紀のグローバル・ガバナンスを理解するには、多国間協力の理解の域を大きく超えなければならない。規範が急速に変化しているなかで、行為主体——組織的に政府の一部であってもなくても——がネットワークにおいてどのように影響しあっているのかを理解する必要がある。ガバナンスは、断片的で不均質なものになりそうだ。いずれにせよ、国内の例から類推できるようなものにはならないと思われる。

危機に瀕する多国間協力のクラブ・モデル

二〇世紀後半になると、多国間協力は、かつてなかったほど広がった。一九四四年のブレトンウッズ会議を皮切りに、主要な管理体制は「クラブ」のように運営されてきた。当初は少数の先進国からだけだったが、同じ問題を担当している閣僚か閣僚クラスが集まって規則を定める。通商大臣はGATT(関税貿易一般協定)、財務大臣はIMF、国防大臣と外務大臣はNATO(北大西洋条約機構)、中央銀行のトップはBIS(国際決済銀行)といった具合だった。彼らは秘密裏に交渉を進め、合意した点を自国の議会と国民に報告する。交渉では実際にどういう立場がとられたのか、どのくらい強く主張されたのか、交渉がどのように進んで妥協に至ったのかなど、部外者にはわかりにくかった。こうした手順の枠組みでは、マイケル・ザーンが言うように、「意思決定者が情報を戦略的に操作する機会がいくらでもある」[74]。

多国間協力の観点から見れば、このクラブ・モデルは大成功を収めたといえる。こうした協力がなかった場合と比べて、世界はより平和で、より繁栄し、環境もいくらか良好のようである。だが、その多国間協力の成功が、それを損ないかねない相互依存の拡大を――「グローバル化」という形で――もたらした。技術と市場の発達によって国家間および問題間の技術的・経済的な壁が低くなり、それによって先に述べた政治的に有益な非効率が失われていく。かつて先進国の閣僚たちのクラブによって運営されていた組織は、参加を要求する多くの途上国を加入させるためにメンバーの数を増やした。これら途上国の指導者たちは、管理体制について相反する感情を抱いていることが少なくなく、先進国のリーダーシップが暗示されているのを疑い、自分たちが参加することなく先進国によって作られたクラブの規則に憤慨している。そのうえ、グローバル化によって国家以外の行為主体が急増し、それら企業、事業協会、労働組合、NGOも、それぞれ意見を声高に主張する。一九九九年一一月のWTOのシアトル閣僚会議は、国家の目標とNGOの活動という異質なものの組み合わせが、国際的な貿易交渉にどういう問題をもたらしうるかを示した。権力が分散することは正当性を高めるものの、文句なしの決定を下すのはいっそう難しくなる。かつてハーラン・クリーブランドも言ったように、誰もかれも参加させたうえで行動に至らせるにはどうすればよいのか。

一方、国際制度にはますます説明責任が求められるようになっていて、これには透明性が含まれる。この圧力は、メンバーの数が増えたからでも、それによって権力が分散したからでもなく、民主主義的な説明責任の国内規範が国際的な場にまで広がったことによる。国際制度が、特に説明責任に必要な条件である透明性に関して、民主的な手続きの基準を満たしていないと主張する論文は数多くあり、しかも増えつづけている[75]。こうした論文のなかには、誰に対する説明責任なのか、また説明責任と透明性が国内の一部の民主的な取り決め――たとえば米国の最高裁判所や連邦準備制度――においてどのくらい間接的なものであるかについて、論点を巧みに避けているものがある。それでもなお、国際機関は（たいていは）民主的に選出された加盟国政府に対して最終的に説明責任があるとはいえ、国際官僚は国内官僚より遠い存在である。選挙とのつながりが、より間接的だからだ。そのうえ、こうした制度に送りこまれる代表は、民主主義国で選出された官僚の指示を受けて説明責任を負っているのに、問題点と関連制度をめぐるクラブにおいて密かに行動する。これらのクラブは重要な資源や価値観を管理しているため、きわめて当然ながら、透明性といっそうの直接参加に対する要求が高まる。ヨーロッパでは、制度が国内モデルに向かって発展していると見る人が多く、透明性、説明責任、「民主主義の赤字」について率先して議論が進められてきた。彼らが最大の目標としていたのがEUである。

グローバルな管理体制の状況には、より多くの問題がある。それは、EUの場合のように、国内の例から類推するわけにはいかないからだ。たとえば、WTOに最近、非民主的だという批判が集中している。だがざっと見たところ、WTOは民主主義の原則とかなりよく一致している。事務局は小規模で力がない。加盟国の（たいていは）選出された政府の要望に、きわめてよく応えている。そのうえ、これらの政府の意見にしたがっている。実際のところ、WTOの紛争処理の手続きは、世界貿易のシステムを守る一方で、国内の民主的なプロセスのための空間を確保している。民主主義国が国内の圧力によって取り決めから逸脱する場合、WTOの紛争処理小委員会は、他者への補償を認めて、報復の応酬を避けることができる。これは電気のヒューズのようなもので、電灯が消えるのは、家が焼け落ちるのに比べると何でもない。貿易をめぐる国内政治にいくらか譲歩するほうが、一九三〇年代のように報復の応酬に陥って世界中の状況を悪くするよりよい。

とはいえ、WTOは際立って透明性に欠けており、そのために民主主義的な説明責任を果たしていないと糾弾されてきた。ここでも問題なのは、誰のための説明責任か、ということだ。貿易担当の役人と選出されたその上司は、WTOで何が起こっているか知っているだろうし、交渉のなりゆきに責任があると思われるが、労働や環境の問題を専門とする役人や集団は、さらなる透明性と参加を求めている。説明責任を果たしていないことや民主主義の欠如を糾弾するのは、これまで仲間に入れてもらえなかったクラブの扉をこじあける――場合によってはクラブを破壊する――のに用いられる手段である。

政府間組織は、その事務局と主要加盟国が重要な民間部門や第三セクターのアクターと提携関係を築ける限りにおいて、拡大することも、何を要求されているのか解釈することもできる。だが、正式に大きく前進するには、その本来の目的についての幅広い合意か、決定的指針を与えられる政治制度のどちらかによって支持されていることが、社会的意見として広く表明されていなければならない。国際機関は制約と機会に直面した末、WTOの場合のように、非公式の規則や慣行を変更できて、ときには判例法典を作り上げることもある専門家の小さなネットワークに支配されがちである。クラブ・モデルは、権力の分散にともなう膠着状態を乗り越えるのに役に立つ。では、何が欠けているのか。広い支持基盤のある政治家が国民に直接語りかけるという、正当化に向けた活動が欠けている。問題点に今ほどのつながりがなく、通商大臣が議会に対して説明責任を果たすだけで正当性がもたらされた昔なら、この点はそれほど問題にならなかったかもしれない。だが、問題点につながりができた今、政治家が関与して、選挙による説明責任を通して特定の組織と政策をより広範囲の公共問題と結びつけることが必要である。その意味で、一部の世界的な制度は、政治的な脆弱さの源泉となりかねない「民主主義の赤字」を生みだしていると非難されている。

こうした「民主主義の赤字」を解消するのは容易ではない。それは、直接参加にふさわしい政治共同体を見分けるのが難しいからであり、また機能的なクラブ・モデルが過去半世紀にわたって効率のよい国際協力の基盤となってきたからでもある。実際に、旧来のクラブ・モデルにおける「機能上の部外者に対する透明性の欠如」は、政治的な効率の良さの秘訣だった。閣僚は透明性の欠如に守られて、構成要素に分解しにくく、ときには理解するのさえ難しい一括取引を行った。たとえば、米国の連邦議会がケネディ・ラウンド（一九六七年）のときの通商協定を分解して合意事項を一方的に修正したのを受けて、米国の貿易相手国は、次の一括交渉の条件として米国国内の慣行を修正することを要求した。米国はこれに対し、議会が協定をばらばらにできないようにする「ファスト・トラック（早期一括承認）」手続きで応じた。議会は事実上、「保護主義のセイレンのそばを航海するときは、自らを帆柱に縛りつける」と約束したのである。米国の議会が国際的な合意事項を分解しないことに同意したのと引き換えに、ヨーロッパ、日本、カナダは貿易障壁をさらに減らす交渉に応じることになった。これは国際貿易の協調には得るところがあったが、権限が縮小した労働や環境の分野の関係者は、この措置とそれに関連する国際制度に強く反対した。

すべての取引を分解の対象にすることなく透明性と説明責任を拡大するにはどうすればよいかというのは、多国間協力と民主的なガバナンスの基本的な問題の一つである。今日の社会のグローバル化の質が均一ではないことが、こうしたガバナンスを特に難しくしている。ある意味では、社会のグローバル化はこの一〇年間に劇的に広がった。あとで論じるように、インターネットの誕生は、NGOの数が四倍に増えたのと時期的に一致している。つまり、「国境を越えた社会活動」が急激に増えている。だが、OECDとEUでは弱いながらもアイデンティティの意識が発達していると言えるものの、第7章でノリスが示しているように、潜在的な社会のグローバル化における別の側面――「集団的なアイデンティティ」、つまり連帯――は、ごくわずかしか見られない。取引コストが低下し、そこに政治共同体の意識や権威ある政治制度の欠如が加わると、一括案をまとめるより、ばらばらにするほうが容易になる。

こうした国家間協力の問題は、たとえば貿易関連というように、問題点をかたまりとして捉えた、問題点の領域の全体にまたがる関係に国が対処しようとするときに目立つ。先に述べたように、グローバル化によってネットワーク間の密度と相互交流が増している。それぞれの分野のガバナンスは、孤立したままではいられなくなる。たとえば、貿易が拡大すると、労働基準や自然環境におよぼす影響が大きくなる。貿易はまた、社会におけるグローバリズムのレベルを高め、WTOのシアトル会議で見られたように、認識が広まり、集結の可能性が高まる。問題点の領域間では、グローバル化によって実質的なつながりが拡大している。だが、ガバナンスのレベルでは、問題点の領域間の連繋がほとんど見られない。国連といった包括的な組織には力がない。ILO（国際労働機関）は、労働基準は定めても効果のある制裁措置をとることができない。そのため、先進国の労働組合はWTOで労働基準に対処することを望み、インドなど、途上国の多くはそれに抵抗する。秩序だった国家で起こることで、統合的な役割を果たすものはない。

政府間の膠着状態によって、現時点ではばらばらなグローバル・ガバナンスのシステムが行き詰まるように見えるかもしれない。WTOのシアトル会議での失敗を受けて、その旨の警鐘が鳴らされてきた。たしかに、政府間の管理体制による協力という、一九四五年以降のモデルに対する風当たりは厳しいようだ。国際的な管理体制はこれまで、世界の政治経済の複雑なシステム内の「分解可能な階層制度」として構築されてきた[76]。これは階層制度としての国民国家に類似しており、したがって、そのなかの個人は政府を通してのみ政治的に交流する。この――少なくとも公式には二〇世紀後半の特徴であった――モデルでは、「問題点の領域」を管理するために、特定の国を加盟国とする国際的な管理体制が作りあげられた。これには、どの国でも加盟できるものもあったが、創設時のメンバーが決めた基準を満たしていないと入れない選別的なものもあった。これらの管理体制は、このように会員資格と問題点によって規定され、システムの他の部分から「分解可能」なものだった。メンバーは、問題点の領域内での互いの関係を管理するために規則を作り、それは伝統的な国際法か、または確立されているが強制力の弱い「ソフト・ロー」と称されるもののどちらかであった。この別々のクラブによるモデルはうまく機能したが、ここにきてグローバル化が問題点のあいだにあまりにも多くのつながりを生みだすようになったため、問題点の領域を分解するのが難しくなっている。グローバル化がもたらしたこの問題については、各国政府と確立された国際的な管理体制の双方において、階層制度が以前ほど「分解可能」ではなくなり、侵入しやすくなり、階層性が弱まったのだと考えられる。グローバル化した世界の政治経済は、国家や問題点の領域という単位に基づいて分解可能な階層に分けるのが難しい。

過去半世紀にわたって比較的うまく機能した多国間協力のクラブ・モデルだが、こうして見てくると、これを脅かす問題が四つあることがわかった。システムにおける国の数と異質性が何倍にも増えたこと。新しい団体、特に企業および企業連合、労働組合、NGOが多国間の政策過程により活発に参加するようになったこと。民主的な社会は説明責任と透明性を求めるが、そうした要求はたいてい国内の例から類推されたもので、クラブの慣行とは相容れないこと。そして最も重大なものとして、問題点の領域間の連繋が密接になると、問題点の領域ごとに組織されている国際的な管理体制が困難になることである。一部の部外者をクラブから締め出す根拠を保つのが難しくなる。そこで、二一世紀に多国間協力が成功を収めるには、旧来のクラブ・モデルを補完する新しい戦略が必要だ。

その戦略は、政府間組織が民間部門およびNGOと権力を共有する新しい地球的規模の政治と整合性があるものでなければならない。行為主体はネットワークにおいて互いにつながり、競合しながら協力するさまざまな提携を通して行動するが、従属関係はまったくない。これらの行為主体、ネットワーク、組織は、単一政府国家と対立するものと見なされるべきではない。これらは逆に、政府の役人とともに国家も政府も超えたネットワークに参加して、別の目的を持つ同様のネットワークにしばしば対抗することになる[77]。世界政治では、混成もしくは三部門の提携がますます一般的になってきている。とはいえ、地球的規模の政治が多くの国による政府間協力のみに支配されることはなさそうだ。WTOは、政府を超えた観点からすると、通商大臣がその問題点の領域にこれまで役立った規則を用いて作業するクラブである。だが、「貿易と○○の問題点」というように、問題点のつながりを考える段になると、多くの問題に直面する。たとえば、環境大臣や労働大臣は会議に参加できない。言い換えれば、その問題に関係のある国民でも直接的な発言権がなく、国の立法機関や行政機関を通して間接的にしか発言できないということである。そういうわけで、シアトルでの抗議デモは一貫性がなく利己的なものではあったが、一理あった。参加者は、自らの利益に影響をおよぼしている現場に、もっと直接的に接することを望んだのである。これは原則的には、国連機関（UNEPとILO）のあいだの連繋によって解決できるものだが、国連機関の力には格差がある。それに、たとえ力が同程度であっても、効率のよい意思決定は民主的な立法機関とは縁遠いものなので、説明責任の問題が出てくる。

説明責任をめぐる懸念を和らげるには、NGOと協力するのが役立つかもしれない。ただし、政府間組織の効率の良さを保つには、NGOと役割を慎重に選ぶことが重要だ。たとえば、NGOを貿易交渉に直接参加させるのではなく、いくつかのNGOが、規則を討議するWTO理事会の会議にオブザーバーとして出席できるようにするか、紛争処理のケースで意見書を提出できるようにする[78]。世界銀行は、NGOを取りこむのにかなり成功している。世界銀行の現地事務所では、七〇人以上のNGOの専門家（大半が技術的に優れた組織の出身）が働いている。「環境政策から債務救済まで、NGOは世界銀行の政策の中心にいる……新しい世界銀行は透明性が増したが、新たな特別利益集団に恩義を受けるようにもなっている」[79]。環境NGOは、国連の会議で効果的な役割を果たしてきた。他の組織も同じように機能できるかどうかは、まだわからない。NGOの民主主義的な正当性は、「市民社会」の一部であると自ら主張するだけで確立されるものではない。当然、選ばれたNGOは、取りこまれたことによって正当性に疑いの目が向けられ、除外されたNGOは、選ばれたNGOを「裏切者」と批判するだろう。NGO間の政治闘争によって、取りこみ戦略は制限される。それにもかかわらず、NGOの代表が何らかの形で参加しないと、多国間のガバナンスは正当性を維持できないと思われる。

これから現れてくる政治の形態を予想するのは、不可能だというほど難しい。将来の動向を予測することには、慎重でありたい。たとえば近年、NGOの活動が激増しているが、だからといってNGO

がますます力を持つようになるとは限らない。行動は反動を生みだすものだ。行き詰まるようなことでもあると、意思決定が、民主的参加の点で劣る新しい場に移されるかもしれない。つまり、NGOの活動の結果が皮肉にも制度を変化させ、一般市民による抗議やマスメディアを利用した運動がこれまでのように効果を発揮しなくなるかもしれない。たとえば、国際制度の合法化が増えることが考えられる。法的措置がとられない場合、裁判官や審判官は、ルールの解釈を規則の制定にまで拡大させかねない。その最たる例が、欧州裁判所に見られる[80]。欧州裁判所の判決は加盟国政府によって覆せないことになっており、それに追い討ちをかけるのが、その判決を無効にするために全員一致の連合を組織することができないという法的な停頓である。これほど広範囲におよぶものではないが、WTOの裁定機関はWTO理事会で承認されなかった規則（たとえば、貿易・環境問題に関する）を制定してきた。むろん、合法化は強力な政治運動によって妨害されたり覆されたりすることがある。肝心なのは、合法化が避けられないとか起こりそうだとかいうことではなく、政治的変化の動態が直線的ではなく、民主主義の理論から見て驚かされることが多々あるということだ。

民主主義とグローバル・ガバナンス

民主主義は、人民による政治である。これは単純化されて人民の過半数を指している（もっとも、リベラルな民主主義では個人と少数派が保護されたが）。伝統的に民主主義は、政治共同体を構成している人たちの過半数による政治を意味した。グローバル・ガバナンスにとって重大な問題は、政治的アイデンティティや共同体の意識がなく、同等ではない国家によるシステムを中心にして政治の世界が組織されているとき、「我々国民」とはいったい誰を指すのか、ということである。

正当性について考えるには、民主政治のインプットとアウトプットを分けるとわかりやすいかもしれない。インプットの面では、選挙によって多数派が決まる。だが、投票が行われる選挙区の境界はどのように決められるのか。民主主義の精神を支えるのが個人の価値と平等であるなら、基本的なルールは一人一票だ。一国一票では、モルジブ諸島の住民一人当たりの議決権が中国の国民一人当たりの一〇〇〇倍になるので、民主的ではない。だが、地球全体を一つの選挙区として扱う世界主義的な考え方では、一九八カ国の国民が何十億もの中国人やインド人の多数票でつねに負かされるのをいとわない政治共同体が存在することになる。第7章でノリスが示すように、その方向にナショナル・アイデンティティが変化しているという証拠は見当たらない。そうした共同体がないのに、国内の投票方法を世界的規模に拡大することは、たとえ可能であっても、基準としての意味がほとんどない。最も意味のある投票と、それに関連する民主的な政治活動は、民主的な憲法と手続きの備わった国家のなかで行われるものだ。少数派は、より大きな共同体に参加していると感じているので、自らは直接に参加していない多数派に不本意ながらしたがう。これは明らかに地球全体のレベルでは見られないもので、全世界的な民主主義のインプット面にとって基準と実践の両面で厳しい問題となる。

けれども、民主政治のインプット面の特徴は投票だけではない。民主主義理論家の多くが、人民は自らの生活に大きな影響がある問題について発言権を持つべきであり、長期間におよぶ選挙と選挙のあいだにもしばしば声を上げているという。そのためのメカニズムは、世論調査から抗議運動までさまざまである。この種のインプットの境界がどこにあるのかは、選挙区の場合ほど明確ではない。特定可能な一連の問題点が公共の空間であり、一般市民は、その空間で共有している外的影響をめぐって、ときには地域レベルで、ときには国家を超えたレベルで、意見を交換して運動を起こしている。共有の外的影響をこのように捉えた場合、地球社会はないにしても、地球市民はいくらか存在するかもしれない。十分に機能している国内の民主主義では、民衆の活動、マスメディアによる報道、多元主義的な利益集団のロビー活動、政党、選挙、法律の制定といった政治的インプットのさまざまな面が関連づけられている。法律を新たに作るには明確な経路があり、法律が制定されてからは、実施、修正、変更するための手続きや組織が定められている。民主主義的な正当性は、こうした手続きに基づいている。

ところが国際的に見ると、民衆の活動と政策の結びつきがきわめて弱い。国連主催による社会における女性の役割に関する最近の会議にも見られたことだが、公開の会議が強制力のある正式の規則（「ハード・ロー」）につながっていない。こうした会議の決議が、対照的な解釈が可能であったり、反抗的な政府が単に無視できるものになっている。これらの会議は、世界中の一般市民の見方に影響するし、国内および国境を越えた運動が起こるのを後押しするが、政策を変更させるはっきりした「決め手」を提供するということがない。たとえば、「持続可能な開発のためのリオデジャネイロ会議」で採択されたアジェンダ21はソフト・ローであり、条約ではなく、まったく強制力がない。また、国連の女性差別撤廃条約があるにもかかわらず、女性の権利に関する規範の大半は、普遍的ないしほぼ普遍的な有効性のある条約として成文化されていない。

十分に機能している国内の民主主義では、民衆政治と利益集団の組織化が法律の制定と実施に直接つながる。こうした関係が国際レベルでは欠けている。先に見たように、拘束力のある規則を策定する政府間組織には民主主義的な正当性が往々にして欠けている。透明な手続き、説明責任を促す制度上の取り決め、一般市民に訴えることによって再選を果たそうとする政治家の活動などが見られないからである。かといって、政治問題をめぐって国際的運動を展開する民間部門やNGO部門のほうが、民主主義的な正当性を主張できるというわけでもない。これらは市民社会を代表していると主張するが、自選であったり、代表しているとはいえないエリートであることが多い。一般市民の関与を促す国際的な取り決めと、拘束力のある決定に基づく多国間協力が分離されていることが、正当性をめぐる争いや政府間制度が膠着状態に陥る危機につながる。すでに見たように、この分離は国内の投票モデルを地球的規模に拡大しただけでは解決できない。

政府の正当性を決定するのは、インプット面で用いられる手続きだけではない。重要なアウトプットも関係してくる。一般市民は、安全保障、福祉、アイデンティティについて心配している。こうした重要なアウトプットが欠けていると、インプット面の手続きが民主的なだけでは、まず十分ではない。民主政治の正当性の基礎は、手続きと、評価されているアウトプットを生みだす有効性にある。世界的な制度は、インプット面の民主主義的な正当性の問題がさらなる膠着状態をもたらすようなら、重要な政府間協力を効率よく進めるのに役立ったことによって生じた正当性まで失いかねない。もっともこれは、インプット面をいくらか変化させられれば、たとえそれが国内の例から類推される手続きにはるかにおよばないものでも、アウトプット面の有効性にいくらか正当性が残るかもしれないということでもある。

ここに示唆されているのは、民主主義的な正当性を判断するのに、国内の例から類推された、いわゆる民主主義の赤字よりもっと適切な尺度が必要なことである。全世界的な制度を評価するのに適した規範理論を構築することが、グローバル・ガバナンスの発達の重要な部分となる。国内の例からの類推と深く結びついているEUの事例は、これまでに述べた理由により、全世界的な制度には適切ではないと思われる。さらに、コンピューター・ネットワーク上の民主主義（サイバーデモクラシー）において直接投票が行われる可能性に基づく新しい理論も、十分なものではない。技術の発達によって、住民投票が頻繁に行われる世界になり、問題点に関心を抱く大勢の人の声を集められるようになるのは想像できる。だが、こうした投票が規範として意味のあるものになる共同体がないところで、効果的な討議ができるとは考えにくい。時間が経てば、こうした障害は乗り越えられ、徐々に手順もできてくるかもしれないが、近い将来のことではない。

それまでのあいだ、それなりに規範となる原則と手順を策定して、透明性と説明責任を向上させなければならない。これは政府間組織だけでなく、今日のグローバル・ガバナンスを構成している企業やＮＧＯにも言えることだ。たとえば、透明性が増すことは説明責任にとって重要なことだが、透明性は即時でなくても完全でなくてもよい。米国の連邦準備制度理事会の審理や最高裁判所の審議の詳細が、遅れて発表されるのが、その例である。同様に、説明責任にはいくつもの側面があり、選挙で選ばれた指導者まで何段階もの権限委譲を経て報告を上げていくことは、そのうちの一つにすぎない。市場は大勢の人の選択を（公平にではないが）取りまとめているし、政府と多国籍企業は彼らに説明する義務がある。専門家組織は超国家的な規範を策定して維持しており、それらに対して政府間組織、ＮＧＯ、政府高官は責任があると思われる。また、ＮＧＯや報道機関が有名ブランド商品を持つ多国籍企業を告発して恥をかかせるという慣習も、ある種の説明責任を作りだしている。同じように、汚職にまみれた政府を告発することも、説明責任を生みだす一助となる。三部門の協力や混成の提携は歓迎すべきものだが、さらに部門間や混成の提携のあいだで競争があれば、透明性と説明責任にとって有益である。米国のような民主主義国でも、官僚、利益団体、議会小委員会の議員という「鉄の三角形」の問題を解決する最善の方法は、競争と報道機関への公表である。

政府を超えた三部門ネットワークは、政府間組織よりはるかに迅速かつ効率よく行動できると賞賛されることがあるが、これらは、民主主義的ないし準民主主義的な説明責任の対象になることが少ない[81]。非公式な調整は、正式な手続きを踏む場合より速くできるが、あまり形跡が残らない。行為主体についても、なかに民間企業、企業連合、独立・準独立規制機関が含まれていれば、一般市民からの圧力がおよばない可能性がある。政府を超えた政治とは、世界的規模の特別利益団体の政治だ、ということになりかねない。また、国家が「ハード・ロー」を制定するという意思決定の主要な活動を、政府を超えた三部門ネットワークに引き渡すことはなさそうである。こうしたネットワークは全世界的な政策過程においてますます重要な要素になると思われ、効果を上げることは歓迎される。だが、直接民主制を主張することや単純に国内の例から類推することに頼らずに、それらの透明性と説明責任を評価できる適切な方法を考えることが不可欠である。

結論——グローバリズムとガバナンス

グローバル化は、国内統治に大きな影響をおよぼしているものの、一部で予言されているように国民国家を廃れさせるものでは決してない。「有益な非効率」が存在し、国内政治の伝統と文化が存続していることは、二一世紀に入ってからも国家がガバナンスの基本となる制度でありつづけるということだ。だが国内の統治組織には、経済面の非効率の縮小、経済のグローバル化がもたらす再分配と不平等にまつわる緊張、超国家および第三セクターのアクターの拡大する役割などによって、圧力がかかる。「埋めこまれた自由主義」の妥協は、開放性と引き換えに社会的安全網を築き、二〇世紀後半にはうまくいったが、今では圧力がかかっている。その妥協こそ、世界政治における問題を（他の管理体制とともに）管理してきたブレトンウッズ体制の基盤であった。第16章でロドリックが示しているように、この妥協のおかげで、経済のグローバル化と民主政治に向けたある程度の国内自治を両立させることができた。ここにきて、そのシステムが試練にさらされている。これは、そのシステムを廃棄すべきだということではなく、先に述べた有効性かそれとも正当性かというジレンマを解消するのに、新たな戦略が必要だということである。

グローバル・ガバナンスにおける規則の制定と解釈は、多元化している。規則はもはや、国と政府間組織だけのものではない。民間企業、NGO、政府の下部組織、国家と政府を超えたネットワークなどが、大概は中央政府機関と政府間組織とともに役割を果たしている。その結果、新たに現れてくるガバナンスの形態は、階層制ではなくネットワーク型となり、その目標はきわめて野心的というより最小限に定められるはずである。「ネットワーク化されたミニマリズム」は、経済統合の利益を可能にしながら、国内の民主的なプロセスと埋めこまれた自由主義的な妥協を保とうとするものである。

ネットワーク化されたミニマリズムは、ガバナンスの大まかな原則でしかなく、何をするべきかというより何を避けるべきか（階層制や、国内政治への干渉）に関するものだ。多国間協力を継続させるには、ネットワーク化された取り決めは、決定を正当性のあるものにするというガバナンスの古典的な問題を解決しなければならない。分解可能な問題点に基づくクラブ・モデルは決定を下してきたものの、それらは正当性を疑われるようになってきた。世界的な公共政策には現在、より多くの国、民間部門、NGOが関与しており、これらのアクターを何らかの形でシステムに参加させる必要がある[82]。解決策の一つとして、政府（および政府間組織）、民間、第三セクター組織による部門間の提携が考えられるが、それにもやはり問題がある。グローバル・ガバナンスを理解するには、国際的な制度とネットワークの透明性と説明責任に、微妙な違いを意識したアプローチをとることが不可欠である。

第14章でアプルバウムが示しているように、正当性をもたらすのは多数決主義の投票手続きだけだと思わないことが重要である。米国の憲法（たとえば最高裁判所）にも政治的慣行にも、この点を満たしていない部分がたくさんある。民主主義的な正当性にはいくつかの源泉があり、規範的なものも実質的なものもある。国際的な管理体制の正当性は、一つには選挙で選ばれた各国政府に委任されたことから生じるが、効果を上げられることや国家を超えた市民社会からも生じる。選挙に全面的に頼ることなく一般市民が確実に参加できる、新しい方式を見つけなければならない。だが主だった社会が民主的であるかぎり、正当性を決定するのは、国際的なガバナンスの方法が民主主義の規範と一致していると一般大衆が見なすことである。何らかの形の透明性と説明責任が欠かせないというわけだ。また、全世界的な決定の正当性はおそらく何十年間も揺らぎつづけるので、国内の政治的措置のために別に十分な空間を確保して――これをEU用語で補完性（サブシディアリティ）という――多国間制度への圧力を緩和することも非常に重要である。WTOの慣行において、規範の体系全体を混乱させることなく、国内政治がときに国際協定から離脱するのを認めているのは有益な例である。

もしかしたら、政府間組織と国際的な管理体制の政治的基盤が、高水準のガバナンスを維持するには脆弱すぎるということがあるかもしれない。つまり、国際的な管理体制に対する要求が、供給を上回るということである。その場合、行き詰まりと欲求不満が生じると思われる。だが、こうした行き詰まりがどういう結果をもたらすのかは明らかではない。一九一四年以降に起こったように、これらのガバナンスの制度から離れる動きが生じ、国家への回帰が起こり、グローバリズムが制約されることになるかもしれない。あるいは別の方向に進んで、準司法的な手続きの国際的構築、「ソフトな法律」の制定、特定の問題点の効率的な管理といった、国家と政府を超えたネットワークの分野へ向かうかもしれない。ただし、単に過去が繰り返されたり、孤立した国民国家の世界に逆戻りすることは考えられない。グローバリズムは定着する。それをいかに管理するかが問われている。

第1部

グローバル化は世界をどう変えるか

第2章 | Globalization of the Economy | Jeffrey Frankel

経済のグローバル化

経済のグローバル化は、戦後の世界を形作った最も強い力の一つである。特に、この五〇年間には財とサービスの国際貿易が、そしてこの三〇年間には国際金融の流れが重要さを増した。この章ではまず、貿易と金融がたどったグローバル化の過程を数量的に明らかにする。次に、国際的な経済統合の動因からしばらく離れて結果に目を向け、グローバル化は経済成長のためだけでなく、経済以外の目標を考慮に入れた場合も全体として良いことだという結論に至る。

経済のグローバル化を推し進める大きな要因は二つある。民間部門において輸送と通信のコストが下がることと、公共部門において貿易と投資に関する政策の障壁が低くなることである。輸送と通信のコストは、技術的進歩と革新によって、かなり昔から着々と引き下げられてきた。戦後になってコストの低下にさらに拍車がかかり、超大型タンカー、フェリー式貨物船、コンテナ貨物など、海上輸送にもおよんだ。一九二〇年から九〇年までに、米国の輸出入貨物のショート・トン当たり平均海洋運賃・港湾料は、九五ドルから二九ドルに下がった（一九九〇年のドル換算）。貨物は、航空貨物の比率が高まっている。一九三〇年から九〇年までに、輸送マイル当たり平均航空輸送収入は、〇・六八ドルから〇・一一ドルに下がった。ジェット機による空輸と冷蔵技術によって、かつては国際的な取引には向かないとされていた商品の状況が変わった。今では、切花、傷みやすいブロッコリーやイチゴ、活きたロブスター、アイスクリームなども他の大陸まで輸送されている[1]。通信コストの下がり方は、もっと急激である。一九三〇年には二四四・六五ドルであったニューヨークからロンドンへの三分間の電話料金は、九〇年までに三・三二ドルまで下がった。近年登場したファクスやインターネットについては言うまでもない。

グローバル化の広がりについては誇張されることが多い。この話題で話が盛り上がるあまり、国境を越える経済統合がこれほど急に進んだのは前代未聞だという印象を与える。ここまで進めばもう完了だといわんばかりの解説者もいて、もはや距離も国境も問題ではなく、経済に関しては国民国家も地理も無関係で、顧客が地球の反対側にいても隣の町にいるのと同じように商売ができるという。なんと言ってもインターネットのおかげで国境の壁が消えたのだから、というわけだ。

だが、政策決定者や一般市民がものごとを決めるとき、「グローバル化は新しいものなので過去の経験は関係ない」「この現象はもう逆戻りすることはない」「グローバル市場を前にして国の通貨当局は無力になった」「米国人の生活の質は、経済面もそれ以外の面も、国内で米国人がとる行動より海外の出来事に左右される」といった考え方をするのは間違いである。

歴史上のどの時点をとってみても、強い力が世界を縮めようとしている一方で、多くの強い力が国々を引き離そうとしていることを認識するべきである。たとえば一九九〇年代、インターネットやドル化といった力を見て国民国家は衰退したと言い切った人がいたが、独自の通貨や貿易政策を持つ新たに誕生した国（旧ソ連圏の崩壊により）の数は、植民地の独立が相次いだ一九六〇年代を除いて、どの一〇年間よりも多かった[2]。ここ数十年間は縮む方向の力が支配的ではあったが、遠心力も健在である。

経済統合を測定するための二つのベンチマーク

第二次世界大戦後、国境を越えて進められた経済統合にはたしかに力強いものがあったが、二つの点において、広く信じられているほど目覚ましいものではなかった。第一の点は一〇〇年前を基準にして見た場合、第二の点は、完全にグローバルな統合とはどういうものかという基準から検証した場合である。

一九〇〇年と二〇〇〇年のグローバル化

一九世紀のグローバル化は、現在と比べてもまったく見劣りがしないほど印象的なものであった。輸送でも情報・伝達でも、最も革命的な大躍進は一九〇〇年までにすでに起こっていた。たとえば、鉄道、蒸気船、電報、冷蔵技術などである。貨物運賃は、一九世紀を通じて急激に下がった。政治的安定の環境がパックス・ブリタニカによって整い、通貨安定の環境が金本位制によって整った。ケビン・オルークとジェフリー・ウィリアムソンは、貿易が急速に拡大した結果、商品価格の国家間格差が劇的に縮小したと論じている[3]。

ここで思い出されるのが、ジョン・メイナード・ケインズの非常に有名な言葉である。

「一九一四年八月に終わりを告げたあの時代は、人類の進歩における驚くべき一エピソードであった……ロンドンの住民は、ベッドで朝のお茶を飲みながら、世界中のさまざまな製品を電話で注文することができた……それと同時に、同じ方法で、自分の財産を世界中の天然資源や新事業に投資することもできた」[4]

一九一四～四四年、世界は経済のグローバル化から大きく逆戻りする。この原因としてあげられるのは、第一次大戦後の西欧の孤立主義、両大戦間の期間の通貨不安と経済不況、一九三〇年に米国連邦議会によって採択されたスムート・ホーレイ関税法をはじめとする関税や他の貿易障壁の引上げ、一九三〇年代のファシズムの台頭、一九四〇年代の共産圏の台頭などである。これらの要因はすべて政府が築いた障壁と関係があり、技術や民間市場の力が障壁を低くする傾向があるのとは対照的である。その結果、一九四五年に戦後の一歩を踏み出したときの世界は、一九一四年の開戦時より経済的にはるかに寸断されていた。

とはいえ戦勝国は、第一次大戦のときの失敗は繰り返すまいと決めていた。今回は、大いに経済統合を推し進めて、長期的な政治目標に向かって前進しようと考えたのである。国際通貨・投資・貿易を管理するため、国際通貨基金（ＩＭＦ）、世界銀行、関税と貿易に関する一般協定（ＧＡＴＴ）といった多国間制度が設立された[5]。米国は当初、率先して貿易障壁を減らし、ドルを金と交換可能にした。貿易の基本的指標の一つである製品の輸入・輸出が総生産量に占める割合で見ると、米国が第一次大戦前のグローバル化と同じ水準に達したのは一九七〇年前後のことであり、第二次大戦が終わってから二五年以上かかったことになる。この比率は一九七一年から九七年まで急増しつづけ、今では約九％に達しているが、それでも一九世紀末から二〇世紀初頭[訳注1]の英国の水準にはおよばない。生産要素の移動の自由に関するものをはじめとする他の指標では、二〇世紀末の世界は一〇〇年前より統合が進んでいるとはいえない状態であった[6]。

貿易が一九七〇年代に入るまで第一次大戦前の重要さを取り戻さなかったと言うと、ほとんどの人が驚く。一〇〇年前と比較することには、経済史学者が素人に突きつける擬似事実とは比べものにならないほどの意義がある。技術の専門的知識が不可逆的である――最初の一〇〇〇年についてはは断言できないとしても、次の一〇〇〇年間は不可逆的であった――ため、グローバル化は不可逆的なものと見なされる傾向がある。ところが、三〇年間にわたって（一九一四～四四年）世界を寸断させた政治勢力には、そのあいだに起こった輸送の技術的進歩をはるかに上回る力があった。グローバル化の進展に関しては、必ずこうなるとは決して言えないのである。グローバル化を継続させるには、世界の指導者たちは第一次大戦後ではなく第二次大戦後のような選択をしなければならない。

二〇〇〇年のグローバル化と完全な国際統合

国境を越えた完全な経済統合とは、案山子（かかし）のようなものではないだろうか（そうは思わない読者も、この章の終わりまでに考えが変わるだろう）。いうまでもなく案山子には目的があり、その利益を正当化する説明には事欠かない。役に立つ案山子は、カラスに対して効果があるくらい頑丈でなければならないが、撤去できないほど頑丈であってはならない。どちらの点も、完全な国際統合にぴったりと当てはまる。

ここでまた、貿易の統合に関する基本的な統計を見てみよう。国の財とサービスの輸出総額もしくは輸入総額が、国内総生産（GDP）に占める割合である。これらの比率は、サービスにおける急激な伸びのため、米国では現在、平均一二％である。貿易の水準は現在、一〇〇年前の二倍に達していると思われる。たしかに、輸送コスト、関税、その他の貿易障壁は著しく低下したが、コストや障壁がゼロとなったときの状況とはまだほど遠い。この点は、あとで紹介するもっと複雑な統計で立証するが、非常に簡単な計算でも十分に説明できる。米国の生産高は、世界総生産の約四分の一を占めている。ということは、その他の国の生産高は世界総生産の約四分の三である。米国人が国内の生産者の場合と同じくらい手軽に外国の生産者から財・サービスを購入するのであれば、外国製品が米国の支出に占める割合は、世界の平均的市民の支出に占める割合と等しくなるはずである。米国のGDPに対する輸入の割合は、〇・七五になるはずだ。米国の輸出の対GDP比についても同じことになる。ところが実際の比率は、この仮定的水準の約六分の一でしかない（一二％／七五％＝六分の一）。つまり、米国人が国内の場合と同じように手軽に世界と商取引をしていると言うには、貿易比率で見たグローバル化が六倍増になる必要がある。

米国以外の国も同様で、完全に開放された状態とはほど遠い。世界全体の総生産に対する商品貿易の総合的比率は、米国の場合の約二倍である。これは、他国の規模が米国より小さいため、当然である。だが、他の二大経済圏——日本と欧州連合——の場合、この比率は米国の水準に近くなる。ほとんどの国の比率が、世界が完全に統合された場合の水準にはるかにおよばない[7]。図2-1では、その国の生産高のうち、輸出されずに国内で販売された割合が垂直の面で表されている。ほとんどの国が

図2-1　国の規模（世界生産高に占める割合）と閉鎖性（国内販売／総生産高）の対比

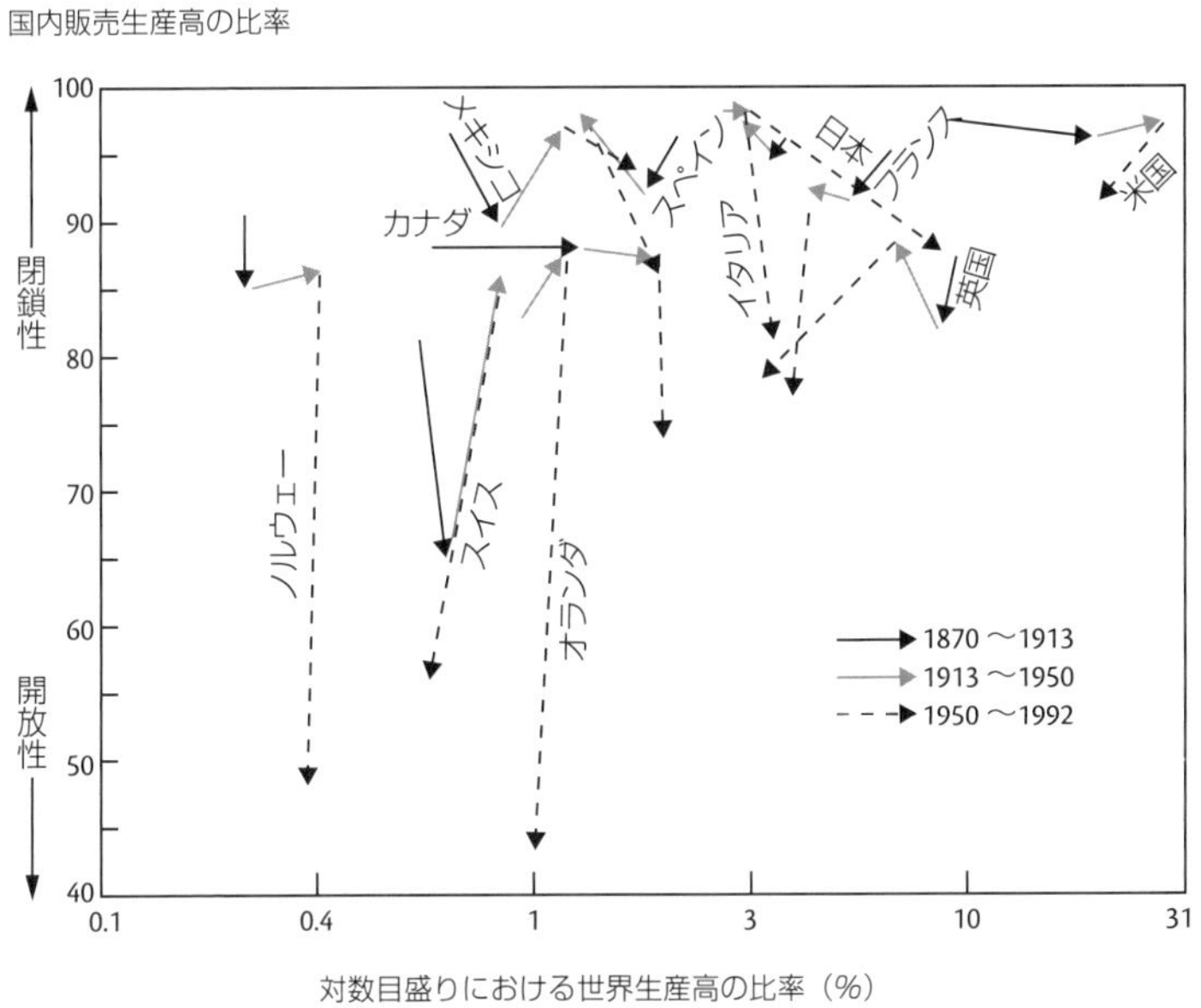

出典：Angus Maddison, Monitoring the World Economy（Paris: Development Center of the Organization for Economic Cooperation and Development, 1995）からのデータと本章執筆者による計算。［注：閉鎖性＝(1－(x/GDP))*100］

下降線を描いており、各国がこの一三〇年間に開放的になったことを示している（両大戦間の期間は、統合の傾向が中断されたことも現れている）。米国はまだ、完全に開放された状態にはほど遠く、国内で販売される生産高の割合が世界生産高に占める割合と釣り合っていない。他国は米国より小規模で自給率が低いため、GDPに対する貿易の割合は米国より高いが、やはり完全に開放された状態にはほど遠い。

なぜ、グローバル化は達成されないのだろう。まだ取り除かれていない輸送コスト、貿易障壁、その他の摩擦がどのように組み合わさっているのかを知るためには、統計をより深く見ていく必要がある。

統計数値に見る経済統合

二〇世紀、国境を越える統合の障壁がどのように変化していったかを示す数値——貿易政策における関税の水準や、通信と輸送の技術的変化における米国・ヨーロッパ間の電話料金など——に目を向けると、何か見えてくるのではないか。ただ、政治的・物理的な決定因が多すぎて、貿易や金融における統合を全体的に測れる二、三の基本統計にまとめるのは不可能だ。たとえば、関税率は商品によって大きく異なり、それらをまとめる理にかなった方法がない。非関税障壁の場合は、もっと困難だ。関税や他の貿易障壁の重要度を測れる他の方法には、きわめて低い相関関係しかない[8]。

国の貿易全体の輸送費は、FASまたはFOB貿易額（「船側渡し」または「本船渡し」として輸出国を離れるときの額）に対するCIF貿易額（輸入国にかかる運賃・保険料こみの費用）の割合で示される。米国の貿易では、これが一九五〇年代の約九・五％から、一九九〇年代には約六％まで下がっている（世界平均は四％以下）。しかし、この数字には輸送費の低下が実際より控えめに現れていると思われる。貿易の構成が変化しているし、FAS・FOBに対するCIFの割合は商品によって、また貿易相手によって大きく違うからである[9]。

国境間の障壁については、それ自体の数値より、障壁が貿易と投資におよぼす「影響」を示す数値に目を向けたほうが得るところが大きい。そこで用いられる尺度としては、量に関するものと価格に関するものの二種類がある。

「国際的な行き来の規模はどのくらいか」という量の尺度のほうが、より直接的な感じがするかもしれない。だが、経済学者は価格の尺度を選ぶことが多い。それは第一に、量より価格のほうがたいていデータの質が高いからである（これは国際金融市場に関するデータに特に当てはまる。外国有価証券の価格に関するデータは非常に整っているが、有価証券の国際取引全体に関するデータはきわめてお粗末である）。第二に、概念のレベルでも、特定の商品や資産の価格における国際格差は、これらの価格を一定に保つ国際的な裁定の力の程度を示しており、統合の広がりの因果関係を示す指標として役立つからである。たとえば、米国の石油製品の貿易について考えてみよう。これは米国の石油製品の生産高や消費の全体から見て、特に大きな割合を占めているわけではない。それにもかかわらず裁定によって、米国内の石油価格は世界市場価格と密接に関連している。おたがいに石油取引のまったくない二カ国間でさえ、価格は密接に連動する。価格を一定に保ち、市場を最も有意義な統合に導いているのは、実際の取引の大きさではなく、障壁がないことと、大規模な取引の「可能性」である。

裁定によって商品価格の国際格差はなくなるか

基礎的な経済理論によると、ある物を値段の安いところで買うのと同時に同じ物を高いところで売るという裁定には、価格を等しくするはたらきがある。ところが現実にはそうならないことに、経済学者は幾度となく驚かされてきた（もっとも、他には誰も驚いていないようだが）。その場合の説明としては、商品が実は同じ物ではないというのが多い。たしかに販売、保証、顧客サービスに関しては、ブランド名が重要になる。たとえば、ＢＭＷは明らかにレクサスと同じ車ではないし、さらに同じ

BMWでも、ドイツと米国で同じ車が売られているわけではない（たとえば大気汚染防止設備が違う）。国際的な比較に、「購買力平価」を割り出すときのような総計した価格指数を用いる場合、裁定の痕跡があまり見られないのは不思議ではない[10]。価格の国際格差で驚かされるのは、標準化されたボールベアリングのような差別化されていないノーブランド商品の場合である。商品によっては、価格差が国内の場合と比べて国境を越えると格段に大きくなる。これは為替レートの変動のせいだと思われる[11]。

もっと驚かされるのは、歴史をさかのぼってみても、価格差がなくなる傾向があまり見られないことである。ケネス・フルート、マイケル・キム、ケネス・ロゴフが、八つの商品（大麦、バター、チーズ、卵、オート麦、エンドウ豆、銀、小麦）について一二七三年以降の英国とオランダの価格データを入手している[12]。これらの商品の輸送費が劇的に下がった今日でも、いわゆる「イギリス海峡をはさんでの一物一価の法則」からの逸脱は、その幅も頻度も昔と変わらない。これは別の力が輸送費の下がった分を相殺してきたということであり、考えられるのは、ヨーロッパの共同農業政策による貿易障壁や、ポンドとギルダーの為替レートの変動性である[13]。

貿易の本国偏向を助長する要因

一般に地理――とりわけ距離――は、おおかたの人が思っているより貿易の大きな妨げとなっている。

距離。いまだに距離は大いなる貿易障壁であり、それは輸送費のせいばかりではない。近接していたり、言語・文化・歴史・政治的なつながりがあると、情報の壁の影響が小さくなる。これは、社会的距離と呼べるものだ。これをハンス・リンネマンは「心理的距離」、ピーター・ドライスデールとロス・ガルノートは「主観的抵抗」と呼んでいる[14]。

距離がいまだに重要だという根拠としてあげられるものは多々あるが、きわめて単純なものに、産業に見られる地理的集積の傾向がある。産業が地域的に集中するのは、輸送・通信にコストがかかることと、生産における規模の利益があるからである。

この集積は、金融サービスやコンピューター・ソフトといった、物理的に運送する費用がほとんどかからないセクターでも起こっている。金融機関はマンハッタンに、情報技術企業はシリコン・バレーに集中している。これは、実物商品の取引で輸送費を節約したいからではない。直接会うことが、情報の交換と取引の交渉に重要だからである。

距離が重要であることは、異なる地点の商品価格を分析したときにも明らかになる。遠く離れた相手と取引するときの輸送費やその他のコストが重要であれば、近い相手との取引では、裁定が機能して類似した商品の価格が一定に保たれるはずだ。チャールズ・エンゲルとジョン・ロジャースが、カナダと米国の二三都市における一四の消費分野の価格を調査したものがある[15]。それによると、北米の二都市間の距離が相対価格の変動性にかなり影響している。

価格ではなく貿易量に目を向けても、同じような結果が得られる。引力モデルによると、ニュートンの万有引力の法則になぞらえて、二カ国間の貿易量は距離に反比例し、それらの経済規模に比例するという。これはデータとぴったり一致するし、不完全な代替財である財の貿易理論にしっかりと基づいている。データも豊富（一〇〇カ国×九九＝九九〇〇組の輸出を観察）なので、標準誤差は小さいと思われる。

統計的推定値を見ると、距離が二カ国間貿易に大きく影響していることがわかる。二カ国間の距離が一%増すと、貿易は〇・七〜一%減る。この統計は、あとで出てくるものもそうだが、貿易相手国の規模といった貿易におよぶ他の影響を一定としており、距離の影響だけが示されている。ありふれた最小二乗回帰分析の優れているところは、要素ごとに単独の影響を調べられることである[16]。

その他の地理的変数。位置については、統計的に大きく影響する物理的属性が他にもある。他の要因を等しいとした場合、内陸国は貿易量が三分の一ほど少ない。また、隣接する二カ国間では、それ以外の点では同じような条件の二カ国間より、貿易量が約八〇%多い。

言語要因と植民地要因。言葉の壁が相変わらず貿易の妨げとなっている。同じ言語を使用する二カ国間では、それ以外の点では同じような条件の二カ国間より、貿易量が約五〇%多い。欧州連合（EU）の経済統合がいまだに完全とはほど遠いのは、言語の数が多いことが理由の一つである。

植民地時代のつながりも、歴史的に重要である。大植民地帝国の解体が本格化した一九六〇年代、植民地と宗主国の貿易は、その点を除いて同じような二カ国の場合より、平均して二〜四倍多かった[17]。こうした影響は、これでも植民地時代よりは小さくなっており、七〇〜八〇年代も減りつづけた。とはいえ、消えたわけではない。それどころか、小さな保護領まで対象に入れると、同じ国の植民地である国・地域間の推定貿易量は、その点を除いて同じような二カ国の場合を平均八〇%上回っている（一九九〇年の時点でも）。それに加え、二カ国の一方が宗主国である場合、貿易量はそれ以外の場合より五〜九倍多い[18]。

軍事的要因。政治・軍事的同盟や戦争が二カ国間の貿易におよぼす影響も調査されている。理論上かつ経験上（引力の枠組みにおいて）、貿易は一般に同盟国間のほうが多く、敵国間のほうが少ない。当然ながら、二カ国が交戦中であれば貿易に悪影響がおよぶ。一九六五年には九九%減というケースさえあった。より典型的なものとしては、一九九〇年の八二％減があげられる[19]。

自由貿易地域。地域の貿易に関する取り決めには、ゆるやかな特恵貿易的な取り決めから完全な経済同盟まで幅があるが、これによって参加国間の関税や他の貿易障壁が低くなる。こうした取り決めの参加国は、近さ、共通の言語、その他の結びつきによってすでに密接につながっていることが多い。だが、こうした要因について一定とした場合でも、引力モデルによると、自由貿易地域の形成によって貿易は平均七〇～一七〇％増える[20]。ＥＵのような本格的な共同市場の場合、さらに大きな影響があるはずだ。それでもやはり、ＥＵ加盟各国の貿易には大いなる国内偏向が残っている。

政治的つながり。国家間の関税や他の目に見える貿易障壁が取り除かれ、輸送費という地理的な決定因を一定とすれば、外国との貿易は国内の場合と同じように行われるはずだと愚直な経済学者は考える。だが、現実はまったく違う。フランスとその海外県のように、二つの地理的単位が同じ主権国に属している場合、貿易量はざっと三倍増となる。このように、地理的単位間の政治的関係は、目に見える貿易政策や言葉の壁といった要因を上回る影響を貿易におよぼす。

同じ国。距離（非隣接を含む）と言葉の障壁について調整したあとでも、どの国にもやはり外国製品より国産品を買う偏向がかなり見られる。シャンジン・ウェイが経済協力開発機構（ＯＥＣＤ）加盟国について推測したところによると、偏向は非常にゆっくりと減ってきているにすぎず、依然として統計的に有意である（なかでは、米国が最も偏向していない）[21]。

国内の州や県のレベルのデータがあれば、同じ政治同盟に参加していることが、二つの地理的単位間の貿易にどう影響するかが確かめられる。二者に同じ言語を話すといったつながりがあると、両者間の貿易が確実に押し上げられていることはすでに見た通りである。二者が共通の文化的伝統や法律制度を持っていれば、貿易がさらに増えるのは当然である。米国の州、日本の県、ドイツの州、英国の州、フランスの県については、国内の他州・他県との貿易データはまず手に入らない。だが、カナダの州については、他州および米国の主要都市との貿易データがある。それを見ると、取引が大いに国内に偏向していることがわかる。ブリティッシュ・コロンビアの人口はカリフォルニアの一〇分の一にすぎないが、オンタリオからブリティッシュ・コロンビアには、対カリフォルニア輸出の三倍の量が送り出されている(数字は一九八八年のもの)。

ジョン・マッカラムは、州のあいだの貿易に引力モデルを応用した。際立っているのは、これまでにも見られた規模と距離の影響である[22]。二つの州が同じ国にあることを示すのに用いたダミー変数のおかげで、非常に興味深い結果が得られた。国内の二州間の取引は、あいだに国境があるという点を除いて同じような条件の米国の州とカナダの州との貿易の二二倍にのぼる。この調査にジョン・ヘリウェルが手を加えて、カナダと米国の自由貿易協定のデータを反映させたものがある。それによると、一九八八〜九〇年のカナダ国内の偏向因数は平均して二一である[23]。

この結果から連想されるのが、エンゲルとロジャースの論文「国境とはどのくらい幅広いものなのか」の印象的な結論である。それは、カナダと米国の国境を越えることが、どちらかの国内で約四〇二二〜一万六〇九〇キロの距離を移動するのと同じだけの変動性を二都市間の相対価格に加える、というものである[24]。憲法によって連邦レベルでしか貿易政策の策定ができない米国のような場合とは異なり、カナダでは各州がたがいに貿易障壁を作りがちなのに、州同士で取引する傾向が見られることは意外である。取引がカナダ国内に偏向している理由には、法律制度が同じなので取引がしやすいことや、統合されたメディアと広告部門、全国的な店舗網、東西の鉄道網などがあげられる。ヘリウエルとマッカラムは、「移住と家族のきずなに基づき、輸送網、通信網、教育組織に支えられた数多くの教育的・地理的つながりと、移動可能な医療や年金の権利に答えがあるのではないか」[25]という。カナダと米国のように文化的に近く、自由化された貿易関係を持っているわけではない他の国々の場合、国内偏向はさらに根強いと思われる。

通貨。異なる通貨の存在、とりわけ一九七一年にブレトンウッズ体制が崩壊してからの為替レートの大幅な変動が、国際貿易・投資を妨げていると考えられるようになって久しい。為替レートの変動は、財市場の一物一価の法則がうまくいっていないことと明らかに関連している。たとえばカナダと米国のように、貿易障壁、距離の問題、言葉の壁がなくても、両国間の貿易より国内取引のほうが圧倒的に多いとなると、次に考えられるのは通貨の違いである。とはいえ最近まで、通貨要因が貿易や投資の足を引っ張っているというたしかな証拠を見つけるのが難しかった。今では、引力モデルを用いることができる[26]。その結果、為替レートの可変性における一標準偏差を――たとえば七%の平均値からゼロへ――取り除くと、二国間の貿易が一三%増えることがわかった。しかも、アンドリュー・ローズによると、これを徹底させて共通通貨を採用すると影響は格段に大きくなり、貿易はさらに三・五倍に増える[27]。

貿易と金融の促進を動機の一つとして、共通通貨ないし固定為替相場制を採用した国は、この一〇年で二〇前後にのぼる（一九九九年の欧州経済通貨統合に参加した一一カ国を含む）。だが同時に、ソ連崩壊によってほぼ同数の新通貨が誕生した。

金融市場統合の程度

一九四四年、ブレトンウッズ会議の出席者が考えていた世界通貨制度は、国際統合は明らかに良いことであり、障壁はできるだけ早く撤廃すべきだという仮定を、商品の取引には当てはめるが金融市場には当てはめない、というものであった。経済理論においては、資産の自由貿易についても財とサービスの場合に引けをとらない賛成論を展開できるが、一九三〇年代の経験から、会議出席者たちは国際的な資本移動にはある程度の制限が望ましいと確信していた。ドイツと米国は、一九七三年に固定相場制が崩壊するまで資本統制を維持した。日本と英国は一九七〇年代末まで維持し、他のほとんどのヨーロッパ諸国は一九八〇年代末まで自由化しなかった。一九九〇年代に入ると、多くの新興市場国も大規模な国際的資本移動に門戸を開いた（もっとも、その後の危機を目の当たりにして、ブレトンウッズ会議の出席者は正しかったと確信した人もいた）。

金融市場を検証してみると、国際統合はこの三〇年間に大いに進んだものの、思ったほどには達成されていない。これは、質の面にも価格の面にもいえる。

たしかに、国境を越えて移動する資金の総量は大きく伸びている。最も印象的かつ広く引用されていると思われる統計に、世界全体で一日に一・五兆ドル（一九九八年四月現在）という外国為替市場の総出来高がある。これは、財とサービスの貿易額のおよそ一〇〇倍である。だが、資本移動はグロスよりネットのほうがだいたいの場合、より興味深い。現在の純資本移動を国内総生産の比率で見ると、第一次世界大戦前に英国からアルゼンチン、オーストラリア、カナダといった広大な土地のある国へ流入していた資本の水準にはるかにおよばない[28]。さらに、マーティン・フェルドスタインとチャールズ・ホリオカは、非常に影響力の大きい論文において、完全な国際的資本移動性がある世界では、純資本移動は予想されるよりずっと少なくなると論じた。つまり、国内貯蓄に不足がある国は、それを外国からの借入れで補うことにはならず、不足分にほぼ相応して投資が減るという[29]。また、本国偏向と呼ばれているものがあり、どの国の投資家も、運用資産を外国有価証券より分散ポートフォリオに向ける比率がはるかに高い[30]。不完全な情報と取引コストが、国際投資にとって依然として大きな障害となっている。

裁定に各国間の資産価格や収益率を等しくする力がどのくらいあるのかについて、さまざまな検証が行われてきた。ふつうに考えると、金融の国際的な流れを妨げる障害がなければ、裁定によって金利は等しくなるはずだ。だが、そうなるかどうかは細かい状況によって違ってくる。先物市場を利用して為替リスクの要素が取り除かれている金利の場合は、先進国のあいだで実質的に等しくなっており、国際的な資本移動に国の管理がほとんどおよんでいないことがわかる。だが、金利が先物為替相場ではなく為替相場変動への期待で調整されている場合は、各国間で等しくなることはないようであり、さらに金利が予想されるインフレ率で調整されている場合は、絶対に等しくならない。こうして見ると、通貨が違うことは期待収益率に大きなずれを生じさせるほど重要なことである。そのうえ、有価証券の国際投資には、なくならない取引コストと不完全情報が明らかに影響している[31]。これらのせいで投資家は、不動産に対する抵当権といった情報集約的な資産に国境を越えて投資する気がしなくなる。また、途上国への投資には、カントリー・リスクという不利な条件が加わる。

要するに、この数十年間に国際金融市場では財市場と同じように統合が大いに進んだものの、広く信じられているほど完全な統合に向かって前進したわけではない。グローバル化は新しいものではないが達成されておらず、逆戻りしないとは限らない。

経済のグローバル化の影響

グローバル化の影響と、その利点は何だろう。これについては、原因と結果を見分けるのが容易ではなく、確実な答えを出すのは難しい。そのうえ、国民所得をできるだけ増やすこと以外の目標が入ってくると、価値判断が関わってくる。それにもかかわらず、経済理論と実証的研究には貢献できることがたくさんある。

貿易が実質所得の水準と伸びにおよぼす影響

経済学者が経済統合をこれほど重要視するのはなぜだろう。経済にとって、自由貿易の利点は何なのか。

貿易の理論上のケース。古典的な経済理論では、貿易には「比較優位」という考え方に関連した国益があるとしている。この二〇年間、学者は「新貿易理論」を展開させてきた。それによると、貿易には動態的と称されるさらなる利点があるという。各理論を順に検討していくことにしよう。

古典的理論は、アダム・スミスとデビッド・リカードにまでさかのぼる。アダム・スミスは、特化、つまり分業によって生産性を高められると論じた。リカードは、この概念を国家間の貿易にまで広げた。各国は、貿易によって得意分野に特化することができ、生産高の価値を最大限に高められるという考え方である。政府が貿易を制限すると、輸入したほうが安い商品を国内で生産することになり、資源がむだになる。

もし、あらゆる商品を他国よりうまく作れる国があったとしたらどうだろう。その場合でも、自由貿易支持論に勝ち目がある。その商品を生産する技能が他国より相対的に劣ってさえいれば、その国は貿易から利益を得られるからである。これが比較優位説であり、国際貿易理論の根底にある基礎的な(直観に反しているかもしれないが)原則である。たとえばマイケル・ジョーダンの場合、彼の比較優位は芝刈りではなくバスケットボールにあるので、庭の芝刈りのほうは、たとえ自分のほうが上手くできても人を雇ってやらせるのが理にかなっている。同様に、外国のほうが効率的に生産できる特定の財(衣類、靴、熱帯農産物、家庭用電化製品)を米国が輸入するのは、米国の比較優位が他の財(航空機、金融サービス、小麦、コンピューター・ソフト)にあるので理にかなっている。

簡単にいうと、これが自由貿易の利点に関する古典的な考え方である。この古典的理論には、注目すべき属性が二つある。第一に、完全競争、規模が拡大しても変わらない収穫、固定された技術といった、あまり現実的ではない条件を前提としている。第二に、貿易から得られる利益はそもそも静態的なものであり、実質所得の「水準」に影響するものである。貿易障壁を取り除くと所得が増えるが、これは一回限りの増加といったものだという。

では「新貿易理論」はどうだろう。こちらは不完全競争、規模に関する収穫逓増、変化する技術を考慮に入れていて、古典的理論より現実的である。これは古典的理論とならんで、あるいはそれ以上に、多角的および二国間交渉で貿易障壁を低くするという米国が戦後期を通じて行ってきた自由貿易政策を支えてきた[32]。

たしかに、これらの理論は、政府がこのうえなく適切な措置をとり、他国が当たり前の行動をとるのであれば、あるきわめて特別な状況では国の介入（たとえば戦略部門への補助）によって成功を収められるとしている。だが、これらの理論にはまた、どの国も一斉に補助を行うような世界ではどの国も状況が悪化する、そして補助金やその他の介入を制限することに合意できればどの国も状況が好転する、という属性がよく見られる。

米国が結んできた貿易協定は、米国側の何らかの譲歩に対して相手側が米国製品に譲歩するような二国間もしくは多国的協定ばかりだったといってよい。事実、最近の貿易協定では（北米自由貿易協定や中国のWTO加盟問題のように）、米国より米国の貿易相手のほうが輸入障壁を大幅に減らさなければならないケースがほとんどである。これはそもそも、これらの国の障壁が米国より高かったからである。とはいえ当然ながら、こうした協定によって高まるのは、輸入品に対する米国の需要より、米国製品に対する外国の需要である。こうして米国には、プラスの「交易条件効果」による利益があると思われる。これは生産効率の向上による通常の利益と、国際貿易による消費者の利益に上乗せされる。

しかも、政府が貿易障壁に対する外国からの報復を恐れていない場合でも、介入は実際には不十分な知識に基づいているのがつねであり、利益団体によって腐敗したものとなっている。超過利潤を追求するような行動を封じるには、部門別の介入を禁止するのが最も効果的な方法である。グローバル化によって、経済活動を競いあう者の数が増える。それによって、市場における歪んだ独占力（値上げにつながる）が減るだけでなく、政治の舞台での歪んだ企業力（ロビー活動に用いられる）も減る。

何より重要なのは、開放性が実質GDPの水準だけでなく国の成長率にも永続的な影響をおよぼすという根拠が、新貿易理論に見出せることである。世界中で経済統合が進むと、先端技術やグローバル経営の最優良事例がすばやく吸収されるようになり、革新とコスト削減に拍車がかかり、独占が駆逐される。

こうした動態的利益は、いくつかの源泉から生じる。まず、市場規模と競争の拡大による利益がある。その他に、外国人や外国の生産方式との接触が増えたことによる技術の向上がある。こうした接触にはたとえば、専有知識を持つ外国企業による直接投資や、外国で開発された技術を形にした輸入品に触れることがある。国際貿易および交流のこれら各々の要素が、国内経済の成長を促す効果をもたらす。市場を開放させる努力が静態的影響と組み合わされて、成功したときには、大きな利益を生みだすのはまちがいない。

貿易の実証的ケース。「貿易が有益だと、どうしてわかるのか」という問いに対し、理論を引用しても完璧な答えにはならない。実証的な証拠が必要である。経済学者は、各国の経済成長率の決定因を統計によって検証してきた。いちばん目立つ二大要因は、物的資本と人的資本への投資である。だが他の要因も重要だ。成長方程式の推定値は、たとえば輸出入総額がGDPに占める割合で見て、開放度を測るのに利用できる。デビッド・ローマーと私が、一〇〇カ国の一断面を一九六〇年以降の期間について調べたものがある[33]。この調査では、開放性が成長に結びつくのか、それとも成長が開放性に結びつくのかという、成長と貿易のあいだに見られる同時的な因果律に目を向けた。わかったのは、標準推定値と比べて、同時性について調整すると、成長に対する開放性の影響がいっそう強くなることである。

開放性が一人当たり所得におよぼす影響の推定値は、〇・三〜三・〇まで幅がある[34]。一・〇という中間の整数で考えてみよう。米国では一九五〇年代以降、開放性が〇・一二増した。二つの数字を掛け合わせると、統合が進んだことが米国の所得に一二%の影響をもたらしたことになる。もっと劇的なのは、開放率がゼロに近い定型化されたビルマと、一〇〇%に近い定型化されたシンガポールを比べたときだ。私たちのおおよその見積りである一・〇という係数では、シンガポールは開放性の結果として所得がビルマより一〇〇%多いという結果になる。貿易は一度だけＧＤＰの水準に影響するのではなく、国の成長率に影響しうるため、貿易自由化はますます切実なものとなる。

これに対して、この考え方は地理に誘発された貿易による成長の利益を示すだけで、政策に誘発された貿易の影響にもおよぶとは限らない、という反応が考えられる[35]。だが、グローバル化を批判してもてはやされている人たちは、それが技術の進歩によるのか政府の自由化によるのかにかかわらず、国際貿易・金融が拡大することがとにかく問題だと思っているようだ。これらの批判家は、政府が政策の壁を取り除くのに対して反対論を唱えるにあたり、地理や輸送技術革新に起因する国境を越えたやりとりが経済的に有益だと明言することはまずない。

マクロ経済的な相互依存。 貿易と金融の統合によって一般に、国家間の景気変動の伝播が増す。各国は、変動為替相場によって外国の変動からある程度は隔離されている。資本市場が高度に統合されると、一九七三年以降の主要先進国間の相関関係に見られるように、変動為替相場によっては完全に隔離されなくなる。とはいえ、国際的に伝播することは各国にとって悪いことばかりでなく良いときもあり、不都合な国内現象の一部を世界各地に移転できる場合もある。貿易収支は、生産と雇用を不況のときは改善させ、好況のときは悪化させ、かけがえのない自動安定装置となる。

それより気がかりなのは、金融危機の波及である。一九九〇年代だけでも、九二〜九三年の欧州為替相場メカニズムの危機、九四年一二月のメキシコ・ペソの切下げに端を発した「テキーラ危機」、九七年七月から九九年一月にかけて東アジアと世界各地の新興市場が見舞われた危機など、枚挙にいとまがない。このように、どこかの国で危機が発生すると他国に影響がおよぶ。経済学者のあいだで以前より意見の一致が見られるようになったのは、観察された変動や変動の国境を越えた相関関係のすべてが、その国の経済のファンダメンタルズを合理的に評価して、効率的な資本市場が罰したり報いたりしていることによるものではないという点である。膨らむ国際的な資本の流れが人びとの幸福にどう影響するかという活発かつ膨大な議論に、段落を一つ割いたくらいでは十分に論じられない。とは言うものの、現代のグローバル化した金融市場はないよりあったほうが各国にとって全体としては良いというのが大多数の見解である[36]。

貿易がその他の社会的目標におよぼす影響

グローバル化を懸念する人の多くは、貿易が国民所得全体に良い影響をもたらすことは認めても、労働者の権利、食品の安全、文化をはじめとする他の高く評価されている目標に悪影響があるのではないかと疑っている。ここでは、平等と環境という二つの主要な価値観について考えてみる[37]。

所得分配。国際貿易・投資は、途上国が資本と技術の面で先行する国に追いつくのを助け、力強い成長源となりうる。一九九七〜九八年の通貨危機後も奇跡と見なされつづけるほどのめざましい成長を遂げた東アジア諸国にとって、これが一九六〇年代から九〇年代にかけて成長の重要な要素であった。貿易は収斂を促すことにより、世界中に広がっている非常に大きな所得格差を減らすのに役立つ。

もっとも、所得分配を心配する人の大半は、世界的な平等より国内の平等に関心があるようだ。教科書にある標準的な国際貿易理論であるヘクシャー・オリーン・サムエルソンの理論に、国内の所得分配について印象的な予測がある。貿易によって生産の希少な要素が負かされ、豊富な要素が利益を受けるというものだ。これは、先進国では資本と技能のある人が非熟練労働者を犠牲にして利益を手に入れ、途上国ではその逆になることを意味する。同じ予測が、国際資本移動にも（さらにいえば、国際労働力移動にも）当てはまる。だが、この理論の予測については戦後期を通じて、先進国もしくは途上国における分配効果といった十分な直接的証拠を見出すのがきわめて難しかった。現在では、ヘクシャー・オリーン・サムエルソンの理論の中心をなす要素賦存理論より、変化する技術、産業内貿易、労働者の特定産業との結びつきなどの現象のほうが重要であると思われる[38]。

米国では、技能労働者と非熟練労働者に支払われる賃金の格差は、一九七三年～九五年に一八%ポイント拡大し、その後は横ばい状態にある。この格差の一部は、貿易が非熟練労働者より技能労働者に利益をもたらしたせいであることが懸念される。一般的な統計による推定――理論的枠組みを検証するより課すのがつねである――では、拡大した格差の五～三〇%が貿易に起因する。それ以外の分については、技能労働者に対して供給が追いつかないほどの需要を起こさせる技術が最大の要因である[39]。もっと高い推定値のなかには、賃金格差の純増加分の三分の一が貿易のせいだというのもある[40]。七三カ国について調査したチャクラバルティは、ジーニ係数によって測定すると、貿易が不平等を緩和することがわかったという。この関係はまた、各所得層にも当てはまる[41]。

言うまでもなく、所得分配は貿易以外の数多くの要因によって決定される。その一つに、政府が行う再分配政策がある。こうした政策には、貿易によって悪影響を受けそうな集団に対する補償ないし

「買収」として考え出されたものもある。だが、それよりはるかに重要なのは、国が豊かになるにつれて、再分配がより大々的に行われる傾向があることだ。

古くからの経験的法則に、成長の初期段階では所得の不平等が拡大し、段階が進むと改善される傾向がある。この現象は最初、クズネッツ曲線によって地方・都市間の人口移動と関連して説明された[42]。だが現代では、所得再分配を「上級財」——それを買えるほど社会が豊かになると、総所得をいくらか犠牲にしてまで購入を増やすもの——と解釈するのが一般的である。これが正しい場合、総所得を増やすことにより、貿易が最終的には平等を拡大させることが期待できる。

環境。類似した論理として、国が一人当たり国民所得のあるレベルを超えると、貿易と成長は環境にも良い影響があるという考え方がある。ジーン・グロスマンとアラン・クリューガーが環境のクズネッツ曲線と呼ばれるものを明らかにしている。つまり、工業化の初期段階では成長は大気や水質の汚染に悪影響をおよぼすが、その後、国が環境をきれいにするための費用を払えるほど豊かになると汚染が減る、というものである[43]。これにつづいて、相当数の論文が発表された[44]。重要な点は、一般市民の望みが自動的に環境の質という形で現れるとは限らず、外的影響に対処するには通常、政府の介入が必要だということである。

貿易が環境に良い影響をおよぼしうるという考え方は、多くの人にとって意外なものだ。それとは逆に、貿易は公害の避難所を提供するという説があり、企業が汚染度の高い部門の生産を規制の少ない国に移して競争力を失わないようにするのを貿易が促進するという。だが、経済学者の研究調査によると、環境規制は企業の国際競争力の大きな決定因ではない[45]。さらに、「パレート改善」という「徹底的な競争」の懸念に逆行するものがある。つまり、各国は貿易によって、環境の質を一定水準に保ったまま市場評価による所得を増やしたり、所得を一定水準に保ったまま環境をより良くするなど、目標をいっそう達成できる。ウェルナー・アントワイラー、ブライアン・コープランド、M・スコット・テイラーの測定によると、貿易のさまざまな影響を生産の規模と構成などによって組み合わせたモデルにおいて、開放性がGDPを一%押し上げる場合、二酸化硫黄の濃度は一%減少する。つまり、貿易は成長を促すので、環境にとっても良いということになる[46]。

計量経済学による貿易と成長が環境におよぼす影響の研究は、どういう具体的な汚染の尺度を用いるかによって結果が違ってくる。環境に関する他の規準にも目を向けなければならない。たとえば、政府が熱帯広葉樹林や絶滅に瀕した種の保護に力を入れていないのに、貿易がそれらの生存にとって少しも悪くないというのは考えにくい。

豊かな国が環境を良くする措置を講じるという説は、影響が国内で感じられるような問題だけに当てはまる。つまり、スモッグや水質汚染といった主要な「悪者」が、企業や家庭から見ると外部だが、国の内部にある場合である。とはいえ、この一〇年間に注目を集めるようになった環境の外的影響には、グローバルなものがある。その例として、生物の多様性、魚の乱獲、オゾン層の破壊、温室効果ガスの排出の四つがあげられる。一トンの二酸化炭素は、世界のどこで排出されても地球温暖化におよぼす影響は同じである。この場合、いくら国民が心配しても、いくら政府が有能でも、環境を良くするために各国が単独でできることはほとんどない。各国政府は問題に対処するために、これら四つの各々について国際条約の交渉を進めてきた。だが、大きな成功を収めたといえるのは、これまでのところオゾン層の破壊に対処するモントリオール議定書だけである。

では、国際貿易・金融がこれら地球環境の外的影響を悪化させるという、一般に流布している印象は正しいのだろうか。答えはイエスではあるが、貿易と金融が経済成長を促すという意味において、である。地球上にまだ数百万人しか住んでいなくて、産業化以前の貧しい暮らしをしているのであれば、温室効果ガスの排出は大きな問題になっていない。産業化は環境の悪化につながり、貿易は産業化の一部である。そうは言っても、ほとんどすべての人が少なくとも自分のことに関しては産業化を望んでいる。自分が貧窮するのをわざわざ選ぶとは、あまり考えられない。この点が認識されれば、貿易は資本蓄積、地方・都市間の人口移動、技術の進歩といった経済成長の他の源泉と何ら変わるところがない。

米国の議会における京都議定書の反対派は、先進国が二酸化炭素やその他の温室効果ガスの排出を制限することに合意したら、条約がまだ適用されない途上国に対する米国経済の競争力に悪影響があることを恐れている。これは一部当たっており、米国のアルミ製錬といったきわめて炭素集約的な産業部門は、実際に不利になるだろう。だが、米国の他の産業部門には、非参加国との貿易が良い影響をもたらす。真の問題点、つまり地球の気候変動に関する条約に途上国を参加させなければならない本当の理由は、そうしなければ、たとえエネルギー経済の再構築にかかるやや高いコストを負担して協力する気が先進国にあったとしても、今後数十年にわたって地球全体の排出量にほとんど影響をおよぼすことができないからである。もっとも、これは貿易とはまったく関係がないことだ。経済のグローバル化が起こっていない世界でも、同じ問題に直面する。

結論

この章では、経済のグローバル化の範囲と源泉に関する問いには自信を持って答え、その影響に関する問いには、やや自信のある答えを出している。

世界では第二次世界大戦後、輸送と通信のコストが下がり、政府による障壁が低くなったため、貿易と金融に関してますます統合が進んでいる。とはいえ、この現象は新しいものでも完成されたものでもない。グローバル化は、第一次大戦前の半世紀のほうが劇的であったし、ここ半世紀に見られた進展の多くは、途中で流れがせき止められていた時期の分を取り戻しただけのことである。また、グローバル化は達成された状態とはほど遠い。多くの人が抱いている印象とは違って、国境と地理がいまだに貿易と投資をかなり妨げている。簡単な計算をしてみても、米国の外国との貿易が国内取引と同じくらい容易に行われているといえるようになるには、生産高に対する貿易の比率が少なくともあと六倍増えなければならない。まだかなりの影響が残っている距離、国境、その他の地理や貿易政策に関する要素のほかに、通貨、言語、政治制度の違いなどの障壁が貿易の妨げとなる影響をおよぼしていることが統計に現れている。

この章における経済のグローバル化の影響に関する議論は、必然的にことのほか簡潔になった。理論と証拠のどちらからも、貿易が実質所得にプラスの影響があるという主張をはっきりと支えていることが理解できる。これこそ経済学者が、国際統合の過程を継続させることが、特に発展途上国にとって重要であると確信している所以である。

総所得以外の社会的価値に対する影響は、委細によってプラスのこともマイナスのこともあり、統計による証拠から肝心な点について必ず明確な答えが得られるとは限らない。所得分配と環境汚染という最もよく研究されている分野では、産業化の初期段階では状況が悪化し、所得水準が上がると好転するというパターンが見られるようだ。市場評価による生産高という観点から見て豊かになった社会は、他の面でも生活の質を向上させることを選ぶ。これと同じ原則が、安全、人権、民主主義といった非経済的価値にまでおよぶことが考えられる。つまり、貿易が非経済的価値におよぼすもっと直接的な種々の影響のほかに、貿易が所得にもたらすプラスの影響を通じて、間接的に有益な一般的影響があることが期待できる。

国際的なガバナンスの問題は、以降の章で取り上げる。だが、この章の締めくくりとして、一九九九年一一月のＷＴＯシアトル会議における激しいデモの誘因となった労働基準と環境基準について所見を述べたい。目についたのは、主権、規制、統合からなる国際的な「三極ジレンマ（トライレンマ）」である。つまり、国家はこれら三つの望ましい目標のどの二つでも手に入れられるが、三つ全部を同時に手に入れることはできない。これは、主権国家が自国の労働や環境の規制を選ぶのを、グローバル化が邪魔をするという意味だろうか。そうかもしれない。だが、児童就労、種の絶滅の危機、温室効果ガスの排出といった国境を越えて広がる懸念は、国際貿易・投資から生じるものではない。これらの問題は、貿易がなくても存在する。経済以外の、情報や考え方の伝達に関するグローバル化から生じる懸念が、本書の他の章で論じられている。シアトルのデモ参加者は、こうした伝達を止めることには賛成しないのではないか。それなら、経済のグローバル化を止めることもためにならない。

国際貿易やＷＴＯのような世界機関は、これらの懸念に対処するのを妨げるものではない。それとは逆に、気候変動に関する京都議定書の批准のような地球の環境を守ろうとする国際的な取り組みの妨げとなるのは、国家主権そのものであり、そして各国の国民が環境のために何を社会の優先事項とするかについて合意できないことである。国家主権へのこだわりと国内の不一致という二つの障害は皮肉にも、米国では他国と同じくらいかまたはそれ以上に根強い。環境を守る国際行動を妨げているのは、シアトルのデモ参加者の大半が信じているような、ＷＴＯといった国際機関による主権の侵害ではないのである。

第3章 | The Impact of Globalization on National and International Security | Graham Allison

国家および国際安全保障のグローバル化

グローバル化が流行語であることは明らかで、もしかしたらこの時代を代表する流行語かもしれない。まず最初に確認しておきたいのは、これが本質的に複合概念であって、単純な事実ではないことだ。グローバル化という言葉は現在、異なるさまざまな現象を曖昧に指すのに用いられることがあまりにも多く、これらの現象の背後あるいは根底に、まだ発見されていない本質が潜んでいることを示唆するもったいぶった感じがつきまとっている（ロックが物質を定義して、「何であるかが私にはわからないもの」と言ったのが思い出される）。現在の使われ方を見ていると、「影には人間の心を曇らせる力がある」という決まり文句がいつも冒頭に流れた「影」という有名なラジオ番組を思い出す。何がグローバル化で、何がグローバル化に名を借りた戯言なのか。それを見極めるのが主要な課題である。

この作業を進めやすくするため、ある同僚が「ネットワーク隠喩」と呼んでいるものに基づいた定義を提案したい。この隠喩によると、グローバル化は「特定可能なネットワーク」という観点から考えるべきものだ。ネットワークの語源は、漁網という言葉にも使われている網（ネット）というつながった子縄が一定間隔で交差している単純なものにあり、それが概念的に拡大された。ラジオやテレビの放送システムや接続された電子部品において、結節点同士がつながってネットワークとなる。この隠喩を用いると、グローバル化とは、「特定可能なネットワークが世界中に作られたり広がること」と定義できる。世界中の地点と人を何らかの特定の面や媒体でつないでいるのがグローバル・ネットワークである。

この定義は、グローバル化を地域化、「全国」化、「太陽系」化、さらには宇宙化と対比させると、その意味がいっそう明確になる。「全国」化は、特定の面に沿って国全体におよぶ地点と人のネットワークを築くことであり、「太陽系」化は、特定の面に沿って太陽系全体にわたる地点のネットワークを創造することである。

ネットワークについては、電話網、電気回路、さらにはインターネットを思い浮かべてみよう。ネットワークとは、そのネットワークを構成している地点や人の特定のつながりである。ネットワークには構造（アーキテクチャー）があり、システムの構成単位間にどういう特有の関係があるのかを示す。標準的なネットワークの構造（アーキテクチャー）には、車輪（ハブ・アンド・スポーク）型またはスター型、ハブが相互に接続された格子型、一つの伝送リンクに複数のノードが接続されているバス型の三つがある（図3-1、3-2、3-3）。車輪（ハブ・アンド・スポーク）型の例は、一つの空港からあちこちに伸びている航空路線に見られ、格子型の例としては電気回路があり、バス型はインターネットの構造に広く用いられている。インターネットの構造には他に、リング型や、スター型とリング型を組み合わせたスター形配線リング型などが用いられている（図3-4、3-5）。

しばらく前になるが、全世界的な相関性の深まりが議論され、異なる国家間の関係から生じる相互

図3-1　スター型

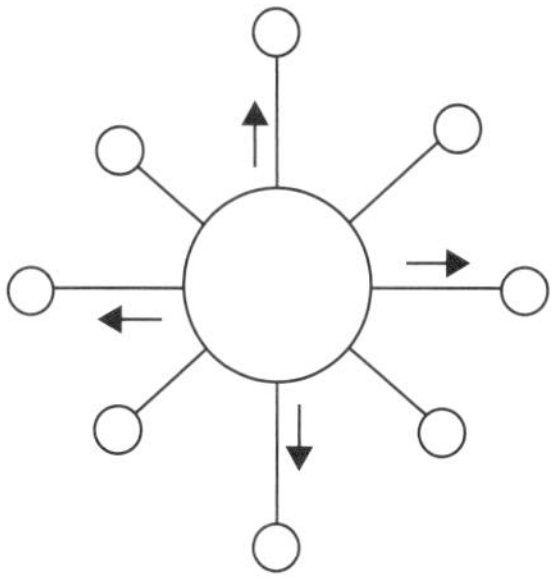

図3-2　格子型

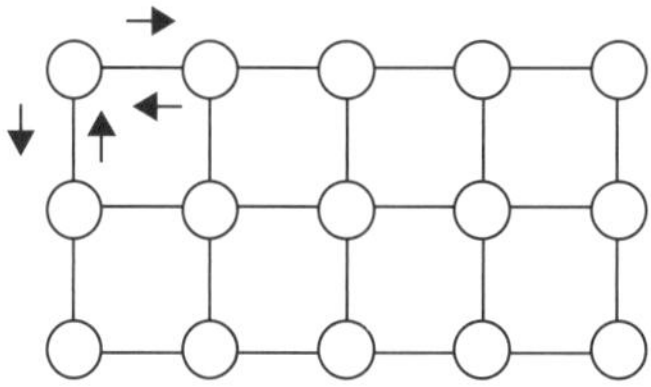

図3-3　バス型

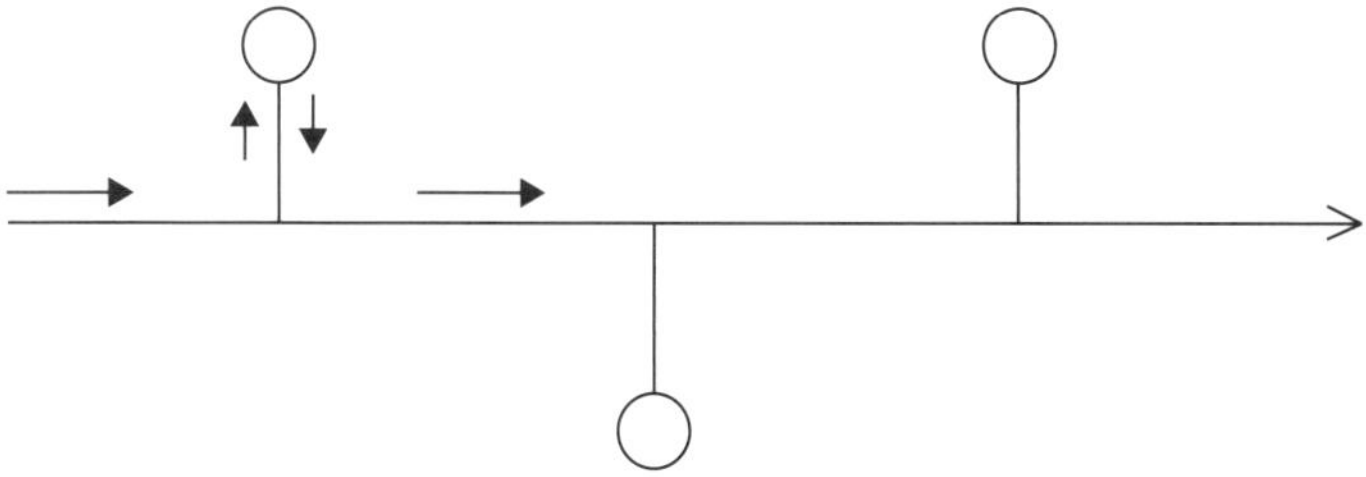

図3-4　リング型

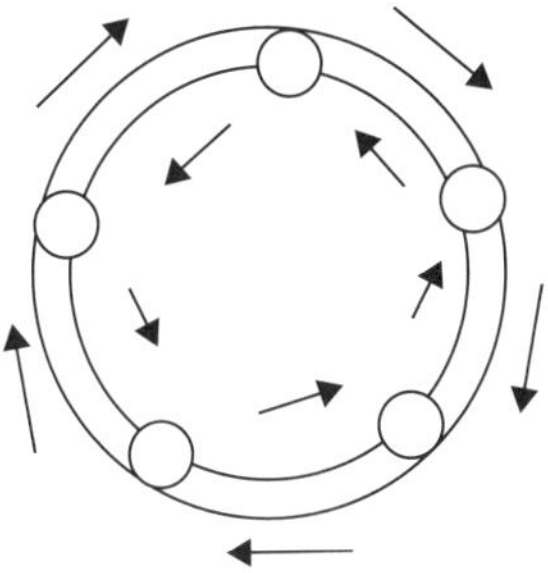

図3-5　スター形配線リング型

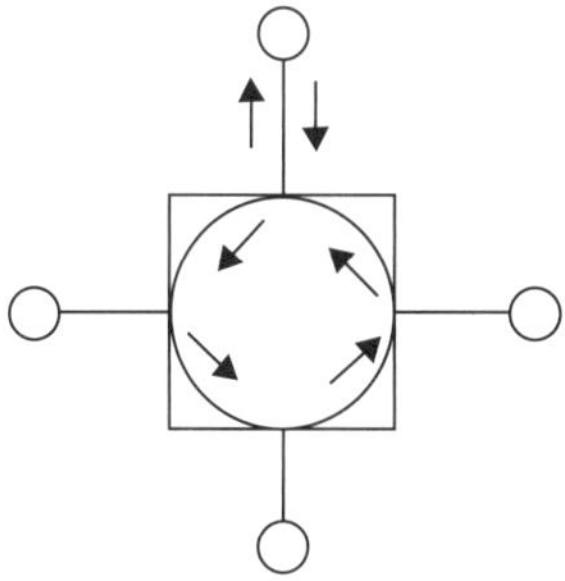

の影響を意味する「相互依存」という概念が出てきた。時とともに、相互依存は全体の一部しか捉えていないことが明らかになった。国や異なる国のアクターは、特定の面で相互につながっていることが多く、この連結性によって互いに影響をおよぼしあう。だが、こうした交流の影響が均等であることはめったにない。相対的な力、強さ、影響もまた、国や異なる国のアクターのあいだの関係を決定する要因である。

グローバル・ネットワークの概念を利用すると、グローバル化に関する二つの重要な問題が見えてくる。まず、システムにおけるどの特定の地点のあいだに、どういう特定のつながりがあるのか。世界中の特定の地点間に特定のつながりがなければ、グローバル化は起こらない。たとえばインターネットのような、全世界的なシステムにつながっている世界の地点だけが、その特定の全世界的なシステムに参加している。第二に、システムの各構成単位は、他の構成単位にどういう影響をおよぼしているのか。スター型ネットワークでは、たとえば電気の場合、中心的な力の源である中央発電所から地域の結節点を介して各地の消費者に送電され、影響は一方向に限られている。もう一つの方法として格子型があり、複数の発電機がネットワーク内の結節点に配電する。インターネットの著しく「民主的にする」という特徴は、数多くのもっともな理由でしばしば指摘されてきた。たとえば、システムのすべての参加者が他の参加者にメッセージを送ることができ、ノウハウがあればほぼ誰でもウェブサイトを立ち上げることができ、ワールド・ワイド・ウェブは全体として比較的規制がなく、サーチエンジンは民主的な方法で結果を捜し出す。それにもかかわらず、利用者とサーバー、あるいは利用者とコンテンツ提供者やサーチエンジンとのあいだの相対的な影響力の違いは、ほとんどの国内制度に見られる力の差異と同じくらい大きい。

グローバル化を特定のグローバル・ネットワークという観点から定義すれば、平等を実現する偉大なるものというグローバル化に関する戯言をだいたい退けることができる。何かの面でグローバル・ネットワークにつながった世界各地の地点は、農場に電気が通じたときの農民のように得るところがあるだろう。だが、農民が発電機におよぼす影響が、発電機が農民におよぼす影響と等しいとは誰も思わない。同様に、汎地球測位システム（GPS）および精密誘導兵器のための長距離発射装置と結ばれたスーダンの製薬工場の所有者について考えてみよう。このつながりによって、その工場は、米国大統領が一方的決定によってほんの何時間かで破壊できるようになった。工場の所有者は、ありがたくない連結性による不平等を思い知らされることだろう。

「伝統的な国家・国際安全保障の問題」とは？

国際関係の標準的な教科書には、国家は国際関係における主なアクターであり、国家の中心的課題は生存、国家の領土と制度の保全、これら中心となる利益を守るための行動の自由、国家と国民の繁栄、とある。だから、たとえば私が委員を務めた米国国益委員会は、「米国が基本的な制度と価値観をこのまま保ち、自由な国でありつづけるようにする」[1]という、第二次世界大戦後の米国の戦略にある伝統的な国家安全保障の文言から始まった。これが最近では、「米国民が自由で安全な国において良い生活状態を保ち、さらに良くなるようにする」となっており、繁栄が生存と安全とならんで中心的目標として認識されている。

ここで注目してもらいたいのは、大国と小国では大きな差があり、したがってこうした中心的目標の課題と取り組むのに使用できる戦略に大きな違いがあることだ。さらに、これらの目標同士がぶつかることがある。その例が、繁栄につながることを願って通貨の管理を国に代わって欧州中央銀行に委ねる現在のヨーロッパに見られる。これと同じように、小国が存続と領土保全を確実にするために、大国と同調して行動の独立性を犠牲にすることがしばしば起こっている。

このように、伝統的な安全保障の問題に含まれるものには、戦争と平和（特に大国間の）、力のバランスと同盟関係、帝国主義、なくてはならない原料へのアクセス・貿易・投資・通貨などの国際的な経済関係、国際法、国際制度などがある。いわゆる新しい課題に含まれるものには、技術の発達とともに現れた問題（たとえば、生産過程が環境にもたらす影響や、バイオテクノロジーによって大量破壊兵器が入手可能になること）や、外国の内戦や人権といった、以前は国家があまり気にかけなかった問題がある。

この分野の代表的な学術誌である「インターナショナル・セキュリティ」の一九七六年に発行された第一号に、国際安全保障の定義が示されており、長く変わることなく指針となっている。

> 国家は、軍事力、経済力、政府の安定性という伝統的なものだけでなく、エネルギーの供給、科学と技術、食糧、天然資源など、以前はあまり中心的ではなかった能力によっても安全保障を定義するようになっている……現在、世界的な相互依存によって、貿易、テロ、軍需品、環境といった国家を超えた懸念が、繁栄する社会の安全を考えるときの重大な要素となっている……国際安全保障には、国民国家制度の構造と国民の主権に直接的に関係するこれらすべての要因が含まれ、とりわけ重要なのが力の使用、脅威、管理である[2]。

要するに、この章の問いの独立変数には、国家の存続、主権、権力、繁栄、これらの利益を守り促進するための主な手段などがある。

グローバル化が伝統的な国家・国際安全保障の問題におよぼす影響

グローバル化と安全保障の問題について、最も広く引用されているデビッド・ヘルドたちによる概論から見ていくことにしよう[3]。ヘルドたちは、主要な仮説を六つ示している。

（1）「軍事技術が世界中に普及したことによって、革新的な国が最先端のハイテク兵器を開発して配備すると、他国は最新の機器やシステムを入手せざるをえず、そうしなければ軍事力や安全保障において遅れをとるという報いを受ける」[4]。
↓これは事実ではあるが、今に始まったことではなく、全世界的なことでもない。

（2）「情報時代の戦争は、もはや社会を物理的に動員する必要がない。必要なのは、マスメディアを巧みに利用して世論に情報を与える効率的な広報政策である。今や戦争は資本集約的で、以前より潜在的に制限されているため、何より必要なのは政治の黙従である」[5]
↓これも事実ではあるが、一部の国で起こっていることを述べたものであって、世界中についていえることではない。それに、ここに述べられていることはグローバル化の結果ではない。

（3）「情報技術によって既存の軍事能力、戦闘行動、遠方から正確に軍事力を投下する能力が一変したため、世界では新しい軍事技術革命が起こっている」[6]

↓軍事技術革命は、軍事能力における大きな進展で盛んに議論されており、これによって一部の国の軍事力が遠くまでおよぶようになり、その弁別力が増す。大陸間弾道ミサイルと核兵器を保有している国は、地球上のあらゆる地点を攻撃することができる。とはいえ、地球全体に状況に応じて異なる力を用いることができるのは、米国だけである。

（4）「即時応答の国際的通信システムのおかげで、指導者がこれまでは考えられなかったほど戦場での軍事作戦を指揮し、介入できるようになったため、戦争を行うのが容易になる」[7]

↓これは、世界全体におよぶ三つのC（コマンド、コントロール、コミュニケーション）を持っている国に当てはまるが、そういう国は一つしかない。

（5）「電子工学や光学といった防衛用兵器の生産に関係する民間産業部門のグローバル化が進んだことによって、兵器の購入や利用が国の管轄権がおよばない他の当局や企業の決定や行動に左右されるため、これまでの国防能力の自主性が弱まる」[8]

↓ここに指摘されている現象は実際に起こっており、基本的に情報・ゲノム革命による製品や部品の消費者である国に大きな影響があるかもしれない。だが、米国にとってこれよりはるかに重要なのは、チップ、コンピューター、遺伝子などの市場主導による民生用の技術開発と、こうした技術の国有もしくは政府中心の開発・応用との格差が広がってきていることである。

(6)「国家安全保障に対する脅威が広がってきており、もはや軍事面だけではなくなっている。したがって、大量破壊兵器の拡散によってすべての国が潜在的な脅威にさらされる」[9]
↓この場合もやはり、大量破壊兵器について重大な事実を述べてはいるが、グローバル化との関連がはっきりしない。

次に、トーマス・フリードマンのベストセラー、『レクサスとオリーブの木』(邦訳は二〇〇〇年、草思社)の安全保障と地政学に関する章の主要な論点を考えてみよう。フリードマンは、グローバル化が安全保障に与える影響について、大きくわけて四つの主張を展開している。

(1)経済の発展と繁栄は、国家間の平和につながる。「国の経済が発展して、マクドナルドの店舗網を支えられるだけの中流階級が存在する段階になると、その国はマクドナルドの国となる。そしてマクドナルドの国の国民は、戦争をするよりハンバーガーを買うのに並ぶほうを選ぶ」[11]
↓民主主義国同士は戦争しないという民主主義的平和論をもじったこの刺激的な主張は、一九九九年の北大西洋条約機構(NATO)によるセルビア空爆のときに真価が問われることになる。マクドナルドの店舗は、ベオグラードの繁華街を救うことができなかった。経済のグローバル化は経済繁栄と技術変化を広めるのにたしかに役立つが、この発展による影響についてはそれほど明らかではない。フリードマンは、本のあとのほうでこの点に触れ、「グローバル化は、名誉、恐怖、利益などを理由として戦争することのコストを吊り上げるものの、こうした本能を廃れさせることはないし、できない」[12]と述べている。

（2）現在、資本の源としていちばん重要なのは政府ではなく民間の国際投資家であり、彼らはイデオロギーではなく利益という目標に導かれている。「電脳投資家集団の連中は、国の愛と忠誠を得るために無制限の権限を与えるようなことはせず、利益を得るために投資する。また、総合会社や電脳投資家集団にとって、進出先の国の外観が何色かというのは、もはやどうでもよいことだ。こだわるのは、国内の配線がどうなっているか、どのレベルのオペレーティング・システムやソフトウェアを使うことができるか、政府が私有財産を保護できるかどうかだ。したがって、こうした集団は国の地域戦争には資金を出さず、戦争後に国の軍隊を――超大国なら忠誠を得るためにするように――ただで再建しないばかりか、今日の世界では唯一の重要な成長の源である資本を引き揚げて、近隣諸国と戦争をした国を懲らしめる」[13]→ここでフリードマンは、重要な事実を指摘している。国際貿易のネットワークが伝統的な国家主権を超越することである。民間の国際投資家は、予測可能で法的強制力のあるゲームのルールを求める。これらは、国家と国家間の関係に独自の強力な影響をおよぼすものとして、国が特定のグローバル・ネットワークに参加するときの条件を形成するのに役立つ。そういうわけで、一般に公正妥当と認められた会計原則が、世界市場への進出を狙っている参加者に与えている影響は示唆的である。

（3）金融ネットワークがグローバル化したため、国は地域を越えて広がる経済危機の被害をいっそう受けやすくなる。「今日、地域の軍事的危機はゲットー化するが、一九九〇年代中頃のメキシコ、九〇年代後半の東南アジア、九〇年代末のロシアのように、地域の経済危機はグローバル化する。かつて政治の世界に属していたドミノ理論は、今では金融の世界のものとなった」[14]

↓ドミノ理論はこれまでも、分析的というより隠喩的であった。これは通常、まだ差別化されていない一連の直接的・間接的・心理的・想像上のつながりにおよび、つながりには局地的なもの、地域的なもの、ときには世界的なものさえある。資本市場は全世界的に統合されているため、どこかの国で起こったことは、即時の資金移動を通して直接的に、さらに心理的にも他国に影響する。経済を大きく混乱させるこうした影響によって、軍事能力が損なわれたり、分離主義的な傾向が強まったり、外部の敵に対して脆弱になったりすることが考えられる。この例がいくつも見られたのが、一九九七～九八年のアジアの通貨危機で、たとえばインドネシアは東ティモールを失った。

（4）グローバルなつながりは、はっきりとは見えない新たな安全に対する脅威を生みだす。「イラク、イラン、北朝鮮といった我々とは考え方の異なる国民国家からの脅威は、やはり心配だ。だが最近は、インターネットや市場を通して、あるいは表玄関から堂々と他人の家に入りこんでくる絶大な力を持つ個人など、つながっている相手からの脅威を心配しなければならなくなった」[15]

↓通信、金融市場、輸送のグローバル化したネットワークによって、国はシステム障害や国以外のアクターによる脅威に対して、以前より脆弱になる。

提出された疑問についてよく考え、フリードマンやヘルドたちが展開した主張を踏まえたうえで、グローバル化が伝統的な国家・国際安全保障におよぼす影響について、八つの仮説を検討材料として示したい。

（1）標的を特定し（汎地球測位システム）、爆発物を正確に標的まで運ぶ（ミサイルとレーザー誘導爆弾）技術の進歩によって、さらにそれらを短時間に行えることによって、一部の国（特に米国）は標的が地球上のどこにあっても探して破壊することができる。この現象は、米国、ロシア、英国、フランス、中国が核弾頭を搭載した大陸間弾道ミサイルを開発して以来、見られるものだ。米国は最近、高性能爆弾と巡航ミサイルを利用して通常の非核爆発物を高い精度で発射する技術を開発することによって、これと同じ成果を得られるようになった。その影響として、小国が遠くの大国から以前は考えられなかったような強圧的な脅威や力の行使を受けやすくなる。これがはっきり示されたのが、一九九九年の米国主導によるＮＡＴＯ軍のセルビア空爆であった。

（2）生物兵器の破壊能力を向上させる大量破壊技術、特にバイオテクノロジーの発達と、旧ソ連からの核兵器や核兵器に使用可能な核物質が入手しやすくなったことと、輸送網のグローバル化によって、ならずもの国家や超国家的なテロリストが、かつては想像もできなかったような破壊を強大国で起こすことができるようになる。

↓この影響を考えてみよう。スロボダン・ミロシェビッチやウサマ・ビンラディンのような者が、米国の都市に核爆発や生物学的な装置を仕掛けた場合、米国はそれと同じ爆撃を行うだろうか。

核・生物・化学兵器技術の漏出の可能性と、ますます高まる人や貨物の移動性によって、強国でさえこれまでなかった脆弱性が生じ、自国内で大規模テロが発生するのを防ぐために費用のかかる措置をとるようになる。

（3）国家主権が損なわれ、これまでのように「内政干渉」を防ぐことができなくなった原因はいくつかあるが、これを悪化させたのはグローバル化、とりわけその国だけでなく他国民にとっても重要な出来事に関する情報のグローバル化である。「CNN化」によって、世界的なテレビ・ネットワークにつながっていれば、ほぼ世界中で起こっている出来事を自分の目で見られるようになり、自分の利益が脅かされているとか価値観が傷つけられたといった判断ができる（バークリー司教が今の時代に生きていたら、CNNのカメラが撮っていないところで森の木が倒れるとき、音がするだろうか、と問いかけるだろう）。ビル・クリントンやトニー・ブレアといった指導者たちは、人道的介入と称されているものを正当化しようとして普遍主義的な主張を展開し、干渉するなら安全保障理事会の承認が必要だという国連のルールを無視する。この問題は、コフィ・アナン事務総長などの国連の思慮深い指導者のあいだで議論を引き起こしたものの、新しい「ゲームのルール」がどうあるべきかという点ではほとんど合意が得られなかった[16]。世界で起こっていることを「現実主義」のレンズを通して眺める人は、ルワンダやコソボを人間の人間に対する酷薄さの長い歴史におけるひとこまと見なす。それに対して、理想主義的または楽観主義的なレンズを通して世界を見る人は、これら先例となる事例が「新しい新国際秩序」の構築（つまずいてはいるが積み上げられていく）に向けて大きく前進する一歩と見なされることを願っている。

このシナリオでは、ある程度の残虐行為がどこかの国で見られるだけで、それを止めさせるための軍事介入が正当化される。どちらの場合も、どういう状況であれば、つまりどういう基準で評価して、どういう過程を経れば、国家が他国の内政に干渉するという決定を合法的に行えるのか、という問題が残る。

↓この影響を考えてみよう。以前なら気がつかなかったような遠くの出来事が意識されるようになり、特に先進民主主義国で行動を求める声が高まる。どこかの国で世論が高まると、その国だけでなく他国の政府や国民にも影響することがある。一九九九年三月、コソボにおけるアルバニア系住民の苦境に対する米国民の反応は、ユーゴスラビアの一般市民と政府に直接的な結果をもたらした。その一方で、米国民の目から見ると明らかに他利的で人道的な行為でも、他国民の多くには偽善的、覇権的、新植民地主義的、さらには新帝国主義的とさえ映ることがある。

（4）「CNN化」によって、人びとは茶の間で戦争を目の当たりにし、戦場や大空での自国軍の戦いぶりを判断し、難民の流出や一般市民への被害について検討評価できるようになる。

↓この影響を考えてみよう。戦争管理者が、芝居がかった行動を重視し、意識を管理するようになる（国内政治の場合のように）。たとえば一九九九年六月、勝利したNATO軍はコソボのプリスチナ空港に入るにあたって、テレビ映りを考えて夜が明けるまで到着を遅らせた。その夜陰にまぎれて、ロシア軍が空港に先着してしまう。もっと最近では、NATOがコソボ紛争に関する世論形成で成功を収めたのを見て驚嘆したロシア政府と軍は、チェチェン紛争に関するロシア人の意識管理に大いに力を入れ、おおむね成功している。

(5)通信と貿易のグローバル・ネットワークによって、エリート層は優れた商品と技術の存在を知る。こうして、知ってしまうとどの社会の消費者でも欲しがるような商品(テレビや携帯電話からビッグマックやジーンズまで)に対する需要と供給が生まれる。この需要によって、内燃機関や集積回路から市場を基盤とする私的所有、個人報酬(必要性ではなく結果に基づく)、民間による投資や生産の決定まで、繁栄をもたらすのに効果があると証明された技術(実際の、および管理面の)が広まる。

↓その結果、いろいろなことが起こる。経済活動と社会の技術基盤は軍事能力の基礎であるため、軍事能力を十分に伸ばして存続と独立を守ろうとする国は、優れた技術の世界的流れに遅れないようにしなければならない。これにはハードウェアだけでなく社会的ソフトウェア、つまりソフトウェアを開発したり金融市場に参加する人たちがインターネットにアクセスできるようにするといったことも含まれる。たとえば、ロシア政府に目下どういう選択肢があるか考えてみよう。グローバル経済に仲間入りする以外に、実行可能な代案があるだろうか。ウラジミール・プーチン大統領は、はっきりノーと答えている。この命題は民主主義にとってどういう意味あいがあるか(これについてはフランシス・フクヤマが論じている)、さらに思想と理想の万人による受容や、アイデンティティと利益にとってどういう意味あいがあるかは熟考に値する。

(6)グローバル・ネットワーク、特に経済のネットワークにおいて、強力なプレイヤーがやりとりに予測可能性を求めるようになり、事実上、国際法の構成要素となるゲームのルールが求められるようになる。

↓この影響を考えてみよう。一般に公正妥当と認められた会計原則から、ニューヨーク州の商法に基づいて強制できる契約や、世界貿易機関（WTO）まで、国際法が着々と進展することになる。

（7）国民の生活条件が国を超越したアクター（たとえば、多国籍企業や為替投機家）によって方向づけられるところが大きいという意識のため、特に小国のあいだで国際的なガバナンスへの要求が高まる。シアトルとワシントンDCで抗議行動があってからというもの、「グローバル化」は非難されている。グローバル化の過程で反発があるのは当然だ。不満の理由は明らかである。グローバル化は、各国に急激な変化を強い、政府に国民の安全と幸福を管理する能力がないことを浮き彫りにするからだ。

↓この影響を考えてみよう。影響を受ける者の利益を代表する国際制度を求める声が高まる。世界中の人びとの生活条件を方向づける非国家アクターの代表とも見られている投資家のジョージ・ソロスでさえ、もっと効果をあげられるガバナンスの超国家的制度を構築して、グローバル化する経済力の影響を規制することを提唱している。

（8）違法薬物の売買、テロ、疾病、密輸、組織犯罪などの国境を越える問題は、グローバル・ネットワークが増殖して強化されると、ますます脅威となる。米国の国防長官の一九九九年度年次報告書では、超国家的危険が米国の安全保障の主な課題の一つとしてあげられている。「違法薬物の売買と、海賊行為や兵器と戦略物資の不正取引などの国際的な組織犯罪はなくならず、それによって友好的な各国政府の正当性が損なわれ、主要な地域や海上交通路が混乱し、米国民の安全が国内・国外で脅かされている。最後の点として、環境災害、野放しの移民の移動、その他の人的緊急事態が、世界の地域を散発的に不安定に陥らせている」。報告書はつづけて、こう警告する。「能力と暴力性を増しているテロリストは、米国人の生命を直接的に脅かしつづけ、米国の政策と同盟を損なおうとする」[17]

ほとんどのネットワークが、正統的な目的にも非正統的な目的にも利用できる。ネットワークがグローバル化すると、不正な行動の影響が全世界で感じられる。たとえば、電気通信と運送の技術の進歩は国際商取引を根本的に変えたが、テロリストや麻薬生産者にとっても障壁やコストが少なくなった。グローバル化と情報技術革命が組み合わさることによって、創造的および破壊的な目的を追求する世界中の個人と集団はきわめて大きな力を手に入れた。それに加え、環境の悪化や疾病といった、もともと国家という枠に縛られない問題は当然ながら国境を越える。全世界的な通信と輸送のネットワークによって、国境を越える脅威が近隣だけでなくネットワーク上の遠くの結節点にまで広まる。

↓この影響を考えてみよう。国家安全保障に対する経済、環境、テロリスト、文化、犯罪といった面における脅威などの国家を超えた問題は、国内の措置だけでは解決できない。解決するには、地域的および全世界的な協力と調整の仕組みが必要である。このように、技術主導で情報、通信、金融、貿易、軍事力利用などの面で世界中がつながったことにより、超国家的なガバナンスが求められるようになる。限られた有権者の代表である政治指導者が、こうした要求にどう対処できるかが、ガバナンスに対するグローバル化の永続的課題である。

第4章 | Environmental Globalization | William C. Clark

環境のグローバル化

この章で環境のグローバル化を検証するにあたっては、第1章でコヘインとナイが示したグローバル化の概念的枠組みの多くを用いている。特に、状況としての「グローバリズム」と、グローバリズムが拡大する過程としての「グローバル化」という区別を、ここでも採用した。グローバリズムとは、アクター（国家および国家以外の）が人、情報や考え方、力、資本、財、原料をはじめとする数限りない種類の流れを介して結びつき、つながりの網(ネットワーク)の目がいくつもの大陸にまたがって広がっている状態だ、とする彼らの概念化に賛成である。また、コヘインとナイがデビッド・ヘルドのものだとして取り上げている考え方も採り入れる。それは、グローバル化の概して「薄い」ものだった昔のルーツを認識し、それが「厚み」を増していく過程――これを彼らはグローバル化の過程と呼ぶ――を特定するのに注意を集中させるというものである[1]。このグローバル化が「厚みを増す」というのは曖昧で便利なイメージなので、コヘインとナイにならって、この章でも環境のグローバル化の程度を示すのに用いながら、アクター間の遠距離関係の種類・強さ・濃さ、これらの関係に巻きこまれたアクターの数、これらの変化した関係によって誘発される社会の変化の速さなどが、どのように増強されるのか見ていく[2]。

社会におけるアクター間の大陸にまたがる関係のネットワークをめぐる広い概念的枠組みのなかに、環境がアクター間の世界的規模の関係にどう関わっているのか理解するのにきわだって重要なリンケージが三つある。第一は「環境の成分」と私が名づけたもので、これはどこかで誰かが起こした行動が、環境を通したエネルギー、原料、有機体の動きによって、遠く離れた人びとが直面する脅威や機会とどう結びつけられるかについて考えるものである。第二のリンケージ、「環境の考え方」は、人びとが遠く離れた他者との関係の構築に、環境をどう引きあいに出すかに関するものである。第三のリンケージ、「環境の管理」は、社会が環境の成分および考え方のグローバル化に取り組むにつれて現れてきたアクター、規範、期待感の変わりゆく構成に目を向けるものである。

環境の「成分」のグローバル化

アクター間の大陸にまたがる関係に関わるようになった環境の「成分」の例をあげるのは難しくない。誰でも思いつくものとして、伝染病の細菌、大気圏内核実験による放射性降下物、温室効果ガスの排出などがある。だが、環境のグローバル化の程度、見通し、重要性を理解するには、例をいくつかあげるだけでなく、環境のグローバル化にどういうリンケージがあるのか体系的に捉え、これらの

図4-1　地球システムの作用

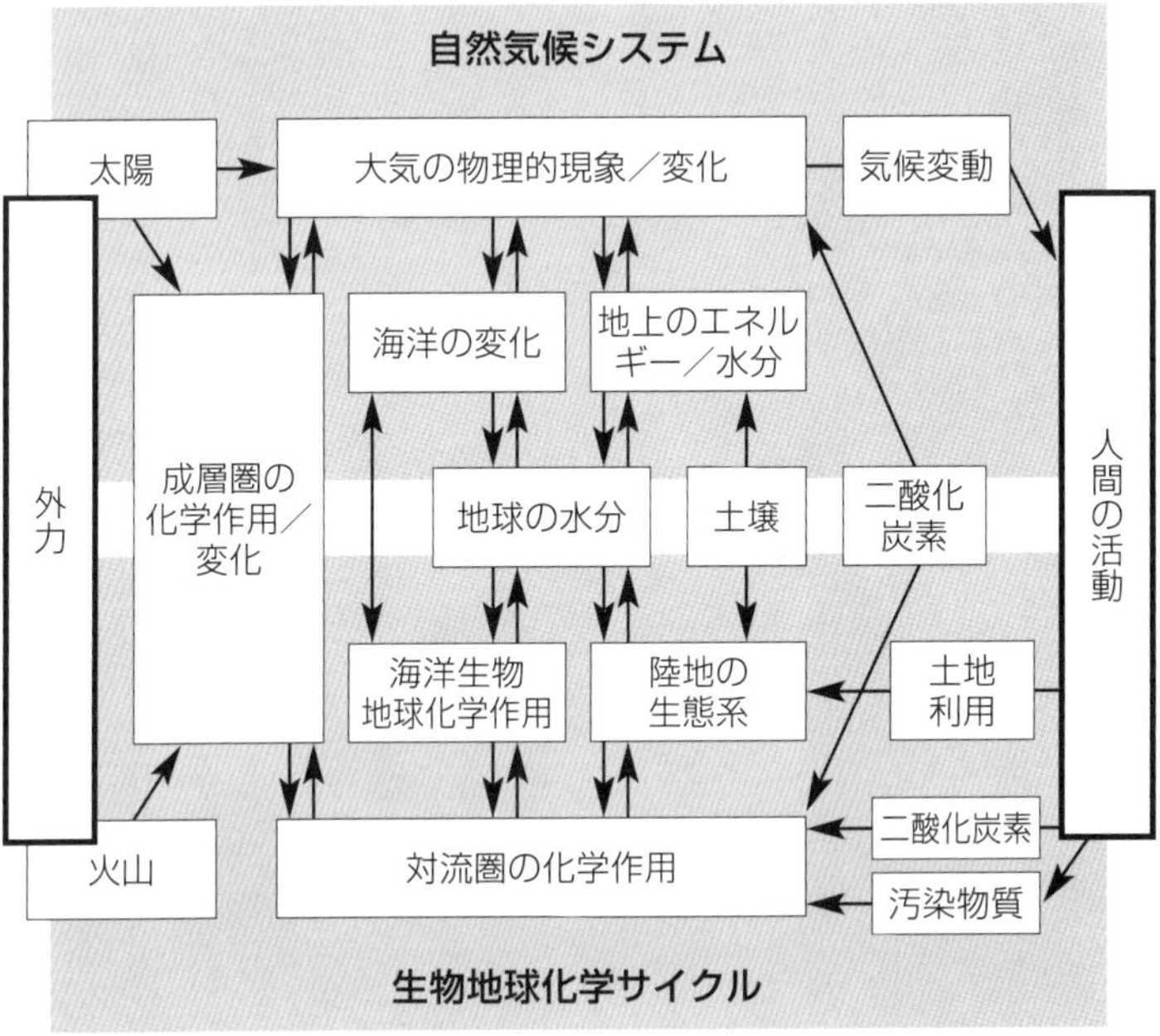

出典：National Aeronautics and Space Administration (NASA), Earth System Science Overview: A program for Global Change (also known as the Bretherton Report) (1986) の図2.4.2から。［注：この図は、地球システムを特徴づける生物学的・化学的・地球物理学的・社会的作用の関係を示している］

リンケージのどれが重要であるのかについて実証的に分析しなければならない。こうした体系的な捉え方は、地球をシステムとして理解することから始まる。

この二〇年間に地球システムの理解が進んだことにより、地球の環境が大気、海洋、土壌、生物相の複合リンケージによって形作られることが明らかになった（図4-1）。これらのシステムに共通して通っている一本の糸が、海洋と大気を還流させ、気象を発生させ、光合成を起こさせ、私たちを光、熱、電離放射線で包むエネルギーの流れである。このエネルギーの流れと密接に結びついているものに、地球全体の水の循環がある。もう一本の共通の糸は、炭素、窒素、酸素、硫黄、リンの主要化合物の流れである。地球システムについては現在、生命が地球上のエネルギーと物質の相互作用に遍在的影響をおよぼすと考えられている。こうした生命の一つである人類は、地球の環境を方向づける重要な力として認識されるようになり、それと同時に人類は、自ら一役買って作りだした世界によって方向づけられる。こうしたいくつもの相互作用の結果が、何秒間から何十億年までの時間的スケールにわたり、ローカルからグローバルまでの空間的スケールにわたる「変化」の複雑なシステムである。地球システムにおけるこれらの変化の根底にある個々のプロセスにも、地元地域に深刻な被害をおよぼす竜巻から地球上の大陸移動のプレート・テクトニクスまで、同様にスケールに幅がある（図4-2）。

エネルギーのリンケージ

地球システムでは、人類発生の以前も以後も、地域的規模で生じた地球のエネルギー収支への支障が拡大しながら伝わり、地球の反対側に大規模な影響をおよぼすことがある。こうした「テレコネクション（遠隔連結）」の理論的基礎と潜在的意味は、半世紀近く前、それらを世界気象の「バタフライ効果」という示唆に富んだイメージで説明したジョン・フォン・ノイマンによって認識された。これは現在、太平洋の東熱帯地方における海面温度の変化がインドの季節風の変化に現れたり、北米の北東部、南米の東海岸、アフリカといった遠方の猛暑や干ばつの頻発に現れたりする、エルニーニョ・南方振動現象に焦点を合わせた予報の中核となっている[3]。大陸を越える自然のテレコネクションの例

図4-2　地球システムのスケール

出典：NASA, Earth System Science Overview: A program for Global Change (also known as the Bretherton Report) の図2.3から。［注：この図は、図4-1にある地球システムの作用における時間と空間のスケールの関係を示している。軸は対数軸］

は、他にいくつも証明されている。たとえば、一〇年におよぶ北大西洋の水面気圧の振動が、シベリアの冬の気温、北西大西洋のタラの量、ヨーロッパの氷河の残量といったさまざまな現象に影響している[4]。わかっているかぎりでは、これらのテレコネクションはすべて自然現象であるにもかかわらず、これらによって、大陸をまたにかける人的アクター間の関係に環境が関わってくる可能性があるのは明らかだ。さらに、こうした遠距離のテレコネクションのいくつかは、気候や水の循環に影響を与える人間の活動によって変わりうるし、実際に変わったかもしれないと考えるだけの根拠がある[5]。

物質のリンケージ

将来、人間の活動による自然気象のテレコネクションの変化が環境のグローバル化の最も劇的な特徴となるかもしれないが、過去と現在において人間の状況にとってより重要だったのは、環境の成分の遠距離リンケージに見られる他の二つの特徴、物質と生物相の動きである。

地球システムの物質の多くはさほど大きな動きに関わっているわけではないので、地元地域から大陸までの範囲内で人的アクターの運命を左右するにとどまっている。こうした地元地域への影響には、土壌侵食が下流の住民に与える影響や、工場排出物が近くの町や地域におよぼす影響のように、きわめて重大なものがある。とはいえ、これらはグローバル化によるものではない。一般に、物質の移転が大陸を越えるような遠くのアクター間の関係にとって重要になるのは、大規模な大気の循環に巻きこまれたときや、人為的に運ばれたときに限られる。

近年、殺生物剤や有毒廃棄物といった環境に有害な物質が人間の手で海外へ運ばれているのにスポットが当てられることが多くなった[6]。こうした移転が戦後になって劇的に増えたのは疑う余地がない。その理由としては、経済のグローバル化によってこうした物質の貿易が増えたことと、環境に悪い物質を他の場所に移転させるのを後押しするような規制が国内で実施されたことがある。北の国がこうした物質を南の国に「投げ捨てた」事件がいくつか大々的に報道されたため、こうした移転は——少なくとも建前のうえでは——国際的に監視され、規制されるようになっている。とはいえ目下のところ、こうした物質の利用や処分は主に国内で行われており、実際に大陸を越えるほど遠くまで輸送されるのはほんの一部である(有毒廃棄物の場合、一〇%をはるかに下回る)。

現在、環境が大陸間の関係に登場する場合のうち、とびぬけて重要で、しかも最も急速に変化しているのは、地球全体の大気の循環に流入する物質の種類と量の増大にまつわるものだ。大半の物質は、別の大陸に運ばれるほど長く大気中にとどまらないで重力によって落下し、落下の際に分解したり吸収されたりするか、または化学的に別のものに変わる。ところが、一酸化炭素(CO)、二酸化炭素(CO_2)、メタン(CH_4)、亜酸化窒素(N_2O)、対流圏オゾン(O_3)、フロン(CFC)といったガスはかなり永続するため、ばらまかれて、排出された地点から何千キロも離れた環境に影響する[7]。いわゆる難分解性有機汚染物質などは、付着・沈殿後にふたたび揮発する傾向があり、さまざまな経路で運ばれて、中緯度にある工業社会が北極スモッグやペンギンの中毒症状とつながりを持つ結果となる[8]。さらに、鉛のような重たい物質でさえ細かい微粒子が大陸を越えて運ばれることがあり、サハラ砂漠の砂がヨーロッパに堆積したり、放出された工業用の鉛がグリーンランドの氷河で見つかることがある。事実、十分な量が産出されている物質ならそのほとんどが、よく探せば、遠くまでばらまかれるときの長い「しっぽ」のなかに、目に見える地球規模のインパクトを作りだすだけの量がある。

ときには、自然過程によって、世界的なインパクトとなるのに十分な量の物質が国内の環境に持ちこまれることがある。その例としては、一八一五年、インドネシアのタンボラ火山が噴火して成層圏に硫酸エアロゾルが送りこまれ、その冷却効果によってヨーロッパと北米に「夏のない年」がもたらされたのがよく知られている。だが、こうした自然によって引き起こされるリンケージの他に、戦後期には、遠くまで運ばれるのに耐えられるような物質の排出が劇的に増えた[9]。こうして大陸をまたにかけるアクター間の関係において環境の変化が問題にされる可能性が高まり、それがここ五〇年間の現象となっている。

その可能性が現実となるかどうかは、言うまでもなく、関係するアクターが物質の長距離移送がもたらす結果に影響されやすいかどうか、なりゆきを懸念しているかどうかによる。近代の研究とモニタリングでは、環境の長距離移送の可能性はそれほど懸念する必要がないとされてきたようだ。この五〇年間に判明したことを振り返ると、物質の長距離移送の影響が当初の予想以上に複雑で有害らしいという新事実に驚かされる場合が大半を占めていた[10]。一九六〇年代には、大気圏内核実験によるストロンチウム90と害虫駆除に使用されたＤＤＴが全世界に拡散していたことと、その影響などが判明した。七〇年代になると、オゾン層を破壊する可能性があるうえ成層圏に達するほど化学的寿命が長いフロンガスや他のハロゲン化合物による成層圏のオゾン減少に注目が集まる。寿命の長い二酸化炭素の排出量が増えると地球温暖化を引き起こすかもしれないことは、一九世紀から知られていた。だが、一九八〇年代になると、寿命の長い温室効果ガスのメタン、亜酸化窒素、フロンガスが加わることによって二酸化炭素の効果が加速・拡大することが判明し、大いに懸念されるようになる。さらにこの一〇年間に、地球の窒素循環の崩壊から大気の自己浄化能力の低下まで、心配の種は増すばかりで、地球全体でほとんどの汚染物質の濃度が急速に高まっている[11]。物質の地球規模での移動が増えることによる環境への予期しない影響の可能性は、これからますます目につくようになるだろう[12]。

生物のリンケージ

ほとんどの生物が、大半の種にとって適応できる環境である比較的せまい亜大陸的範囲内で一生をすごす。これらの生物が人的アクターの大陸間関係に登場するのは、かつて隔離されていた種が新たに、もしくはより集中的に運ばれるようになってつながりができたときに限られる。とはいえ、生物のなかには大陸のかなたまで自然に移動するものもある。何種類かの昆虫、海に生息する多数の魚と哺乳類、温帯のかなりの鳥類などがそうである[13]。これらの移動によって、大陸のかなたの人間社会のあいだに直接的で、しかもたいていは重要な生物のつながりができる。これは、自然の移動のパターンが変わると消えてしまうようなつながりである。

生物のリンケージにおける最も劇的なグローバル化は、害虫や病気を運ぶ生物が本来の生息地から（通常、人間による輸送の手を借りて）新しい場所に移動し、そこの住民や貴重な生物相が侵入者に対してまったく無防備であったときに起こる。多くの場合、伝染病や害虫の発生、在来種の抑制や絶滅という結果となる。病気が大陸のかなたまで伝播したことが世界の出来事にどう影響したかについては、優れた歴史的研究がいくつかある[14]。今後、こうした望ましくない移動が起こるのを防ぐために、研究やモニタリングが行われている。はるか遠くからやってくる外来生物の侵入も深刻であり、大陸の植物の二〇%がかなり最近になって移動してきたもので占められている場合もある[15]。こうした遠方からの侵入の影響が広がって、土地利用の変化や種の絶滅の主な原因となっている[16]。侵入の比率に関するデータは少ないが、商業、観光産業、旅行一般が拡大していることから見て、侵入の発生や範囲は急速に広がっていると思われる[17]。ある洞察力に富んだ分析において指摘されているように、「人間が種を地球全体に運んでいることが、地球の生物相を均質にしている」[18]。

生物の長距離移動が人的アクターの大陸間関係に影響する二番めのケースは、他の集団に依存されているか重んじられている集団が定期的移動を中断することによって起こる。これが関係してくるものとして、移動性生物の収穫（たとえば鮭）や、移動性生物が依存している生息地の変質（たとえば、北米の鳴禽（めいきん）類にとって中米の越冬地がなくなること）などがある。移動性の種の収穫に関するアクター間の関係は、長らく条約や関連する取り決めによって決められてきたが、この問題については、収穫される生物より収穫者が移動することのほうが大陸間関係において取り上げられるようになってきている[19]。地域の生息環境の破壊が大陸間を移動する種に与える影響は、いくらか遅れて理解され、規制された[20]。こうした複雑なリンケージについての理解は、中米の森林破壊と北米北東部の鳴禽（めいきん）類の減少との関係について目下進行中の議論と同様、完全なものではなく意見の分かれるところである[21]。だが、こうした破壊の頻度や影響が増える傾向にあることが、入手可能な証拠から見てとれる[22]。

「成分」の相互作用

人的アクター間の関係が、エネルギー、物質、生物相などの環境の「成分」の移動に影響されることとでは、かねてからある程度のグローバル化が見られた。目新しいのは、ここ半世紀でこうした関係が目を見張るほど厚みを増したことで、その厚みは主に世界の人口が増え、消費や経済的連結性が拡大したことによってもたらされた。厚みが増すということは、より多くの種類の人間活動が、より多くの人によって世界のより多くの場所で行われ、より多くの影響を大陸のかなたの人たちにまでおよぼすということである。そのうえ、これらの影響は双方向性を持つようになってきている。

それが如実に現れている最近の例を一つだけあげてみよう。気候温暖化と酸性化が組み合わさると湖の溶存有機物質の濃度が下がるが、それによって今度は、B領域の紫外線（UV-B）の浸透と、それによる生命への影響が深まる。UV-Bの増大による損害は、成層圏のオゾン層の破壊による損害を上回るうえ、オゾン層の破壊を悪化させる[23]。より全般的には、米国学術研究会議の最近の報告書にこう結論づけられている。「これまで世界の注目をほぼ独占してきた個々の環境問題の大半は、それ自体が次の二世代にわたって［社会的目標の達成に向けた］具体的進展を妨げることはないだろう。……中期的に、より問題なのは……さまざまな人間活動による複合的で蓄積された双方向的な圧力から生じる環境への脅威である」[24]

環境の考え方のグローバル化

環境についての考え方は、人びとが大陸を越えて互いの関係を形成するのにどのように関わってきたのか。こうした関係を取り決めるにあたって、環境の考え方の役割は時とともにどう変化してきたのか。

地球を管理する

こうした問いには、わかりやすく道理にかなったアクターの観点で答えたくなる。この見方では、環境の「成分」には全世界的なつながりがあるという証拠がいくつも見つかっているため、全世界にわたる環境政策・管理を求める声が出てくるはずである。実際、そういう声があがっている。たとえば、モントリオール議定書の米国の交渉担当者、リチャード・ベネディックは、オゾン層破壊といった難題への外交的アプローチのための「新しいパラダイム」について、「どれほど力があっても、一カ国もしくは一国家集団だけで効果的に解決できる問題ではない。広範囲にわたる協力がなくては、一部の国によるオゾン層保護の努力が台無しになる」と著している[25]。この新しいパラダイムを促進するために、気候変動から鯨の保護まで、幅広い問題と取り組む国際環境の研究、モニタリング、アセスメントが行われるようになっている。原因と結果について世界的合意のある科学的知識を形成し、それに基づいて地球上の共有地を善く管理できるようにする[26]。これとほぼ同じくらい野心的な試みとして、地球全体の環境リンケージにいっそう効果的かつ効率的に取り組めるように、優れた慣行と政策手段を全世界に広めようとするものがある[27]。

これらの動きには、情報伝達の速度と範囲が増大している昨今の傾向がプラスに働いている。注目される科学的発見は、何年という単位ではなく数時間か数日で世界中に広まる。さらに、一大陸にとどまらないような現代の環境問題は、ほぼ同時に世界中の一般および政治エリート集団の協議事項となる[28]。その結果、環境リンケージの世界的性格に関する考え方が変わってきて、世界中の研究、開発、政策において、完全とは言えないまでも、きわめて道理にかなった反応が出てくるようになった。しかも、この世界的な社会的学習には拍車がかかっている。リチャード・クーパーが、伝染病と隔離の分野で理論が全世界で実行に移された一〇〇年前のことを述べているが、目下の進行ぶりはそれをはるかにしのぐと思われる[29]。

清らかさと危険

地球環境の変化を管理する方法を合理化することは、環境だけでなく人間にも大いに得るところがある。しかし、それはそれとして、環境の考え方が遠く離れたアクター間の関係を構築するのに果たした役割が、ベネディックの「新しいパラダイム」に示唆されているよりはるかに複雑であったことはほぼ確実だ。それに関して、ある人類学者が有益な警告を発している。人類学者のメアリ・ダグラスは、「原始」社会と「近代」社会の双方において、環境が社会的関係を体系化する——「清らかな人と「汚れた」人、あるいは「安全」と「危険」を識別する——手段として登場する例をいくつも示している[30]。ここで私たちが目を向けているそれほど原始的ではないはずの状況において、こうした体系化がどのようにして起こったのかを知るために、最初に大陸を越えた環境運動の一つ、一九世紀の海外の野生動物を保護する運動を見てみよう[31]。

一八〇〇年代末、北のハンターや南の（土着の）家畜番や狩猟者が、アフリカやインドの減少しつつあった大型狩猟動物を捕らえていた。自然保護論者のハンターは、大型動物を地球全体の利益のために保護されなければならない絶滅に瀕した希少な種と決めて、現地の人びとの行動を違法で正当とは認められないとした。これが結局、白人による排他的なヨーロッパ人のクラブとなり、現地の家畜番や狩猟者（今では密猟者）は自分たちの土地を利用できなくなったが、これらは旧来の植民地的な「権利」ではなく、環境への新たな懸念だとして、すべてが正当化された。素晴らしい大型哺乳動物の何種類かが二一世紀まで生き延びられたのは、こうした保護運動のおかげであることは疑う余地がない。だが、それに劣らず明らかなのは、自然保護という環境の考え方が、意図的であってもなくても、別の名による植民地主義の延長でもあったことだ。

この「白いハンター」による保護は、単なる歴史上の珍しい出来事ではない。これと同じような善意により、現代の生物多様性の擁護者は、自分たちの測定による種の豊かさに基づいて、国際的干渉に値する世界の「危機に瀕している場所」をいくつか特定するように強く要求している。それらを生息地の保全のため以外には利用しないで、保護しようというのである。国際管理体制において、（比較的）少数の豊かな北の住民が過去に排出した温室効果ガスの量を、人数がはるかに多い比較的貧しい南の住民が現在または未来に排出する量と同等に評価するべきかどうかという論争は、人類と地球の自然との関係、さらに人類とその地球的自我との関係を構築することにも通じるものだ。たしかに、今の自然保護論者や環境汚染規制の交渉担当者が提唱している管理計画は、以前のものと比べると一般的にさほど人種差別的ではなく、より参加型になっている。そうは言っても、環境の考え方が、これまで局部的な状況における社会的関係の構築に利用されてきたのと同じように、世界的なスケールでのアクター間の力関係の構築に利用されているという事実に変わりはない。このように環境の考え方のグローバル化には、自然科学に負けず劣らず社会と政治が関わっている。

持続可能な開発

この二〇年間に、地球環境の変化に関する科学と政治に基づく概念のあいだに見られる隔たりを埋める可能性のある考え方が現れた。それが「持続可能な開発」という考え方であり、多様で曖昧な概念ではあるが、一九八七年のブルントラント委員会の表現を借りれば、「環境資源の基盤を維持・拡大させる政策に基づいた、経済成長の新時代」への規範となる係わりあいが見られる[32]。

持続可能という考え方には、気候変動やオゾン層破壊といった大陸を越えた環境への伝統的な懸念に関する部分もある。だが、この考え方は、こうした地球環境の問題を超越して、環境を維持しながら食糧安全保障、エネルギー、工業生産、住居地、資源保全に対する人間のニーズを満たすことについて、全世界的に共有されながら地元地域に存在する懸念に対応するものである[33]。それより重要かもしれない点として、持続可能という考え方が、最終目的と好ましい手段についてより明確な立場を具体的に示すようになったことがある。特に、人間の願望と環境の限界を長期にわたって効果的に合理化するには、グローバル化の理解だけでなく、民主化する――持続可能性を促すために市民社会を草の根から上のほうまで効果的に動員する――ことも必要だという合意が形成されつつあるのが見てとれる[34]。

環境保全と経済的繁栄への関心と、グローバルとローカルの観点を統合させた持続可能性という考え方は、一九九二年の「環境と開発に関する国連会議」の中心となり、この一〇年間、世界中で幅広く深い共鳴を呼んできた。この考え方は、政府・非政府部門だけでなく民間部門の多くの人にとって、環境、経済、民主主義のグローバル化という共通のテーマをめぐる関係を構築するときの視座となってきている[35]。

環境の管理のグローバル化

環境はまた、環境の管理のグローバル化によってアクター間の大陸にまたがる関係と関わるようになった[36]。世界的管理のための関係としてはいうまでもなく、国境を越えた環境問題を管理する国家間の正式な条約がある。より一般的なものでは、世界中の政府・企業・環境擁護団体のあいだのやりとりを管理するさまざまな関係がある。その例としては、環境に関する企業慣行の自主的な基準である国際標準化機構のＩＳＯ１４０００や、「責任あるケア」イニシアティブから[37]、シェル石油のナイジェリアでの操業に対する環境団体グリーンピースの圧力まで多岐にわたっている。

変わりゆくガバナンスの役割について、第1章でコヘインとナイが示した図表は、さまざまなアクターがこの過程においてどの方向に引っ張られたか体系的に見るのに役立つ（図4-3）。

政府

国家レベルでのグローバル化への最大の貢献というと、環境規制が国から国へと真似されたことかもしれない。その全世界的影響は、私が知るかぎりでは数値で表されていない。だが、国内環境規制が国を超えて収斂していることは、多くの学者によって指摘されてきた[38]。もっと正式なレベルでは、国際環境保護条約の数が一五〇を超えていることがあり、その三分の二が第二次世界大戦以降、半分が一九七〇年以降に署名されている。これらの条約の多くは、範囲が限られていたり地域的なもので

図4-3　ガバナンスの役割の変化

	民間部門	公共部門	第三セクター
国際	多国籍企業	政府間組織	非政府組織
全国	全国的企業	20世紀型モデル	全国非営利団体
地方	地方企業	州・地方政府	地方団体

出典：本書第1章の図1-1から［注：この図は、21世紀初めにおけるガバナンスの主な役割について、組織の規模（縦軸）と部門別構成の関係を示している。20世紀型モデルでは国家によるガバナンスが支配的地位にあったのに対し、重要なガバナンスの役割が多様化してきている］

ある。だが、航空エンジンの排気、気候変動、オゾン層の保護、有害な化学薬品や農薬の輸送、海への放流、海底採鉱、捕鯨、生物多様性、渡りをする種、危機に瀕した希少な種、湿地、砂漠化、植物遺伝子資源、熱帯材、原子力安全性などに関しては、国際的な協定も数多く存在する[39]。これらの機能ぶりは一様ではないが、うまく機能した場合、人間活動が環境に与える圧力にかなりの変化をもたらしている[40]。国家間のコミットメントとしてはさらに、通常は二カ国間で行われるそれほど多くない額の資金移転がある。その総額は年間で数十億ドルにのぼると思われ、これは国際的な開発銀行が提供している額にほぼ匹敵する[41]。こうした援助額は、一九八〇年代は増えつづけたものの、九二年のリオ会議以降は頭打ちになり、最近では多くの資金源において額が減っている。

政府間組織は、一九世紀に国際的な自然保護団体が出現して以来、環境のグローバル化に重要な役割を果たしてきた[42]。現在、環境問題と取り組むいくつもの常設・臨時の政府間組織が、科学的評価を行ったり国際会議を推進することによる研究とモニタリングの調整から実施の支援や遵守の確認まで、幅広い役目を果たしている。ここでは、こうした組織とその有効性を論じた数多くの論文を検証することはしない[43]。だが、環境問題と取り組んでいる政府間組織に見られるつながりのネットワークが、この数十年間に目に見えて厚みを増したことは明白である。これは一つに、以前は国家間の環境のリンケージをほとんど考慮に入れていなかった組織（たとえば世界銀行）や体制（たとえば国際貿易）を巻きこんだことによる。そして、それによって専門家精神と能力の水準が高められた。その過程で、これらの多くはいたるところで巨大な官僚主義に阻まれて、動きが鈍り保守的になった。これらの組織にとって、環境のグローバリズムにおいて重要な役割を維持できるか、あるいは国際環境の舞台で共に活動するようになっているもっと機動的な非政府組織に取って代わられるかが、これから数十年間の中心的な問題である。

公的および民間の非政府アクター

環境を国際的に管理するための重要なイニシアティブは、民間部門でも始まっている。すでにあげた例の他にも、「持続開発のための世界経済人会議」や国際商業会議所のような団体が、教育やロビー活動から自主基準や行動準則の普及に至るまで、世界各地で活動している。多国籍事業を展開している多くの企業もまた、環境に関する規範や配慮を標準的業務手順に取り入れている。こうした措置は業務分野全体を通じてとられることが多いため、世界のどこかの高い環境基準が、政府による環境保全措置が遅れているところに持ちこまれることになった。

図1－1（二九頁）にある三つのアクターのうち、環境に対して最も大きく変化したのは「第三セクター」の非政府組織（NGO）である。こうした組織は、一世紀以上前から存在している。だが、盛んになったのはこの数十年、特に一九九二年にリオデジャネイロで開催された「環境と開発に関する国連会議」の方向づけにNGOが大成功を収めてからである。環境問題を専門ないし中心にして活動している国際NGOがいくつあるのか正確な数はわからない。だが、おびただしい数にのぼることは間違いない。国際組織連合に登録されている国際的なNGOの数は二万五〇〇〇を超えており、このうち二万は一〇年前にはなかったものだ[44]。この二万五〇〇〇のうち、少なくとも一〇〇〇が国際的ないし全世界的な規模で活動している。国際NGOは、新しい情報技術を活用することと、特別な目的のためにすばやく連携して問題に対処するのに並外れた能力を示した。シアトルでのWTO会議で見られたように、国際的なイニシアティブを脱線させるのにたけているが、リオの会議で見られたように、国際的な議題にのぼらせるのもうまい。あとは、自分たちが後押しして決めた課題を達成できるかどうかである。最近の国連の環境会議（リオ）や人口会議（カイロ）での状況を見るかぎり、国際NGOによって課された課題を国家が達成しようとしないため、これは一般に考えられているより難しいようだ。

政策提言のネットワークと話し合いの連合

環境の管理について、最近の展開に見られるユニークでおそらく最も重要な特徴は、ナイの図表にある従来の区分を超越したアクターのネットワークが出現したことだろう。このアクターの連合が、環境開発問題に対して「行動」するケースがますます目につくようになってきた。これらは特定の政策提言によって結びついており、特定の部門や管理レベルに限定されない。この点は、キャスリン・シッキンクとマーガレット・E・ケックによって国家を超えたガバナンスの一般的傾向として指摘されているが、とりわけ環境の分野で強く見られるようだ[45]。こうした「政策提言の連合」には呼称もなく、国際的領域におけるこれらの活動と有効性は研究されはじめたばかりである。わずかながらわかっていることから察するに、これにはアクターのみならず規模の点でも超越したネットワークが関係しているらしい。その結果として生じるのが地球全体に広がる知識と実践のネットワークであり、これらは各々が特定の場所の政治やエコロジーと調和したいくつもの地域行動連合とつながっている。ロニー・リプシュッツは、こうしたガバナンスの構造を鋭く見ぬいてこれらを「地球市民社会」と名づけ、地球環境問題に真剣に取り組もうとする場合に中心になると見ている[46]。都市定着の整備から農村の農業生産性の改善まで、現在の問題分野の傾向がさまざまであることが、この見解を裏づけている[47]。こうした複数の段階と複数のアクターのあるガバナンスの構造が、私たちの新しいグローバリズムとグローバル化の概念にどのように適合するのか、また果たして適合するのかどうかは、この項を締めくくるのにふさわしい重要な問題だと思われる。

それでどうなるのか

こうして検証してみると、今日では環境が大陸をまたにかけて世界情勢に関わっている、というありふれた見方を追認するものとなった。これがどれほど大きな意味を持つようになっているかを窺わせるのが、国連事務総長コフィ・アナンの総会へのミレニアム報告書である。報告書には、地球全体の課題は「貧困からの解放、恐怖からの解放、未来の世代がこの地球上で生命を持続させる自由」を確実にすることだと述べられている[48]。環境を介してつながっている豊富なネットワークがはるか遠方のアクター間に存在しているのが「環境のグローバリズム」だとすると、環境のグローバリズムが現代社会の顕著な特徴であることは間違いない。

さらに、こうした環境のグローバリズムが「厚みを増している」ことから見て、環境のグローバル化はたしかに進行している。観察された以下の点は、この章の冒頭で紹介したヘルドによる「厚みを増す」基準に当てはめることができる[49]。

(1) 大陸間の環境問題に関係しているアクターの数と種類が、特に九二年の「環境と開発に関する国連会議」以降、激増した。これは、あらゆるレベルの政府組織だけでなく、民間部門の団体、「第三セクター」のNGO、従来のガバナンスの規模とアクター集団をすべて超越している多彩な政策提言の連合についてもいえる。

(2) 大陸間の環境のリンケージの程度、つまり「種類、強さ、濃さ」も拡大しているようだ。地球環境に関する私たちの知識の豊かさ、環境に関する条約の数、環境面の条件つきの援助や投資、環境「ニュース」の到達度、世界情勢における環境論争の政治的影響力のどれを尺度としても、この一〇年間のグローバル化の厚みの増し方が以前より少なかったとは考えられない。

(3) 環境のグローバル化における他の面に関連した社会の変化が速度を増したかどうかは、問題のあるところだ。これは概念的に曖昧な問題であり、実証するのが難しい。たしかなのは、多種におよぶ地球環境の「成分」と国際舞台における環境の新しいアクターの変化度が加速しつづけていることと、一九九〇年代初めに、大陸間の環境管理と取り組む制度がかつてなかったほど急速に強化されたことである。この社会変化が一斉に起こる状態を二一世紀に入っても持続できるか(または、するべきか)どうかは、まだわからない。

環境のグローバル化という事実は立証されたが、それが重要であるのか、またどのように重要であるのかという疑問が残っている。たとえば、「グローバリズム」を遠距離の複雑な相互依存と見なし、アクター間の大陸を越えたリンケージは「相互的で高くつく」ものだとする場合、まったく環境面のみのグローバリズムがいったいどれほどあるだろうか[50]。問題となりそうな例に、地球の未来を考える環境保護論者が必ずあげる気候変動がある。気候変動の問題は一〇年以上前から、OECD諸国とその「身内」による主要なアクターが口火を切った地球環境に関する議論において盛んに取り上げられてきた(こういう言い方をすると、米国の連邦議会は地球環境問題では主要なアクター以下の役割しか果たしていないことになるが、それはまた別の問題だ)。ところが、最近の世界各地の環境に関する優先事項の調査から明らかなのは、人類の大半にとって「高くつく」関心事は、依然として水質汚染、都市公害、森林破壊、土壌浸食といったローカルな問題である[51]。気候変動、オゾン層破壊、鯨の保護などは、これらの人たちの世界観では影が薄い。こうした人たちの代表が地球の気候をめぐる交渉や連合に参加するのは、環境の「成分」の全世界的な動きが彼らにとって特に高くつくからではなく、ましてや、「成分」をはじめに排出した者に相互費用を押しつけられるからでもない。彼らが参加するのは、一つには、全世界的な話し合いの枠をつけなおして、彼らの利益や懸念がもっと反映されるようにしたいからである。他者が地球の気候を懸念して彼らにとるように「頼む」措置が、彼らに大きな損害をもたらしている（ローカルな）問題への対応を後押しするような国際的な公約に結びつく可能性を高めたいのである。この計算は、私たちの分析的な（環境の）グローバル化の概念とはぴったり合致しないかもしれない。だが、それでもなお、世界の多くのアクターはこうした計算によって地球の問題に取り組むときの戦略を練っているようだ。

私の見るところ、大陸をはさむアクター間の関係においてこれから重要になる環境の面は、グローバリズムの「環境の成分」と私が呼んでいる二酸化炭素、外来の病気、有毒化学薬品の遠距離移動ではない。世界情勢に最も影響するのは、「環境の考え方」、特に持続可能な開発に関連する考え方のグローバル化だと思う。

持続可能性という言葉をどう思うかはさておき、この考え方は人間関係の環境・経済・社会・政治面を切り離すのではなく統合させてきた。この懸念が大半の考え方よりいち早くかつ徹底的に取りこんだのは、目の前にある問題と機会を方向づけるには、つながりのネットワークが厚みを増す――いくつもの人間活動と環境におよぼされる影響のあいだに相互作用がある――のが何より重要だということだ。この考え方ではまた、これら人間活動の複数の面における複雑な相互作用に対処するには、地元地域の制度、動員、イニシアティブが重要であることが強調されている。だが、この考え方は同時に、こうした地元地域の協議事項を進展させるために、知識と政策提言の地球規模のネットワークが果たす重要な役割を――実際のところ進んで――受け入れている。

これまで述べてきた見方が部分的にでも当たっていれば、これからの数十年間、環境の管理における真の「行動」は、世界的や全国的ではなく地元地域的な規模で起こることがますます多くなるだろう。科学的研究が示唆するところによると、地域的規模で複数の環境圧力が融合して、全世界的変化の特徴ある「顔」もしくは「シンドローム」を形づくるようになるからである。さらに政治に目を向けると、特定の人や集団にとって開発と環境のバランスはどうあるべきかについて、市民社会が最も精力的かつ効果的に集結して民主的な答えを出せるのが地方的規模の場合だということが増えている。近い将来に、こうした地元地域に根ざしていながら世界全体に組みこまれている考え方がグローバル化の最も重要な面の一つとなる場合、グローバル化の性格とそれがガバナンスにおよぼす影響をめぐる私たちの思考は事象に追いつけるのだろうか。これは面白い経験となるかもしれないが、たいへん努力のいることだ。

第5章 | Social and Cultural Globalization: Concepts, History, and America's Role | Neal M. Rosendorf

社会と文化のグローバル化――概念、歴史、米国の役割

グローバル化について人間の経験に限定して考えてみると、最も広く遠くまで達しているのは社会と文化のグローバル化ではないだろうか。これは、第1章でコヘインとナイがあげている他の面と深く絡みあっている。文化論の専門家、ジョン・トムリンソンが言っているように、「グローバル化が示している目下の大いなる変容の過程は、文化の概念的用語を通して認識されないと正しく理解できない。さらに、これらの変容は文化的経験の構造そのものを変化させ、現代の世界における私たちの文化観にまで影響する」[1]。

軍事面のグローバル化は、人間の移動と、たいていは社会・政治構造の移動もともなう。ローマ帝国とローマ帝国によって建設もしくは大きく拡張された英国から北アフリカ、中東、中央アジアまでの都市や町について考えてみればわかるように、この移動は多くの場合は一時的だが、ときには長期

であったり、永久的なことさえある。それと同じことは、アレクサンダー大王のギリシャ、イスラムのウマイア朝カリフ、スペイン、英国、フランスなどによるローマ以前および以後の世界的な軍事的・植民地的な領土拡張についてもいえる。実際には、軍隊の移動がともなわなかった冷戦時代の核による全滅の脅威でさえ文化のグローバル化に大きく影響しており、ボタンを二つか三つ押すだけで殺されてしまうという懸念を世界中の人が共有していた[2]。

経済のグローバル化には、金銭や貿易と並んで、社会的価値や知的構造の変動も関わっている。たとえば、マックス・ウェーバーが有名な著作において示したプロテスタント的世界観と資本主義のつながりを考えてみればよい[3]。まず、世界中に広がっている資本主義を、二一世紀の支配的な経済システムとして考えてみよう。資本主義が広い範囲におよぶと、その背後にある社会的・政治的・知的な力もいくらかは広まる。たとえば、法の原則、実力による昇進、哲学的な道具主義（「政治とは可能性を模索する技術である」というような）や実用主義の誇示、従来の支配階級に代わるブルジョワ企業家の社会的・政治的地位の上昇などがあげられる。また、二〇世紀における資本主義への偉大なる挑戦である共産主義の、明確さでは優っていないながら広がりではおよばなかった政治的・社会的・文化的課題についても考えてみよう。実際のところ、アダム・スミスもカール・マルクスも、自分たちのシステムは究極的にはあらゆるものにおよぶものであるとした。

環境のグローバル化については、自然の力ではなく人間（人間も自然界の一部でしかないという見方はさておき）によって引き起こされた部分は、一般に遠距離の移動と移住の結果だとされている。また、地球温暖化については、火をおこすことから工場や車の渋滞まで、人間が絶え間なく生産と消費を繰り返してきたのが大きな原因だとされる。

こうした相互に関連する側面の多くが、本書の別の章で取り上げられている。だが、それ以外にも、社会と文化のグローバル化には検討すべき側面がまだたくさんある。たとえば、情報、芸術と娯楽、宗教と哲学、社会組織と階層制度、言語、政治、移住などである。

これらの社会と文化のグローバル化の要素を一つずつ取り上げていくと、本書の大半を占めるほど長くなるので、この章では、まず社会と文化のグローバル化がたどってきた歴史的・主題的軌跡を簡単に説明する。次に、現代および近未来の社会と文化のグローバル化に最大の影響力を持つ、米国の全世界的な文化の力を検証する。

アメリカ文化は決して、現代の世界で全世界的な広がりを持つ唯一の文化ではない。たとえば、社会学者のヨゲシュ・アタルは、「私の出身国であるインドの文化は、世界の数カ国に広がっている」と指摘する[4]。インドの美術、音楽、映画、料理はもとより宗教でさえ（主にヒンズー教の分派であるクリシュナ教信仰を通じて）世界各地に支持者がいて、現地で再解釈されている（最も有名な例として、ビートルズとシタールの名手、ラヴィ・シャンカールとの交流がある）。だが、好むと好まざるとにかかわらず、米国はグローバルな社会的・文化的領域の大半で先頭に立っている。その理由として、米国には、考え方や生活様式を生みだし、世界中に浸透させる手段が圧倒的にあることと、そうした浸透を可能にする独特の文化的・歴史的特質があることがあげられる。これは世界の文化が均質化しつつあるという意味ではなく、世界各地でアメリカ文化が現地文化とならぶものとしてつねに意識されるということである。

文化のグローバル化——何が起こり、何が起こらないか

社会と文化のグローバル化によって、具体的に何が起こるのか。覇者が、社会的・文化的なしきたりや所産を従属者に押しつけるのだろうか。それとも、誰もが影響されるような収斂と混合が起こるのだろうか。その結果、文化は均質化するのだろうか。それとも、覇者と従属者のあいだで折衝があって、いくらか変化したとしても独特な現地文化が残るのだろうか。

これらの問いにひとことで答えるなら、イエスである。しかし興味深いのは、社会・文化のグローバル化のなかで一貫した広がりが最も見られない覇権主義的な押しつけが、一般的に最も懸念されていることである。歴史をひもとくと、さまざまな時代に支配的な勢力が自分たちの文化を他の社会に強制してきた例が目につく。たとえば、ローマ帝国はギリシャ・ローマ美術、建築、法律、娯楽、輸送網を広め、三つの大陸の人びとをつないだ。だが、ローマには強力な文化的重層構造の要素が根底にあり（それはローマの都市国家を誕生させたタルクイニア・エトルリアとギリシャの影響の融合に現れている）、遠くまで広がった帝国の属領からも文化的影響を受けている。文化が周辺から首都に向かったことが最もはっきり現れている例の一つが宗教である。首都ローマでは最終的に、ギリシャの神々に加えて、小アジアのミトラ、エジプトのオシリス、ユダヤのヤハウェ（友好的なユダヤ人信徒と手を結んだ非ユダヤ人の「神を恐れる者」がかなりいた）、ユダヤのイエス・キリストなどへの信仰が見られるようになる。それにもかかわらず、帝国全体におよぶ社会的・物理的・法的な構造の組織化（その代表例が、三世紀初頭のカラカラ帝の治世に、帝国内のすべての者がローマ市民であると宣

言されたこと）を持ってしても、各地域がすべて単なるローマの複製になることはなかった。その大半は、ローマの存在に影響されながらも、言語、宗教、家族、その他の階層構造などに地域独自の特徴を保ちつづけた[5]。

こうした複雑な社会・文化的な相互作用は、多かれ少なかれスペイン、フランス、英国、米国による公式および非公式の帝国を特徴づけるものであり、これをヤン・ニーダヴィン・ピータシェなどの社会学者は「混成」と表現している（これは植民地主義を正当化するためのものではない。公式の帝国の権力者は、自分たちの文化の優位を強く、しかもたいていは情け容赦なく主張した）。ピータシェは「文化の同時化」（均質化という考え方の別の表現）という考え方は適切だとしながらも、「これは本来、不完全なものだ」と結論づける。「アムステルダムではモロッコ女性によるタイ・ボクシングの興行があり、ロンドンではアジア人のラップ音楽が演奏され、米国ではアイルランド風ベーグル、中国風タコス、マルディ・グラのお祭り騒ぎをするインディアンが見られるといった現象と、どう折りあいをつければよいのか」と問いかける。ピータシェの答えは、「文化はこれまで単に画一化や標準化という方向に進んできたのではないし、現在もそうではない」[6]というものだ。アルジュン・アプラダイは、「グローバル化は文化を均質化することではない」[7]と言い切っている。

ローランド・ロバートソンは、画一性に対する「単一性」という用語を用いて、各社会がそれぞれの存在、アイデンティティ、行動を、何より大切な「単一の場所」に照らして取り決めるような世界を説明している[8]。他の学者は、「グローカリゼーション」という用語を用いて、「文化間の伝達の過程における地元、全国、地域、世界の事情を考慮に入れる」という同じような概念を説明している。アタルは、こう論じる。植民地時代には、横のつながりのない各地域が支配的な勢力による「唯一の開口部」によって開かれたが、植民地主義の終焉(しゅうえん)とともに「複数の開口部」がもたらされ、「これらの社会はいくつもの先進国・途上国の社会とつながった」[10]。

国や地方の文化は、他文化と接触して種々に変化している。たとえば現代の中近東は、固有の文化だけでなく、古代ギリシャ・ローマ、ビザンチン帝国やササン朝ペルシャ、中世および近代ヨーロッパ、そして今日では米国の文化の影響をさまざまに受けた結果である。中世アラブが天文学などの科学分野で傑出していたのは、ギリシャ、ペルシャ、インドなどの科学的伝統を意識的に統合させたことが基礎となっている[11]。だからといって、この地域には世界の他の地域とは違う独特の文化的アイデンティティがなくなってしまったと主張する者はいない。

歴史的観点

ロバートソンのいう「単一の場所」は、実現に時間がかかっている。人間は足が二本しかなく、大半の非霊長類の大型哺乳動物より動く速度が遅いにもかかわらず、世界を歩きまわることでは抜きんでている。人間は約一七〇万年前、ヒト属が登場したときからさまよい歩きはじめた。二万～一万三〇〇〇年前、ヒト属の最終段階のホモ・サピエンス・サピエンスが西半球に到達し、世界全体に分布するようになる[12]。その後、古代スカンジナビア人の遠征があり、その他にも、東半球から西半球へとほぼ一方的に断続的な接触があったと推測できる証拠が見つかっている。だが、大航海時代にコロンブスたちが旧世界と新世界を恒久的に結びつけるまで、東半球と西半球の住人は持続する文化的影響を互いにおよぼすことがなく事実上、隔離されていた[13]。

したがって、一四九二年以前の文化のグローバル化については、それだけでも広大な東半球の大陸で起こったことに言及している。第1章でコヘインとナイが定めた「いくつもの大陸にわたる距離」というグローバル化の基準を用いると、次のような「薄い」グローバル化の現象を特定することができる。ヘレニズム文化を伝え、同時に「それまでは可能であるとも望ましいとも思っていなかった政治的・文化的に統一された世界というビジョンをギリシャの思想家にもたらした」[14]アレクサンダー大王の帝国、ローマ帝国とそれにつづくビザンチン帝国[15]、イスラム教をスペインからカイロ、インド、さらに遠方まで普及させたウマイア朝カリフ、大西洋からシナ海に至るまでの帝国に絹やその他の商品、宗教的伝統の融合、かすかな相互認識を広めたタリム盆地とトルファンのオアシスの西アジア貿易ルート[16]——。シルクロードは、「思想と技術は歴史を通じて必ず貿易ルートに沿って広まり、商人が重要な伝達者であった」ことの典型的な例である[17]。

こうしたグローバル化の要素が「薄かった」のは、現在では取るに足らない「距離」が当時は非常に大きかったことが一因である。一日八〇キロの速さで情報を伝えるのは至難の業であった[18]。それに加え、ギリシャ化やローマ化が最も大きく影響したのは、公共の基本的施設（たとえば公務のための建物や広場）や、現地住民のエリート層の美学、思想、生活様式であった。たとえば、エジプトは何世紀にもわたってギリシャのプトレマイオス王朝に支配され、アレキサンドリアにはアレクサンダー大王の命による素晴らしい図書館があった。だが、一般のエジプト人の暮らしは、征服者が現れる前とほとんど変わらなかった[19]。被征服地に宗教を、さらに帝国の大半に言語（少なくとも礼拝のための）を永久に移植したウマイア朝は、最も永続的な影響をおよぼしたといえる[20]。

一四九二年以前のグローバル化で最も広い範囲におよんだと思われ、最も長つづきしているのが、キリスト教とイスラム教のヨーロッパ、アジア、アフリカへの伝播である（東半球をあちこちさまよったユダヤ人だが、西洋の他の二大宗教が優勢になると、ユダヤ教の積極的な布教は行われなくなる）[21]。これらの宗教の広がりが、他のグローバル化の広がりと大きく違っていたのは、エリート層に限定されなかった点である。メッセージに大勢の人を引きつける力があったことと、最終的に支配者によって国教とされたことが相まって、キリスト教とイスラム教の各派はさまざまな社会的階層に受け入れられ、貧しい者も富める者も同じ神を信仰した。もちろん、だからといってキリスト教徒同士、イスラム教徒同士の殺しあいがなくなったわけではないが、共通の信条が倫理道徳などの問題について共通の考え方を発展させる出発点となった。

コロンブスの航海のあと、多くの場合は植民地主義の産物として、文化のグローバル化の新しい時代が始まった。グローバル化の過程はここにきて世界全体におよび、真に「グローバル」なものとなった。西洋の拡張政策と南北アメリカ、アフリカ、西・中央・東アジアの大規模社会との衝突は、侵略者と侵略された者のあいだに複雑な文化的折衝を余儀なくした。その後の四世紀にわたって、何百万もの人びとが自由な者も奴隷も、生きるため、働くため、殺すため、死ぬため、互いにそして現地住民と混ざりあうために何千キロも旅した。一九世紀までは、移住するのは主にヨーロッパ人やアフリカ人であったが、その後、中国人とインド人を主とするかなりの数の東アジア人と南アジア人が大陸を越える移民集団に仲間入りした。

社会と文化のグローバル化の領域を劇的に拡大させたのは、情報と輸送の技術だった。文字の発明により、考え方がリアルタイムの域を越えて、肉声のおよばないところまで伝えられるようになった。組み替え可能な活字を用いる印刷機のおかげで、文書の量が大幅に増え、費用が下がった[22]。チラシ、パンフレット、本などは、小さくて軽いため遠くまで運ばれた。そして船の改善によって、輸送できる人間、思想、商品が広がった。一一世紀頃、スカンジナビアの長艇は北大西洋の島々をつたって北米に到達するのがやっとで、船乗りたちはかろうじて仮の開拓地を守ることができた。だが、一五世紀末以降の造船技術と航海術によって長距離の航海が容易になり、総乗組員数が増え、貨物用スペースも広くなった[23]。本、製品、食料品が世界中に送られるようになる。これは純然たる経済的影響をもたらしたほかに、本や印刷機、衣料、家庭用品、目新しい料理の材料といった文化的な物品の輸出入を促した。そのうちヨーロッパと米国の上流階級が中国風や日本風の装飾様式の美学を取り入れるようになり、その後、インドや日本の上流階級が西洋上流階級の生活様式の要素を取り入れた。入植者が海を渡った結果、スペイン語、ポルトガル語、フランス語、そしてとりわけ英語がいくつもの大陸で用いられるようになる。入植者がナショナリズムと社会主義という強力な解放のイデオロギーを被支配民族に輸出して、自分たちの帝国崩壊の種をまいたのは皮肉なことであった。

同時性の時代

かつて隔てられていた人たちが互いの存在に気づき、熱意の差はあれ文化的に影響しあうようになったものの、はるか彼方で何が起こっているのか考えられるようになるには大いなる概念的飛躍が必要だった。蒸気船や快速帆船によって海外旅行の時間が大幅に短縮されたとはいえ、まだ何週間も要したからだ。だが、電報、電話、レコード、さらに少し遅れて映画とラジオによって知覚される即時性に革命的変化がもたらされ、他文化経験が強烈なものになる。これらは遠距離の情報伝達に、実物であろうと（レコード録音や映画の場合のように）模したものであろうと、リアルタイムの要素を取り戻させたのである（空の旅、とりわけジェット旅客機による運送は、遠距離でもリアルタイムでつながっているという感覚を強めたが、ギャップをなくす鍵は電気通信にあった）。文化史家のスティーブン・カーンは、遠く離れた人たちが即時性のある情報伝達技術によって結ばれ、時間と空間の体験を共有しているような感じがすることを「同時性」と説明している[24]。同時性は、革命的な科学の革新が基礎にあり、一九世紀末から今日までの時期の特徴であるのと同時に、文化のグローバル化をこの時期とそれ以前の時代に二分するものである。

タイタニック号の惨事は、この同時性が劇的な形で見られた初期の例である。タイタニック号は一九一二年四月一四日の午後一一時四〇分に氷山に衝突し、午前〇時一五分に船長が無線で遭難信号を送り、午前一時六分に信号を受信したカルパティア号が、致命的な損傷を受けたタイタニック号に向かった。午前一時二〇分には大惨事のニュースは電信で世界中に伝えられ、翌朝になると、電信や電話によって、また電子を利用して集めたニュースをただちに高速印刷した新聞によって、世界中の何百万もの人が惨事を知って心を痛めていた[25]。

二〇世紀には、ラジオ、テレビ、通信衛星、光ファイバー、コンピューターによって同時性の強化と拡張（グローバル化が厚みを増していることの現れ）が進んだ。だが、この時期は、新しい技術と費用の低下によって同時につながっているという意識を高めながら、全体では歴史的な統一性が見られたとするのが最もふさわしい。

では、二一世紀の文化のグローバル化について考えてみよう。二〇〇〇年の前夜、世界各地の祝いの行事が米国のＣＮＮとＰＢＳ（公共放送サービス）でも生放送された。米国の東部沿岸では一二月三一日の昼前、一足先に一月一日を迎える東アジアの花火、鳴り響く鐘、華やかな催し物などが映し出された。国から国へと中継の映像がめまぐるしく変わり、視聴者は技術の驚異を目の当たりにした。

世界各地で大騒ぎしていた人たちが知っていたかどうかはともかく、これはおそらく人間の歴史で最も劇的な、カーンのいう同時性の例であった。この同時性は、二〇〇〇年の前夜にテレビを見ていた世界中の視聴者に何をもたらしたのか。お祭り騒ぎの真っ最中にしばし、現代における文化のグローバル化の主な要素をくっきりと浮き彫りにしたのである。新時代の夜明けを迎えるシンガポールでは、観客の喝采のなか、金髪に染め黒い衣装で決めた現地の人気歌手が、米国のラテン系ヒット曲「リヴィング・ラ・ヴィダ・ロカ」を歌いながら踊っている。「リッキー・マーティンは世界を制覇したようですね」と、PBSから流れてくるコメントは皮肉たっぷりだ。東アジア人の歌手が歌っているのは、ヒスパニック系米国人のポップシンガーがスペイン語と英語の二カ国語で歌って、日本のソニーの子会社で米国に本社を置くコロンビア・レコードが世界中でヒットさせた曲である。新年を祝って歌っている様子が、こうして米国にまで生放送されている。このとき示されていたのは、情報を広め、人と人をつなぐ通信技術の力だけではなく、アメリカ文化の遍在と変幻自在な順応性であった。向上しつづける通信技術とアメリカ大衆文化のこうした結びつきは、二〇世紀における文化のグローバル化の基調をなしていたが、この状態は二一世紀の終わり近くまでつづきそうだ。

アメリカ大衆文化のグローバルパワー

ステュアート・ホールが、文化のグローバル化と米国化（ひいては均質化）を同一視しているのは行き過ぎだが、現代の世界文化が「ビジュアルおよびグラフィック・アートに偏っている……テレビと映画に支配され、映像、イメージ、大量広告の手法に偏っている」[26]と述べているのはまったく正しい。これは大衆文化の領域であり、米国はこの領域で他国を大きく引き離して優位に立っている。

二一世紀の米国は、少なくとも二〇世紀と同じかそれ以上に、単独で世界文化の最大勢力になると思われる。過去の例から見て、米国は新しく開発されるあらゆる大量伝達手段をたちまち支配するようになり、すでに支配しているすべての分野において形勢が不利になることがない。この支配的地位は景気後退によって揺らぐことはなく、外交上の大失敗にもある程度まで耐えられる。その理由としては、米国が二〇世紀に通信および娯楽の技術とソフトウェアで圧倒的な支配力を築きあげたこと、この領域で卓越した能力を発揮できる独特の資質があること、将来有望な国が現れる兆しが見えないことがあげられる[27]。米国は世界の通信・娯楽における競争に本気で参入して以来、ほぼ全面的に圧倒的なリードを保ってきた（これは米国の企業家の勇敢さと、第一次および第二次世界大戦という外部で発生した状況がうまく結合したおかげである）。そして今、マイケル・ジョーダン、テレビドラマの「ベイウォッチ」、ナイキ、マクドナルド、ディズニー、ブリットニー・スピアーズ、テッド・ターナー、ビル・ゲイツなどが最新の旗手として、この地位を確固としたものにしている。

大衆社会の産物としての大衆文化は、南北戦争直後の米国で始まった。「急速な工業化、都市化の拡大、新たに解放された黒人大衆、東欧や南欧から流入する移民、万人に対する義務教育の開始、新しい大量伝達手段の誕生」[28]など、当時（さらに事情は変わってもある意味では今日に至るまで）、米国で独自に組み合わせられた現象が大衆文化の形式を方向づけた

最終的にアメリカ合衆国となった英国系米国人の植民地は、当初から多民族・多文化であった。

一七〇〇年、ハドソン川とデラウェア川に挟まれた地域にはオランダ人、英国人、ドイツ人、ユダヤ人、フランス人、ワロン人、アフリカ人、スウェーデン人、スコットランド人などが入植していた[29]。ある研究論文で述べられているように、米国は「社会の大半の構成員にとって脅威とならないような規範的文化を作りだす必要性に絶えず直面していた。こうした文化は多種多様なアメリカ文化にまつわる差異を超越し、それによって輸出にきわめて適したものになってきた」[30]。米国は当初から多文化ではあったが、二〇世紀に入る頃には世界の隅々からやってきた民族の驚くべき混合体となっていた。一九一〇年、ニューヨーク、シカゴ、クリーブランド、ボストンでは住民の七五％が移民またはその子供で占められていた[31]。そのため、北ヨーロッパ新教徒系の米国人の多くが「民族的自殺」を心配したほどである[32]。これらの人びとの大半は、勤勉で他国の労働者と比べて比較的高い賃金を稼いでおり、時間もあり、収入の一部を娯楽やレジャーに費やした。この状況はおおむね現在までつづいている。

人口の構成から見て当然ながら、米国は外部からの文化的影響にきわめて受容的で、さまざまなものがアメリカ文化に取り入れられてきた。ある文化によってもたらされたものが別の文化のものと混ざりあって、とりわけ強力な混成物ができることが少なくなかった。たとえば、アフリカとケルトの民族音楽の組み合わせから、ブルース、カントリー・ウェスタン、ロックンロールといったポピュラー音楽が生まれた。ハリウッドは、フリッツ・ラング、デービッド・リーン、ミロス・フォアマン、ジョン・ウーなど数多くの外国人監督を歓迎し、彼らはドイツ表現主義、英国のロマン主義、戦後の東欧の反権威主義、香港の動きの多い様式化されたアクションといった映画の伝統を持ちこんだ。米国の大衆文化は、いつも発酵している状態にある。それと同時に、無数の「外国の」影響を受けているため、世界中の人に認められうる普遍的要素がある。

一日に何百台もの自動車を生産できる工場、映画制作および上映用の設備、高速印刷機など、財とサービスを広く普及させるための技術をともなった巨大で多種多様な潜在的市場と、起業家精神という強力な経済的文化の組み合わせには、昔も今も爆発的な力がある。ハリウッドを築いた人たちは、他の文化的に重要な分野で名をなした起業家の何人か（たとえばヘンリー・フォード）もそうだが、米国のエリート階級ではなく主に慎ましい家庭の出身であったため、平均的な国民の嗜好にきわめて敏感であった[33]。

米国の大衆の多様な嗜好を満たすことが、幸運にも国際市場進出の訓練となった。米国映画協会の前身である米国映画制作配給の初代会長、ウィル・ヘイズが、こう述べている。「米国が映画を生みだし、世界的な娯楽に育てあげられたのには特別な理由がある。米国が真の世界国家だからだ。ここには、あらゆる人種、信条、人間が見られる」[34]。他とは異なる米国市場の特質が、米国の大衆文化が海外へ進出するのを助けたのである。メディア・アナリストのウィリアム・リードは、こう説明する。

さまざまな海外市場に進出するときに役立つ基本的な技能や専門知識は、一つの全国市場というより地方市場の集合体である米国の国内でだいたい取得できた……米国のマスコミには、強烈な地方主義の意識が伝統的に染みこんでいる。主要なマスメディア機関のいくつかは、地方の動きを全国の枠組みに溶けこませるという手を使ってきた。こうして培った能力をのちに海外で応用したのである[35]。

この訓練と庶民的な内容や感覚という組み合わせは、米国の大衆文化が国際市場に進出するのに効果的だった。また、米国は二〇世紀初めの三分の一をかけて、大衆文化を海外に効率よく広めるのに必要な海底ケーブル、ラジオ・無線、通信社、航空術など、情報・通信および旅行部門の開発に力を入れ、いち早く支配するようになった[36]。さらに、米国の文化プロデューサーにはビジネスの一般的風習にしたがって規模の利益を追求する傾向があるため、消費者側の一人当たりのコストが低くなる。そのうえ、映画、テレビ番組、音楽、自動車、ファッション、膨大なソフトウェアおよびハードウェアなどの文化生活必需品には、巨大な国内市場がある。そのおかげで米国の文化プロデューサーは通常、生産コストを国内で償却できるので、海外販売はきわめて高利益となる。

米国の大衆文化は、創出だけでなく、海外に広めるのも大部分が民間企業の手で行われてきた。この点で米国は、政府が経済面のみならず芸術や思想もずっと擁護してきた他の主要先進国とは対照的である[37]。現在、大半の政府が自国の文化産業や制度を米国の優勢からできるだけ――できることはあまりないが――守ろうと躍起になっているなかで、フランスは思想と芸術のために、テレビ番組を含む自国の文化的作品を世界中のフランス語を話す国に普及させようと大いなる努力をつづけている。

米国政府が文化の普及に果たしている役割は他国と比べて小さいが、普及を助けてこなかったわけではない。商務省と国務省は長らく、米国のラジオ、ニュース情報、映画、テレビなどの産業が海外市場で足場を築いて維持できるように、有益な役割を果たしてきた[38]。政府が文化産業を援助するには、それなりの理由がある。航空宇宙産業に次ぐ、米国第二の輸出収入源だからである。たとえば一九九二年には、米国の娯楽の輸出額はヨーロッパだけで四六億ドルにのぼった[39]。

米国政府は、第一次および第二次世界大戦中の短期間を除き、二〇世紀前半にはアメリカ大衆文化の内容や海外普及にほとんど影響をおよぼそうとしなかった[40]。米国映画輸出協会や米国の大衆文化企業は、海外市場の開放、維持、拡大に対する支援をしばしば政府に要請した。だが、こうした努力の立役者はほぼ全面的に民間企業であったし、それは今日でも変わらない。一九九三年、かつて娯楽産業の弁護士であったミッキー・カンターが、貿易交渉の米国代表としてGATT自由市場交渉に視聴覚著作物の輸出を含めるように精力的に闘ったとき、経済主導で動くアメリカ大衆文化産業の立場を米国政府が強力に擁護するという図式が鮮やかに示された[41]。

米国と他国の対比

米国の実例と、国際的な大衆文化における米国の潜在的ライバルの歴史的状況を比べてみよう。たとえば、フランス、ドイツ、日本はいずれも文化的に均質であり、これはさまざまな観衆を満足させる能力を鍛える助けにならない。これらの国よりいくらか不均質で、米国とは共通の言語でつながっている英国は、大衆文化の国際市場進出に何度も成功している。たとえば、ビートルズからスパイスガールズに至るまでのポピュラー音楽バンドや、(米国が資金を提供して配給している)ジェームズ・ボンド映画シリーズなどがそうである。ソ連は並外れて不均質ではあったが、支配していたのが嗜好を満たすより押しつけようとする共産主義政権であったうえ、赤軍の強制力によって団結した古めかしい帝国でもあり、多くの民族に喜ばれる消費文化を発達させる環境ではなかった。

さらに、他国では、文化を生みだすエリートと潜在的消費者のあいだに大きな溝がある。米国ではあくまで大衆文化を発信するものと見なされている映画やテレビといったメディアが、ロンドン、パリ、ベルリンなどの流行の仕掛け人には、きわめて文化的な場——少なくとも正しく活用されたときは――として考えられている(シャルル・ドゴール政権の文化相でもあったアンドレ・マルローは、映画は産業としては「別格」だと言っていた)[42]。こうして、多くの場合は政府の助成のもとに、芸術性の高い優れた映画、テレビ番組、音楽がいくつか生みだされた。だがこうした作品は、その国の観客にさえ明らかにつまらなく、外国の観客におもしろいはずがないもののほうが多かった[43]。米国映画産業が二〇世紀初めにたちまち世界を制覇したことに関連して歴史家のエミリー・ローゼンバーグが指摘しているように、「ヨーロッパのエリート主義的な映画とは違って、アメリカ映画はつねに大衆にアピールした。エリート芸術の伝統から生まれたのではなく、自国内の多くの民族からなる多様な観客向けに作られていたため、初期のアメリカ映画はこの上なく世界市場に適していた」[44]。

それに加え、文化において米国のライバルとなりうる国は、国際市場向けの巨大な大衆文化産業を単独で支えられるほど人口が多くない。たとえば、米国に代わる世界的な文化の担い手として名乗りを上げているフランスは、人口が米国の約五分の一でしかない。これらの国の事業文化は、少なくとも大衆文化に関するかぎり、人口が比較的少ないこともあって規模の経済を追求するのに不利に作用してきた。こうした状況は、二〇世紀末の二〇年間にいくらか変化したが、それは主として米国の大衆文化企業への外国投資によってもたらされたものだった[45]。人口が世界で最も多い中国とインドは、巨大な国内市場を擁しており、たしかにインドの「ボリウッド」映画産業は制作本数では世界最多を誇っている。だが、すでに指摘したように、インド文化は全体としては外国人の愛好者を獲得しているが、インドの大衆文化に魅了されるのは主に本国と海外のインド人である(もっとも、一九九〇年代末にヒットした英国チューダー朝の女王を主人公とする英米映画「エリザベス」は、監督がインド人で、極度に劇的で、見た目に色鮮やかなボリウッド様式の作品だった)[46]。また中国では、いまだに大衆文化の作品が当局の検閲に引っかかることがよくあり、手に入るアメリカ大衆文化を手当たり次第に消費しているといった状況が見られる。

言語とイデオロギー

米国の大衆文化が海外に進出した当初から国際的成功を収めたのには、さらなる決定的要素がある。その一つが英語である。英国の長年にわたる世界的な傑出ぶりと広範囲におよぶ帝国の支配力によって、英語は一八世紀以来、広く普及していた。二〇世紀になると米国のメディアと企業が世界に進出して、このプロセスが強化された。英語は、世界最強国のうちの二カ国がおよぼす影響とは別に、言語学的に見て第一外国語として広く利用されるのに最も適している[47]。

さらに英語には、他の言語によくある学術的もしくは貴族的な格調高い形式と通俗な言葉の区別や、書き言葉と話し言葉の不一致がほとんどない。また、綴り、文法、用法、外来語について厳格な規則を設けて維持する、アカデミー・フランセーズのようなものがない[48]。古代のゲルマン語とフランス語を中心に発達し、ラテン語とギリシャ語の名残をはっきりとどめている英語は、語彙のスポンジとして機能し、英語の用法にはスペイン、インド、イディッシュ、中国、アメリカ原住民、アフリカなどの語や語法が取りこまれてきた。「標準英語」がないことと、これら多くの言語と同系であることは、言語のイデオロギー的価値にもプラスとなる。

こうしてたどり着くのが、米国の大衆文化の人気ひいては力にとって絶対不可欠な最後の要素、米国のイメージである。米国の大衆文化は、バッファロー・ビル・コディが大西部ショーをヨーロッパなどで興行してまわった一九世紀以来、世界中を魅了してきた。ハリウッドが出現すると、米国の消費文明や映画スターの魅惑的な映像が次々と送り出された。第二次大戦後は、米国の製品と娯楽のなだれ現象が起こり、今日では、世界一の人気テレビ番組「ベイウォッチ」が、南カリフォルニアの（一九九九年秋に舞台がホノルルに移ってからはハワイの）浜辺文化を砂浜の楽園として描き出している[49]。二〇世紀を通じて米国は、外国人の目に刺激的で、風変わりで、豊かで、力があり、流行を決める存在、つまり現代性と新機軸の最先端として映った[50]。

米国の大衆文化は、セクシーであったり、暴力的、魅惑的、物質主義的、ロマンティックであったりする。娯楽の場合も、消費財のマーケティングの場合も、一般的に楽観的で、低俗で、民主的である。その多くが、個人主義と反権威主義、そして権利を奪われた者が権力者を打ち負かすのを賞賛するものだ。米国の大衆文化には本質的に「アメリカ的」なところが多々あるものの――映画・テレビで登場するハリウッドのスターやニューヨーク、ロサンゼルスといった舞台であれ、米国で流行しているスポーツやカウンターカルチャーの画像であれ、さらにはファストフード、ロック、ラップでさえ――その普遍的なテーマは商業的に有効であるために意図的に選ばれており、別の文化にもきわめてうまく移すことができる[51]。

アメリカ大衆文化に描かれる米国は、市民が魅力的で、自己主張し、成功を収め、身なりが良く、愉快で、歯切れが良く、想像力豊かで、自由に考えを述べ、夢を実現することができるような国である。米国は、多民族で、刺激的で、テンポが速く、騒々しく、自然と都市の美しさに満ち、経済・政治・軍事の大国として描き出される[52]。

問題となるかもしれないのは、民間部門によって世界中に輸出されている娯楽と製品の内容や質について、米国政府が実質的にどうすることもできないことである[53]。それが多くの場合は魅力の一部であり、たとえば、国内社会を批判するアメリカ映画は異議の申し立てを恐れない大国であることを示す証拠となっている。だが時折、民間部門の失敗が米国のイメージを一時的にせよ傷つけることがある。コソボ危機と米国・EU間のバナナ貿易戦争の真っ最中であった一九九九年半ば、コカコーラ社が西ヨーロッパで同社製品を飲んだ人が体調不良を訴えているという報告を受けてまず取った非協力的な態度は、困難な時期にあっていやがうえにも、この地域での米国の国威の妨げとなった[54]。

インターネットは、これらすべてにどう関係しているのか。早い話が、インターネットは米国の強みと考え方を推進するために特注されたものである。米国は、言論の自由を守ることではどの国より先んじている。米国憲法修正第一条の断言的な文言には、他の西欧諸国にさえ見られる検閲やその他の形で情報の隠蔽を行う余地がほとんど残されていない。インターネットには、創設されたときから極端な自由擁護主義の気質が濃く染みこんでいる。一八世紀の米国の政治意識と国家形成の中心にあったと歴史学者のバーナード・ベイリンがいう、圧制を恐れ自由に対する陰謀を疑うホイッグ党的な極端な抵抗のイデオロギーがここにも現れているといえる[55]。内容を管理もしくは制限する法律を制定しようという米国の公式の試みはことごとく退けられ、フィルターをかけたり利用者のログオンを監視するには技術的に限界があることから、米国人が見られるものなら事実上、大半の海外のインターネット利用者も見ることができる。

では、世界中のインターネット利用者は何をいちばん見たがっているのか。それは、米国のセックス・シンボル、パメラ・アンダーソン・リーとロックギタリストの夫の「現行犯の場面」をビデオ撮影したものである。「パメラ・アンダーソン」という語は一九九八〜九九年、インターネット上で圧倒的な最多ヒット数を記録した。この人気に目をつけた抜け目のないネットマーケティング担当者は、給排水関連といった何の関係もない製品やサービスのリンクとしてこの語を利用した。このB級女優の名前とイメージは、一九九九年四月までだけで推定七七〇〇万ドルにのぼる収益を生みだした[56]。世界のマスメディアにおける米国の優位は、言論の自由、娯楽、企業家精神が原動力となってきたが、インターネットも例外でないことはほぼ確実だ。インターネットは、アメリカ大衆文化の他の原動力と同じように、ときには米国を当惑させ、ライバルや敵に競争の場を提供する可能性がある危険なものである。だが、言論の自由を他のどの国より早くから文書ではっきりと約束している米国は、大半の国よりインターネットの移り変わりに対処できる体制が整っている。

そうは言っても、ここしばらくのあいだ、米国の大衆文化を海外に伝える媒体として最も重要なのは、インターネットでもテレビやラジオでもなく、映画である。インターネットは、米国とほんの一握りの豊かな国以外では、まだエリート層しか利用できない。費用が低下しているので、利用者の範囲がかなり広がるのは間違いない。だが、世界の大半の家庭には、モデムをつなぐ電話線どころか、テレビ用の電気さえない。こうした現実があるかぎり、公開上映される映画が海外にアメリカ大衆文化の夢を広め、ひそかな反逆精神、セックス、スニーカーを売りこむ主要な手段でありつづける。

実際には、世界のすべての家庭で電気、テレビ、インターネットが使えるようになっても、ハリウッドは夢を提供することでは他の追随を許さない。映画は、偶像や眺望ばかりか製品でさえ文字通り実物より大きくすることによって不朽の価値を持たせるが、それとは対照的に、テレビやインターネットはイメージを縮小させて日常のありふれたものにする。高品位で大型画面のテレビが登場しても、神話を作りだすスクリーンの大きさにはかなわないし、誰でも手に入れられるものでもない。ラジオはポピュラー音楽や広告を流すには小型で安くどこにでもある手段だが、やはり百聞は一見にしかずである。ハリウッドは、スターリンやゲッベルスなどの垂涎の的だった、アメリカン・ドリームの工場というこれまで通りの地位を保ちつづける[57]。

米国文化の影響を逆転させる

だが、米国の大衆文化のプロデューサーと海外顧客のあいだには、すでに述べた混成、単一性、「グローカリゼーション」といった概念など超越してしまうような掛けあいの要素がある。時としてあるのが、他国が米国の大衆文化を利用するために変えようとすることである。これは国内用であったり米国向けであったりするが、その両方の場合もある。こうした試みには米国の文化プロデューサーが協力することもあるが、単独で行われることもある。

最近の例に、少女戦士を主人公とする昔の中国の叙事詩を改作した一九九七年のディズニーのアニメ映画、「ムーラン」がある。「ムーラン」が制作されたのは、マーティン・スコセッシが監督したダライ・ラマの伝記映画で、ディズニーの子会社であるミラマックスが配給した「クンドゥン」を巡って、ディズニーと中国政府のあいだでごたごたがあったあとのことだ。「クンドゥン」にチベットでの中国の残忍な行為の描写があったため、激怒した共産党指導部がディズニーを中国から締め出すと脅したのである（ディズニーの中国戦略の一つに、中国にディズニーランドを建設するという長期計画がある）。「ムーラン」は、ディズニー慣例のおもちゃの同時発売や他のイベントも行われ、米国および世界各地で大々的に封切られた。共産主義支配下の中国がアメリカ映画でこれほど肯定的に描かれたことはなく、中国政府の怒りは収まり、ディズニーは中国で事業を継続させることができた[58]。

もっと最近の例では、一九九九年のコソボ紛争のときのセルビアがある。一九九一年のイラクのサダム・フセインのように、ミロシェビッチ政権はまず、CNNや他の米国の報道機関がコソボをはじめ、ベオグラードおよびNATO軍空爆のセルビア内の攻撃目標や犠牲者をほぼ自由に取材できるようにした。第二に、親セルビア派の組織がインターネットを効果的に利用して、ミロシェビッチ政権の政策を後押しし、「物事の裏面」を知りたがっている人たちにNATO軍空爆の論拠について疑念を植えつけた。第三に、何千人ものセルビア人と支援者がTシャツにつけていた標的のマークは、アメリカン・ターゲット・ストアーズのマークを盗用したものだった。第四に、セルビアのテレビは「ワサの真相」「地獄の黙示録」「独裁者」「シンドラーのリスト」といったアメリカ映画をひっきりなしに放映して、米国主導の空爆は米国の国内政治の産物であるとし、空爆をベトナムの狂気と関連づけ、NATOをナチスと同一視しようとした。

今後、こうした現象がますます見られるようになるのは確実であり、ここにあげた例よりもっと積極的に行われるかもしれない。私は博士論文で、第二次世界大戦後、フランコ政権がスペインにくる米国人観光客とスペインで制作されるアメリカ映画を利用して、米国とその他の国におけるスペインのイメージアップをはかり、壊滅状態の経済を立てなおそうとしたことを考察した[59]。たとえば、ミロシェビッチ後の政権がセルビアのためにそれと同じことを試みることや（事実、一九七〇～八〇年代にはユーゴスラビアでハリウッド映画の海外制作が行われていた）、中国政府が将来、米国と政治・経済面で決定的に歩み寄ることなどは大いに想像できる[60]。

米国の大衆文化のソフト・パワーとその限界

米国は大衆文化の産出を支配することによって、ナイがソフト・パワーという言葉で表現する力を持つことになった。これは、ハードつまり強制的ではない、説得したり取りこむ力である。ナイが述べているように、「ソフト・パワーとは、欲しいものを強制するのではなく魅了することによって手に入れる能力である。他国が我々と同じ結果を望んでいれば、我々は欲しいものを手に入れるのに強制しなくてもよい」[61]。だが、世界的な脅威と見なされる力を持つ大国があれば、他国は抑止ないし打倒するのに団結する、というのが現実主義的な国際関係論の基礎である。大衆文化によって体現された米国のソフト・パワーは、それだけで米国に対して持続的で大きな政治的反発を引き起こすことはない。この分野における優位が拡大しつづけた一世紀のあいだ、そういう問題は起こらなかった。

だが、ここにきて初めて、長らく保たれてきた米国のソフト・パワーの優勢にハード・パワーが追いついてきた。特に軍事の領域では、米国は突出している。米国の年間国防費が二七〇〇億ドルであるのに対し、たとえばロシアや中国はどちらも三五〇億ドル以下である。二一世紀、米国はフランスのユベール・ベドリヌ外相が世界の「ハイパーパワー」と呼ぶ、ハード・パワーとソフト・パワーの双方の領域で有効な対抗勢力が見当たらないという初めての状況に立ち、他の国や圏にとって恒久的な心配の種となる。米国のソフト・パワーとハード・パワーにおける優勢が結合すると、比較的温和な世界の覇権国という、まだ残っているが失われてきている米国に対する認識が世界からあらかた消えてしまいかねない。とりわけ、米国はいつも自らの軍事的・経済的課題をあまりにも強引に推し進めると受けとめられると、ハリウッドがあれほど効果的に描いてきた楽天的で魅力に満ちて陽気な米国のイメージは、ツキディデス風にいうと自らはできることだけをして他国にはすべきことを強制するという、横暴で危険でさえある帝国主義の国というイメージに負けてしまうかもしれない。

このシナリオでは、手に余ると思われているハード・パワーと困ったことに一緒にされてしまったソフト・パワーは、海外の平均的な消費者から、害のない娯楽や大量消費、穏やかな説得などではなく、羊の皮を着たハード・パワーと見なされるようになりかねない。多くの著者が、米国の大衆文化の多くは他国で完全に再解釈されているため、アメリカ的性格を失ってその国の文化の一部になりきっている、と主張している。これは、ある程度までは確かにその通りだ。だが、NATO軍に空爆されたベオグラードでは、群集が現地のマクドナルドの店舗を破壊し、集会で掲げていたのは、おなじみのソフトドリンクのロゴをまねて「ナトー・コーラを阻止」と書かれたプラカードだった。そこにまざまざと現れていたのは、結局のところ、特に深刻な危機に見舞われたときなどは、ファストフードやファッションや映画がどこからきたものなのか誰も忘れていないということだ[62]。

結論

二一世紀初めの世界は、二〇～二一世紀の電子情報時代をもたらした驚くべき技術開発のおかげで、相互的で同時性のある文化的意識がかつてなかったほど高まっている。だが、何千年もつづいている一連の現象である文化のグローバル化は、文化を均質化させることはなく、混成、単一性、「グローカリゼーション」などと称される、それよりはるかに複雑なやりとりの過程をもたらした。おそらく世界で最も混成が進んだ国である米国は、この時期、世界を米国に似せて改造するのではなく、全世界の消費に向けた文化の唯一かつ最大の発信源としての優位を確立させ、維持してきた。

この文化の生産活動によって米国のイデオロギーやライフスタイルの要素が広まり、世界中のさまざまな人びとが米国と同時につながっていると知覚するようになる。こうしてアメリカの流儀を広く売りこむことが、ナイが述べているソフト・パワーの利益を米国にもたらすことは間違いなく、他国の目に米国が世界の安定に脅威を与えていると映るようにならないかぎり、これはつづくだろう。だが、米国の大衆文化に魅了したり変化させたりする影響力があると決めこんではならない。たとえば、旧ユーゴスラビアの若い民兵の多くが、リーバイスのジーンズやナイキのスニーカーを着用しながら、まったくアメリカの価値観に反する民族的殺戮を行った。世界中がますます「つながる」につれ、他文化に対する認識が高まり、他文化との交流が増えるのは疑う余地がない。だが、単一の「グローバル文化」を作り上げるような求心力は、ロナルド・レーガンが半分冗談で言った火星人の襲来（その場合、米国とソ連は意見の相違など直ちにそっちのけになるはずだと主張した）のような大激変でもないかぎり、生まれないだろう。火星人が来ないほうが、世界はおもしろいところのままでいられるというものだ。

第6章 | Globalization of Communication | Viktor Mayer-Schönberger, Deborah Hurley

通信のグローバル化

「通信革命」は、どこにでも出てくるキャッチフレーズとなった。まるで判で押したように言及されるのが、そのグローバル化の勢いである。だが、世界的な通信革命は本当に起こっているのだろうか。起こっているとすれば、どういう理由で、どの程度に起こっているのか。哲学者のカール・ポッパーに言わせれば、伝達する能力は「人間であること」のよりどころである[1]。人間のコミュニケーションは根本に関わるものであるだけでなく、豊かなものだ。私たちは、さまざまな感覚を用いて互いに考えていることを伝えることができる。媒体を利用することによって情報を伝達できる空間と時間の範囲が広がり、距離と時代を超えて考えを伝えたり伝えられたりできるようになった。この章では通信をこのような幅広い意味で捉えており、人間同士のやりとりの特定の媒体や種類だけに限定していない。情報が話されたものでも、書かれたものでも、描かれたものでも、演じられたものでも、中継する手段がアナログでもデジタルでも、伝える方法が手紙や書物といった昔ながらのものでも、コンピューター、電話、その他の通信機器によるのでも、ありとあらゆる情報の伝達が通信に含まれる。

媒体による通信のはじまりは、絵と文字の発明である。絵と文字は、人間の時間と空間の限界を超える強力な道具となった。書物の出現は、ラジオやテレビの発明とならんで「革命」と称されている[2]。これら三つの媒体は社会に深い影響をおよぼし、影響は国境を越えた。一五世紀末には、印刷革命が瞬く間にヨーロッパ中に広がった。君主は、この通信の新しい媒体を受け入れる一方で規制しようともした。ベネディクト・アンダーソンによると、書物およびとりわけ新聞は、人民が情報の伝達を通じて共通性と共同体の意識を発達させる媒体となり、君主政治の基盤固めと国家形成にとって必要条件であった[3]。同じようにラジオとテレビは、国境を越えて通信できることから、マーシャル・マクルーハンのいう「グローバル・ビレッジ」を確立させるための道具であるといわれてきた[4]。

こうした観点から見ると、現在の情報通信技術の発展は、考えや情報のやりとりを国際化していることではかつての書物、ラジオ、テレビをはじめとする数多くの通信分野の発明と変わるところがなく、もう一つの「通信革命」の象徴でしかない。だが、この新しい情報通信技術には類のない固有の特性があり、それによってこの「通信革命」は以前のものとは一線を画するものとなっている。

新しい情報通信技術の特性

新しい情報通信ネットワークの類のない特性のうち、最も重要な四つについて見ていくことにしよう。

（1）デジタル化

古代の洞窟壁画に始まって大量生産された本、映画、電話、テレビまで、それぞれの媒体の伝達経路は特定の様式やメッセージの種類に限られていた。絵は視覚的で聞くことができず、電話の会話は見ることができず、映画は触ることができない。このようにそれぞれ固有の限界があるため、人間のコミュニケーションのさまざまな様式に対応するには、いくつもの異なる媒体を利用しなければならなかった。

これを一変させたのがデジタル化である。情報を世界共通の二進コードに変換することによって、あらゆる種類の情報伝達が時間と空間を通じて同じ媒体によって扱われ、その基礎構造を通して伝送できる。文書、描画、画像、音声・発話、映像をはじめとする数多くの種類の情報が、二進コードに変換されるとすぐにデジタル・ネットワークを通して伝送できるようになる。異なる種類の情報を同一のネットワークで送ることができるため、以前は専用ネットワークを利用していた情報通信の多くが、この世界共通のネットワークに移行してきている。この展開は「収斂」と呼ばれる。こうしたデジタル・ネットワークによって、一対一（電話、手紙）や一対多数（テレビ）といった従来のネットワークの範疇は意味がなくなった。ニコラス・ネグロポンテは、著書のタイトルを『ビーイング・デジタル』としたほど、デジタル化を基本に関わる展開と見なしている[5]。

世界共通の二進コードは、この「新しい」情報通信技術の類のない特性のなかでも最も重要なものである。これによって、特定の情報の流れに合わせて作られたのではなく、未来のあらゆる利用法に開かれた適応性のあるネットワークを構築できる。だが、豊富な情報の流れをデジタル・コードに変換したり元に戻したりする情報技術の力がなかったら、デジタル化は実際に使えるようになっていない。デジタル化は理論的な必要条件であって、統合された世界共通のデジタル通信ネットワークを構築するのに実際に必要なのは、情報処理能力が劇的に拡大することである。

(2) 情報処理

一九六〇年代の集積回路の初期段階から二一世紀に至るまでの情報処理能力の発展には、実に目を見張るものがある。一九六五年、当時は若いエンジニアで、のちに世界最大のマイクロプロセッサー・メーカーであるインテルの共同創業者となるゴードン・ムーアが、マイクロプロセッサーの情報処理能力は一年半ごとに二倍になり、コストと消費電力はそれと同じくらいの速さで低下すると予測した四ページの記事を発表した[6]。これは「ムーアの法則」と呼ばれ、今日でも当てはまる。現在、演算速度は一九六五年の何百倍も速くなっている。専門家の予測では、処理の速度と能力が一年半ごとに少なくとも二倍になる状態は、二〇一〇年までつづく。それまでに電流のシリコン制御スイッチによる情報処理は光コンピューティングかバイオ・コンピューティングに取って代わられているが、現在の見通しでは、それでもムーアの法則が依然として当てはまるか、さもなければもっと劇的な増え方になっている。情報処理は、ますます豊富になる情報の流れをデジタル・コードに変換し、ふたたび人間に理解できる形式に戻す力を提供し、それを処理してデジタル・ネットワーク上で伝送できるようにする。記憶装置やディスプレイの発達が、この動きをさらに促進する。一九八〇年代、パソコンの典型的なハードディスクは二〇〇〇万字のテキストを記憶することができた。九〇年代末には、同じような価格で二〇〇億字のテキストを記憶するハードディスクが手に入るようになった。

(3) 帯域幅

ムーアの法則はデータ処理、つまり、ほぼあらゆる種類の情報を二進コードに変換し、処理や記憶が容易にできるようにし、人間の感覚が理解できるアナログ式の情報の流れに再び変換することに関するものだ。何百万ものコンピューターが効率よく情報を処理できるのは、実に有用なことである。だが、もっと有用なのは、情報をあちこち移動させる能力があることだ。デジタル化した情報をネットワーク経由で伝送することは、情報処理能力を完全にするものとして欠かせず、こちらも歩調を合わせるように発展した。実際のところ、ネットワークの帯域幅――ネットワークを通して伝送できる情報の量――は、処理速度および能力に関するムーアの法則の場合のように一年半ごとに二倍ではなく、一年ごとに三倍に増えている[7]。つまり、処理速度は三年で四倍になるが、伝送能力(したがって伝送速度)のほうは実に二七倍になる。専門家は、この年三倍という帯域幅の拡大のペースが少なくとも今後二五年はつづくと見ている。この予測はすでにギルダーの法則と命名されており、ムーアの法則と同じような地位を獲得している[8]。デジタル記憶装置は安価で、帯域幅はたっぷりあるので、ある大手コンピューター・メーカーは二〇〇〇年初め、三〇〇〇万以上にのぼるユーザー全員のサーバーにインターネットを通して二〇〇〇万字分のディスク記憶を無料で提供し、一時記憶、バックアップ、情報交換に利用できるようにすると発表した[9]。

（4）標準規格と分散型アーキテクチャー

世界共通のコード、処理能力の大幅かつ急速な拡大、ネットワークの帯域幅によって、新しい情報通信技術における四番めの特性の土壌が整えられた。これのおかげで、情報の送受信のロジスティックな作業が、通信の基礎構造であるネットワークの一部となったのである。従来、多くの情報伝達ネットワークは二〜三の核となる組織体を中心に構築されていた。たとえば新聞の場合、一箇所で記事を書き、編集し、割りつけし、印刷したうえで、販売だけ周辺的なネットワークに頼っていた。電話回線のネットワークは、電話会社が所有および運営している中央・地域・市内の交換台によって管理されていた。地上波のテレビはもともと、制作も放送も一箇所で行われていた。電話網と同じように、テレビ・ネットワークはテレビ会社とその関連会社や提携会社が管理している。

デジタル・ネットワークのなかで最も成功しているインターネットは、まったく異なる理論的枠組みに基づいて構築されている。インターネットのネットワークは、用いられている通信の標準規格やプロトコルから見て当然といえるかと思うが、分散型である。ネットワークのすべての構成要素が、所有・運営しているのが誰であっても、力をあわせて継ぎ目がないように機能させることを前提として構築されている。ネットワークの構成要素の一つが機能しなくなった場合、インターネットのプロトコルは機能しなくなった要素を迂回し、問題箇所を避けて情報の流れを別の経路に切り換える方法を見つけるように設計されている。この経路指定の知能をネットワークに組みこむことは、何百万もの利用者が手に入れられる処理能力や、光ファイバーをはじめとする伝送技術の進歩による帯域幅の拡大があったおかげで実現した。技術的には、インターネットの場合のように通信ネットワークの集中管理が解かれると、ネットワークの自己管理や自己規制の実際的方法となるネットワークの通信プロトコルと組織を作り上げる必要がある。インターネットは、こうした管理の分散が技術的に可能なだけでなく機能しているという「生きた」例である。しかも、きわめてうまく機能している。とはいえ、管理を通信組織の通信構成要素に委譲するには、これらの構成要素が共通の通信規約を用いていなければならない。インターネットが機能するようになるのに、TCP／IPのような強力な世界共通の通信規約が一役買った。これに関連したことで見落とされがちなのは、TCP／IPをはじめとするこれらの標準が政府管轄下の既存の標準化機構が関わっていないところで発展し、国境を越えたという重要な事実である。電圧、電話の差しこみ、テレビの標準規格などとは異なり、TCP／IPがおよぶ範囲は特定の地域や国に限定されない[10]。公的な標準化機構で票決されたのではなく、何百万ものインターネット利用者の実際的選択によって全世界的に採用されている。

こうした標準を強化することによって、インターネットは二〇一〇年以降も確実に存続し、ネットワークには何十億もの新しい要素（「ノード（中継接続点）」）が加わることになる[11]。二進コードからインターネットのTCP／IPへの標準化はまた、必要なハードウェア、ソフトウェア、ネットワークで流す情報内容の創造や製造において、規模の経済を追求する大きな機会を生みだした。

デジタル化、処理能力（ムーアの法則）、ネットワークの帯域幅（ギルダーの法則）、世界的に標準化されているが分散型の通信アーキテクチャー（TCP／IPのような）のあるネットワークという四つの互いに関連した特性が総合されて、現在のデジタル情報通信ネットワークはこれまでの技術革新を超越する性格を持つようになっている。漸進的な改善や追加ではなく急な交代に象徴されるのが革命だとすると、通信の分野に見られる目下の展開はとりわけ強力な「通信革命」と呼んでしかるべきものだ。デジタル統合ネットワークは、これまでの通信技術とは違い、既存の通信の「組み合わせ」を増やすだけのものではなく、通信の流れを旧来の「専用」ネットワークから世界標準に基づく新しい世界共通のネットワークへと大きく変えるものである。デジタル・ネットワークの相互接続は、世界共通コードのおかげで比較的容易にできる。それに、ネットワークの利用者が新たに増えることのメリットは大きい（このネットワークの外部効果はよく、メトカーフの法則と呼ばれている）[12]。そういうわけで、デジタル・ネットワークには大域的な相互接続をめざす原動力が内部にあるという特色がある。

グローバル通信の拡大と、その影響を測定するにはどうすればよいだろう。従来の方法でデジタル・ネットワークとその使われ方を測るのは、集中管理されていないことなど、これら新しいネットワークの基礎となっている特性のために困難である。そうした事実を集めても当然ながら不完全であり、割引して考えなければならない。だが、このような欠点があっても、入手できるデータからは目下の世界的な通信革命の広がりと厚みがしっかりと垣間見られる。

グローバル通信革命を評価する

グローバル通信革命を評価するのに、ネットワークのおよぶ範囲、コンテンツの豊富さ、経済的影響という三つの観点から見ていく。これらはそれぞれ、この展開における異なる側面を見せてくれる。ネットワークのおよぶ範囲からは、デジタル・ネットワークの拡張と変化の様子がわかる。コンテンツの豊富さからは、ネットワーク上でアクセスできる情報量の拡大が見えてくる。経済的影響からは、進行中の状況の経済およびビジネスの面が浮かんでくる。

（1）ネットワークのおよぶ範囲

通信革命を動かしているのは、デジタル通信ネットワークである。これによってアナログ・ネットワークが置き換えられるだけでなく、急速に変化している利用者のニーズに適応しつづけられる。テレビは従来、集中制御されたアナログ信号による放送電波を通して放送されてきた。その後、ケーブルのおかげで家庭で見られるアナログ・チャンネルの数が増えた。一九九〇年代のデジタル技術の導入とともに、このアナログ状況が根本から変わる。家庭直結の放送衛星によって、デジタル・コード化された何百ものテレビ・チャンネルが、先進国だけでなく東南アジア諸国、インド、中国などの途上国でもほぼ同じように、数え切れないほどの家庭に届けられるようになった[13]。こうした衛星は、どの政府にも属さない領域から、屋根に取りつけられた無数の安い小型の受信器を通して各家庭へ送信しており、政府による従来の社会的生産基盤の統制を受けることなく、デジタル通信ネットワークを生みだしている。

国際電気通信連合（ITU）の不完全な統計にさえ、一九八八年には四四〇万台しかなかった家庭直結の衛星放送の受信器が、九五年には三三四〇万台と八倍に増えていたとある[14]。その後も増えつづけ、最近の研究調査では、米国のデジタル衛星放送テレビの受信契約者数は二〇〇三年にはケーブルテレビを上回ると予測されている[15]。この動きに取り残されまいとして、ケーブルテレビ会社は放送網を集中アナログ位相からインターネットのＴＣＰ／ＩＰ通信規約を用いたデジタル光ファイバー網に「アップグレード」するのに余念がない。

デジタル・ネットワークはまた、携帯電話も支配するようになっている。ヨーロッパで開発されたデジタルのセルラー通信規格のＧＳＭは、世界中で大成功を収めている。ＧＳＭ方式では海外で現地のネットワークを「ローミング」することができるので、加入者は自分の携帯電話を六〇カ国以上で使うことができる。ＧＳＭのネットワークは相互接続されて、複数のネットワークからなる世界的ネットワークを形成しているため、国境や大陸を越えてほぼどこでも通信できる。携帯電話の利用は、デジタル無線ネットワークによって劇的に広がった。一九八八年には世界全体で四二〇万人しかいなかった加入者が、九六年には一億三七〇〇万人に増えていた[16]。加入者の総数は九九年には四億人に増え、二〇〇四年には一〇億人に達する見込みで、そうなると固定電話回線の加入者数を上回る[17]。スカンジナビアなどの一部の地域では、携帯電話を一台以上持っている人が大勢いるため、年齢層によっては携帯電話の利用がほぼ一〇〇％に達している[18]。

携帯電話の成功は、先進国に限られたことではない。東南アジア諸国、発展途上国、さらにサウジアラビアのような保守的な国でさえ、携帯電話ブームを全面的に受け入れている[19]。デジタル携帯電話ネットワークに切り換えることは、これらの国にとっていくつもの利点がある。まず、地面を掘って固定回線を敷くという、費用と時間のかかることをしなくて済む。ネットワークを徐々に増やしながら構築できるし、急速に高まる需要に素早く対応できる。かつての国営企業が支配している市場に、競争が持ちこまれる。それに加え、バングラデシュなどの国では、携帯電話の加入者が電話を他者に賃貸するというニッチ経済活動が生まれて成功している。

ＧＳＭ方式の電話は、音声による通信だけでなく、文字盤を使って短いメッセージを作成して他の加入者に送ることができる。このショート・メッセージ・サービスは大成功を収めている。たとえば、オランダでは携帯電話の利用者の四人に一人が携帯電話を使ってつねにメッセージをやりとりしており、スカンジナビア諸国やドイツの利用状況もそれに近い。最近の推定では、こうして送受信される短いメッセージはドイツ語圏だけでも月に約一〇億件にのぼっている[21]。同様に、日本では携帯電話の利用者は小さな画像やデジタル写真のやりとりができる。これは若者のあいだで大いに人気を博しているだけでなく、デジタル・ネットワークの普遍性と、デジタル化すればあらゆる情報を自由自在に伝送できるという事実を具体的に示している[22]。ワイヤレス・アプリケーション・プロトコル（ＷＡＰ）などの新しい携帯電話の通信規格では、加入者は電子メールをチェックしたりウェブページを見ることができる。ノキアのような携帯電話会社は、二〇〇三年までに携帯電話の収益源のほぼ一〇〇％がデジタル情報へのアクセスになると見ており、補助的機能でしかなくなっている通話は完全に無料化するかもしれないという。そのときには、移動体通信のデジタル・ネットワークはインターネットに完全に統合されている。

インターネットは、言うまでもなく一つのネットワークではなく、パケット交換方式による情報伝送のためのＴＣＰ／ＩＰ通信規約に基づいて相互接続されているすべてのデジタル・ネットワークの総称である。つまり、「インターネット」は、これら相互接続されたネットワークの基礎構造がすべて含まれる真の「ネットワークのネットワーク」であり、さらに、携帯電話網の機能強化に見られるように、すぐにあらゆる種類のデジタル「サブネット」を包含することになる。ここ一〇年間のインターネットの発展は、まさに驚異的であった。インターネットの「ホスト」数、つまりグローバル・

図6-1　インターネット・ドメイン調査　ホスト数

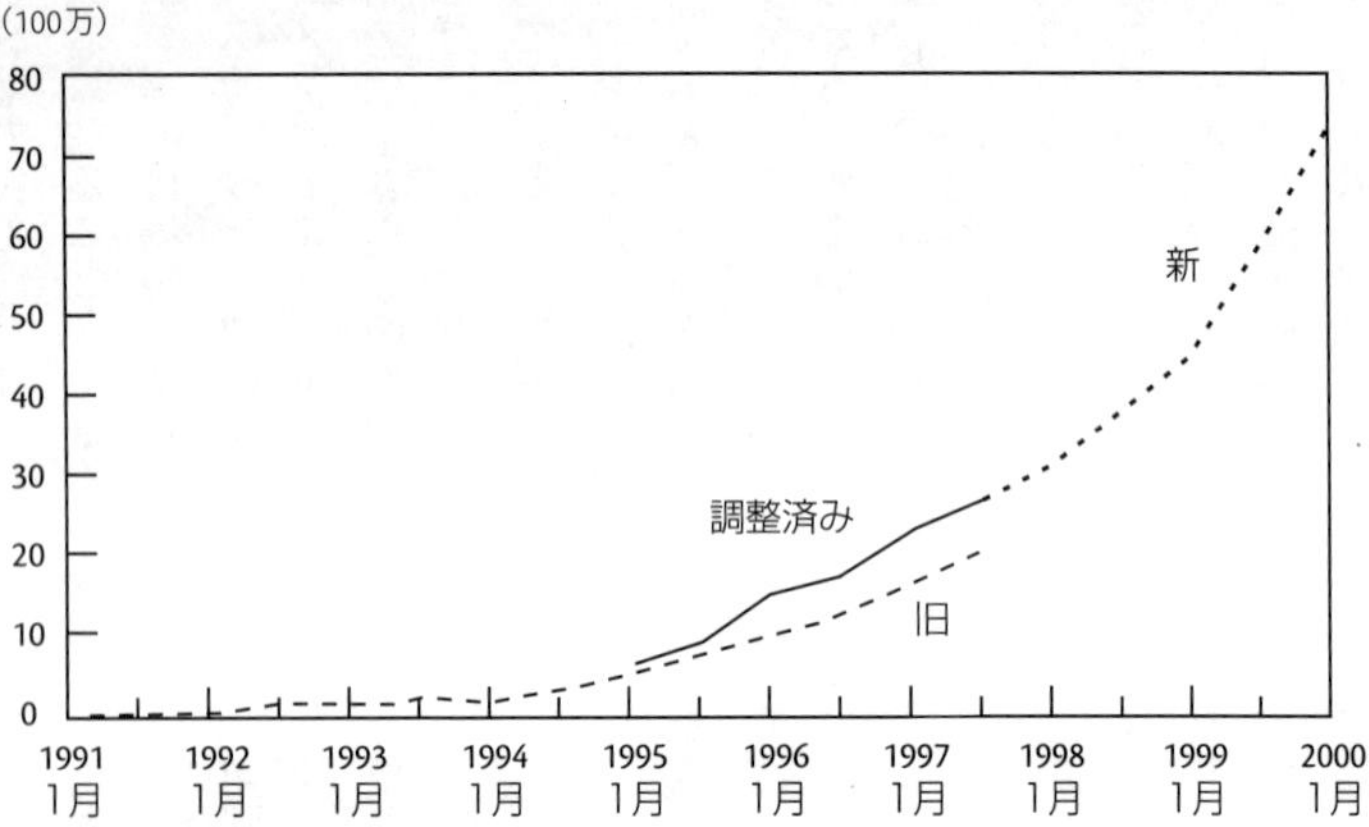

出典：Internet Software Consortium (www.isc.org)

ネットワークにおけるノード（中継接続点）数は飛躍的に増えており、一九九六年に一〇〇〇万に達し、九九年末までに七〇〇〇万を超えた（図6－1）。

正確な統計はないものの、専門家の推定では、世界のインターネット利用者は一九九九年九月には二億人を突破しており、その数は急速に増えつづけている[23]。インターネットの利用は、パソコンなどの比較的高価なハードウェアが必要であるにもかかわらず、急速に拡大した。すべて完備したパソコンが一〇〇〇ドル以下の価格帯で売り出されたことによって、インターネットは先進国の低所得層や途上国の利用者など、まったく新しい類の利用者に開かれた。インターネットの接続性をＷＡＰの場合のように携帯電話に組みこんだり、その他の安価な情報機器に組みこむことで、とりわけ途上国においていっそう大勢の人がインターネットにアクセスできるようになると思われる。

この複数のネットワークからなるデジタル・ネットワークでは、メディアの数が制限されない。ワールド・ワイド・ウェブがいくつもの異なる情報や通信の流れを継ぎ目なく統合させたことが、利用者の要求を煽ったのは確実だ。インターネットの全体的基礎構造の各部分を提供している業者は、ネットワークに帯域幅を加えるのに追われ、利用者のほうは、もっと多くのメディアによる情報サービスに切り換えることで、それをすぐに活用する。こうした要求に応えるため、一九九九年には米国だけでも一日に六四〇〇キロメートル以上の光ファイバーケーブルが敷設された[24]。

かつては主に先進国の現象のように思われていたインターネットだが、多くの途上国や経済移行国でも受け入れられてきている。たしかに、インターネット・ホストの世界分布を見ると、情報へのアクセスはまだ平等ではない。だが、その分布にはまた、二一世紀の初めにインターネットが真にグローバルな情報通信ネットワークになったことも見て取れる。

インターネットが全世界で利用されるようになるのを後押しして支えたのは、そのもう一つのユニークな特徴である費用請求の仕組みである。インターネットの料金は当初から、通信回線を経由する情報に対して均一料金か、または時間と量にしたがって請求されてきた。距離が費用の要因となったことは一度もない。そのため利用者は、オンライン通信の相手や情報源の所在地を少しも気にする必要がない。通信相手が目と鼻の先であろうと、はるか彼方であろうと、まったく関係ない。電話とは違い、距離が費用要因ではないため、地元の情報提供業者や通信相手のほうが遠方の場合より好都合だということがない。つまり、インターネットにおいて通信相手が国際化するのは自然な成りゆきであった。

（2）コンテンツの豊富さ

ネットワークの拡張は、現代の情報通信技術の基本的構造が発展していることの現れだが、発展はオンラインで利用できる情報、「コンテンツ」にもおよんでいる。ワールド・ワイド・ウェブの構造のおかげで、まったく異なる種類、所在場所、内容の情報がいっしょにリンクされてクモの巣のように張りめぐらされた「ウェブ」が形成され、その総体は——埋めこまれたリンクのため——各部分を合わせたものより大きい。ウェブサイトの数は、インターネットの発展よりさらに速いペースで増えてきた。一九九三年六月、インターネット利用者がアクセスできるウェブサイトはやっと一三〇を数える程度だった。そのわずか三年半後、サイトは六五万を超えていた[25]。そのうえ、デジタル・ネットワークを経由するデータの量が急速に増えつづけ、一九九八年には世界の電気通信網を経由する音声の量に追いつき、今後も急速に伸びつづけると思われるため、二〇〇七年頃には音声の影が薄くなる[26]。

インターネットで利用できる情報の内容が豊富になったのと、いくらでも全世界と通信できるため、利用者はますますインターネットに時間を費やすようになった。一九九九年、米国の平均的インターネット利用者の接続時間は週に一一・一時間であった[27]。九九年に行われたカイザー・ファミリー基金による研究調査には、子供たちがテレビを見る代わりにインターネットを利用するようになる可能性が示されていた[28]。インターネットで利用できるコンテンツの豊富さが拍車をかけたこうしたメディア利用の変化は、経済にも大きな影響をおよぼす。

(3) 経済的影響

目下の通信革命によって引き起こされた抜本的な変化を評価する三つめの観点は、経済とビジネスのデータから見たものだ。

一九九五年、世界の電気通信市場はデジタル・ネットワークによって六〇〇〇億ドルに拡大した[29]。市場は巨大であるばかりか、平均的な経済成長率をはるかに上回る率で伸びており、足かせとなっている旧式のアナログ・ネットワークを含む数字ではあるが、一九九〇年から九五年までの伸び率は八%であった[30]。さらに、これらのデジタル・ネットワークには構造のなかに経路指定情報を埋めこむ能力があるため、電気通信業者は、より少ない従業員でこの伸びに対応することができた[31]。こうして電気通信業者は、デジタル基礎構造にかなりの設備投資をしたにもかかわらず、利益が――それに株価も――急上昇している[31]。

デジタル・ネットワークの基礎構造を提供する業者のめざましい数字も、コンテンツ提供業者と比べると顔色なしといったところだ。インターネット関連の株式新規公開によって、株式市場は新高値へと押し上げられた。アマゾン、イーベイ、イートイ、フリートレードといった新興企業の市場評価は一〇億ドルにのぼり、なかには一〇〇億ドルというものまであって、長い歴史のある多くの世界的企業を追い越した[32]。一九九九年、この新興の電子商取引市場は、米国だけでも三〇〇億ドルの収益を生みだした[33]。それに、この数字は間違いなく急速に伸びる。若者にとって、世界的な情報のコンテンツ提供業者が作り上げた仮想世界で「オンライン生活」をすることは、もう当たり前になっている。

二〇〇〇年のフォレスター・リサーチの調査では、米国のティーンエージャーの三四%がオンライン・ショッピングを利用していることが明らかになった[34]。タイム誌は、世界的な通信革命に全面的に根ざしたこの「情報経済」の躍進ぶりに着目し、アマゾンのジェフ・ベゾスを「今年の顔」に選んで最高の栄誉を与えた[35]。それに加え、世界中の既存の会社が、この新しいデジタルの最先端にあわせて再編成に動きはじめた。小規模なものからAOLとタイム・ワーナーといった大型のものまで合併が相次ぎ、ネットワークとコンテンツは水平および垂直に統合されつつある。

通信の基礎構造と豊富で柔軟性のあるコンテンツを持つデジタル・ネットワークは、経済成長の重要な源泉となっている。一九九〇年代、米国ではIT関連産業の労働者一人当たりの付加価値は年平均で一〇・四%伸びており、これは他の業界を大きく上回っている。二〇世紀末、米国の年間成長率の三分の一近くが「情報経済」における劇的な拡大によって生みだされたものだとする専門家もいる[36]。

膨大で拡張しつつあるネットワークのおよぶ範囲、劇的に拡大しているアクセス可能なコンテンツの広がりと豊富さ、驚くべき経済成長と集中性が、現代の世界的なデジタル・ネットワークの類のない上昇ぶりを評価する三つの異なる指標となっている。通信革命を正確に評価するには、年月と、分散型の基礎構造により適した測定手段が必要かもしれないが、その全体としての重要性が疑われることはない。

もたらされる結果

この通信革命がもたらす結果は、複雑であり、影響が大きい。これらの結果の基本的なもののいくつかは、政府に対応を強いるため、影響を受けるすべての社会において感じられる。もたらされる結果は、ネットワークの基礎構造に依存した社会の発展や福祉から世界経済秩序における変化まで、国内統治への影響から国際情勢におけるパワー・シフトの可能性まで、多岐にわたっている。

ネットワーク依存

デジタル・ネットワークが、仕事から余暇に至るまで、日常生活でますます大きな役割を果たすようになるにつれ、社会全体は、ネットワークが機能して完全な状態であることにいっそう依存するようになる。私たちがすでにいかに依存するようになっているかは、一九八〇年にARPANETが破綻したこと、一九九〇年にAT&Tの交換システムが全米に行き渡ったこと、二〇〇〇年春に「アイラブユー」ウイルスが全世界に大損害をもたらしたことなどに垣間見ることができた[37]。そこへ持ってきて、ネットワーク規格は頑強で分散型であるのと負けず劣らず不安定で開放的であるため、依存が深まることは脆弱性が増すことと一致する。こうした不安定さに対応するため、政策決定者は国内および世界的規模でとる措置を調整し、暗号化や電子署名といった、追加される技術に応じて政策を補強しなければならない。

こうした技術的な手だてを講じても、ネットワークは基本的に開放されているため、どうしても攻撃に弱いところがある。規制の枠組みを決めて、ネットワークの安全性を高める手段を用いさせるだけでは不十分だ。ネットワークの基礎構造の保全と災害防止の専門家や当局は、どういう問題が起こりうるかを理解する必要がある。最も危険なシナリオとしては、ハッカーが、あまり知られていない一連の安全上の盲点を利用してネットワークの主要部分を停止させ、それがドミノ効果で国境を越えるというのが考えられる。

集中性とマス・カスタマイゼーション

多くの人が、特にビジネスの世界では、インターネットをグローバル化と関連づけている。世界的ネットワークは、外国との取引の広告・マーケティング・注文コストを低下させるため、国際貿易や経済のグローバル化を補うものであるのは疑う余地がない。世界で取引されている情報のかなりの部分がインターネットで配送信されるようになると、グローバル化にいっそう弾みがつくだろう。デジタル・ネットワークには、もう一つ、きわめて重要な経済的側面がある。それは、大量生産から柔軟生産やマス・カスタマイゼーションへと経済を移行させるための枠組みを提供することである。かつてヘンリー・フォードが量産車「T型」の色について、「顧客には好きな色を選んでもらう。それが黒であるかぎりは」と保証したのに象徴されているように、大量生産は需要を予測し、予測に基づいて在庫品を生産し、広告によって商品に対する需要を喚起することで成立する。大量生産が可能なのは、マーケティング情報を大勢の潜在的顧客に広める生産者の能力によるところがある。既存のメディアは、こうした目的のために用いられて成功を収めてきた。

デジタル・ネットワークによって、少なくとも理論上、格段に効率のよい異なる生産モデルが可能になる。ネットワークの双方向通信能力を利用して、生産者は今では生産を始める前に消費者に問い合わせることができ、理論的にいえば消費者が注文した分だけを生産できる。一九八七年にスタン・

デービスが一般に広め、ジョセフ・パインが理論的に磨きをかけたマス・カスタマイゼーションという概念は、今ではニュー・エコノミーの主な戦略となっている[38]。注文に応じて生産することにつながる具体的な消費者情報は、生産者から消費者へ流される膨大な量の情報の代わりとなるものだ。すでに、デルやアップルなどの大手コンピューター会社は、顧客がオンラインで指定したシステム構成にしたがってコンピューターを組み立てて販売するようになっており、全体の在庫をわずか二日分にまで減らしている。コンピューター部門での在庫の急激な値下がりを考えると、これは大いなる効率の向上である。だが、マス・カスタマイゼーションは製造部門だけでなく、情報主導のサービス部門や情報メディアにとっても当然の選択に近い。一九九〇年代初めには、テレビ・チャンネルが五〇〇もある時代がくるといわれていた。ワールド・ワイド・ウェブの成功によって明らかになったのは、五〇〇のチャンネルから選ぶのではなく、利用者一人ひとりに合わせて情報を流す「一人一チャンネル」の時代の到来だ。新しいネットワーク経済の基礎的な事業モデルがこのように大幅に再構築されると、情報を管理・利用する力が富の源泉となるため、プライバシーや知的財産権をはじめとする複雑で新たな政策問題が出てくる。

バーチャル・コミュニティ

グローバル・ネットワークのおよぶ範囲、世界中のコンテンツの形式を合わせる基準、帯域幅の継続的な急拡大などによって、より多くの利用者が、いつでもどこからでも情報にアクセスできる環境を享受できるようになる。この進行をさらに後押しするのが、距離とは無関係というインターネットの価格決定モデルである。現品を届けることからネットワーク上で情報を届けることに移行する「情報経済」によって、途上国で目下、電子商取引ビジネスを妨げている製品の流通基盤構造の問題は重要なことではなくなるいっぽうだ。デジタル・ネットワークにとっての「距離」は、物理的な距離ではなく、帯域幅や処理速度における障害である。ブロードバンドのネットワークにつながっている速いサーバーか、不安定で遅いネットワークにつながっている小型サーバーかの違いによって、人びとは近いか遠いかを感じるようになる。

伝統的な政策決定は、少なくともある程度、国が地理的な近さを基にして人びとを団結させるという考え方に基づいていた。世界の法律制度はほぼ全面的に、明確な所在地の概念を前提としている。規則は、およぶ地域が決められており、その地域の人間がその規則に縛られる。だが、グローバルなデジタル・ネットワークの利用者は、地理上の境界線に直面することがなくなる[39]。その代わりに直面するのは、同じような関心や目標を共有する利用者が作って自ら宣言したコミュニティの境界線である。一九九三年にインターネット研究家のハワード・ラインゴールドが一般に広めた言葉である「バーチャル・コミュニティ」は、地理的な近さによってではなく、共通の価値観、目標、体験によって結びついている[40]。さらに、実際のコミュニティの場合は一つにしか属することができないのがふつうだが、バーチャル・コミュニティにはそういった制限がない。実際のコミュニティを離れるときとは違い、バーチャル・コミュニティはだいたいの場合、はるかに気軽に抜けられる。

地理的な近接性、所在地、実際のコミュニティのみに属していることなどに基づいたガバナンスは、近接性に基づくことなく重なりあっている数多くのバーチャル・コミュニティの出現によって根本から問いなおされる。こうした新しい状況のために、国際法からコミュニティの自己規制まで、ガバナンスのモデルがいくつか提示されているが、これらの概念がどのようにして、またどのくらい現在の国を基盤とするガバナンスのモデルと融けあうのかは未知数である。

デジタル・ディバイド（情報による格差）

デジタル・ネットワークは急速に、力を持つための手段になってきている。ネットワークにアクセスすることが、ニュー・エコノミーにおいて役割を演じるための鍵となる。現在はネットワークへのアクセス能力が限られている社会が、たとえば無線通信における技術の大躍進とムーアの法則によって、一足飛びに情報時代に入るかもしれない。そうは言っても、インターネットのようなネットワークへのアクセスは、技術の基礎構造だけに左右されるものではない。情報にアクセスするための機器の操作がいくら簡単になっても、ネットワークにアクセスしたければ、いまだにほとんどが英語の文書中心であるインターネットを検索・探索する術も知っていなければならない。こうした教育の格差によって、世界人口のかなりの部分、とりわけ社会的弱者がインターネットの利益を全面的に受けられず、結果的にいっそう締め出されることになると予測する人もいる。こうした分析に暗示されている二重構造社会の課題を解決することが、ガバナンスのもう一つの重大な問題となる。

世界的なデジタル・ネットワークは、グローバル化の原動力としては唯一でも最大でもないが、グローバル化に向かう動きと密接に結びついて、その動きを刺激し、また刺激されてもいる。社会にもたらす影響は大きい。ネットワークへの依存、大量生産からマス・カスタマイゼーションへの移行、バーチャル・コミュニティ、地理的近接性が決定する要素として重要でなくなったことが、世界および社会においてデジタル・ディバイドがもたらしかねない害とならんで、二一世紀のガバナンスにとって課題となる四つの領域である。

第2部

グローバル化は国内統治をどう変えるか

第7章｜Global Governance and Cosmopolitan Citizens｜Pippa Norris

グローバル・ガバナンスと世界市民

この数十年間、グローバル化の大波によって、国境を越えて世界に向かう資本、商品、人、考え方の流れの規模が拡大し、速度が増した。「グローバル化」は、国境をなくして国の経済、文化、技術、統治を一元化し、複雑な相互依存の関係を生じさせる過程であると理解される。グローバル化は正確にはいつ起こったのか、最新の波は他とどう違うのか、それが異なる領域にどういう影響を与えたのかをめぐってまだ論争がつづいているが、二〇世紀末にグローバル化に寄与したさまざまな進展があったことが指摘されている。他章で論じられているように、情報の流れの速度と密度さらに相互接続の状態が、インターネットといった現代のテクノロジーによってエリートだけでなく大衆にまでおよび、コミュニケーションが変化した[1]。金融市場が急速に拡大して国家間の経済的な相互依存が高まったことによって経済が変化し、一九七〇年代以降、世界の財とサービスの輸出は実質ベースで三倍近くに増えた[2]。だが最大の変化は、重層的なガバナンスが増えたことと、政治的権限が拡散したことではないか。これは、欧州連合（EU）、北米自由貿易協定（NAFTA）、東南アジア諸国連合（ASEAN）のような地域貿易ブロックの発展、世界貿易機関（WTO）、国連、北大西洋条約機構（NATO）といった国際機関の役割の拡大、超国家的な非政府組織（NGO）ネットワークの急増、貿易から人権や環境保全まで幅広い問題の国際的および多国間の管理に向けた新しい規範や規則などによって、国民国家の役割が変化したことにともなうものだ[3]。

グローバル・ガバナンスがナショナル・アイデンティティにおよぼす影響は、多くの期待と不安を抱かせた。一方では、オーギュスト・コントやジョン・スチュアート・ミルからカール・マルクスやアンソニー・ギデンズまでさまざまな理論家が、人類はグローバルな文化と社会に向かって進み、いずれ国境を超越するという楽観論を唱えている。この見方では、市場、統治、通信のグローバル化によって世界主義的指向が強まると考えられるので、アイデンティティの対象は国境を越えて世界へと広がり、地域連合や国際機関における超国家的な協力による利益がいっそう認識されるようになる。

かくして、たとえば大前研一などの理論家は、私たちが「国家の終焉」を目の当たりにしていると確信している。今の時代は、世界市場の勢力の拡大と西欧の大量消費の勢いに支配された新たな歴史的段階にあり、それに押されて国家の政府と経済がますます力を失っているという[4]。ギデンズは、現代のグローバル化は歴史的に見ても先例がなく、近代的な社会、経済、政府、世界秩序を新たにするものだと主張する[5]。デビッド・ヘルドは、エイズ、移民、人権、犯罪、貿易、環境汚染、国境を越える平和・安全保障・経済的繁栄の新たな課題といった問題について、国家は相互依存の複雑なプロセスを経て団結してきていると論じる[6]。このプロセスが最も進んでいるのがEUであり、欧州統合によって国家の主権と自治の行方は大きな試練にさらされてきたが、ヘルドは、その影響は世界のあらゆる主要地域におよび、重なりあう「運命共同体」ができると主張する。ナショナリズムが二〇世紀の歴史上最も破壊的な勢力のいくつか——ヒトラーやムッソリーニから最近のバルカン半島の紛争まで——と結びついていたことから、こうした動きを歓迎する向きは多いものの、特徴ある国民共同体に代わってマクドナルド、ディズニー、ＣＮＮに見られるような文化の均質化を受け入れることになるのを嘆く人もいる。

もっとも、より懐疑的な見方をする人は、国家がそれほど弱体化しているのかどうか、また、感情に訴えるナショナリズムに取って代わるような「世界主義的アイデンティティ」が本当に出現しているのかどうか疑っている。世界の経済と統治の構造は、ナショナリズムや国家に対する根の深い意識を根本的に損なうことなく、それどころか、もしかしたら高めながら展開してきたのかもしれない。アンソニー・スミスによると、「国家による世界に実際に取って代われるようなグローバルな文化や世界主義的な理想は、まだ打ち出されてさえいない」[7]。マンは、ナショナリズムは弱まるどころか、グローバル化の反動でナショナル・アイデンティティは強まったかもしれないと論じる[8]。ハーストとトンプソンも、国家は今の時代も権力を持ちつづけ、方向として向かっているのは国家が主なアクター（行為主体）でありつづける地域ブロックの発展であって、国家を超える新世界秩序の出現ではないと主張する[9]。

こうした主張を裏づける証拠はあるのだろうか。ＥＵ内でナショナリズムが弱まったかどうかについて、きわめて組織的かつ実証的に調査したものがある。人びとが他の加盟国で働き、暮らし、学び、旅するようになる経済的・政治的統合の進行によって、特に早くからの加盟国間では伝統文化の壁がいくらかなくなっているものと思われる。ユーロバロメーター調査は、一九七〇年の初めから世論を細かく観察してきた。一連の研究調査で明らかになったのは、ヨーロッパの一員であるという人びとの意識が、多くの場合はマーストリヒト条約、狂牛病の議論、欧州経済通貨同盟（EMU）のもとでのユーロの発足といった具体的な政治的出来事に反応しながら変化してきたことである。欧州統合が進むにつれてEUは次第に強化され、深化し、拡大してきたが、それによって人びとのあいだでヨーロッパ人としてのアイデンティティやコミュニティの意識が高まったという徴候はほとんど見られない。この点では、早くから加盟しているドイツのような国でさえ同じである[10]。これと関連する意識の推移にも、七〇年代初めから定まった方向性が見られず、「EUの政策を承認する」「EUの業績に満足している」「欧州委員会や欧州議会といったEU機関を信頼する」などと、人びとがこのヨーロッパの一大事業を好意的に見るようになっているわけではない。国による意識の違いは根が深く、アイルランドやベルギーのようにほとんどの指標において比較的肯定的な国もあれば、英国のようにどこまでもEUに懐疑的な国もある[11]。九〇年代には、英国の世論は限りなく懐疑的な方向に進み、国民の半数近くが脱退に賛成するに至った[12]。

EUで世界主義的アイデンティティの高まりがほとんど見られないとしたら、他ではどうだろう。NATO、国連、WTOなど、グローバル・ガバナンスのための他の機関に関する世論の推移については、一般的にわかっていることがはるかに少ない。それは主に、西ヨーロッパ以外では組織的な国際比較調査による証拠があまりなく、大半の途上国では国内の世論調査はあっても国際比較調査はまず行われていないからである[13]。フィリップ・エバートが国際組織に対する意識を徹底的に研究したものがあるが、それにはEUの場合に見られたのと同じような傾向が示されている。エバートによると、

EU、NATO、国連への支持は本質的に多次元的で、意識はナショナリズムからインターナショナリズムまで連続的系列をなしているのではなく、具体的な問題や出来事にどう対応したかに影響される。人びとのNATO承認をめぐる変化を長期にわたって見てみると、ここでも加盟国によって支持に根強い差があったが、永続的な傾向は見られなかった[14]。

つまり、グローバル・ガバナンスの出現は世界主義の拡大につながるだろうというもっともらしい説があるにもかかわらず、入手可能な実証的研究のほとんどが懐疑的な見方に傾いている。少なくともヨーロッパでは、新世界秩序の制度や政策に対する各国民の支持には大きな開きがあるし、過去三〇年間、これより国際主義的な方向性は見られなかった。それでもやはり、証拠が足らない。EU以外の多くの国、特に途上国の傾向を理解するには体系的な比較研究が不足しており、根本に関わるナショナル・アイデンティティの変化が見た目に明らかになるには長い時間がかかるのかもしれない。

世界主義の徴候

「世界主義的(コスモポリタン)」および「国家的(ナショナル)」アイデンティティの概念は、きわめて複雑である。この章で「ナショナル・アイデンティティ」というときは、共通の祖国、文化的神話、象徴や歴史的記憶、経済資源、法的・政治的権利と義務などを共有することから生まれる「血と帰属」のきずなのあるコミュニティが存在することを意味している[15]。ナショナリズムは、国家によって線引きされた共有の領土内の市民権に基づく土の関係という「市民的」な形で現れるか、もっと広がりのある、宗教、言語、エスニック社会に基づく血の関係による「民族的」な形で現れる[16]。ナショナル・アイデンティティはふだんは潜在し、「他者」に対する反応としてのみ表面に現れ、こうして（シモーヌ・ド・ボーボワールの『第二の性』にあるように）自分とは異なる者に照らして自分が何者であるかが明らかになる。そういうわけで現在、少数民族であるスコットランド人のナショナリズムは顕在で存在を主張しているが、イングランド人のアイデンティティは休眠中で動きがなく、当惑気味でさえあるかもしれない[17]。現代の世界では、英連合王国のような複数の国による国家やクルドのような国のない国家も数多くあるとはいえ、ナショナル・アイデンティティは決められた領土内において政治的権限を行使する国とその制度を支えている。「ナショナリスト」とは、自分の国との一体感が強く、多国間および国際制度をほとんど信頼せず、財とサービスの自由貿易より国内経済を保護する政策に賛成する人であるといえる。

それに対して「コスモポリタン」は、より広く自分の大陸や世界全体と一体感を持ち、グローバル・ガバナンスの制度をより信頼している人であるといえる。ナショナリストかコスモポリタンかという面は、伝統的なイデオロギーの溝を横断するものだと思われるが、いくらか重なりあうことがあるかもしれない。コスモポリタンが右傾すると保護貿易主義経済の障壁を取り除くような政策を支持すると思われるのに対し、左派は世界の環境規制の強化や海外援助の増額といった措置に賛成すると思われる。コスモポリタンというと、異なる国で快適に暮らしたり働いたりすることができ、よく外国に旅行し、外国語が得意で、世界的な通信手段によって国際的なネットワークにつながっているような人を思い浮かべる[18]。一八世紀にヨーロッパ貴族の子弟が教育の仕上げとしてパリやローマへ旅行したように、昔はこうしたことは主にエリートのものであったが、通信のグローバル化における最新の波によって世界主義が復活し、エリートだけでなく一般大衆にまで広がったようだ[19]。この仮説が正しければ、世界主義的アイデンティティが伝統的な国家および民族への忠誠を補完して、より広く近隣の諸国や国民、世界の地域との一体感が生まれるはずである。

　世界主義的な意識が高まっているという主張を検証するには、どういう証拠があればよいか。こうした問題に関する世論の分析はこれまで、ＥＵ加盟一五カ国を対象とするユーロバロメーターと、一八〜二〇の民主主義国を対象とする年一回の国際社会調査プログラムに大きく依存してきた[20]。これらは長期にわたる傾向を調べるのに貴重な情報源ではあるが、開発途上にある元共産主義社会から脱工業化社会まで幅広く含む、網羅的な比較データを提供しているのは世界価値観調査である[21]。この分析を行うにあたり、世界価値観調査の一九九〇〜九一年と九五〜九七年の分を組み合わせて七〇カ国の比較ができるようにした。この調査には、民主主義の歴史の長い国、政治体制が確立されつつある国、さまざまなタイプの権威主義国が入っており、国民一人当たり年間所得では三〇〇ドルから三万ドルまでと幅広い。今のところ世界全体を網羅しようとしている比較調査はこれだけで、世界の独立国一七四カ国のうち七〇カ国、そして世界人口の過半数を対象としている。調査は多段式で任意抽出した標本によってすべて対面で行われ、分析するにあたってデータは国の母集団からの明らかな逸脱を補うために加重された。

　この調査の限界は、一九八〇〜八三年の第一弾に西欧先進国しか入っていないため、元共産主義国と途上国の長期にわたる傾向を調べるのに使えないことである。とはいえ、標本を一〇年ごとの生年別に分ける同世代分析を用いて、あとの世代になるほど世界主義を指向するようになっているかどうか調べることはできる。もちろん、若者が年齢を重ねて身を固めるにつれて地域社会や国内社会により深く根を下ろす場合、それをライフサイクル効果と解釈することも可能である。この点については入手可能なデータでは答えを出せないが、年齢による差異は主として同世代効果によると考えて間違いないようだ。

第一次世界大戦前、両大戦間期、戦後という異なる発育期に意識やアイデンティティを身につけた各世代が、二〇世紀の国際情勢の大きな動きをどう体験したかが反映されていると思われる。

世論を三つのレベルで見ていき、グローバル社会への共感、グローバル・ガバナンスの制度への信頼、政策メカニズムの承認について見極めることにする[22]。一つめの最も広範におよぶレベルは、グローバル・ガバナンスの発展によって「ナショナル・アイデンティティ」が徐々に蝕まれ、広い国際主義的な見方を持った「世界市民」、つまりコスモポリタンが増えたのではないかというものだ。次も同様にもっともらしいもので、平和維持活動における積極的なプレイヤーとして急速に役割を拡大させた国連や、加盟国間の経済的な結びつきを強めたEU、ASEAN、NAFTAなどの新しい地域連合といった、国際・多国間のガバナンスの「制度」に対する国民の意識がグローバル化によって変化したのではないかというものだ。第三の最も具体的なレベルは、自由貿易や移住労働者のための開放された労働市場を促進する政策といった、国の障壁を取り除くための「政策メカニズム」に対する国民の支持がグローバル化によって変化したのではないかというものだ。

蝕まれるナショナル・アイデンティティ

国や世界との一体感の強さは、それぞれに対する人びとの愛着で測られ、このアプローチは以前の研究調査でも広く用いられたものである[23]。世界価値観調査では、回答者に次の質問をした。

あなたが第一に所属していると思うのは、次のどの地理上の区分ですか。二番めはどれですか。

住んでいる場所または町
住んでいる国の州または地域
国［米国、フランス等］
住んでいる大陸［北米、ヨーロッパ、アジア、ラテン・アメリカ等］
世界全体
（［　］内には、具体的な国名や大陸名が代入される）

回答者は二つ答えることによって、たとえば、帰属意識をいちばん強く感じるのが地元社会で、二番めが国であるとか、国と一体感を持ち、その次は大陸であるとか、重複した複数のアイデンティティを示すことができた。回答を組み合わせると、最も狭い地域に限定されたアイデンティティから最も全世界的なものまでひとつづきになった、世界主義的アイデンティティの物差しができる[24]。

表7-1に、自分をまず何と同定するかという問い（「まず第一に、どの地理上の区分に所属しているか」）に対する回答が示されている。ここで最も印象的なのは、地域や国に対する一体感が世界主義への指向など足下にもおよばないほど依然として強いことである。ほぼ半数（四七％）が、国内の場所や地域に第一に所属していると感じており、三分の一以上（三八％）が第一に自分の国と一体感を持っていると答えている。とはいえ、六分の一（一五％）が自分の第一のアイデンティティとして、大陸や「世界全体」をあげている。コスモポリタンの割合は小さいものの、取るに足らないとはいえない。

第一と第二の選択を総合すると、一体感を持つのは地元地域社会のみという純粋な地域主義者が全体の五分の一を占めている（表7-2）。それに対して、大陸や世界だけと一体感を持つ純粋なコスモ

表7-2　地域に関する複数のアイデンティティ

（合計の%）

第1の所属先（横へ）	第2の所属先（縦へ）					
	地元	地域	国	大陸	世界	第1の合計
地元		15.5	17.5	1.0	2.6	36.7
地域	4.1		5.9	0.5	0.8	11.2
国	18.0	9.4		3.6	6.1	37.1
大陸	0.5	0.5	1.3		0.4	2.7
世界	3.5	1.2	5.9	1.6		12.2
第2の合計	26.1	26.6	30.6	6.8	9.9	100.0

表7-2
出典：World Values Surveys combined waves 1990-91 and 1995-97, weighted data (N.147319).
注：あなたが第1に所属していると思うのは、どの地理上の区分ですか。2番めはどれですか。
住んでいる場所または町
住んでいる国の州または地域
国［米国、フランス等］
住んでいる大陸［北米、ヨーロッパ、アジア、ラテン・アメリカ等］
世界全体

表7-1
出典：World Values Surveys combined waves 1990-91 and 1995-97, weighted data (N.147319).
注：あなたが第1に所属していると思うのは、どの地理上の区分ですか。
住んでいる場所または町
住んでいる国の州または地域
国［米国、フランス等］
住んでいる大陸［北米、ヨーロッパ、アジア、ラテン・アメリカ等］
世界全体

表7-1　地域に関する第一のアイデンティティ

（%）

特徴	変数	世界・大陸	国	地元・地域
全体		15	38	47
社会別	脱工業化	15	41	44
	元共産主義	16	32	53
	発展途上	14	37	49
生年別	1905～14	6	33	62
	1915～24	10	35	55
	1925～34	10	38	53
	1935～44	11	38	51
	1945～54	19	37	44
	1955～64	17	35	48
	1965～78	21	34	44
大陸別	北米	16	43	41
	南米	17	37	45
	北ヨーロッパ	11	36	53
	北西ヨーロッパ	13	25	62
	南西ヨーロッパ	13	23	64
	東ヨーロッパ	8	34	58
	旧ソ連	15	32	53
	中東	12	49	39
	アジア	13	32	55
	アフリカ	9	41	49
教育程度	最高	18	42	40
	最低	7	29	64
性別	男性	16	40	45
	女性	14	36	49
町の規模	小（2000以下）	11	34	55
	大（50万以上）	21	36	43
文化別	北ヨーロッパ	12	36	53
	英語圏	19	41	41
	ヨーロッパのカトリック	13	24	64
	儒教	5	44	52
	中央ヨーロッパ	7	33	60
	ソビエト	16	31	53
	ラテン·アメリカ	8	50	43
	東南アジア	8	29	63
	アフリカ	9	41	49
ポスト物質主義	物質主義者	12	38	50
	混在	16	39	45
	ポスト物質主義者	20	37	43
民主主義	自由	16	39	45
	部分的に自由	15	32	53
	自由がない	10	32	58

ポリタンはわずか二%である。残りの人たちは、帰属しているると感じるのが地域と国であったり、国と大陸であったり、複数のアイデンティティが混在している。このように全体としては、グローバル化の勢いによってこれほどの構造変化が起こっているにもかかわらず（あるいは、それゆえに）、人びとは血縁や地縁による伝統的なコミュニティに固着しているという懐疑的な主張を裏づける結果となっている。

意識は、社会のタイプによってどう違っているか。コスモポリタンの出現にばらつきがあることについて最も一般的だと思われる説明では、その最大の原動力は社会経済の発展にあるとしている。ポストモダン論で展開されるのが、こうした主張である。伝統的社会は、一九九七〜九九年の東南アジアの通貨危機に見られたように、世界的勢力に市場を開放することによって起こる金融変動性や経済的不安定の高まりに直面しており、ラテン・アメリカでは何百万人もが失業し、投資が減った。一九八〇年以降、サハラ以南にあるアフリカの大多数の国、ラテン・アメリカの多くの国、ほとんどの移行国が経済成長の悲惨な失敗に見舞われており、人間の安全が妨げられ、貧困が増大している[25]。ロナルド・イングルハートによると、不安定さが増すと、伝統的社会ではナショナリズムの感情や国家との同定が復活することがある。それに対して、この数十年間の経済成長率が高く豊かな脱工業化社会では、権限の委譲がケベック、スコットランド、カタロニアに見られたように国から地元地域社会へと下方に向かうのと同時に、超国家的な、より広い関係へと上方に向かう傾向にあるとイングルハートはいう[26]。この説明が正しければ、コスモポリタンは脱工業化社会に最も多く見られるはずである。米国、ドイツ、英国などの国は、技術が進歩し、新しい通信手段が生まれ、財とサービスの市場の開放が進んだことと、社会経済の発展がもたらした教育水準の高さと豊かさによって、大きく変容した。ナショナリズムは、東南アジアやアフリカなどの途上国や、政治経済の移行の過程で四苦八苦している中央・東ヨーロッパの旧共産主義国のほうが、根強く残っているものと考えられる。

表7-1に、社会のタイプによってナショナル・アイデンティティがどう異なるか示されている[27]。それによると、イングルハートの仮説とは違って、脱工業化、元共産主義、発展途上の社会のあいだでは世界主義への指向にほとんど差がない。ナショナリズムは、一般的な認識に反して元共産主義国が最も弱く、これらの国では地元地域との一体感が強い。グローバル化はしたがって、市場のグローバル化によって「勝者」と「敗者」を生じさせたり、先進国・途上国に差別的影響を与えたかもしれないが、これまでのところでは国民のナショナル・アイデンティティに影響したとはいえない。

あるいは、グローバル化の最新の波が歴史の進展だとすると、世代交替の進行とともに意識に影響が出てくると思われる。グローバル化は、二〇世紀末には加速したとはいえ漸進的なものなので、MTV、ヤフー、マクドナルドなどの世界で育った若い世代に最も強く影響するものと考えられる。それに対して、第一次大戦前および両大戦間の世代は、国への忠誠心が強く、地域的および世界的なガバナンスの新しい形態に最も強い不信感を抱いているものと予想される。イングルハートのポストモダン論には、広範囲な構造上の動向が若い世代の基本的価値観を変化させているというきわめて説得力のある主張が展開されており、その結果、世代の入れ替りが文化の変容をもたらしているという[28]。

調査の結果は、この説を全面的に裏づけている（表7-1）[29]。二〇世紀の初めに生まれた最年長の世代は桁外れに強いナショナリズムを示し、第二次世界大戦後に生まれたベビーブーム世代が最も世界と一体感を持っている。世代格差たるや、ベビーブーム世代がコスモポリタンである確率は第一次世界大戦前の世代の三倍以上である。しかも、この傾向は脱工業化社会に限られたことではなく、元共産主義国や途上国の若い世代にも同じように見られた。これがライフサイクルによるものではなく世代による影響であるとして、こうした傾向から推測できることは、長期的にはナショナリズム支持の影響が小さくなり、国民がもっと世界主義的な方向に向かうことである。調査の結果が示しているのは、グローバルな社会や文化という楽観的なシナリオは目下のところ過大に主張されているにすぎないが、こうした期待（および不安）は将来、世代が入れ替わるにつれて実現するかもしれないという確かな証拠があることだ。リュックを背負ってユーレイルパスで旅行し、平和部隊に志願し、世界各地の環境保護団体で活動するような若い世代の指向は、きわめて世界主義的である。

コスモポリタンの特徴としては、他にどのようなものがあるか。表7-1を見ると、コスモポリタンはヨーロッパより南北アメリカのほうが多く、東ヨーロッパとアフリカが最も少ないとはいえ、大陸ごとに幅広く分布している。以前の研究調査では、教育程度がEUへの帰属意識と大いに関連があることが際立っていた[30]。比較して追認できたのは、教育程度によって世界主義的アイデンティティが予測できることであり、世界や大陸と一体感を持つ人は教育程度の最も高いグループが最も低いグループの二倍であった。性別による格差もいくらかあって、女性のほうが男性よりいくらか地域に執着している。当然ながら、都市化もかなりの影響をおよぼしており、地域主義者は地方のほうがはるかに多く、コスモポリタンは大きな町や都市に多い。文化別に見ると、コスモポリタンは英語圏で最も目立っており、儒教の伝統のある地域では少ない。ポスト物質主義的な意識は予想された方向に作用していて、グローバル主義者はポスト物質主義者に最も多く、また、民主主義の度合いもいくらか関連性があった。世界主義指向が出てきていることは、脱工業化社会と途上国における違いにではなく、これまで検証してきた世代による傾向に最もよく示されているといえる。相対的に平和で安全な状況のなかで育った戦後世代にとって、世界は快適なところのようで、祖父や父の世代より世界主義的アイデンティティに心地よさを感じている。そうは言っても、世界中の人が世界市民になりつつあるという主張は、まだ大げさであることを強調しておかなければならない。ほとんどの社会、大陸、文化の大半の人が、地域社会や国家に対して依然として帰属意識を持ちつづけている。

グローバル・ガバナンスの制度への信頼

関連のある問題として、WTO、国連、欧州委員会といったグローバル・ガバナンスの新しい制度を人びとがどう思っているか、というのがある。近年、議会制民主主義の中心的制度に対する人びとの意識に関心が集まっており、特に議会、政党、政府に対する信頼が失われていることを追跡した研究が盛んである[31]。だが、超国家的レベルのガバナンスがどう支持されているかについては、わかっていることがはるかに少なく、脱工業化社会と途上国では意識がどう違うかについてはなおさらである。

経済と政治の統合が世界主義を後押ししているとすれば、世界主義は、強力な地域連合によってつながっている諸国で最も広まっているはずである。EU加盟国は、ドイツ人、フランス人、イタリア人が経済的・政治的利害を共有する共同体の一員であることを認識するようになって、真の汎ヨーロッパ意識が発達し、超国家的アイデンティティではどこよりも先んじているものと考えられる。欧州共同体は、国境を越えた協力と統合に向けた最も野心的な試みである。一九九二年の単一欧州議定書の狙いは、加盟国間の物理的・技術的・財政的境界をなくし、地域による不平等を減らし、労働条件をめぐる規則を調和させ、研究開発を強化し、環境を保護し、通貨協力を容易にすることであった。

九二年のマーストリヒト条約と九六年のアムステルダム条約によって、共通の外交および安全保障政策をはじめ、政治と経済の同盟が強まる。経済と通貨の統合は、九九年一月に世界通貨市場にユーロが登場したことによって大きく前進した。欧州統合の進行がナショナル・アイデンティティに影響したのであれば、スイス、ポーランド、ブルガリアなどの国より、ドイツのようなEU加盟国のほうが「ヨーロッパ」への愛着が強く見られるはずである。EUほどには政治的に統合されていないが、ASEAN、南米南部共同市場（メルコスル）、NAFTA、南アフリカ開発共同体といった他の貿易ブロックも同じような役割を果たしているかもしれない。人びとの国際・多国間組織に対する信頼度を分析するために、世界価値観調査では次の質問をした。

次にあげる組織をどのくらい信頼しているか、「大いに信頼している」「かなり信頼している」「あまり信頼していない」「まったく信頼していない」のどれかで答えてください。

（1）国連
（2）EU*
（*ヨーロッパ諸国の場合。その他の国・地域では、最も重要な地域組織について質問）[32]

表7-3は、「大いに信頼している」か「かなり信頼している」と回答した人の割合を示したものだ。一九九〇年代の初めから半ばまで通して見ると、国連はきわめて高いと思われる支持を集めて過半数（五七％）が信頼していると答え、EUやNAFTAといった地域連合を信頼

表7-3　出典：World Values Surveys combined waves 1990-91 and 1995-97, weighted data (N.147319).

表7-3　国連と地域連合に対する支持

「大いに信頼している」と「かなり信頼している」という回答の%

特徴	変数	国連	地域連合
全体		57	44
社会別	脱工業化	56	40
	元共産主義	60	51
	発展途上	59	52
生年別	1905～14	43	36
	1915～24	54	44
	1925～34	51	37
	1935～44	53	39
	1945～54	53	38
	1955～64	52	38
	1965～78	60	49
大陸別	北米	56	41
	南米	53	45
	北ヨーロッパ	54	33
	北西ヨーロッパ	45	47
	南西ヨーロッパ	47	57
	東ヨーロッパ	51	42
	旧ソ連	61	53
	中東	47	45
	アジア	66	49
	アフリカ	61	57
教育程度	最高	60	51
	最低	52	34
性別	男性	54	43
	女性	60	44
町の規模	小（2000以下）	52	40
	大（50万以上）	57	49
文化別	北ヨーロッパ	54	33
	英語圏	51	36
	ヨーロッパのカトリック	47	57
	儒教	60	35
	中央ヨーロッパ	39	46
	ソビエト	60	52
	ラテン·アメリカ	70	54
	東南アジア	54	44
	アフリカ	61	57
ポスト物質主義	物質主義者	55	43
	混在	60	45
	ポスト物質主義者	52	41
民主主義	自由	52	37
	部分的に自由	60	53
	自由がない	69	59

している人は四四％であった。ここで特筆すべきは、人びとがこれらの国際・地域的制度を自分の国の政府よりはるかに信頼していたことである。自国政府を信頼していると答えた人は、全体としては三分の一（三四％）にとどまっていた。こうした格差は脱工業化社会において明らかであり、そして（コソボ以前のことになるが）元共産主義社会では特に際立っていて、「国内の指導者を信頼している」が二七％であったのに対し、「国連を信頼している」は六〇％にのぼった。「批判的な市民」が増えたために、確立された民主主義国の多くで政党、議会、執行部といった代議政治の中心的制度に対する支持が低下したという主張があるが、こうした動きは人びとの国連に対する信頼を損なうには至っていないようだ[33]。

表7-3で「国連と地域連合を支持する」と回答している人の特徴をさらに見ていくと、先ほど世界主義指向で見られた多くの点と一致する結果となる。ここでもやはり世代と国際主義は大いに関連性があり、六〇年代世代の六〇％が国連を支持しているのに対して、第一次大戦以前に生まれた世代では四三％にとどまっていた。同じように、地域連合に対する信頼度にも年代による差がはっきりと現れていた。また、「国連を支持する」では女性が男性を上回っていたものの、よりグローバルな視点は教育程度の高さと都市化に関連していた。政府のタイプも大いに関係があり、国連と地域連合の最大の支持者は非民主国の人たちだった。国によって格差が見られる理由としては、途上国が国連の援助や公的開発援助の主要受益国かどうか、地域連合が加盟国の貿易・輸出市場の推進にどういう役割を果たしているかなど、いくつもの要因が考えられる。

グローバル化政策への支持

最後に最も具体的なレベルとして、自由貿易や労働者の移住を促進する政策など、グローバル化を推し進めるための経済政策がどのくらい支持されているかを見ながら意識を検証していく。質問は次の通りである。

自由貿易について……消費者が購入を希望するなら、外国の製品を輸入して国内で販売するほうが良いと思いますか。それとも、国内の雇用を守るために、外国製品の国内販売をもっと厳しく制限するべきだと思いますか。

移民について……国内で働くためにやってくる外国人について、政府がとるべき態度は次のどれだと思いますか。

（1）希望者をすべて入国させる
（2）仕事があるかぎり入国させる
（3）入国させる外国人数を厳しく制限する
（4）外国人を入国させない

表7－4に示されているように、保護主義より自由貿易を支持したのは全体的に見てわずか三分の一

であり、ほとんどの人が雇用維持のための貿易制限に賛意を表明した。この傾向は、比較的豊かだった一九九〇年代半ばの脱工業化社会でさえ見られた。こうした意識は、失業の恐れによって増幅されたとも考えられる。この時期、西ヨーロッパのほぼ全域で失業率がかなり高く、中央・東ヨーロッパの移行経済国では大量の失業者が出ていたからである。人びとはまた、入国制限にも賛成であった。国境を通行自由にして誰でも働きに来られるようにするのを支持したのはわずか七％で、三八％が仕事のあるかぎり入国させるのに賛成し、四三％が入国する外国人の数を厳しく制限してほしいと答え、一二％が入国禁止を求めた。

自由市場政策の支持者の特徴を見ると、若い世代ほど支持率が高くなっていることがわかる。ここでもまた、最も若い世代が自由貿易を支持する確率は、最年長のグループの三倍に近い（図7-1、表7-5）。旧ソ連の保護主義のなごりを考えるといささか意外だが、九〇年代の初めから半ばにかけて、元共産主義社会と西欧諸国の意識には驚くほど差がなかった。先に見られた教育程度、都市化、ポスト物質主義的意識はここでもまた、経済政策に対する国際主義的・自由市場的な指向を予測するものとなっている。

世界市民の将来

本書の他の章において、商品、サービス、資本、人、思想、力の自由な流れのなかにグローバルな傾向を示す無視できない証拠があることが明らかにされている。だが、こうした展開が世論をどう変えたかについては、わかっていることが比べものにならないほど少ない。異なる社会に旅行したり、そ

図7-1　生年別による世界主義的な意識

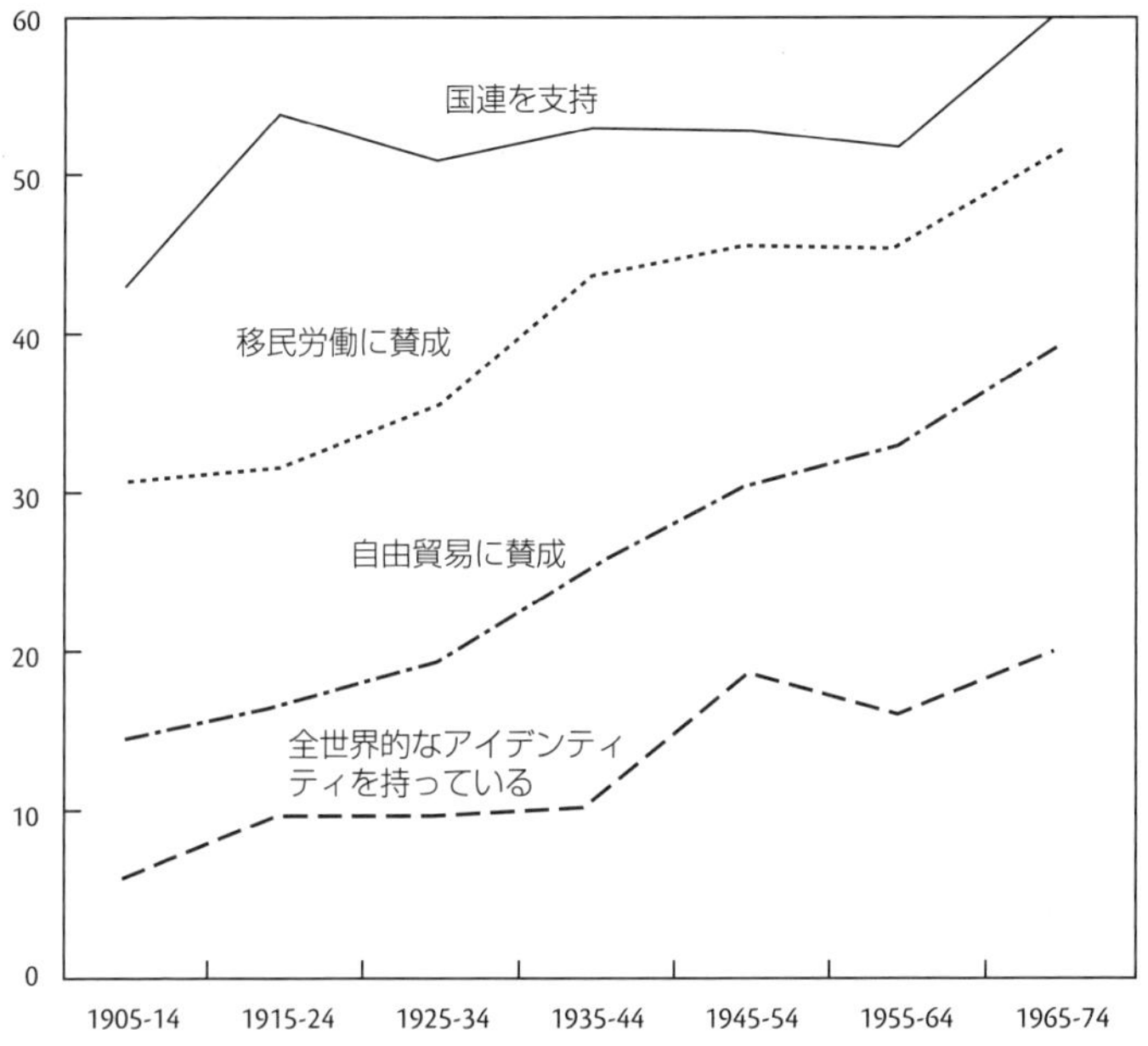

出典：World Values Surveys, early-mid 1990s.

こで暮らしたり働くことを快適だと感じる世界市民、コスモポリタンはグローバル化によって増えたのか、それとも反動として、民族主義や地域主義が復活しているのか。文化のグローバリズムの進行が当たり前のことのようにいわれているが、ニュースの流れ、映画の収益、マクドナルドの全世界の店舗数における推移といった指標をまとめたもの（第5章で取り上げられている）以外、それが人びとの世界観にどう影響するのか、構造変化によって基本的アイデンティティが変わったのかなど、ほとんど何も明らかになっていない。デビッド・マクローンとポーラ・サリッジが指摘している

表7-4　自由な貿易・労働市場への支持

是認の%

特徴	変数	自由貿易	移民労働
全体		30	42
社会別	脱工業化	28	37
	元共産主義	32	54
	発展途上	31	39
生年別	1905～14	15	31
	1915～24	17	32
	1925～34	20	36
	1935～44	26	44
	1945～54	31	46
	1955～64	34	46
	1965～78	40	52
大陸別	北米	25	35
	南米	15	56
	北ヨーロッパ	39	40
	北西ヨーロッパ	50	65
	南西ヨーロッパ	26	79
	東ヨーロッパ	31	37
	旧ソ連	33	55
	中東	15	38
	アジア	28	39
	アフリカ	38	34
教育程度	最高	40	53
	最低	31	31
性別	男性	33	42
	女性	26	43
町の規模	小（2000以下）	21	37
	大（50万以上）	37	54
文化別	北ヨーロッパ	39	40
	英語圏	26	38
	ヨーロッパのカトリック	26	79
	儒教	35	46
	中央ヨーロッパ	39	54
	ソビエト	32	54
	ラテン·アメリカ	21	32
	東南アジア	38	50
	アフリカ	38	34
ポスト物質主義	物質主義者	26	40
	混在	30	43
	ポスト物質主義者	34	46
民主主義	自由	30	38
	部分的に自由	33	54
	自由がない	38	50

出典：World Values Surveys combined waves 1990-91 and 1995-97, weighted data (N.147319).

表7-5　世界主義に対する支持の予測指標

	アイデンティティ	制度	政策	
コスモポリタン	地域-グローバル度	国連と地域連合を信頼	自由貿易と移民労働を支持	コーディング
■国内の発展				
人間開発の水準	.15*	−.33*	−.10*	国連開発計画の人間開発指数（1997）
民主主義の発展の水準	.10*	−.31*	.05*	フリーダムハウスによる14項目のギャスティル指数
民主主義の年数	−.05*	−.18*	−.01*	民主主義体制の継続年数
■社会的背景				
年齢	−.11*	−.08*	−.09*	年齢
教育程度	.05*	−.01*	.08*	9段階
性別·男性	.05*	−.07*	.02*	男性（1）／女性（0）
都市化	.10*	.09*	.08*	コミュニティ規模によって6段階
家計所得	−.01	−.01*	.01*	家計所得（標準）
国内生まれか	−.05*	−.03*	−.09*	はい（1）／いいえ（0）
■政治意識				
愛国の誇り	.004	−.07*	.07*	低い（1）から高い（4）まで4段階
現行政治制度の評価	−.003	.19*	.11*	低い（1）から高い（10）まで10段階
支持政党の左右寄り	−.02*	−.05*	−.03*	左寄り（1）から右寄り（10）まで
ポスト物質主義	.12*	.02*	.25*	12段階。ポスト物質主義＝高
定数	2.83	11.4	4.28	…
調整済みR2	.052*	.088*	.130*	…
R	.227*	−.296*	.361*	

出典：World Values Survey.
注：従属変数は表7-1～7-4にあるもの。係数は、通常の最小二乗回帰モデルにおける標準ベータ係数。
*有意となるのは<.01のレベル。

ように、「ナショナル・アイデンティティは、二〇世紀末に最も論じられながら最も理解されていない概念の一つである」[34]。世界主義の理念は、それよりさらに複雑で捉えどころがない。

こうして見てきた結果は、コップに「半分しかない」と見るか「半分もある」と見るかという類いのものである。証拠の解釈は、ナショナリズムをめぐる議論のどちら側の裏づけにも使える。一方では、コスモポリタンはどこから見ても少数派でしかなく、大半の人が血縁と帰属意識を与えてくれる地元・地域・国民共同体とのつながりに強く固着していることは事実である。尋ねられれば、自分はベルリン、プラハ、アテネの住民だと答える人のほうが、ヨーロッパ人というもっと広い意識を持っている人や、ましてや世界市民だと思っている人より多いだろう。大量情報伝達のネットワーク、商品と資本の流れ、大衆の観光旅行の影響力を通じて人びとを結びつけたグローバル化だが、まだ地域のつながりを壊すには至っていない。

とはいえ、もう一方では、この章で明らかになった文化変容の最も重要な指標として、異なる世代が抱いている国際感覚の根強い違いがある。国民国家が衰退してナショナリズムは崩壊するという、一部の理論家が主張している楽観的な見方はまだ確かめられていないが、同世代分析には、世論が長期的には国際主義的な方向に向かっていると現れている（図7-1）。ひときわ目を引くのは、第二次世界大戦後に生まれたベビーブーム世代のほぼ五分の一が自分を世界市民と見なし、住んでいる大陸や世界全体と一体感を持っているのに対し、両大戦間に育った世代では一〇人に一人にとどまっており、第一次大戦前の世代はさらに少ないことである。似たような世代格差は、グローバル・ガバナンスのための制度や、自由貿易や開放された労働市場に向けた政策に対する支持にもはっきり見られる。この傾向がつづく場合、世代が徐々に入れ替わるのにつれ、将来はグローバル化を支持する人が増えるはずである。また、都市化の拡大と教育水準の向上も、この全般的な進行に寄与すると思われる。この文化面での変化は、国連やEUなどの国際的組織の民主的な正当性に、さらに国家間に立ちはだかる強固な壁を徐々になくすことに大きく関わってくる。要するに、戦後育ちの若い世代は親の世代より国家主義的ではなくなっており、こうした傾向がその子供の世代までつづくかどうかが今後の見所である。

第8章 | Ready or Not: The Developing World and Globalization | Merilee S. Grindle

発展途上国とグローバル化

発展途上国の政府は、先進国の場合と同じように、貿易、金融市場、技術革新、新しい制度や価値観の大きな変化からコストを上回る便益を手にしようと努力している。どの程度の成功を収められるのだろうか。

途上国のなかには、すでにグローバル化への適応がうまく進んでいる国もある。一部の国では、財とサービスの貿易でのシェアが伸び、新しい技術が雇用を生みだして活力に満ちた国内経済を盛り上げている。全般的なことでは、第2章でフランケルも指摘しているように、グローバル統合の結果として実質所得が伸びることが期待される。グローバル化はまた、民主政治の広がりに拍車をかけ、近年誕生した民主的な政府が正当性を保つのに一役買っている。同様に、人的資本の開発、制度の構築、環境の改善に向けた資源を出すように、政府や国際制度に圧力をかけている。それに、財、サービス、資本、情報の流れが拡大したおかげで暮らしが豊かになった人は、ほぼすべての途上国に見られ、最貧国でさえ例外ではない。

こうした良い話にもかかわらず、途上国の人たちはグローバル化が利益をもたらすと確信するより、生活におよぼす影響を心配しなければならない。最悪のシナリオ通りに進んだ場合、グローバル化は経済を混乱させ、重要な社会的安全網を破壊し、環境面の損害を悪化させ、文化的アイデンティティを喪失させ、紛争を増やし、病気や犯罪を広めかねない。貧困国の政策決定者が、いくら努力してもグローバル化は発展の可能性を広げるのではなく抑えることになる、と心配するのはもっともである。彼らが、南北の格差が今後さらに広がると憂慮するのは当然だ。その懸念の背後には、国内の難題、国際的に脆弱であること、複雑な意思決定の場面という強烈な組み合わせがある。

この章では、グローバル化に直面する貧困国の状況を見ていく。実際、これらの国の多くでは、おぼつかない経済成長の機会、はびこる貧困、弱い制度、技術革新の限られた水準や広がりなどによって、発展の機会が制約されている[1]。こうした状態は、発展に関する国際的状況が目まぐるしく変化するなかで脆弱さとなって現れる。この状態を国内および国際的レベルで逆転させるには、賢明な政策決定、効果的な実施、有能な国家機関の創設が欠かせない。だが、政策決定者が直面する政治的状況は複雑になっている。政策と成果を求めて国の内外から圧力が増す厳しい環境のなかで、グローバル化の利益から多くの国が取り残されつつある状況に各国がどのくらい対処できるかは、政治的エリート集団がいかに策をめぐらすかによってあらかた決まる。

脆弱さの国内および国際的原因

グローバル化の利益は、国や国民のあいだで均等に分配されることはない。世界の最貧国と最貧民は、グローバル化の特徴である財、サービス、資本、情報の広がりがもたらす利益を受けるのに最も不利な立場に置かれている。いちばん不利なのは、低所得国に分類される六三カ国だ。一九九八年の一人当たり国民所得が平均七六〇ドルというこうした国には、アフリカのほぼすべての国と、南アジアとアジアのすべての人口最多国が入っている。人口でいうと、世界の総人口五九億人のうち、三五億人を占めている[2]。それに加え、ラテン・アメリカ、中東、北アフリカ、東ヨーロッパ、中央アジアを主とする中所得国九四カ国の低所得層は、急速な変化に取り残されるおそれが同じ国の上の所得層よりも大きい。そして、どこに住んでいようが一日一ドル以下で暮らしている一二億の人びとが、グローバル化が生みだす雇用、機会の拡大、技術、革新的な考え方から最も遠いところにいる[3]。

これら危惧される状況にある国と国民は、グローバル化の利点をうまく利用する力が限られているばかりか、グローバル化による不都合を避けたり乗り越えたりする力も不足している。これは以下で示すように、振るわない経済実績、はびこる貧困、機能しない制度、技術の格差などに見られる国内の弱点が国際的な脆弱さとなって、途上国が変化に対処する力に制約を加えるからである。

達成されない経済成長

この二〇年間、成長を促すために経済政策を手直しすることが、途上国の政策課題の主流をなしていた。ラテン・アメリカ、アフリカ、一部のアジアの国では、一九八〇年代初めの累積債務危機によって大々的な――かつ葛藤に満ちた――経済政策の転換が始まり、そのあいだに、多くの国が国家主導型の経済から市場経済に近づいていった。国家が経済を全面的に支配していた国でさえ、驚くほど変化した。七〇年代末には中国が経済自由化に取りかかり、八九年以降には東ヨーロッパと独立国家共同体の元共産主義国が市場制度へ移行しはじめた。九七年の東アジアの通貨危機は、地域のいくつかの国と、この危機に影響された域外の国に、政策を転換して金融機関の業績を向上させるように促した。変化の速度や程度は国によってかなり違っていたが、ほとんどの途上国と移行国が九〇年代末までに、内国および国際貿易の自由化、低い関税障壁、中央政府の規模と機能の縮小、多くの国有企業の民営化、労使への助成の大幅削減に向けて有効な策を講じていた。

おおかたの国が、市場経済を導入するには制度の大改革も必要だった。独立した中央銀行と税務機関、証券市場、民営化された産業と金融機関のための規制機関などの整備である[4]。それに加え、多くの国が制度を改めて、資本主義経済の基礎となる契約や所有権の法的保証を強化した。政策変更がたいてい短期間で導入できて効果が現れるのに比べて、制度改革のほうは、経済取引の新しい規則に合わせて人員を訓練し経済主体の行動様式を変えるのに、時間と継続的努力を要した。

こうして政策変更と制度改革は重要な一歩を踏み出したにもかかわらず、二〇年近く経っても、予定通りに幅広く経済成長率を向上させるには至らなかった。経済危機が頂点に達した八〇年代、多くの途上国で国内総生産（GDP）の伸び率は停滞もしくは低下した。八〇年代は、特にアフリカとラテン・アメリカの国が大きな痛手をこうむり、年間成長率の平均はそれぞれ一・六%と一・八%にとどまっていた[5]。この時期、成長率が高かったのは東アジア（八・〇%）と南アジアの一部（五・七%）だけである。九〇年代に入ると、アフリカ諸国の低成長は変わらなかったが、ラテン・アメリカと中東諸国は低調ながらも多様な回復ぶりを見せた。九〇年代は旧ソ連圏の経済が壊滅的に悪化し、年間

表8-1　1人当たりのGDP（1975～97年）

（単位：米ドル／1987年）

国の類別と地域	1975	1980	1985	1990	1997
すべての途上国（N=124）	600	686	693	745	908
後発開発途上国（N=43）	287	282	276	277	245
サハラ以南のアフリカ	671	661	550	542	518
アラブ諸国	2,327	2,941	2,252	1,842	…
東アジア	176	233	336	470	828
東アジア（中国を除く）	1,729	2,397	3,210	4,809	7,018
東南アジアと太平洋	481	616	673	849	1,183
南アジア	404	365	427	463	432
南アジア（インドを除く）	857	662	768	709	327
ラテン・アメリカとカリブ海	1,694	1,941	1,795	1,788	2,049
東ヨーロッパと独立国家共同体	…	…	…	2,913	1,989
先進国	12,589	14,206	15,464	17,618	19,283

出典：UNDP, Human Development Report, 1999 (New York, 1999), p.154.

成長率の平均はマイナス四・三％というありさまだった。九七年以降、高成長をつづけていたアジア諸国の一部で伸びが鈍化した。南アジア諸国だけが八〇年代も九〇年代も好調のようであった。

九〇年代末、一人当たり国民所得が一〇年前より低下した国は八〇カ国以上にのぼっていた[6]。表8-1を見ると、この改革の二〇年間に一人当たり国民所得が増えなかった国が世界のさまざまな地域にあったことがわかる。地域別の統計であるため、どの地域にも順調な国があったという事実が隠れてしまっているとはいえ、全体としては冴えない経済実績だった。同様に気がかりなのは、二〇〇二～〇八年の途上国の成長率は九七年の通貨危機の影響で一九九〇～九六年を下回ると世界銀行が予測していることだ[7]。

多くの国で成長率が改善しなかっただけでなく、成長を促すには何をしなければならないかをめぐって専門家の見解が分かれてきた。目下の改革の時代が始まった八〇年代初めには、経済を安定させて市場経済の要素を導入するにはどういう措置をとるべきかについて、経済学者の意見はおおよそ一致していた。これらの政策は、ワシントンにある国際金融機関から出されたので「ワシントン・コンセンサス」とも称され、ひとたび採用されれば、途上国は低迷する経済を好転させて持続する成長の一歩を踏み出せると考えられていた[8]。成長するには、途上国は「政策を改める」べきだというわけだ。

ところがしばらくすると、政策を改めただけでは活気のある市場経済を生みだすには不十分で、市場を基盤とした成長を促すには先に述べたような制度も必要だ、と開発専門家が主張しはじめる[9]。それと前後して、八〇年代初めから半ばにかけて改革への提案に強い反中央政府的な偏向を示していた経済開発の専門家が、市場システムから成長を引き出すには有能な中央政府がマクロ経済政策を運営し、一連の根本的な活動を行う必要があると論じあうようになった[10]。六〇〜七〇年代に行われた開発では一笑に付されていた感のある制度の構築が、九〇年代には開発の必須要素として再浮上した[11]。第10章でカマークが示しているデータを見ると、制度を構築する試みがいかに広く行われたかがわかる。九〇年代半ばになると開発専門家は、市場が機能して成長を生みだすために不可欠な要素のリストに、人材育成と社会的安全網の設置を加えた[12]。そしてアジアの通貨危機を受けて、専門家はどうすれば変動するグローバル金融市場から貧しい国を守れるかということをより気にかけるようになった。危機によって、影響を受けた国の制度の弱さが浮き彫りになったため、最も望ましい為替相場制度、資本の規制、財政上の制約、制度の構造などをめぐって議論が起こった。

成長はさまざまな条件にかかっていると思われた。このように複雑さが増すにつれ、何をしなければならないか、どの順にするべきかをめぐって、専門家の意見はさらに分かれてきた[13]。一九九九年には、開発の主流となる考え方の指標ともいえる世界開発報告書が、「政府は開発の面できわめて重要な役割を果たしているが」、マクロ経済的に健全な運営という一般的原則にしたがう以外に「政府がするべきことを簡単に教えてくれるルール集はない」と認めるに至った[14]。このように、成長を生みだすためにしなければならないことが増えただけでなく、専門家が示す政策が明確さを欠くようになった。

途上国は成長率の伸びは思わしくなかったものの、一九九〇年代には世界経済への統合が進んだ。全体として見ると、途上国の貿易は伸び率において国民所得を上回っていた[15]。途上国が財とサービスの世界貿易に占める割合は、九〇年の二三%から九七年には二九%に拡大していた。世界貿易機関（WTO）に加盟した途上国は、九九年までに一一〇カ国にのぼった。九〇~九七年、外国からの直接投資は低所得国向けが一〇倍に増え、中所得途上国向けは五・五倍に増えた。同じ時期、低所得・中所得途上国に最終的に流入した民間資本は、四三〇億ドル以下から二九九〇億ドル近くにまで拡大した。

だが、このように統合が進んだことによって、途上国は国際的な資本の流れや貿易の変動に対していっそう脆弱になった。これまでも、ほとんどの途上国が一次産品の――多くの場合は極端な――価格変動に影響されていたものの、一九九四年末にメキシコで起こったペソ危機は、急速な資本の流れが国家経済をほぼ一夜にして壊滅させうることを知らしめた。これだけでも十分に説得力があったのに、九七年のアジアの通貨危機と、それがブラジル、ロシア、その他の国におよぼした影響が、脆弱さの新時代を画することになる。この危機は、インドネシア、タイ、マレーシア、韓国といった急速かつ持続可能な開発の花形と見なされていた国にまで影響した。九七年には、これらの国は資本の流出によって危機以前のGDPの約一一%に相当する一二〇億ドルを失った[16]。

新しい通商関係、金融の変動性、低い商品価格という九〇年代に見られた組み合わせによって強調されたのは、いまだに多くの途上国の経済がにわか景気特有のものであることで、これは低成長と関連づけられる状況である[17]。さらに、現地通貨をドルや他の国際通貨に簡単に換えられることが、国内の利害関係者が国内政策を信頼しなくなったときや経済が悪化するおそれのあるときに、資本逃避を悪化させる。こうした問題に対処しようにも、政府が講じられる手段は貿易協定によって制限される。それに加え、世界規模の生産ネットワークによって、貧困国が多国籍企業と交渉する可能性は制限され、金融や貿易の面での報復を心配せずに採用できる経済政策は限られる。国によっては債務負担が重くのしかかっており、なおさら経済・社会的政策の選択肢が限られる。それどころか、大々的な債務救済措置がとられないと、経済危機が長引いたり、成長率が停滞もしくは低下しそうな国もある。こうしてグローバル化は、いろいろな意味でリスクに満ちた世界を途上国にもたらしており、これは政策や制度改革にただちに取り組んだ国にもいえる。

はびこる貧困

広範囲にわたる根強い貧困は、ほぼすべての途上国を特徴づけるものとなっている。一日一ドル以下で暮らしている貧困者は、一九八七年の一一億七〇〇〇万人から九八年には一一億九〇〇〇万人へと少しだが増えている[18]。さらに、人口に占める貧困者の比率は、減った地域もあるが、ラテン・アメリカ、東ヨーロッパ、中央アジアでは増えている。アフリカでは、貧困者の割合はほぼ横ばい状態である。表8-2は、八七年と九八年にどのくらいの人が国際的貧困ライン以下の生活をしていたかを地域別に示したものである。このデータには国内や国家間にどのような差があったのかは現れていないが、

表8-2　1日1ドル以下で生活している人の数

地域	1987 単位：100万人	1987 人口比率	1998* 単位：100万人	1998* 人口比率
東アジア	417.5	26.6	278.3	15.3
東ヨーロッパと中央アジア	1.1	0.2	24.0	5.1
ラテン·アメリカとカリブ海	63.7	15.3	78.2	15.6
中東と北アフリカ	9.3	4.3	5.5	1.9
南アジア	474.4	44.9	522.0	40.0
サハラ以南のアフリカ	217.2	46.6	290.9	46.3
合計	1,173.2	28.3	1,198.9	24.0

出典：World Bank, Global Economic Prospects and the Developing Countries, 2000 (Washington, 2000), p.29.
＊［訳注1］

途上国では貧困が相変わらず根強い重大な現象であることはわかる。これと同様に気がかりなのが、世界銀行が低成長と拡大する不平等という状況を仮定して行った予測である。それによると、途上国の貧困者数は二〇〇八年までに一二億四〇〇〇万人に増えて人口の二一・九％を占めるようになり、それより明るい展望に立って「包括的」成長を想定した場合でさえ、人口の一二・三％に相当する六億九五〇〇万人が貧困に悩まされつづける[19]。

二〇世紀末、貧困の広がりによる人的損失には甚だしいものがあった。一九九九年の人間開発報告書には、読み書きのできない成人は八億五〇〇〇万人、栄養失調は一億六〇〇〇万の子供を含む八億四〇〇〇万人、基本的消費ニーズを満たすことができない人は一〇億人にものぼり、三四〇〇万の女性が四〇歳まで生きられないだろうとある[20]。平均寿命は一九八〇年から二〇〇〇年のあいだに大半の国で延びたとはいえ、カザフスタン、ジンバブエ、ウガンダ、ルワンダ、ザンビアなどでは短くなっており、なかには一四%も短くなった国もある[21]。女性、子供、農民は、他の集団より貧困に苦しめられる確率が高かった。八〇〜九〇年代、世界の一部の地域では不平等が拡大した[22]。

こうした状態を緩和させるには生産的な仕事を生みだす経済成長が欠かせないが、それと並んで、教育や医療の欠如、病弱、高い乳児・産婦死亡率、衛生設備や飲用水の欠如といった貧困に付随するものに対応する物理的・社会的生産基盤への公共投資も不可欠である。途上国と先進国の人びとの寿命を比較した表8-3に示されている通り、なすべきことは数限りなくある。表8-4は、途上国の人的資本に欠けているものをいくつか取り上げて先進国と比較し、保健と教育に向けた公共支出を対比させたものである。

一九六〇年以降は、貧困率の低下と平均寿命、教育、保健の水準の向上に向けて大きく前進していたのに、残念なことに八〇〜九〇年代には、それまでの数十年間に得たものが経済危機と景気停滞によって徐々に失われたため、多くの国で進歩が見られなくなり、後戻りした国さえあった。そのうえ、危機に対応するためにとられた措置のしわよせを受けて保健、教育、物理的・社会的生産基盤のための予算が大幅に削減され、貧困からの脱出が問題化した。フォーマル部門の仕事が消えてインフォーマル部門の仕事に取って代わられ、年金制度が変更され、風土病が蔓延し、軽犯罪や組織犯罪が増え、社会における衝突が増えるにつれて、不安が高まった[23]。

一九九〇年代末の悲惨なデータのなかに、アジアの「新貧困者」数、つまり九七年の通貨危機のせいで貧困に陥った人の数を示したものがある。インドネシアは、数十年間の開発による進歩が金融危機によって後戻りさせられることがあるのを最も端的に示している例である。九〇年代、インドネシア

表8-3　途上国と先進国の寿命（1997年）

項目	国の類別		
	すべての途上国	後発開発途上国	先進国
出生時平均寿命（年齢）	64.4	51.7	77.7
乳児死亡率（出産児1000人につき）	64	104	6
5歳以下の死亡率（出産児1000人につき）	94	162	7
60歳までに死亡する人の率（総人口比）	28	50	11
産婦死亡率（出産児10万人につき）*	491	1,041	13

出典：UNDP, Human Development Report, 1999, p.171.
* 1990年

表8-4　途上国における人間開発ニーズ

項目	国の類別		
	すべての途上国	後発開発途上国	先進国
成人識字率（成人人口比、97年）	28.4	51.6	1.3
安全な水のない人（人口比、90~97年）	28	41	…
衛生設備のない人（人口比、90~97年）	57	63	…
教育向け公共支出（GNP比、96年）	3.6	…	5.1
保健向け公共支出（GNP比、96年）	1.8	1.6	6.3

出典：UNDP, Human Development Report, 1999, pp.137, 148, 191.

は包括的な開発戦略によって、七〇年には人口の六〇％近くにのぼっていた貧困者数を九〇年には約一五％にまで減らして賞賛されていた[24]。だが、九九年の人間開発報告書では、危機のあおりを受けて国民の二〇％、人数にして四〇〇〇万人が貧困に陥ったと推定している。国連開発計画はまた、韓国とタイの国民の一二％、人数にしてそれぞれ五五〇万人と六七〇万人も同じような目にあったと見ている[25]。

国内の困窮した状況は、グローバル化の時代には国際的な不平等の拡大という形で現れる。途上国はさまざまな人間開発指標から見て進歩したとはいえ、表8-4に示されているように、九〇年代の途上国と先進国には格段の差があった。さらに世界銀行によると、一九七〇年から九五年までのあいだに、低所得国の一人当たりＧＤＰの平均は高所得国の三・一％から一・九％へと低下し、中所得国の平均所得は高所得国の一二・五％から一一・四％へと下がった[26]。

南北格差の大きさは、他のデータでも確認できる。九〇年代末、世界人口の二〇％にあたる最富裕国が全世界のＧＤＰの八六％を占めていたのに対し、最も貧しい二〇％の国は一％しか占めておらず、海外直接投資の六八％が最も豊かな二〇％の国に集中していたのに対し、最も貧しい二〇％の国には一％しか流入しなかった[27]。そのうえ途上国のあいだでも、九七年の海外直接投資の三一％が中国向けで、ブラジルに一三％、メキシコに七％、インドネシアに五％が向かい、それ以外の六カ国が約一八％を分け、一四七カ国からなるその他の途上国は残りの約二七％を分けあうという具合であった[28]。後発開発途上国の債務返済負担は、八五年には国民総生産（ＧＮＰ）の六二・四％だったのが、九七年には九二・三％に増えていた[29]。その一方で、表8-5に見られるように国際開発援助はすべての地域で減少した。

国際的で知識を基盤としている経済では、十分な教育を受けて技能を持つ人材のある国のほうが、

表8-5　途上国向けの公的援助

配分先	純政府開発援助 対GNP比 1991	対GNP比 1997	1人当たり（米ドル） 1991	1人当たり（米ドル） 1997
すべての途上国	1.9	0.9	12.5	9.0
後発開発途上国	13.2	11.1	33.7	29.0

供給元	供与国の援助（対GNP比） 1986/87	1997
米国	1.9	0.9
DAC*	13.2	11.1

出典：UNDP, Human Development Report, 1999, pp.192, 196
* OECDの開発援助委員会

投資の機会やグローバル市場から利益を得るのに有利である。そのような国民を持つ国は一般に成長率が高い[30]。もちろん、どの途上国にも十分な教育を受けた人、富裕層、世界とつながっている人、情報エリート層が存在し、多くの国では中流階級も台頭しており、これらグローバル化によって利益を得る人たちは当てにされている。だが、貧しい人たちにとって、グローバル化は社会的進歩から取り残されることを意味する。国が世界市場に有利に参入できる力をつけて、安い労働力の提供国にとどまらないようにするには、人的資本に投資することが欠かせない。残念ながら、多くの国が貧困――しかも政情不安定による軍事費偏重で、いっそうひどくなりがち――のために、この問題に対応するのに必要な資源を量的にも質的にも投入できない。

弱い統治制度

弱い統治制度も、途上国を特徴づけるものである。植民地保有国によって西洋の制度が人為的かつ部分的に移植されたからなのか、それとも公的部門の慢性的な貧窮、腐敗した指導者による支配、制度の無能さや崩壊などによる荒廃のせいなのか、ほとんどの途上国で政府機関は特にうまく機能したことがない。国家は一般にきわめて中央集権的・非効率的で、拡張することによって個人や組織という国家以外のアクター（行為主体）の活動を制約してきた。自らが弱い存在である国家が、社会と経済を弱体化させる政策や戦略をとってきた[31]。アフリカのいくつかの国は、経済停滞や政治闘争の重荷に耐えかねて事実上崩壊した。多くの場合、国家が管理することも排除することもできない並行経済や並行政府の出現によって、正当性を失ったのである[32]。七〇～八〇年代には、不適切な開発政策や広範囲におよんだ権威主義に影響されて、多くの国で超過利潤の追求や権利の乱用が広まった。八〇～九〇年代の民主化によっても、これらの問題に目に見えて終止符が打たれたということはない。ピーター・エバンスが世界の大半における「能力の危機」を論じたのは、こうした状況があったからだ[33]。

国際金融機関が、安定化と構造調整に取り組んでいる政府に公的部門を徹底的に再編成するように迫っているのは、統治制度が野心的だが弱いというのが最大の理由である。初期の改革では、国の管理、責任、組織を排除することが重視されていた[34]。先に述べたように、開発専門家が開発の重要な協力者として国家に注目するようになったのは八〇年代末になってからで、経済と政治の自由化を成功させるには国がうまく演じなければならない役割があると考えられるようになった。つまり、効率のよいマクロ経済的管理、所有権や契約を保護するための信頼できる法律、意思決定や運営が透明な金融機関、効率的な司法制度・地方自治体・警察をはじめとする先進国では当たり前といってよい数多くの制度がこれに含まれる。こうして開発専門家は九〇年代、民主的な説明責任や経済運営・規制のための制度の構築に関心を向けた。国際金融機関は、政府の能力が向上すれば開発に主導性を発揮すると確信して、政府のさまざまなレベルの能力強化プログラムに向けて多額にのぼる計画を立てた。

弱い統治制度が発展――成長、人間開発、民主主義のどの意味においても――を制約しているという診断は明白で納得できるとはいえ、制度構築と能力強化のための処方箋は短期間で成果が現れるものではない。実際、ほとんどの途上国が、不十分で効率が悪く往々にして役に立たない公的部門の制度を抱えたままだ。こうした状況は国内に深刻な影響をおよぼす。制度がしっかりしていないと、効果的な措置を多くの政策分野でとるというわけにはいかない。また、国は改革への支持を形成するのに必要な正当性を奪われ、ゲームのルールについての論争が改革の議論に差しはさまれて、政策変更をめぐる争いが増える。さらに、政策を首尾よく実施し、実現させる可能性が減る。このように制度が劣っていると、政策決定者は失敗の可能性に満ちた状況に直面しなければならない。

弱い制度が存続しつづけると、国際的にも影響が出てくる。途上国には金融市場や外国投資を規制する力がなく、大きく変動する統合された市場では「無能であることのコスト」は高くつきかねない[35]。国際機関が国家と国民を拘束する基準や規則を設定することが増えているが、途上国の大半はこうした機関の政策や行動に強い影響をおよぼす立場にはない。国際通貨基金（ＩＭＦ）、世界銀行、ＷＴＯといった組織は先進国に支配されており、途上国は自明のこととしてＧ7、Ｇ10、Ｇ22、経済協力開発機構（ＯＥＣＤ）といった影響力のある組織から除外されている。途上国は、国際的な組織や協定に参加する場合でさえ、自らの立場を効果的に代表できないでいる。たとえば、九四年の関税貿易一般協定（GATT）ウルグアイ・ラウンドでは、ジュネーブに代表団を送りこんだ後発開発途上国は一二カ国だけで、これらの大半は人数的に少なすぎた[36]。世界銀行によると、九七年に各国がWTOに差し向けたのは、先進国の平均六・八人に対して、途上国は三・五人にとどまっていた[37]。アフリカの二〇カ国は一人も派遣しなかったし、代表は三人以下という国が一三カ国あった。ほぼ先進国なみの代表を送りこんだのは、エジプト、ナイジェリア、南アフリカだけである[38]。このように、貧困と制度の弱さが組み合わさることによって、多くの国がグローバル・ガバナンスの新しい制度の発展に影響をおよぼすことから取り残される。

技術格差

多くの途上国の特徴として、急速に発達しながら変化している技術の世界に完全になじんでいる高学歴で国際志向の少数エリートの存在がある。民間部門で大企業を経営していたり、経済政策の策定と関連の深い中央省庁に勤務していたり、非政府組織を率いていたり、シンクタンクや大学で公共・民間部門の問題と取り組んでいる人たちである。これらの人は、最新のコンピューターやソフトウェア、携帯電話、携帯情報端末を使っている。大都市に住み、よく旅行し、国際社会とも交流がある。

こうしたエリートは大半の国民とは対照的な存在で、国民の多くは相変わらず、電気さえないか、あっても停電しがちな埃っぽい村落や貧しい都市近郊に住んでいる。これらの人は多くの場合、読み書きができないか辛うじてできるといった程度で、電話もなく、コンピューターとは無縁である。教育

表8-6　情報時代における先進国と途上国

項目	年	国の類別		
		低所得途上国	中所得途上国	高所得国
1人当たり電力消費量（キロワット）	1980	188	1,585	5,783
	1996	433	1,902	8,121
日刊新聞（人口1000人につき）	1996	…	75	286
ラジオ（人口1000人につき）	1996	147	383	1,300
電話（人口1000人につき）	1997	32	136	552
携帯電話（人口1000人につき）	1997	5	24	188
パソコン（人口1000人につき）	1997	4.4	32.4	269.4

出典：World Bank, World Development Report, 1999/2000, pp.265, 267.
［訳注3］

の機会がなく、送電網は不完全で、今の時代を特徴づける技術に慣れ親しんでいないため、知識主導型の世界では不利な境遇にある[39]。これらの人とその子供たちが、先進国と世界中のエリートには当たり前となっている知識と技能を取得できるようにするには、社会的生産基盤と教育に莫大な投資をしなければならない。

もちろん、新しい技術によって、途上国が時間と費用を節約しながら先進国を追い越すという可能性が出てくる[40]。それに、海外直接投資が拡大すると技術の移転が進む[41]。だが全体としては、途上国は情報と技術へのアクセスにおいて先進国に遠くおよばない。表8-6は、豊かな国と貧しい国の電力消費量と新聞、ラジオ、テレビ［訳注2］、電話、コンピューターの利用状況を比較したものだ。二〇世紀末、先進国に住む世界で最も豊かな二〇％の人たちが世界の電話線の七四％を使っていたのに対し、最も貧しい二〇％の人たちは一・五％しか使っていなかった[42]。同時期、急激に増えたインターネット利用者数を見ると、OECD加盟国が九一％を占めていた[43]。こうした技術面の格差は、発展途上世界でも国によって開きがあった。たとえば、一九九六年、タイの携帯電話の台数はアフリカ全体を上回っていた[44]。九七年、メキシコの製造品輸出の三三%がハイテク製品であったのに対し、エジプトは七%、マダガスカルは二%であった[45]。

それに加え、途上国は研究開発に投入する資源が先進国よりはるかに少ない。一九九〇~九六年、研究開発に携わっている科学者数は、先進国の平均が人口一〇〇〇人当たり四・一人であったのに対し、途上国は〇・四人であった[46]。世界銀行によると、九一年の先進国・途上国間の研究開発費の差は、一人当たりGDPの差より大きかった[47]。

発展途上世界でもバンガロール、ボンベイ、マレーシア、メキシコ北部国境地帯といった一部の地域は新情報経済で活況を呈しているとはいえ、国内および国家間の技術格差はグローバル化の時代における発展の大きな妨げとなる。知識がますます電子的手段によって生みだされて普及し、貿易がますます電子ネットワークを利用して管理されて伸展し、通信がますます即時的になるにつれ、最貧国と最貧民はいっそう不利になる。

グローバル化時代の政策決定

グローバル・ガバナンスの新しい制度、公共サービスおよび資源の地域管理、民間投資と民営化、技術の進歩などは、世界中の政府に大いなる影響をもたらす。実際、これらの変化があまりにも大きいため、「国家の空洞化」を招いていると一部で論じられているほどだ。国家は一方では主権を失い、他方では市民に対する責任がなくなり、昔ほど国全体の発展の機会の中心とならないというのである[48]。

だが、グローバル化が途上国にプラスになるかマイナスになるかは、どう見ても国家の政府にかかっている[49]。途上国が、直面する問題と取り組み、国際的に脆弱な点に対処するには、公共政策とその実施を改善し、より強力で安定した統治制度を築くことが欠かせない[50]。

一九九〇年代末の途上国の政策決定者にとって、成長を生みだし、貧困を撲滅し、効率的な制度と政府の能力を築き、技術格差を解消するための政策課題は数限りなくあり、費用がかかり、相互依存的だった[51]。こうした政策課題を取り上げるにあたって意思決定者が暗黙のうちに認めていたのは、グローバル化の時代には、国の開発計画や戦略を決める際に自主性がいくらか失われることである[52]。このことは、国が深刻な経済危機に見舞われて、国際金融機関の援助に頼らざるをえなくなるたびに、痛感させられた。こうした状況では、国際金融機関がマクロ経済的管理、国家改革、公共・民間部門の役割、投資の優先順位、制度の構造などの条件を設定することになり、途上国政府は交渉力の弱い立場に置かれる。

同様に重要なのは、貿易、環境、労働などの新しい国際体制も、これらの分野における選択肢や自由裁量を縮小させていることである。どちらの場合も、対策には想定された型があるので政策決定者の自主的な決定は制約され、国内政策と国際政策を分ける線はほとんど無意味になる[53]。そのうえ、新しい国際協定が取り決められる前にも、国境を越えて多数の政治活動家や社会運動家が入りこんで、国内政治において大きな役割を演じ、政策変更を唱え、国内の集団や利害関係者と連携してきた[54]。

途上国の政策課題はますます外圧に影響されるようになったが、これらの課題に基づいて政策決定者に行動する――しかも迅速に行動する――ことを求める圧力も高まった。金融機関をすみやかに改革する必要性と、ただちに規制制度を設けて国際的な変動と国内の脆弱さのなかでマクロ経済の安定を維持する必要性が、アジアの通貨危機が瞬く間に世界に広まったことで喚起された。外部からの衝撃に順応することは、経済が少数の輸出商品に依存している国の意思決定者なら以前から気にかけていたが、それがすべての途上国にとっていっそう大きな要件となった。

だが、措置——とりわけ迅速な措置——を講じることは、発展途上世界が民主政治や活力のある市民社会に移行するにつれて複雑になった[55]。多くの国において、たとえ民主主義国でさえ、政策決定は中央集権的な政府の比較的少数の人たちが政治的関連のある少数の利害関係者と相談して、一般市民が広く参加することも決定の内容を知ることもなく行われてきた[56]。行政府が政策課題を決めて、政策過程では立法府は蚊帳(かや)の外ということが少なくなかった。八〇～九〇年代に行われた主要なマクロ経済的改革は、政権が民主的か独裁的かを問わず一般に、国家指導者が行政府に権力を集中させて行われた。その権力を大統領府もしくは財務当局に集中させ、少数の専門技術家による顧問団が密室で緊急総合政策を練りあげたのである。そして政策は、立法府が議決した法律ではなく大統領命令によって導入されることがよくあった[57]。多くの場合、かつては専門の閣僚、党指導者、有力な利益集団の代表などが出席していた政策会議が、国内と国際的なテクノクラートに占領された[58]。

民主化の進行があちこちで見られるようになり、政策課題が経済改革という初期のものから組織や人材の開発へと広がるにつれ、政策論議に参加したいという声が多く聞かれるようになった[59]。たとえば、民間部門が出現して、民営化と自由化に刺激されて拡大するにつれ、ビジネス界の利益を代表する新しい多種多様な組織も増大した[60]。労働組合を組織する自由が増すと、ボスが采配をふるってきた旧来の組織の多くは民主主義の拡大を求める内部からの要求に直面し、ときには分裂して以前の組織よりも政府と協調しない、異なる要求と流儀を持った新しい組合を作ることがあった[61]。市民団体は、警察による保護や環境汚染といった地域社会の問題や、民族・性別・宗教・所属地域に基づくアイデンティティを軸に組織されることが多く、より自由な政治体制のもとでは盛んである[62]。非政府組織は、以前は政治活動を避けるところが多かったが、政府に対して積極的に要求するようになってきている[63]。

こうした声は、目に見えて増えている[64]。要求としては、グローバル化や、市場と政府の失敗がもたらす不安定から仲間や一般市民を守ってもらいたいというのが中心的で根強い。より民主的な政治体制が導入されることは、公の意思決定に代表制と透明性が持ちこまれる点では歓迎すべきだが、新しい民主主義は新たな論議を呼ぶ意思決定の過程を生みだすと思われる。

途上国の政策決定者には、さまざまな分野で措置を講じることに加えて、政治公約を効果的に実行するように圧力がかかってきている。情報がより広く伝わり（これ自体がグローバル化の特徴）、市民社会の関与が増え（しばしば国際的なパートナーと提携して）、メディアの役割がより独立した幅広いものとなり（これも、国際的な擁護団体に支援および保護されて）、政府の行動と履行能力を監視する一般市民の力が強化された。そういうわけで政策決定者は、アルバート・ハーシュマンのいう「選んだ」問題ではなく「緊急の」問題を取り上げるであろうし、これらの問題について決定するときは広く協議せざるをえなくなり、政策を実施するときは仕事ぶりを監視されるようになるだろう[65]。

政策決定者はただでさえ困難に直面しているのに、支援を確立させ、敗者に補償し、反対勢力を買収するための有形資源が乏しくなってきた。これまでは、特定の指導者、政党、政策、政治体制への支持は、票、労働者の平穏、議会での支持と引き換えに有形の便益——仕事、契約、開発プロジェクト、認可、利用権など——を与えて固めることが少なくなかった。だが、経済が自由化されると、契約、仕事、認可を与えることに国があまり関与しなくなるため、こうした便益と引き換える機会が減る。そのうえ、緊縮予算のために敗者に補償をしたり、支持者にサービスを提供することもあまりできなくなる[66]。政策措置への支持や合意を取りつけるのに用いる政治的資源が少なくなったので、政治指導者は政策への支持や合意の新たな源泉を見つけなければならなくなった。これはいろいろな意味で、新しいリーダーシップ・スタイルを作り上げる必要があるということだ。

たしかに、途上国の政策決定者にとっては前途多難である。さまざまな圧力がかかっているので政策の選択肢は限られ、複雑な政治的環境のなかでは画策する余地があまりない。政策課題を決める機会は減り、決定を下して実施するように圧力が増し、グローバル化の好ましくない結果に対応するように迫られ、そして抵抗する声はかまびすしい。こうした状況は、政策決定者が改革のための連合を形成し、変化がもたらす利益をさまざまな層に納得させ、強力に組織された反対集団を管理できるかどうかを試すものとなる。政府は、それでも悪い政策を打ち出すかもしれないが、民主政治とグローバル市場によってただちに報いを受ける。

それに、制度の弱さが政策決定者の負担をさらに重くする。衝突や論争をどう処理するかについてはっきりしたゲームのルールが示されないために、政策の選択をめぐって争いが多くなりがちだ[67]。したがって、たとえば経済政策をめぐる論争が、行政府や立法府の適切な役割をめぐる論争に容易に巻きこまれたりする。腐敗を減らそうとすると、憲法の改正と司法制度の再構築に関する論争がともなってくる。新しい制度を作ろうとすると、法的な枠組みや権限をめぐって衝突が起こる。制度の弱さはさらに、改革によって達成できることを制約する。たとえば、司法部が腐敗していて無能であるために、規制制度を確立させることができない。制度の弱さはまた、政策を実施する能力を低下させる。たとえば、国の教育制度を改革しようとしても、実施する官僚に新しい活動を引き受ける能力と動機が欠けているために失敗する。

政策決定者は、制度を強化し、急迫するグローバル化に政策を適合させるという二重の求めに応じて、難しい均衡政策をとらなければならない。適切な制度を作って強化するには時間がかかるが、グローバル化がつきつける挑戦は待ったなしで執拗だ。制度改革は、政策の決定と実施にいっそうの安定をもたらすはずだが、改革の過程では政治的緊張が高まることが少なくない。政府は行動することを求められているが、制度の弱さのために、行動することの正当性をめぐって懐疑が生じる。途上国の政府に求められる責任に関するかぎり、国家は明らかに空洞化していない。だが政策決定者には、国内の困窮と国際的な脆弱さの根深い原因に対処することでは、国家の能力は下降線をたどる一方だと感じられる。

何ができるか

途上国の政策決定者が、国をグローバル化にうまく対応できる状態にしようとして、特に難しい政策・制度・政治的ジレンマに突きあたるのはたしかである。そして、人生の場合と同じく、これらのジレンマには簡単な解決策がない。本書の多くの章で論じられているように、問題の多くは有効な解決策を国際的なレベルで見つけなければならない。国内的には、発展を持続させるには何といっても安定したマクロ経済的環境を作りだすような政策の導入が欠かせない。だが、先に見たように開発専門家の見解は、マクロ経済政策を改めることは必要だが発展には不十分だという点で一致してきている。彼らは、めざましい成長を遂げたアジア経済に着目して、いかに成功を持続させたのかを探った[68]。結論の要は、人的資本へ投資することと効率のよい統治制度を作ることが重要だというものだった。優れたマクロ経済的管理、人的資本への投資、制度の構築という全体的なものにつづいて、発展に必要かつ十分であると思われる具体的な要因を見ていこう。適切な為替レートと金利、生産性の向上、効率的な規制・通貨・金融・司法・教育・保健・社会保障制度、物理的・社会的生産基盤、よく運営されている地方自治体、政府の日常的活動の能率向上、意思決定の透明性、政府に責任をとらせる有効な手段、民主的な政治、とたくさんある[69]。だが大半の途上国の現状から見て、これらを実現するのは容易ではない。発展に必要かつ十分な状況をグローバル化の時代に整えるには、時間と資源が必要だ。

しなければならないことが山積みで、それをするのに時間と資源が必要であることを踏まえて、指導者が政治的に議論のある状況のなかでも短期間で講じられて、国の能力を高めてこの作業を進められるようにする措置はあるだろうか。たしかに、政策決定者が比較的自由に行動することができて、変化をかなり素早く導入できる領域がある。きわめて異論の多い社会でも、この画策の余地はありうる。

そうした領域で最も明白なのは、政府の能力を高めて国が直面する問題の内的原因を分析し、それを利用することだ。一九八〇〜九〇年代の経済危機の時代に現れた好ましい傾向の一つに、政治指導者が経済政策の分析と立案に政府内のよく訓練されたテクノクラートと専門技術部を活用するようになったことがある[70]。興味深いことに、政府の官僚組織内に専門技術部を設置して、十分に訓練を積んだ専門技術顧問を任命することが、政治指導者にとって大いに行動の余地のある領域なのである。たとえば、経済危機の時代には、大統領が新世代のエコノミストを政府に引き入れて、興味を刺激する重要な問題に取り組ませた国がたくさんあった。人材がきわめて限られている国でさえ、こうした政策の問題に挑戦する準備ができている熱心な者を一般市民のなかから見つけることができた。こうした指導者はたいていの場合、政府内に新しい部署――政策分析部を経済省に置いたり大統領府の所属としたり――を設置し、特定の目的のために顧問を任命する権限を持っていた。九七年のアジアの通貨危機を受けて、今では多くの政府が金融部門の監視と規制を担当する機関の技術力と管理能力を伸ばそうと努力している。

経済省庁が抱える安定化と構造調整という課題にうまく対応できれば、そのやり方を外交、商業、困難な問題の多い社会部門に関わる省庁にも適用できる。実際、これらの機関では、訓練されたエコノミスト、政策アナリスト、管理者が欠乏しているのがふつうで、経済省庁の技術的な専門知識の場合とはまったく対照的だ。とはいえ、国際的な交渉、貿易、人的資本の開発が政府にとって最優先事項である時代に、こうした専門知識がこれらの機関に確立されない理由はない。たとえこれらの機関が業績を向上させることにかなり抵抗を示しても、政治指導者は組織構成に追加することができるし、任命権を行使して、反抗する省庁の外に適切な技術と管理の能力を構築することができる。

政治指導者が政府の能力を高めてグローバル化に対応できるようにする第二の領域は、公的部門への情報革命の導入を政府主導で集中的に行うことである。コンピューターやインターネット接続に投資することは、システムを自動化することや職員が情報技術を使えるようにする研修とならんで、政府が必要な情報を入手したり、優れた政策を立案したり、改革の必要性について公教育を行ったり、新しい政策の内容をめぐって国内および国際的な討論や交渉に参加したり、政策の実施とその結果を監視する能力を向上させたりするのに大いに役立つ。この作業は、資源をかなり使うし研修に投資しなければならないため、組織内の技術能力を伸ばす場合より負担が大きい。だが、これも指導者がかなりの自主性を発揮できる領域であり、しかも強い抵抗にあうことはなさそうだ。そのうえ、この投資や措置は、貿易や教育に関連する組織といった最優先分野や、公的部門の職員がこうした変化を取り入れたいと思っている分野を対象とすることができる。

第三の領域は、より難しいうえ、もっと先にならないと効果が出てこないようなものだ。それは公的部門の能力強化という、より全体に関する領域である。とはいえ、指導者が組織を改編するのにかなりの指導力を発揮できるという点では、先の二つの領域と似ている。たしかに、一九八〇～九〇年代に行われた主だった公務員制度改革は大きな抵抗にあい、期待外れの結果に終わった[71]。これらの改革には多くの場合、人員削減と業績の新基準、勤務評定、給与体系の見直し、契約による義務などが含まれていた。特に官職の任命権の伝統がある国では、こうした変更はほぼすべての省庁や機関の公的部門の職員を脅かすものであった。

だが、公的部門の改革は、必ずしもこのように包括的に取り組む必要はない。なかには、ささやかに機関ごとに行った国もあれば、慎重に交渉や公教育から取りかかった国もある。一部の国は、奨励制や管理方法を変えるのに「卓越した集団」方式を推し進めた[72]。また、公的部門の改善は、経験と研究によって新しい実際的な識見がもたらされている領域である。たとえば、民間部門の組織開発の研究から得られた識見を利用した研究者や、奨励制や制度の適応を理解するのに経済学の手法を取り入れた研究者がいる[73]。その結果、発展と改革の制度については、「ブラック・ボックス」扱いされることが以前より少なくなった。この難しい領域ではつまり、指導者の裁量と、経験や研究からわかったことがグローバル化の課題に対処する政府の能力を伸ばす一方法となり、加えて一般市民をその過酷な影響から守るのである。

だが、途上国が能力を伸ばしてグローバル化から利益を得られるようにする方法を見つける責任は、途上国とその指導者だけが負うのではない。この作業には学界も参加しなければならない。研究者が、貧困国の社会と生活の微視的なレベルから国の政策や国際的な市場と制度に至るまで、グローバル化の執拗な圧力に影響されて起こる変化の傾向を理解して正確に示そうとするようになっている。このように、途上国の問題は北にも南にも関連するグローバルな問題として再解釈されつつある。こうした研究は、グローバル化とその影響の力学に関する知識基盤に寄与するところ大であり、国際的にも国内的にも政策の対象者にとって有益である。同じように、各国の革新に関しては、第11章でシャウアーが法改正について示しているように、そうした革新への関心が高まったことと、そうした情報を共有しやすくする技術が向上したことによって知ることができるようになった。

また、第16章でロドリックも論じているように、グローバル化の利益を手に入れる方法やコストを最小限に抑える方法に加えて、近年、国際的な制度に向けた具体的な提案が出てきている。提案は、債務免除から金融制度の国際基準まで、社会的安全網の設計から公益事業の規制の枠組みまで、インフォーマル部門における女性の仕事を認識しようという提案から複雑な人道的緊急事態に効果的に対応するための提案まで、初等教育制度の設計から開発向け投資による環境への影響についての情報提供まで、国際貿易の取り決めの内容から輸出用作物の生産における技術的進歩まで多岐にわたっている。問題がそれほど重大であるためか、提案された解決策は広範囲におよび、創造性があって刺激的である。

前代未聞の世界的な変化から生じる問題を理解することに注意を向け、それらに対応しようとしたり変化の過程を導く政治的戦略を編み出そうとすることは、何をいつどのようにすべきかを知る一助となる。たとえば、二〇年近くにおよぶ安定化と構造調整の経験は、途上国と移行国における政策と制度の変更の政治的決定因について大量の論文を生みだした。この研究によって、変化を妨げるのに権力がどう用いられるか、政策変更が分配におよぼす影響をどう予測するか、危機は政策と制度の改革の可能性にどう影響するか、改革のタイミングは選挙の周期にどう影響されるか、政策変更の担い手とチームは改革を導入するための戦略をどう計算するか、考え方やリーダーシップが変化の過程にどう影響するかなどについて、理解が深まった。こうした研究は、グローバル化の課題にうまく対処する方法を示すものではないが、改革に着手するにあたって失敗の危険性を見極めて減らすのに利用できる。

途上国の政策決定者は、グローバル化をもっと利用できるような国にしようとしたり、グローバル化の悪影響から国民と経済を守ろうとするときに、一連の難問に直面する。こうした政策決定者にとって、またその国民にとって、この先には改革への長く困難な道がつづいている。だが現在、世界的規模の急速な変化から生じる問題に注意を向けて、それらに対応しようとすることは、何をいつどのようにすべきかを知る助けになる。途上国の政策決定者がグローバル化の課題と取り組むとき、知識や対策や国際的な協力者はないと決め込むことはない。

第9章 | Globalization, Governance, and the Authoritarian State: China | Tony Saich

中国はグローバル社会へどう統合するか

グローバル化の勢いが、国際・国内統治に新たな課題をもたらしていることは言をまたない。こうした課題は、独裁的な政権にとって特に厳しいという指摘がある。自由な国際貿易・投資の規範に説明責任を持たなければならなくなることや、情報と通信の提供が国の独占ではなくなることによって、独裁主義的な統制が損なわれ、社会の多元化が促される（と言われている）。国は、効率よく競争するには、問題によっては主権を上に譲って超国家的制度に権限を与え、事業の意思決定の多くを多国籍企業に任せ、台頭してきた超国家的な市民社会に対していっそうの説明責任を持たざるをえない。同時に国は、主権を下（地方行政）にだけでなく、外（グローバルな世界で国が成功するのに不可欠の新しい社会的アクター）にも譲らざるをえなくなる。

独裁的な政権にとって、こうしたシナリオは非常に困惑させられるもののはずだ。だが、国民国家の終焉の兆しはどこにも見当たらない。これまでのところ、世界貿易機関（WTO）のような組織へ加盟することと独裁的な政権が国家能力を低下させることに相関関係があるという証拠はほとんどない。これらの政権は、さまざまな戦略を用いてグローバル化の影響を抑えられるかもしれないし、ことによると、うまく利用できるかもしれない。だが、長期的には、これらの政権が新たな難題を突きつけられるのは必至で、それによってかつての政治的慣行は大幅な修正を迫られる。

この章では、中国のグローバル社会への統合について見ていく。中国が、（一九九七年と九八年に国連の人権規約に署名することに合意したのにつづいて）九九年一一月にWTO加盟条件について米国と合意したことは、中国にグローバル社会に仲間入りする意志があることの現れだと思われる。中国は、これらの合意に署名することによって、国内の経済慣行だけでなく政治行動についても国際的に監視されるようになるのを暗黙のうちに認めたことになる。とはいえ現実には、中国が国際社会の尊敬される一員になりたがっているのは明らかなものの、国際的なガバナンスにおいてどのくらい積極的な役割を演じるかについては深い葛藤があるうえ、グローバル化が国内統治におよぼす影響について考えている人はほとんどいない。グローバル化が国内統治に影響するのは当然で、今後も影響しつづけるのに、流入してくる情報と文化をとがめるばかりで、この点をよく認識していない。中国も他国と同じように、グローバル化からマクロ経済的利益を引き出したいのだが、社会的・政治的・文化的再調整のコストには困惑している。外国の観察者は、中国の経済力の高まりと、中国がガバナンスの世界的枠組みに統合されていくことをどう扱えばよいか、態度を決めかねている。二〇世紀初頭にドイツや日本といった新興国が台頭したときの歴史上の似たような例を手がかりにして衝突は避けられないと見る人もいれば、国際情勢が変化しているのでうまく順応できると主張する人もいる[1]。

中国では（世界中で見られることだが）、研究者や政策決定者がグローバル化をテーマに執筆することが一大ブームになっている[2]。グローバル化が人気のあるテーマになったのは、一九九三年に歴史学者のアリフ・ディルリクが一連の講演を行い、見解をまとめたものが中国語で出版されてからである。アジアの通貨危機が起こってからは、いっそう盛んになった[3]。だが、こうして書かれたものの圧倒的多数が「経済のグローバル化」に集中しており、それをやや下回る関心が、アメリカ文化の産物による支配と解釈されがちな「文化のグローバル化」にも向けられているのに、ガバナンスへの影響はまったくといってよいほど考慮の対象になっていない[4]。ガバナンスについて書かれたものは、無理からぬことかもしれないが、中国への具体的な影響については曖昧になりがちである。たとえば、政治学者のリウ・ジュンニンは、計画経済から市場経済への移行によって経済のグローバル化が促され、それと並行して政治のグローバル化を促した、独裁政治から民主政治への移行も起こったと主張している。だが、この二重の進行を中国に照らして述べることはしない[5]。より具体的には、シュ・ヨンとジエン・ジュンは、政治的・社会的関係を管理するのに、市場の関係を規制するときのような契約制度を用いることを提案している。そうすれば、政権が政治資本を増やすのを助けながら、政府に対する人民管理を確保できるというわけである。だが、このプロセスがグローバル化の勢いとどうつながっているのかは明らかにされていない[6]。

たしかに、グローバル化の影響がいちばんよく現れているのは経済の領域である。中国は一九七九年から開発戦略を転換しはじめた。輸入代替を行い、消費より蓄財に特典を与え、外国貿易は経済成長に無関係と見なしていたのが、外国貿易と最近では投資が成長の主な原動力と見られている世界経済と積極的に交流するようになったのである。中国は、ちょうどよいときにグローバル市場に参入し、安価で豊富な労働力の供給があったおかげで、急速に進む製造工程のグローバル化、電気通信の目覚ましい進歩、資本市場の国際化から利益を得た。これは経済指標にはっきりと現れている。国内総生産（GDP）に対する外国貿易の比率は、一九八〇年の一二・六％から九五年には三九・五％へと拡大した。貿易は、九〇年から九八年までに一一五〇億ドルから三二三九億ドルへと三倍近くに増えた（中国の貿易の六〇％以上がアジア地域を対象としており、米国は輸出の二一％、輸入の一二％を占めていた）[7]。九八年の海外から中国への直接投資は四五五億ドル（六〇％以上が台湾と香港から）にのぼり、海外からの投資総額の八〇％近くを直接投資が占めていた。中国の海外向け直接投資（九四年は一六〇億ドル）は、途上国では台湾に次いで二位だった。外貨準備（金を除く）は九八年に一四九二億ドルに達し、海外債務は一五六一億ドルだった[8]。

いくら排外主義が高まったり指導部が巧みに操ったりしても、世界経済と発達しつつあるガバナンスの構造への統合を進めないわけにはいかない。それをはっきりと認識した江沢民国家主席は九八年三月、こう述べている。「グローバル化は、世界経済の発展が目標とする傾向であり、誰も避けることはできない。……中国のような発展途上国は、こうした経済のグローバル化のもとで国際的な協力と競争に参加するのに大胆かつ有能でなければならない」[9]

この点は、国内にかなりの反対があったにもかかわらず、江沢民と首相の朱鎔基がWTO加盟条件について米国との取り決めを強引に進めた際に声高に主張された。ここに現れているのは、現在の指導部による支配の正当性が経済財をもたらす能力に結びついているという事実であり、そうした経済財は、WTO加盟によって生じる貿易の拡大、外国からの投資、より規律のある国内経済を通して長期間にわたってもたらされるものである。早々と二〇〇〇年に加盟することが重要だったのは、国家の威信のためと中国を大国に導くという江沢民の願望を満たすためだけでなく、きわめて実際的な経済面の懸念のためでもあった。海外からの直接投資が落ちこみ、中国に対する海外の関心が薄れ、国内の改革が行き詰まっていたので、早期加盟こそ経済を刺激する最良の方法だと考えたのである。これに拍車をかけたのが、あとになると加盟の障壁が高くなるのではないかという恐れである。というのも次の交渉では、農業とサービス貿易という中国にとってきわめて重要な二つの問題点が取り上げられることになっていたからだ。早く加盟しておけば、中国は同盟関係を築いて自らの関心事に有利な方針を確保できるかもしれない。

外国貿易や外国資本にはこうした協調的なアプローチをとったにもかかわらず、鄧小平も江沢民も非常に重要な点については、外国の文化的・政治的価値観は入れないで西洋の技術と設備だけを取りこもうとした一九世紀の「洋務運動」のときと酷似したアプローチをとった[10]。この選択して適応させるというかつてのやり方は近視眼的だった。中国は、西洋社会の相互に関連のある性質を理解せず、西洋の技術は組みこまれている社会的・文化的基盤から簡単に取り出せるものではないのがわからなかった。中国共産党は、基礎的な前提を受け入れないまま、グローバル化の利益を手に入れられるのだろうか。たとえば、WTOに加盟するということは、自由な貿易制度だけでなく、必要なときには政府を制約する独立した法律制度、透明性、説明責任、比較的多元的な政治体制も備わっているということだと思われる。

一九七〇年代初めに毛沢東が米国と接触して中国の国連加盟を目指して以来、中国は拒絶していた国際的現状を受け入れるようになったと一般的に見られている。だが、より正確には、中国は国際秩序におとなしく従うことにしたのであり、仲間入りはしたものの国際的なガバナンスの担い手とはなっていない[11]。これは主に、中国にとって重要な優先事項は経済力を伸ばすことであり、国際組織に加盟するのはこの目標を達成するための手段であったからだ。そういうわけで中国は、既存のゲームのルールが中国の主権や経済的利益に直接的に関わる場合を除き、それらを問題にすることはなかった[12]。

第二に、中国はすべての国際的な行政組織に遅れて参加しており、「ゲームのルール」の起草に参加していない。中国には自らの状況に合うようにこれらのルールを変える力がないことから、国際的なガバナンスは基本的に西欧、特に米国の重要な政治課題と利益が推進されるような構造になっているという認識を強めた。これが、「少数の経済超大国」が途上国の利益をめぐる議事進行を支配しようとしていると批判した、WTOシアトル会議への公式の反応にはっきりと現れていた[13]。中国のいう外国人のせいである恥辱と屈辱の一五〇年の歴史、レーニン主義の反帝国主義的な当てこすり、党に残っている不信と背信、意思決定をゼロサム・ゲームと解釈する傾向のある指導部などは、今の国際管理体制に建設的に関与して互いに影響しあうのを妨げる[14]。

しかも悪いことに、中国共産党はこれまで超国家的統治に成功したことがない。六〇～七〇年代には、「米国の覇権主義」と「ソビエト修正主義」に反対する緩やかな国家連合を率いようとして失敗し、さらに毛沢東寄りのグループに資金を提供してアジアの近隣諸国の政権を揺るがそうとしたのも失敗に終わった。はたして鄧小平は、国際問題ではリーダーシップをとらず、米国側に傾き、経済発展に専念するように、と同志や後継者に忠告している。そうは言っても、中国文化の優越性を強調したい気持ちがあり、世界における指導的役割を取り戻す権利があると思っているような国にとって、これは難しいことだ。

こうした感情は、江沢民と指導部がもっとあからさまなナショナリズムを推し進めたり、それに従わせるような状況と組み合わさったときに、不安定の原因となりかねない。現在の中国はビジネスに門戸を開いているが、外国人に対する不信感とかなり長期間におよぶ封鎖はよくあることだった。一七九三年、中国は英国製品を必要としておらず、皇帝はマッカートニー卿にこう伝えた。ジョージ三世が中国と良好な関係を築きたければ、「英国も平和の恩恵にあずかれるように、忠義と永久の服従を誓うことによって中国の望み通りに行動」することだ、と[15]。より最近では、文化革命（一九六六～七六年）後に四人組として糾弾された人たちは、外国貿易は発展に必要ないと主張し、鄧小平が外国貿易によって経済を刺激しようとした最初の試みを、帝国主義者と不法に取引する背信行為だとして非難した[16]。九九年五月七日、NATO軍がベオグラードの中国大使館を爆撃したのを受けて外国人嫌いの感情と排外思想が噴出したのには、一皮むけば外国人に対する不信感がいまだに根強いことが現れていた。

中国の指導部は一九八九年以来、世論を操作して基本的価値観としてナショナリズムを植えつけるのにかなりの成功を収めてきた[17]。これは政権の短期的安定には役立つかもしれないが、統治に二つの問題が生じる。まず、ナショナリズムが台頭すると、国際主義と折りあいをつける国家の能力が発揮されなくなるため、国際組織に建設的に関与するのが妨げられる。第二に、現在の指導部の世界認識を支えている主権という時代遅れの観念が補強される。基本的に、ウェストファリア条約に見られる国民国家の概念に基づく帝国が、ますます多国間化する世界で機能しようとしているのが中国である。実際のところ、中国が求めているのは、もたらす利益は国際的だが、必ずしもグローバルではない経済秩序である。つまり国家の意思決定における自主性が弱まるのは困る。中国は、多国間の枠組みを基本的に疑っていることをあらわにしており、話し合いは二国間外交で進めるのを概して好む。そういうわけで、中国はWTO加盟に関して、「すべての加盟国が、規模とは関係なく平等の権利を与えられること」が保証されるようにいち早く主張した[18]。こうした疑心は、政治的・社会的問題ではいっそうあらわになる。中国は、ビル・クリントン大統領がWTOで労働基準が取り上げられるように企てたのを直ちに非難し、「言われている労働基準とは、貿易保護主義の隠れみのに他ならない」と言い切った。労働条件は他国が口をはさむようなことではなく、この問題については「人権擁護と称して他国が」干渉すべきではないと断言した[19]。

一見矛盾している中国の国際社会での行動も、これらの傾向から説明がつく。中国は一目置かれることを望んでいるのである。特に江沢民は、「大国外交」と自ら称したものを通じてグローバル・ガバナンスにおいて果たす役割を模索し、二一世紀もしばらくは実権の一極集中がはっきりしているところに多極化した世界を創るというむなしい目標を追求してきた。その一方で、主権国家に優先するものはなく、国家は規模や状態とは関係なくすべて平等だという観念のために、北京では当惑させられるような光景が繰り広げられる。国家主席との謁見に向かう外国の指導者たちの行列である。どんなに小さな島国でも、人民日報やCCTV中央電視台では主だった先進国やアジア諸国と同じ扱いを受ける。主権を絶対視し、歴史上最も広大なのが中国の領土だと定義し、さらに話し合いを二カ国間の枠組みにとどめようとする中国の態度は、地域に不安定をもたらす。これはまた、国際経済の管理体制には参加したいが、中国の軍事力に真の制限を加えるような地域的もしくは世界的な枠組みには熱心ではないということでもある[20]。中国共産党と軍部は、アジアの集団安全保障制度を確立させるすべての試みに断固として反対してきた。その主な理由は、南シナ海の領海をめぐる中国の主張を東南アジア諸国が集団で非難する場を与えたくないからである[21]。

こうした態度はまた、中国では主義に基づくことだと説明されているが、他者にはささいなことと映るような決定につながりかねない。なかでも重大なのは、台湾に国際的な地位を認めないことと、台湾の見解に理解を示す国を罰することである。これがあるために中国は、中国を認知しているかまたは台湾の認知に切り替えるおそれのあるポリネシア、ミクロネシア、中央アメリカの小国に対し、過度の称賛や心遣いを惜しまない。その極端な例として、一九九九年二月に安全保障理事会の場で、中国がきわめて珍しいことに国連予防展開部隊のマケドニア派遣を継続させることに対して拒否権を行使したことがあげられる。これは、その前月、マケドニアが台湾を外交上認知したからだ[22]。

中国が国際的なガバナンスについてよく理解していない例として、国連の二つの人権規約に署名したときのことがある[23]。規約に署名するということは、組織の自由、労働権、行進の自由、政治集団の結成、その他国境を超越するようなことに関して国際規範があるのを受け入れることなのに、中国にはそういう認識がなかったようだ。中国指導部は、まず署名して、それから主権国家を盾にして歴史も国内の状況も違うといいながら実施を遅らせることができると考えていたらしい。中国は開発権を強く主張してきており、国民に食糧を与えて生活できるようにすることが政治的表明やデモを行う権利より優先されると強調してきた。

中国は、国際機関が行う人権についての調査が国内の慣行を批判することにつながるのを断固として阻止してきた。一九八九年八月には、国連の差別防止少数者保護小委員会で採択された批判的な決議にとがめられたが、安全保障理事会の常任理事国が国連の場で人権をめぐって非難されたのは初めてだった。その後、ジュネーブでの国連人権委員会の年次会議では、米国と欧州連合の異議を振り切って批判を逃れるのに悪戦苦闘した。こうした非難の可能性を避けようと、中国は人権問題の話し合いはさほど威圧されることのない二国間の場で行うことにした。

しかし中国指導部は、国際社会と自国民に対し、国連によって規定されたいくつかの権利は普遍的なものであり、(好むと好まざるとにかかわらず)国際社会の監視の対象となることを(躊躇しつつもしぶしぶ)認めた。これにより、中国を国際規範の観点から評価できるようになるだけでなく、国内で人権について議論することが合法になる。中国の法改正推進派は、二つの国際規約が署名されたのを機に、死刑の乱用、裁判所を通さずに言い渡される労働による再教育、犯罪法における黙秘権といった基本的保護の欠如など、国内法で最も問題のある領域の改革に向けて動き出した[24]。

中国は、仲間入りしようとしている国際的なガバナンスの枠組みに違和感を覚えないようにならなければならない。環境保全、麻薬の密輸、女性の売買、エイズといった、政治・経済に直結していない多くの重要な問題を解決するには、中国の積極的な参加が必要である。そして世界の主要国は、中国をより対等のパートナーとして受け入れ、中国のもっともな懸念を国際的なガバナンスの構造に組みこむ必要がある。中国は、外国には敵意に満ちた意図があると疑うのを控え、主権という時代遅れの概念を調整し、問題によっては超国家的な解決策が求められていること、さらに国際社会の監視が中国共産党の権力を損なうとは限らないことを受け入れる必要がある。双方が協調しないことには、中国は国際的なガバナンスにおいて気難しく予測不可能なプレイヤーにとどまることになる。

一九八〇年代に経済の開放を決断したことと、グローバル化の圧力によって、中国の国内では政治的な分化が発生もしくは拡大した。特定の地域・集団と新しい産業が世界経済との関わりによって特典を与えられているのに対し、国有部門における中国共産党の権力の柱は、国際競争が拡大したことによって蝕まれてきている。ここでは、国内統治にとって課題となる相互に関連する四つの面を見ていくことにしよう。まず、国際資本および貿易を受け入れるために、法律制度が急速に拡張された。

第二に、国際経済との関わりが、改革の副産物として生じた新たな不平等を助長した。第三に、これらの改革によって、公共の財とサービスの提供に新たな課題が出てきた[25]。第四に、伝統的な権力基盤から離れつつ、さらなるグローバル化によって利益を得る社会的勢力に対応するにはどうすればよいかという問題に、中国共産党が直面している。これらは、グローバル化が単独でもたらしたのでも主としてもたらしたのでもないが、グローバル化によって強化される。

中国は、国内経済と国際資本および貿易との関わりを秩序だったものにするため、法制史上でも最大級の変革計画を強行した。八〇年代を通じて、外国貿易と国外からの投資に対応するために、貿易政策と制度的構造を大きく変えたのである[26]。だが、ほとんどの外国人投資家が証言するように、施行が不十分で、透明性に欠け（特に、外国人には理解できなくてよいとされている内部規定）、地域行政規則に混乱があるため、効率よいシステムとはいいがたい。

中国は当初、外国との関わりが統治や中国社会全体におよぼす影響を制限するため、経済特別区（基本的に輸出加工区）を設けた。この一〇年間、投資と貿易に開放される地区が広がったり、外国人投資家を引きつけるような政策を早まって言明した地方があったりして、こうした特別区の境界線は変わりつづけた。そのため、中央と地方とのあいだで権限や管轄権の線引きが曖昧になり、外国投資の管理は予測できない状態になった。とはいえ特別区は、中国の経済と労働関係に今適用されている法律の多くを試みる場となった。

WTO加盟によって、国際貿易向けの規制の仕組みが整い、さらに国内の法律制度を機能させるような幅広い影響が出てくる。中国共産党にとって大きな課題となるのは、加盟している以上、紛争の解決は、党の決定や国内の政治的つながりによる調停ではなく、ルールに基づく独立した超国家的組織が行うのを受け入れることである。国内では、より独立性の高い裁判官が経済問題を裁定することや、取引の透明度を高めることを求める声が上がる。これは現在の慣行とはかけ離れたものであり、変えるのは難しい。先ほど触れた、外国人は知ることができないのに取引に適用される内部規定の慣行は、やめさせなければならない[27]。さらに重大な課題は、国全体のレベルで通過した法律や規制を施行することだ。こうした法律や規制は、政策意図を体現しているものではあっても、実際の活動環境を決める無数の閣僚規定や地方で作られた規則と矛盾しており、これらによって損なわれることが少なくない。地方役人の格言にもあるように、「彼らには彼らの政策があり、我々には我々の対抗手段がある」というわけだ。結局のところ、近い将来に司法の真の独立が確保されることはなさそうだ。

経済上の関わりが増えた結果、制度の適応にも大いなる進展があった。初めのうちは新しい委員会をいくつか設置して国外からの投資や輸出入に対応していたが、一九八二年三月に国務院の決定によって、すべての外国貿易を一括して管理する対外貿易経済合作部が組織された。この部は八四年、外国貿易の中央集権的な独占を放棄して、外国貿易公団の数を一二前後から数千に増やし、会計や計画の面で自立を認めた[28]。だが対外貿易経済合作部は、この分野の政策に関しては依然として最高の地位にあり、中国がWTO加盟条件を米国や他の国と討議したときの窓口であった。この部は、財政部と中国人民銀行の外務担当部門とともに、国家官僚機構のなかでグローバル化から最大の利益を得ており、中国のさらなる経済統合をつねに支えてきた。

海外からの直接投資が集中したことによって、地域格差が拡大し、富が東部の沿岸地域に集中した。一九九八年、海外直接投資の二六・五％が広東省に流入し、上海、北京、天津の三大都市に一七・五％、江蘇省に一四・六％が流入した。それとは対照的に、中国の北西部や南西部の九省と一都市には、海外直接投資のわずか三%が入ってきただけである[29]。八八年から九五年までの中国の農村部における一人当たり所得の伸び率は年平均四・七一%だったのに対し、江蘇省は一一・六六%、北京は九・三三%、広東省は七・一一%だった。南西部では、貴州省が〇・七二%、四川省が〇・六二%、雲南省が一・二六%だった[30]。その結果、沿岸地域の農村部における九八年の平均所得は、南西部の二倍近くにのぼり、上海は三倍多かった。都市部では、実質所得も終始一貫して多く、上海の実質所得は北西部の二倍近くにのぼり、南西部より六〇%多かった[31]。

こうした傾向は、大きな人口移動の流れを引き起こし、八〇〇〇万から一億二〇〇〇万の人が臨時または常雇用の仕事を求めて動いた。沿岸の経済特別区や主要都市では海外からの投資で発展した製造業部門に雇用の機会があり、かなりの人数が引きつけられた。こうして、農民が都市へ向かうのを防ぎ、また農村より都市の住民が優遇される特典や給付の複雑なシステムを守っていた、居住地による旧来の管理制度が機能しなくなった。現在、政府はこれら移住してきた家族に福祉や教育を提供しておらず、彼らは地方政府が提供するサービスの対象にもなっていない。中国が増える国外からの投資に開かれるにつれて労働移動性が高まるため、政府は、出生地に基づくサービスの提供ができなくなり、現行の制度を根本的に考えなおさなければならない。都市部ではすでに、出身地による組合が移住者社会において組織されるようになってきており、その多くが独自の管理と福祉の体制を国の関与しないところで築いている[32]。これは、すべての社会的空間を支配して、組織を現行のシステム内にとどめておきたい中国共産党の願望と合致するものではない。

中央政府は、貧しい内陸部にもっと注意を向けなければならないと主張しつづけてきたが、それが一貫した政策として現れたことはなく、一方で沿岸の省は獲得した権限を簡単に諦めたりはしない。

中国はきわめて不平等な開発戦略を進めており、モデルにしている東アジアの近隣諸国と比べると、その点がずいぶん違う[33]。公共の財とサービスの提供には大いなる不平等が見られ、いま力が入れられているのは、地方政府が分配や成長の目標をなおざりにして収入の獲得を重視することである。案の定、こういう場合につきものの歪んだ影響が次々と出てきている。孤児院は、カラオケ・バーを経営して費用をまかなおうと必死で、医者は、製薬会社からのリベートに依存し、予防を心がけるのではなく高価な治療を行うことに専念する。自然保護区は、村民の密猟を防止するのに躍起になる一方で、伐採、漁獲、採鉱を請け負いに出している。こうなった最大の原因は、財政制度の事実上の分散化にある。このジレンマを解決するには、政府の課税基準を引き上げたり（世界銀行が検討して、中国の中央政府が支持した解決策）、貧農から課徴金や費用という名目で絞りとる（地方当局がよく用いる戦略）だけでなく、政府が携わるべき仕事について再考することである。政治制度がもっと開かれたものにならないと、敗者には、黙って苦しむか暴動を起こすか（現実にそうなりつつある）のどちらかしかない。

グローバル化の影響は地域的なものの他に部門に関するものがあり、こちらは経済の国有部門と現行の農業をいっそう弱体化させ、伸びている外国所有の合弁事業と非国家部門に有利にはたらく。一九九九年に江沢民と朱鎔基がＷＴＯ加盟に向けて並外れた努力をしたことが、統治に大きな影響をおよぼし、短期から中期的に社会的緊張が高まることになる。米国と合意した加盟条件は、中国の市場構造をはっきりさせ、国内市場を発達させ（大半の省が、他省より外国との取引のほうが多い）、市場の管理と資金調達のためのより効率的な制度を整えるのを後押しする。なかには、朱鎔基と改革派は国内企業を統制するにはＷＴＯ加盟しかないという決断を下した、と憶測する向きもあった。

これは企業統治に大きな影響を与える一方で、落伍者という統治上の新たな課題を生じさせる。負けると感じている経済部門と地域は、WTO加盟に反対を唱えた。

一九九七〜九八年、中国指導部は経済合理化に向けた野心的な改革を発表し、そのなかのいくつかは、WTO加盟基準を満たすのにも役立つ、国有企業の非経済的負担を減らすためのものだった。WTOに加盟すると、この部門に莫大な補助金を注入しつづけることや、国有企業が重要な非経済的役割を果たすことができなくなる[34]。そうなると、中国共産党は現行の社会福祉および産業政策をつづけるのがきわめて難しくなり、これは改革派にとって好都合である。

世界銀行のデータによると、一〇万以上を数える中国の国有企業のうち、基本的に存続能力があるのはわずか一〇%にすぎない。国有企業は財政投資の六〇%を吸収し、国家予算の三分の一にのぼる補助金を受けており、国有企業への信用供与は九五年にはGDPの一二%を超えた。さらに重要なことには、家計貯蓄の五〇〜七五%が現在、国有銀行の仲介と指示によって国有企業の事業資金に振り向けられている。いくつかの国有企業が倒産するようなことになって、国が損失を保証しなければ、都市部では多くの人が一生の貯蓄を失うという不運に見舞われる。世界銀行の推定によると、九六年には国有企業の半数が赤字だった（非公式の見積りでは、もっと多い）[35]。

また、国有企業が不良貸付の利子が払えない場合、長期的に見て政府には預金者や債券保有者に支払うだけの資源がないことがますます明白になってきた。それに、収益の基盤が縮小したため、国は以前のような救済措置を講じることができなくなり、補助金はGDPの六%から、九四年には四%に減っている。こうして多くの国有企業がすべての社会的義務を果たすことが事実上不可能になり、給料の支払いさえままならず、そのため年金、医療、住宅供給について見直しを迫られてきた[36]。

そういうわけで、指導部は倒産や顕在失業を受け入れはじめており、それでWTO加盟が重要になってくる。これは、規律を守らせるためのメカニズムとして重要なだけではない。改革派は、恵まれた都市の労働者階級が改革の過程でこうむる苦痛を、外圧のせいにすることができる。

だが、こうした進行が政治におよぼす影響を完全に予測することはできない。存続できる力をつけ、WTOの基準に適合しようと思えば、医療・住宅供給・年金は企業に責任を持たせるのをやめて、欧米企業に見られるように従業員にも負担させ、個人と政府のサービスが混ざった形にする必要がある。しかし、これらの改革が全面的に実施されると、国がさしでがましい役割を果たすことはさらに減り、社会の分化が進む。全体として見ると政策は、国と社会の関係において前者が後者の営みの重要な領域から消えるという点で、「革命」に相当するといえる。個人が自分の仕事、住宅、年金、さらに消費の選択に責任を負うようになると、政治的発言権の拡大や、官僚に対して説明責任を求めるようになり、その結果、自分たちの望みや目的を実現させる新しい組織が生みだされる。

こうして一時解雇のペースが加速して政府の再雇用政策の課題となり、必要な臨時の社会保障・福祉面の支援を中国の制度が提供できないことが浮き彫りになる。これが一因となって、政府の役割をめぐって議論が起こっている。政府収入は改革期に減少しており、一九七八年にはGDPの三六％だったのが、九八年は一一％前後にとどまっていた。中国は、どの機能を保持し、どれを市場に任せて、どれを厳しい制限のもとで発生してきている第三セクターに委ねるか考える必要がある。国が第三セクターを管理するのは、管理下に置いていない活動をすべて疑うというレーニン主義的文化と、繁栄している部門は国際社会の影響を受けやすいという懸念からきている[37]。

これは必ずしも、グローバル化の勢いに押されて中国共産党が消滅するということではない。それどころか、うまく利用して猶予期間を稼げるかもしれない。中国共産党は、経済基準に基づいて正当化されているため、社会の安定を持続させるには高い経済成長率を維持しなければならない。デフレがつづき、社会的生産基盤への投資では国の経済を十分に押し上げることができないので、指導部としては別の方法を考えなければならない。当てにしているのは、WTO加盟が国内経済の規律に役立つだけでなく、中国の成長率を押し上げることだ。そういうわけで、中国の新聞には米中合意のあと、WTO加盟は失業を上回る雇用をもたらし、今後数年間に成長率を三％押し上げるだろうという楽観的な記事が見られた。

そのためには、中国共産党は都市の労働者階級の期待を低めなければならないが、これにはうまく対処してきた。党が独立した政治組織や労働者団体を一切認めていないので、彼らの利益を代表できるのは党組織以外にはないからだ。それに加え、新たに台頭してきている社会的勢力を経済およびいずれは政治の権力構造にどう溶けこませるか、中国共産党は方法を見つけなければならない。この点については、その多くが集団的企業や国有企業として隠蔽されている民間企業部門をめぐって特に論議を呼んできた。党は、経済の民間部門が経済成長の主な原動力の一つであることと、国際的経済統合を進めるといっそうの利益があることを認め、立てつづけに譲歩してきた。こうして、一九九八年三月には憲法第一一条が改正され、民間部門は「社会主義公有経済の補助的な構成要素」から「重要な構成要素」に格上げされた[38]。二〇〇〇年一月四日には、国家開発計画委員会の議長から、民間部門に一九四九年以来初めて「国有企業と対等の地位」を与えるという発表があった[39]。これまで民間部門は、なかなか信用を得ることができず、地方役人の略奪的行為の餌食にされ、証券取引所に上場できなかった。一夜にして慣行が変わることはないが、民間部門はこれまでよりは政治的に保護されるはずだ[40]。

政治権力を譲ることに関してはさらに異論が多く、新興の企業家を現在の権力構造に引き入れることでさえ論争の的となる。デン・リクンなどの保守派は裕福な民間企業家を入党させるのに反対し、実際に中国共産党は（排斥するという方針を正式に採用することなく）企業家を入党させなくなった[41]（無錫で会った地元有数の富豪実業家は、入党するように勧誘されていたのに白紙に戻してほしいと言われたそうだ。この人ほどの経済力があると、地元の党幹部は変わることなく然るべき敬意を表し、定期的に相談してくるので、さほど気にしていなかったが）[42]。中国共産党の幹部はマルクス主義を叩きこまれているのだから、政治権力が経済基盤の上に築かれることはわかっていなければいけない。グローバル化が新しく台頭した集団に恩恵をもたらしつづけるにつれ、中国共産党は政治的にどう調整するかという大きな課題を突きつけられる。

中国の統治にとってもう一つの問題は、情報革命の到来である。中国政府は、誰がどの情報を知ることができるか決められている複雑な序列制度を通して、情報の管理と批判をしてきた。中国共産党は、情報が垂直に流れるように導き、水平に行かないようにしてきた。そのため、中国のシステムでは情報へのアクセスが権力の重要な基準となり、過去の出来事を正しく解釈できることが目下の政策を決めるときの正当性を与えるものとなった[43]。このようなシステムでは、真のやりとりは、機密と特権的な情報入手に基づいたものになる。

このシステムでは、適切な政策決定を下すのに必要な信頼できる情報が、指導者に届かないことがありうる。政権が弾圧的であればあるほど、指導者が聞きたがっていることばかりが上がってくる。好ましくない情報は隠され、それを伝えた者は抑えつけられる。グローバル化がこれまでになくわかりやすく示しているのは、発展のある段階――つまり情報がきわめて切実に求められるとき――になると、大規模な構造改革を誘発することなく圧政を弱めるのが非常に難しくなることだ。ソ連は、長引いた圧政と官僚主義によって改革能力を失い、ついには崩壊した。最高幹部には合理的な公共計画のように見えたものが、実は裏取引と個人的な交渉からなるずさんなシステムに基づいていた[44]。ソ連では、正確な情報が最高幹部にほとんど伝わらなかったばかりか、たまに伝わっても最高幹部が退けて公表しなかった。しかも、こうしたきわめて中央集権的な国家制度の指導部は互いに信頼せず、党の代表も信頼していなかった。このようなソ連を情報の行きかう圧政的ではないシステムにしようとしたところ、組織全体が崩れてしまった。これがまさに、現在の中国指導部が取り組もうとしている問題である。インターネットや新しい情報技術が急速に広まったので、情報の流れを独占できなくなるのではないかと指導部が不安を抱くのはもっともだ。

中国共産党の幹部は、インターネットをいくつかの点で従来の印刷物と同じように扱ってきた。管理制度を導入することによって、情報システムを広く開放しないで、中国共産党の見解に異議を唱えるような不都合な意見や情報が入ってこないようにしながら、速くなった情報の流れがもたらす利益にあずかろうとしたのである。まず、情報の流れを管理するために、四つのネットワークだけに国際的アクセスを認めた。ポルノ物のほかに、ニューヨーク・タイムズ紙などの刊行物、CNN[訳注1]、中国に批判的な人権団体のウェブサイトにもアクセスできなくした。一九九六年以来、インターネット利用者は警察に登録することが義務づけられており、しないと罰せられる。より最近では、国内のウェブサイトが中国本土以外のウェブサイトからのニュースを利用するのを禁じた。その結果、中国の一部の情報サービス提供業者はメニューからニュースを外し、スポーツや娯楽といった「安全な」情報分野に専念することにした。それに加え、従来からあるメディアはインターネットで入手した資料の利用を禁じられた。九八年、この部門を掌握しようと情報産業部が創設され、かつての郵電部、広播電影電視部、情報政策の「先頭集団」がここに含まれることになった。情報産業部は、この分野の最高監督機関であり、国務院直属である。

情報産業部とその責任者、呉基伝は、政治的・商業的理由で外国人に市場アクセスを認めるのに反対してきた。WTOに関する合意によって、原則としてこうした姿勢はかなり変わるはずである。中国は、インターネットが海外からの投資に開かれていることを認めており、WTO加盟とともに電気通信会社が電気通信サービス会社の四九%まで支配できるようにして、それを二年後に五〇%まで引き上げるとしている。とはいえ、それぞれのケースは個別に扱われ、認可するかどうかは情報産業部が決める。これに政治的な神経過敏と地元の保護主義が加わって、外国企業がインターネット部門に接近するのを力を合わせて妨げようとするのだろう。

中国指導部は明らかに、情報の流れも、禁止されているインターネットのサイトに一般市民がアクセスするのも完全に管理できないのは承知している。彼らの意図は、許されることの限界を知らせ、インターネットを通して外の世界について詮索しすぎないようにすることにある。この点に限っていえば、彼らの思い通りになるかもしれない。中国は情報の流れに関しては穴だらけの状態だが、それだけが原因で中国共産党が大多数のための政治的解釈を独占していることが疑われるようになったということはない。何といっても二一世紀に入る時点での中国は、まだ九〇%の世帯に電話がなく、人口の九九%がネットワークで結ばれたコンピューターを利用できない状況にある[45]。

中国はインターネットへの対応を使い分けて、ニュースや政治的な情報と慣行は非常に厳しく管理し、電子商取引はより国際的慣行に一致した管理を行うと思われる。実際、インターネットは中国に新たな機会をもたらす。中国語はインターネットにおける第二の言語となり、主役にさえなるかもしれない。これは北京政府の宣伝者にとって、国境を越えて広がる中国の政治文化を方向づけるのに、いまだかつてなかった機会となる。

だが中国では、商業の領域にさえ安全に対する懸念が見られ、それを利用して省庁や他の集団が外国人のアクセスを制限することが考えられる。たとえば、一九九六年一月に国務院から、今後は国営通信社である新華社がダウジョーンズやロイターといった業者による定期的な経済情報をすべて配信するという発表があった。これでは、こうしたサービスの目的にまったくそぐわなくなる。表向きの理由は、提供された情報に誤りや中国に対する敵意に満ちたものがないように内容をチェックするということだった。本当のところは、指導部が抱いている自由な情報の流れに対する不安を巧みに操り、国家の安全をめぐる論争を利用して経済的独占を手に入れたのである。新華社は、新しい技術によってもたらされる利権から取り残されていると感じていて、これを収益の絶好のチャンスだと思ったらしい[46]。

グローバル化がもたらす難問によって中国共産党の権限と正当性がこれ以上損なわれないようにするには、現在の指導部にずば抜けた能力がなくてはならない。これまでのところ指導部は、経済の変化には巧みに順応してきたものの、この変化から生じる社会的・政治的結果に直面するのに必要な能力を示していない。最高幹部は、大々的な政治改革が必要だという話が出てくるたびに、表立った反対があっても権威主義的な権力構造によって押しつぶせるだろうし、不穏な動きも乗り越えられるだろうと逃げ腰であった[47]。だが、グローバル化の力によって、中国共産党がシステムの統治方法をかなり転換させなければならなくなることと、もっと透明なだけでなく、もっと説明責任を負うシステムにするための政治改革を迫られることは明らかだ。これまでの実績から見て、現在の指導部がこれを成し遂げるのは容易ではない。彼らは急速に発展している近隣諸国から学んだとして、経済の自由化を進めながら、時どき思い出したように圧政を行ってきた。だが、中国が高度成長を維持するのに必要なのは、高度な情報、圧政を減らすこと、階層制度を弱めること、説明責任を拡大させることである。そして説明責任を果たすには、代議制と、経済の領域における財とサービスの優先順位が政治の領域での必要と欲求と均衡している市場が必要だ。中国指導部がこうした統治の課題に対処できるかどうかによって、二一世紀における中国の発展に指導力を発揮しつづけられるかどうかが決まる。

第10章 グローバル化と行政改革

Globalization and Public Administration Reform

Elaine Ciulla Kamarck

二一世紀の初め、世界の多くの中央政府が官僚制を改革しようと努力している。これらの国は歴史も違えば選挙制度も違い、異なる発展段階にあるが、それにもかかわらず改革の概念や戦略は驚くほどよく似ている。こうした概念の多くは、一九八〇年代に英国とニュージーランドで始まって九三年に米国を含む他の国々に広まった、「新しい行政管理」や「政府の作りなおし」と呼ばれている改革の動きから出てきたものだ。この章では、世界の人口上位一二三カ国を対象とした調査に基づいて、これらの国の改革努力を図表で示していく。また、なぜいま行政管理を改革する努力が集中しているのか、さらに、これらの努力がグローバル化にどう関連しているのかについて説明を試みたい。

その前に、一つ注意しておきたいのは、改革の用語が似ていても、結果が果たして政治的に類似したものになるかどうかわからないことだ。政治的修辞と政府の現実を識別するのは一国についてでさえ容易ではないのに、それを多くの国や文化にわたって行うのは気の遠くなるような作業で、まだ緒についたばかりだ[1]。したがって、この章では目標を控えめに設定して、これほど多くの国が行政改革に乗り出すことになった理由を明らかにし、それらの改革に共通する要素をいくつか見ていくことにする。そのための調査として、世界の人口上位一二三カ国を対象に、実際の国家運営や行政の伝統的な領域に踏みこんだ政府機構改革の動きを調べた。この章では、その調査結果と、国家間の類似点や相違点の原因についてさしあたり観察されたことを示していく。

背景

行政改革のほとんどの研究者が、「新しい行政管理」とも呼ばれるこの動きを始めたのはマーガレット・サッチャーだとしている。サッチャーは、それまで神聖視されていた行政サービスを政治論議のまとにした選挙運動を展開して、一九七九年に英国首相に就任した。その後、米国では八〇年にロナルド・レーガンが、カナダでは八四年にブライアン・マルルーニーが選出され、この二人もサッチャーと同じく、官僚機構にきわめて批判的な選挙運動を展開した。中立であるはずの行政サービスがこれらの国で政治問題となったことは、自らを政治とは関係のない法律の管理者と見なしていた多くの公務員に大いなる衝撃を与えた。それに、行政の問題が政治の場で取り上げられることは、少なくとも一部の国では、その結果として行われる改革が拡張的なものにならないということだった（英国と米国の改革の動きが、サッチャー・レーガン革命を端緒とするイデオロギーから芽生えたことは注目に値する。これらの動きはその後、米国では「新しい民主党」、英国では「新しい労働党」という中道左派の党に取り入れられて修正された。英米における行政管理改革の動きとは対照的に、オランダやスウェーデンといった他の国の行政管理改革は、イデオロギーとはまったく関係なく、もっと実際的だった)。

最近の世界的な政府機構改革の動きは、はっきりと二つの段階に分かれている。最初の段階は、主に一九八〇年代に見られた。八〇年代、各国政府は経済の自由化とそれまで国有化されていた産業の民営化に専念した。ニュージーランドの元財務長官のグレアム・スコットによると、行政改革の第一段階は世界中ほぼどこでも航空会社や電話会社といった事業から政府を撤退させることを中心に展開されたが、米国はそもそもこれらの事業に政府が関与していなかった。スコットは、九九年一月にワシントンで開催された「政府を作りなおすための世界フォーラム」において「米国は、他のほとんどの国が最初に取り組んだ問題を解決しようとしたことがない」と述べている。レーガンはサッチャーと同じような反官僚的な発言をしていたとはいえ、サッチャーや他の指導者たちのように民営化という目標があったわけではなく、民営化はほとんど行っていない。政府機構改革の第一段階は、八〇年代に世界各地で始まり、八九年にベルリンの壁の崩壊とともに加速された自由市場経済への移行という背景において考えるべきものである。

九〇年代に始まったこの動きの第二段階では、その中心が民営化から中核的な国家機能の行政改革へと移る。九〇年代、国は官僚機構の規模を縮小させるのと同時に、より効率的で、より近代的で、より敏感に国民に反応する政府にしようとした。そして九〇年代には、ビル・クリントン大統領のもとで米国が政府を「作りなおす」と約束し、他の多くの国で始まっていた政府機構改革の動きに米国の権威と威信が付け加えられた。さまざまな戦略が登場し、多くの場合は用語すら変えられることなく国から国へと広まっていった。ヨーロッパの行政管理に関するある著作の序文において、編者は、「報告書のなかには米国の用語を現地の言葉に翻訳しないまま使っているものがあった」と述べている[2]。ドン・ケトルは、世界的な改革の動きにおける二つの段階を、「ニュージーランドと英国の政府による開拓者的な努力」であるウェストミンスター改革と、「ウェストミンスター型の改革よりも拡張的なのに、より徹底的な米国型の改革」と称した[3]。世界の人口上位国の政府を対象としたこの調査では、改革のどちらの要素も見られ、数に入っている。実際のところ、米国と英国の用語が融合している国もある。たとえば、サービスの提供を改善させるのに、ウェストミンスター型の国が市民憲章を採用したのに対し、米国型の国は顧客サービスを採用したが、一部の国は顧客憲章という用語を用いている。では、改革に共通する要素に目を向ける前に、共通の原因を理解しておこう。

国家改革の動きの原因

行政改革を重要な目標としている国がこれほど多いのは、四つの要因が重なったからだと思われる。

(1)世界的な経済競争
(2)民主化
(3)情報革命
(4)業績の赤字

国際的な経済競争の圧力によって、下位政府機関のあいだで新しいネットワークが築かれてきて、それが政府の均質化をもたらしている[4]。各国が互いに協力せざるをえなくなるにつれ、下位政府機関のレベルで活動を同時進行させるように圧力が高まる。取引の量が莫大だということが、関税から破産までのさまざまな分野において活動を簡略化かつ標準化する動機となる。

各国が国際的な企業や投資を呼びこみたがっていることもまた、これらにより良い環境を作りだすために政府機構を改革することにつながった。世界銀行は、国際企業三六〇〇社を対象に調査をし、世界各国がどのくらい信用・信頼できるか評価してもらった。次に、規則制定の予測可能性、政治の安定、汚職のなさなどを尺度として指標を作成し、この指標が経済実績と結びつく度合いを調べた。予想通り、経済実績と政府が機能すると信頼されていることのあいだにはきわめて密接な相関関係があった。ジェフ・ガーテンは、「本格的な変革をしたがらない国に、世界は背を向けるべきだ」[5]と言っているが、こうした見解はグローバル経済でよく聞かれるようになっている。トーマス・フリードマンは、グローバル経済では政府機構改革が必要だという点をさらに力説して、ベストセラーの『レクサスとオリーブの木』でこう述べている。「総合会社や電脳投資家集団にとって、進出先の国の外観が何色かというのは、もはやどうでもよいことだ。こだわるのは国内の配線がどうなっているか、どのレベルのオペレーティング・システムやソフトウェアを使うことができるか、政府が私有財産を保護できるかどうかだ」[6]

世界的な経済競争は、赤字の削減を大いに奨励することにもなった。西ヨーロッパ諸国では、債務を国内総生産（GDP）の一定割合まで減らすことを要求するマーストリヒト条約の目標を達成したいと欧州連合（EU）諸国の政府が望んでいたことが最大の推進力となった。ハンガリー、ギリシャ、イタリアは、EU加盟の規則にしたがうようにはっきりと圧力がかかったために政府機構改革の動きが起こった例である。

だが、条約の要件を満たさなければならないといった外的要因がなくても、この二〇年間には多くの国が、経済危機に見舞われたことによって大々的な政府機構改革に着手している。経済危機と政府機構改革といえば、最も劇的な例の一つにニュージーランドがある。一九八〇年代初めのニュージーランドは、現在（執筆当時）の首相のジェニー・シップリーの言葉を借りると、「OECDの病める小人」だった。「ニュージーランド経済の主要な指標は凍りついているか、固定されているか、縮みあがっていた。賃金、家賃、為替レート、金利などはすべて管理されていた。助成金を出すことで勝者を選んでいたので、革新の機運は高まらない。人的・物理的資源を経済的非効率でがんじがらめにしていたのだ。こうして自らを欺いていたが、他の誰も騙せなかった」[7]

ニュージーランドは、労働党政権のもとで劇的な回復へ向けて踏み出す。助成金は削減され、減税が実施され、経済が貿易に開放された。かつての国有産業は民営化されたが、それだけではない。ニュージーランドは、政府の「民営化」が世界一進んだ国となったのである。「大臣は納税者の所有権を代表し、毎年、所有者の目標が達成されるのに個人的に責任を持つ政府部門・機関の最高責任者から、特定された一連のサービスを購入する」[8]

カナダでは、行政改革に向けた努力がかなりの経済的成果をもたらした。政府機構改革に関する報告書「政府を手直しする」において、「一九九八〜九九年には、すべての連邦政府プログラムを支えるのに必要な国内総生産の割合が、四九〜五〇年以来最低の水準になる」と豪語している[9]。

経済発展の理論と実践が成熟するにつれ、「良い政府」が健全な経済発展に欠かせないものであることがはっきりしてきた。そういうわけで、すでに述べた理由に加え、途上世界では国家の改革が国際および二国間援助の条件として課されることがたびたび起こった[10]。たとえば、九〇年代、世界銀行は統治を開発業務の中心に置き、国際通貨基金は融資・救済プランの一部として国有部門の大々的な再構築を求めた。

行政改革の二つめの推進力は民主化である。南アフリカでは、アパルトヘイトが解消されたことによって官僚制が変わった。ゾラ・スクウェイヤによると、「官僚機構はそれまで、サービス提供より統御に主眼を置いていたため、正当性の危機に直面した。全分野にわたり、報酬や利益が人種差別と性差別に基づいて分配されていたのである」[11]。南アフリカでは、政府の官僚機構を改革することがアパルトヘイトを終わらせる重要な側面だった。

民主化には、政府機構改革の最も一般的なテーマの一つである地方分権が必ずいくらかともなう。ポーランドの政府機構改革は、八九年に民主化計画の一歩を踏み出した「連帯」の運動から始まった。共産党政権は極端に中央集権的であったため、ポーランドの革新派は分権と地方政府の創設に力を入れた。九九年一月、ポーランドは中央集権化した官僚制を縮小させ、西欧諸国で共有されている補完性（サブシディアリティ）の原則に則った政府にするための組織的努力の一環として、多数の地方政府を新たに設置した。同じような地方分権の措置は、ハンガリー、チェコ、さらにブラジルやチリなどのラテン・アメリカ諸国でもとられている。

政府機構改革の三番めの推進力は情報革命である。情報革命によって、各国が互いの改革の動きについて修辞と現実を即時に共有できるようになるのは、誰の目にも明らかだ。ＯＥＣＤのウェブページ★では、加盟国の改革の状況に関する全情報が見られるようになっている。副大統領アル・ゴアによる

★www.oecd.puma.org

ナショナル・パフォーマンス・レビューの第一回報告書が発表されたときには、コピーがアイダホ州モスコーより先にロシアのモスクワからダウンロードされたほどだ。情報技術が、行政改革の世界的な共通の言語を作りだす最大の原動力であるのは間違いない。

だが、情報革命はまた、民間部門と公的部門の業績の格差を拡大させることによって、行政改革が求められる原因となっている。一九五〇年代の米国では、銀行を利用するのは役所で手続きをするのとあまり変わらなかった。決められた時間に店舗に出向き、並んで順番を待ち、係員に手続きをしてもらっていた。情報革命によって、民間部門が顧客に合わせて一日二四時間いつでも現金自動預け払い機を通じてサービスを提供できるようになると、公的部門は大きく水をあけられてしまった。同じことはヨーロッパでも起こった。「八〇年代初め、ヨーロッパのサービス産業は競争が激化した。銀行や航空会社などの業界で制限的慣行が緩和され、各社は顧客を獲得するのに価格だけでなく顧客サービスで競争しなければならなくなった。それが公的部門に二つの影響をおよぼす。まず、サービスの提供がどこまで改善されるか国民が期待するようになった……第二に、サービスの提供では、役人に任せておくより良い方法があることがわかった」[12]。

そういうわけで、民間部門における情報革命によって国民の期待が高まり、ルールに縛られ何にでも書類を必要とする官僚機構は時代遅れで反応が遅いと思われるようになった。二〇世紀半ばには、国防省とゼネラル・モーターズ社の組織は、それほど違わなかった。だが、民間部門の組織論が発達して、情報時代の新しい組織論が生まれると、公的部門が伝統的な官僚制に固執しているのがいっそう時代遅れに見えた。

政府機構の改革の動きを促進した第四の点として、政府の業績の赤字がある。これには、赤字だと思われていただけの場合もあった。この数十年間、政府が実際には多くの分野でよく任務を果たしていたという証拠があるにもかかわらず、多くの国の国民が制度の機能ぶりにきわめて批判的だった[13]。米国では、こうした意見がレーガンからクリントンまで大統領によって表明されてきた。レーガンは、政府が「解決策ではなく問題の一部」になっているとしばしば主張した。クリントンは、大半の国民が「政府は、参列者が数人しかいないような葬儀でもめちゃめちゃにしかねない」と思っていると認めた。

ピパ・ノリスの著書『批判的な市民』には、民主主義的な価値観は世界中で勝利を収めたが、議会制民主主義の制度に対する信頼は大きく損なわれたという主張が展開されている。同書でアーサー・ミラーとオラ・リストハウクは、「政府の業績は単に物質的基準や経済状況によって測られるものではない……国民は政府が正直かつ有能で効率よく任務にあたることを期待している」と結論づけている[14]。

資本主義と市場のメカニズムが世界中でもてはやされるようになると、競争市場が明確で効率的だと受けとめられるのに対し、政府独占は不明瞭な目標がいくつもあって非効率的だということになり、それが政府は任務をしかるべく果たしていないという一般的意見を強めたのは間違いない。こうした見方のために、多くの国が政府活動の結果を評価することによって、政府機構の改革に取り組むことになった（表10-1）。

政府機構改革の動きに共通する要素

この章のための調査は、一九九九年七〜一二月に実施された。改革の動きは起こったり消えたりし、九九年には国家改革に積極的に取り組んでいた国でも二〇〇〇年になると下火になっていることもあれば、その逆の場合もあるので、いつ調査したかは重要だ。ここでは、領域を限定するために人口が三四〇万人以上の国を対象とし、世界の人口上位一二三カ国における改革の動きの型と頻度を調べた。したがって、この調査の領域は、政府がほとんど機能していないルワンダのような国から、ラテン・アメリカの新興国やEUの成熟した民主主義国家まで、広範囲におよんでいる。筆者と研究助手は、主として英語とスペイン語の資料を用いて一一の変数についてコード化した。では、その結果を見ていこう。

一九八〇〜九〇年代の行政管理改革の動き

行政管理改革の動きは起こったり消えたりするものなので、この二〇年間に各国で改革の動きが何回あったか数えた。表10-2は、全国レベルのはっきりした具体的な改革の動きがあった国を拾ったものである。この時期、世界の人口上位国の二五%に主要な改革の動きが二回以上あり、それらは政権交代にともなって起こったり消えたりすることが多かった。たとえば、米国ではレーガン政権によって、大々的に執行部レベルで政府の運営上の欠陥に目を向けようというグレース委員会が設立された。グレース委員会は政府の業務に少しは影響したものの、政府全体に対する反感に阻まれて、予想されていた官僚の非協力的な態度が増しただけで終わった。それにつづいて一九九三年には、クリントンとゴアによる政権の執行部によってナショナル・パフォーマンス・レビューが設置され、これを執筆している時点では、「政府を作りなおすための全国的提携」として存続している。

この時期、世界の人口上位国の四〇%で主要な改革の動きが少なくとも一回はあり、一五%の国で

表10-1　行政改革を始めた理由

経済危機／財政赤字	経済危機と政治指導部の交代	欧州連合によって課された基準に達するため	国際開発機関によって課された基準に達するため	民主主義への移行	効率の向上
アイルランド	ヨルダン	ハンガリー	モルドバ	グルジア	スイス
ニュージーランド	ニカラグア	ギリシャ	ベニン	ザンビア	オーストリア
ベニン	デンマーク	イタリア	ケニヤ	ハンガリー	
ドミニカ共和国	ブルガリア		ブラジル	チェコ	
スウェーデン	ザンビア		ウクライナ	チリ	
オランダ	ポルトガル			ケニヤ	
ペルー	ハンガリー			南アフリカ	
カナダ	ウガンダ			ポーランド	
アルゼンチン	ベネズエラ			ロシア	
イタリア	韓国				
英国	スペイン				
フランス	日本				
メキシコ					
ブラジル					
米国					

表10-2　1980～90年代の行政管理改革の動き

主要な改革の動きが2回以上あった	主要な改革の動きが1回あった	全国レベルの改革はなく、部分的な行政改革のみ	なし
31 25%	49 40%	19 15%	24 19%

［情報源：この章の図表はすべて、世界の人口上位123カ国を対象とした調査のデータを使用。本文参照］

は、何らかの行政改革が見られたものの全国レベルの改革の動きはなかった。たとえば、ドイツはこの最後のカテゴリーに入る。ドイツはこの時期、近隣のヨーロッパ諸国とは違って、「改革のモラトリアム」に陥っていた。東西を再統合するにあたっては、「西独に従来からあった折り紙つきの行政機構が東独にそのまま取りこまれた」[15]。とはいえ、革新的な地方政府に贈られるシュパイアー品質競争賞のおかげであろうか、公的部門管理改革は地方レベルではなかなか盛んだった。中央政府はヨーロッパの大半で見られた「新しい行政管理」を行っていなかったが、地方レベルでは「新しい運営モデル」として知られる概念を特徴とする政府機構の改革が見られた。

全体としては、この時期、世界の人口上位国の半分以上で全国レベルの大規模な改革が起こっていたことが表10-2からわかる。これは非常に高い数字であり、調査対象国の多くが実際に機能している政府のない国だったことを考えるとなおさらだ。

行政管理改革を担う機関の制度上の位置

改革はしだいに、表10-3に示されているように、広範囲にわたって官僚制を改革するために新設された政府の特別機関が担うようになってきた。こうした特別に設置された機関には、注目される点が二つある。まず、これらはしばしば最高行政府に置かれ、それによって改革の新たな政治的重要性が強調された。ボリビア、アルゼンチン、ガーナといった国では、米国の例にならって副大統領が改革の指揮にあたった。第二に、改革を実行する機関がどこに置かれるかと同じくらい、どこに置かれないかが重要だ。大蔵省や従来からある予算局には設置されていない。これら予算削減を優先事項とす

表10-3　改革を担う機関

財務省や内務省といった従来からある中央管理機関	政府全体の改革努力を監督するために設置された特別機関
8 24%	25 76%

る組織では、その優先事項があるため、財政以外の政府機構改革全体に関わる特別任務は退けられてしまう。

改革を実行する機関がどこにあるのか確かめられない国が多かったが、三三カ国については突きとめることができた。それらの大半が、特別に設置された機関内に置かれていた。改革のために予算とは関係のない特別機関を新設するのは、この国家的努力の多くがより大きな目標を打ち出していることの現れだ。つまり、今の行政管理改革は、節約のためだけでなく業績のためでもある。これら二つの目標は、政府の作りなおしに関するゴア副大統領の第一回報告書が「よりよく機能し、より費用のかからない政府」と題されていたことにも窺えるように、多くの改革において併存している。改革を金銭レベル以上のものにしようとして、表10-3に見られるように、中央政府の予算局に任せるより特別機関を設置することが多くなっている。

中央政府の権力と権限の移譲あるいは地方分権

権限の移譲は、世界の人口上位国の四〇%が政府機構改革の重要な要素としていたことからもわかるように、多くの国で改革の目玉と位置づけられている。社会主義の全体主義的な過去から抜け出した多くの国にとって、地方政府と地方の権力基盤を作りだすことは、自由で公正な選挙の実施につづいて、民主化を進め

表10-4　中央政府の権力と権威の移譲あるいは地方分権

地方分権の動き	再集権化
49 40％	1 …

るうえで欠くことのできない要素である。この点を認識した米国の国際開発庁の民主主義計画では、一九九九〜二〇〇〇年の資金拠出期には地方政府を援助する動きと、地方分権のさらなる推進を支援することにした[16]。

中央政府が地方分権を推進するには多くの場合、指導者による大いなる政治的利他主義が必要とされる（表10－4）。この時期、再集権化と呼べることが起こったのは一カ国、ペルーだけだった。多くの国では、中央政府のエリートが地方に権限を移譲するたびに、競合する可能性のある政治エリートを生みだすことになる。そういうわけで、改革のさまざまな要素――とりわけ地方分権――を外部の開発機関から課せられた途上国は、枚挙にいとまがない[17]。また、ポーランドなどの国で一九九九年に地方政府機関が新設されたことが、全体主義から民主主義への重要な一歩をしるしたことになるのもこの点による。ポーランドは九九年までに、税収を国と新しい地方政府で分けあうという法律を通過させ、一連の州・地域政府を設置していた。

だが、権限の移譲は新興の民主主義国の行政管理改革だけの現象ではなく、成熟した民主主義国でも広く見られた。EU諸国は、補完性（サブシディアリティ）の原則に重要性を見出した。補完性の原則という考え方は、ローマ・カトリックの社会思想を取り入れたもので、政府は可能なかぎり被統治者に近くなければならないとする。第1章でコヘインとナイは、グローバル化には同時に多くの政府機能を再地方化する力がともなっているようだと指摘している。米国では、古くから

表10-5　公益事業の民営化

民営化の動きがあった国	民営化に加えて公益事業の外注	なし
74 60%	7 民営化の動きの9%	49 40%

あって不変のものである連邦主義への新たな関心という形でこれが現れた。その最近の例として、福祉に関する権限を州に移譲した九六年の福祉制度改革法があげられる。

九二年には、きわめて中央集権的で融通のきかない官僚制の国として知られる日本で、地方分権を推進する特別計画が始まった。この計画は、三〇都市を指定して、社会事業計画に地方政府をもっと関与させるのをめざしたものだった。九五年、日本では地方分権推進法が施行され、それによって二〇〇〇年の地方分権計画に向けて勧告する委員会が総理府に設置された。

かつての国有企業の民営化

表10-5にはっきりと示されているように、多くの国にとって民営化が政府機構の改革の出発点となっている。民営化と地方分権は、強力な共産主義や社会主義の過去を持つ国が最もよく採用する戦略だ。この二つが、民主的でグローバルな経済に参加するのに欠かせない初めの一歩となる。英国では、七九年から九三年までに国有産業がGDPの一一%から二%に減った。改めていうまでもなく、民営化がさまざまな国の経済において産業の大きな部分に関わることは、二〇世紀末の二〇年間に何度も繰り返されてきた。

民営化はラテン・アメリカや旧共産主義国における国有企業の売却によって

行われることが多かったが、別の形の民営化も登場した。それは政府の中心的サービスと見なされていたものを民営化、つまり外注に出すことである。「社会主義の遺物」を捨てる政府が増えるにつれ、民営化は産業の領域を越えて、以前は完全に国の職務だった領域にまで広がった。九五年、新たに民主主義国となったグルジアでは、雇用主と従業員が費用を分担する独立した医療機関が政府によって設立された。オランダでは、中央政府の市町村への補助金が削減されると、安くサービスを提供する方法を考え出さなければならなくなった。そのため、地方自治体のサービスが次々と民営化され、市のサービスはすべて互いのサービスを利用しなければならないというアムステルダムの「トラック・システム」のような慣行に終止符が打たれた[18]。米国では、九六年に福祉制度改革法が通過したことによって、生活保護受給者の就業に向けた補助金を民間の営利目的の請負業者に交付する道が開けた。その結果、ロッキード・マーチンといった民間の大企業が生活保護受給者の就職促進事業に参入するようになった。

公的部門の縮小

いくら政府機構の改革派が否定しても、行政管理の改革は多くの国において公的部門の大幅な縮小を意味する。公的部門の縮小はもちろん、民営化と無関係ではない。民営化がいくつもの国で直ちにもたらした影響として、非常に大勢の労働者が公共部門から民間部門に移ったことがある。たとえば、ハンガリーでは九〇年から九二年までに大量の国有企業が解散し、労働人口の八・七％にあたる一七〇万人の労働者が職を失った[19]。

表10-6　公的部門の縮小を1回以上実施した国

公的部門の人員削減が労働人口の25%以上に達した国	公的部門の人員削減が労働人口の25%以下だった国	公的部門の雇用が増えた国	変化がなかったかデータが入手不可能な国
13 11%	28 23%	12 10%	70 57%

公的部門の縮小に関するデータには民営化の直接的影響が大きく現れていると思われるが、これを三つに分けてみた。一部の国では、公的部門の人員削減が労働人口の二五%以上に達している。だが、より一般的なのは、表10-6にあるように労働人口の二五%未満が削減された場合である。そして、まったく変化のなかった国もたくさんある。実際の数字に公的部門の雇用が激減したと現れていない国が数多くあるが、世界中で成長率が大幅に鈍化しているという説もある[20]。

人員削減は、民営化だけでなく、途上国における腐敗と闘う努力によっても後押しされた。腐敗した政府に共通する特徴として、公的な給料支払い名簿に「幽霊労働者」を載せることがある。人員削減は多くの場合、政府が援助を得るときに課される条件の最も重要なものである。たとえば、世界銀行は公的部門の人員削減計画を直接的に支援することはないが、包括契約に公的部門の縮小が含まれていることがしばしばある。これらの契約を調べた二人の著者が、「包括契約において、公的部門の縮小が対象の一部となることがある。我々の調査では、世界銀行の資金提供とこうした包括的なつながりのあるプログラムが全体の約六五%にのぼっていた」と述べている[21]。

だが、公的部門の縮小は、とりわけ途上世界では成し遂げるのがきわめて難しい。ペルーでは、九一年から九三年までに公務員を一〇万人以上減らしたものの、数年後に一六万三〇〇〇人を再雇用する結果となった[22]。多くの国では、解雇された公的部門の職員が就けるような仕事が民間部門に見当たらない。多くの途上国の当局者は、米国や他の先進国で人員削減の際に用いられてきた「買収」措置や現金による奨励策を羨む。だが、いくら長期にわたって蓄えても、途上国には人員削減の奨励に振り向けられる原資がない。

人員削減は、政府支出の削減が目的で実施される場合がほとんどだが、民主化の進行のかなめとなることもある。南アフリカでは、白人が大半を占めていた公務員を削減して、人種的によりバランスのとれた構成にすることが、アパルトヘイト後の国づくりに不可欠だ。

国有部門の縮小は、途上国だけでなく先進国でも広く見られる。これらの国では今後、公的部門が情報技術の利用において民間部門に追いつき、民間部門では当たり前のこととなっている生産性の向上が実現すると、縮小にいっそう拍車がかかると思われる。

公務員制度改革に向けた努力

「幽霊労働者」を一掃し、他の腐敗を根絶し、人員過剰につながる非効率と取り組むことは、多くの国家改革にとって序の口でしかない。こうした動きが進むにつれ、多くの国が公務員制度そのものを手直しして、公務員がやる気を起こし、訓練され、説明責任を負うようにする方法を探すようになる。世界のほとんどの国が、一九世紀半ばの英国および一九世紀末の米国で行われた英米式の公務員制度を何らかの形で継承している。この古い公務員制度のモデルに対しては、非難が高まる一方だ。表10-7と表10-8に見られるように、世界の人口上位国の四分の一近くが公務員制度を改革しようとしている。これらの改革の大半が、雇用と業績をより密接に関連させて、公務員を民間部門の労働力に近づけよ

表10-7　公務員制度改革の動き

公務員制度改革の動きのあった国	データなし
27 22％	96 78％

表10-8　公務員制度改革の型

人事名簿の整理と雇用の凍結	公務員の雇用・解雇を容易にする	成果主義に基づく賃金	雇用と職務記述書における柔軟性	団体交渉の改革	職業化と能力主義の導入
コスタリカ トーゴ ベニン ブルガリア 韓国 南アフリカ ブラジル	オーストラリア オランダ ブラジル	デンマーク 香港 オーストリア ザンビア	アイルランド スペイン	ニュージーランド オーストラリア カナダ 米国	ポルトガル ハンガリー ポーランド

うとするものだ。実際にオランダでは、公務員の仕事を「正常な」職場に近づけようとしているという意味で、公務員制度改革の過程を「正常化」の過程と呼んでいる。

公務員の「正常化」をめざした別の例に、ブラジルの九八年の行政改革がある。これは、業績不良の公務員を解雇でき、公務員の賃金総額に上限を設け、公的部門が労働者を民間部門と同じような条件で雇えるというものだった。ところが、公務員制度改革を実行しようとするとよくあることなのだが、権限を付与する法律が通過しなかった。とはいえ、ブラジルでは九九年にカマタ法が成立し、これによって政府の全レベルの人件費が制限され、連邦政府は経常収入の五〇％まで、州・市町村は経常収入の六〇％までとされた。これにしたがわない政府組織は、昇給や、職位の新設や、既存の空席を埋めることができず、さらに連邦政府からの交付が停止されることがある。

米国の連邦レベルでの公務員制度改革は、連邦政府の機関を公務員法の対象から外す法律が年ごとに成立していったにもかかわらず、あまり進んでいない。だが、ジョージア州は他の州が注目するなか、九六年に公務員制度を廃止して、成果主義に基づいて新規に労働者を雇用しはじめた。他の州も、あとにつづこうとするのは明らかだ。一九世紀の公務員制度が、大幅に改革されないまま二一世紀も存続しつづけることはないだろう。

市民へのサービス

公務員制度改革と同じように、サービスの提供に重きを置くことも、直接の経済的含みがない改革である。ほとんどの国に影響をおよぼしたものとして、一九八〇年代末の英国で見られた市民憲章の制定がある。これによって、国民医療サービスの待ち時間から鉄道の時間厳守まで、あらゆるものについて業績の基準がはっきりと示された。

市民へのサービスを向上させようという努力は、表10-9にあるように、多くの国で見られる。ポルトガルは、公共サービスの品質憲章を制定して、提供するサービスを明示した。アイルランドは、「より良い行政にする」という運動の名称が示しているように、最近の政府機構改革の中心を市民サービスに置いていた。「国民を国の顧客、得意先、市民」と見なすようになるのが目標だという。ワンストップ・ショップ、オンブズマン事務所の新設、その他アルゼンチンの社会保障事務所での待ち時間の五〇%短縮といった改良は、財政面を超えた改革に重きが置かれていることの現れだ。イタリアには

表10-9　顧客サービスや市民憲章といったサービス提供における改革

サービス提供を改革する動きがあった国	なし
26 21%	97 79%

ワンストップ・ショップがあり、そこで市民は新規事業の開始や既存事業の拡大に必要なことがすべてできる[23]。米国では、社会保障庁の電話サービスが、エル・エル・ビーンといった販売大手の電話サービスより高く評価された[24]。オーストラリアには、多くの国に注目されている「センターリンク・プログラム」がある。これは政府サービスへのアクセスを一本化したもので、市民のためのワンストップ・ショッピングの極致である。

表10-9が示すように、世界の人口上位国の四分の一近くが、市民へのサービスを改革努力のかなめとしていた。こうした改革は、先進国だけに限られたことではない。一九九九年には、マリ共和国で新規事業向けのワンストップ投資窓口が開設された。市民憲章――米国の「政府を作りなおす」運動では顧客サービスと呼ばれた――の中心にあるのは、政府への信頼を回復させることだ。Batho Peleとはセソト語の金言で、「国民が第一」という意味である。これはまた、南アフリカ政府の「公共サービスの実施を転換させることに関する白書」の標題でもある。ゾラ・スクウェイヤの指揮のもとに九七年九月に刊行されたこの白書は、アパルトヘイト後の南アフリカの構築にとって行政改革と市民サービスが重要であることの証となっている。

表10-10　予算と財政管理の改革を実施した国

予算と財政管理の改革の動きがあった国	入手可能なデータなし
37 30％	86 70％

予算と財政管理の改革

大規模な国家改革運動は、公的部門の規模を直ちに大幅に縮小することが求められる経済危機がそもそものきっかけとなることが多いとはいえ、現在の改革の動きが予算削減だけではないことは、財政管理改革に対する関心に現れている。さらに、公的部門の予算編成には世界中でさまざまな試みが見られる。財政管理改革は、表10-10に数え入れられているいくつかの国にとっては、単に基本的なシステムを新設することだが、表10-11にあげられている国にとっては、公務員制度を改革する場合と似ている。実績に基づく予算編成、新会計制度の導入、会計責任に対する一般的関心がいくつかの改革の動きに見られ、これらは公的部門の財務管理を民間部門で一般に認められている慣行に合わせようとする努力の眼目となっている。公務員制度の場合と同じように、財務管理改革における試みの多くは、公的部門と民間部門の格差をなくそうとするものだ。

規制改革の動き

世界の人口上位国の四分の一近くが、規制改革という難題と取り組んでいる。一部の途上国にとっては、公正で信頼できる規制の仕組みを作りだすことが難問

表10-11　財政管理と予算制度の改革の例

実績に基づく予算編成	発生主義会計といった新会計制度	監査官といった新会計責任制度
コスタリカ アイルランド フィンランド スウェーデン フランス 米国	オーストリア ポルトガル オーストラリア 南アフリカ イタリア	ギリシャ メキシコ

となる。その他に、新たに民営化された経済部門を監督する規制制度を作りださなければならない国がたくさんある。また、発展しつつある経済に規制が過度の重荷にならないように、規制のコストを算出する方法を必要としている国もある。さらに、ビジネスが活況を呈するように、過剰規制の有害な部分を取り除かなければならない国もある。ウクライナは大統領命令によって一九九八年、必要とされる許認可を減らし、登録手続きを簡素化し、査察と統制の手順を制限し、起業家精神を開発するための国家委員会を設置した。

規制改革は、成熟した自由市場の民主主義国と途上国の違いがはっきりと現れやすい分野である。多くの途上国では、規制部門が政治汚職の温床となっている。これらの国にとっては、有効なシステムを作ることがそもそも難問である。先進国では、規制改革とは簡素化することであり、規制のパラダイムを施行の重視から順守の重視に変えようとすることだ。このパラダイム・シフトは、公正さより腐敗が勝っているシステムでは、さらなる腐敗を招きかねない。だが、社会的公正の伝統がある国では、自発的な順守を促す動きは、規制の手順の効率を向上させることにつながる。表10－12と表10－13に、世界の人口上位国における規制改革の動きの有無と、規制改革の型をいくつか示してある。

政府に競争を導入

権限の移譲、民営化、人員削減が、国務の規模とりわけ中央官僚制を縮小させる努力のかなめだとすると、公務員制度改革、顧客サービスの唱導、予算と財政の改革、規制改革は、政府機構の質を向上させて説明責任を増すためのものだ。最後にあと二つ、改革の要素をあげるが、これらは国の行政を伝統的な官僚制のパラダイムを超えて発展させる可能性を秘めている。

たとえば、政府に競争を導入するという考え方は、比較的新しい概念だが世界中から注目されている（表10-14）。これは本質的に、市場の規律を公的部門に持ちこもうというものだ。ニュージーランドはこの分野の先導役を果たしており、公共サービスを競争に開放し、オズボーンとゲブラーのいう「舵取りと漕ぐこと」を切り離すという大胆な努力によって、政府機構改革は羊とほぼ並ぶ人気の輸出品目となった。英国では、執行機関へと発展していった次段階機関が設置されたが、これは政府機構をすべて民営化できるものではないことと公的部門を改革するのに何かしなければならないことを、サッチャー首相が認めたことを意味した。米国の努力は、成果主義に基づく組織を作ることに向けられた。各国政府は、内部の競争や執行機関を作りだすことによって、公的部門に革新と効率をもたらしたいと考えている。これも、公的部門と民間部門の管理の格差を縮めるためのもう一つの方法である。

表 10-12　規制改革の動きのある国

規制改革の動きのある国	動きがないか、データが入手不可能な国
30 24%	93 76%

表 10-13　規制改革の型

規制コストの算出を求める法律を策定	新たに民営化された経済部門を監督する規制制度を創設	縮小と簡素化をめざして規制を調査・再検討
ニュージーランド 韓国 メキシコ	ボリビア チリ ガーナ ブラジル	ポルトガル オランダ オーストラリア カナダ イタリア 米国 ウクライナ

表 10-14　政府に競争を導入（政府内市場の創出、執行機関の創設）

政府内市場の創出	入手可能なデータなし
7 アイルランド ニュージーランド グアテマラ オーストラリア 英国 タンザニア 米国 6%	116 94%。

表10-15　行政改革努力の一環として情報技術の利用を表明している国

改革に情報技術を組み込んでいる国	入手可能なデータなし
14 11%	109 89%

情報技術を利用する

何といっても、情報技術の利用の拡大ほど行政を変える可能性があるものは他にない。大半の国の公的部門が、この分野で民間部門に大きく遅れをとっている。政府機構改革に不可欠なものとして情報技術の利用を進めているのは、先進国だけではない。ブルキナファソには、支出の過程を支払いが確約されてから実際に支払われるまで追跡できるコンピューター化されたシステムがある。ホンジュラスでは、単純化した自動システムによって書類の処理速度が増して税関員の裁量が縮小し、汚職を防ぐのに大いに役立っている。だが、表10-15が示しているように、情報技術はまだ十分に利用されていない。

結論

世界の人口上位一二三カ国を対象としたこの調査から、世界中で政府機構改革がかなり行われていることと、きわめて異なる国に驚くほど似通った改革努力が見られることがわかる。タンザニアが設置したという「執行機関」は英国の改革努力からじかに借用した概念であり、米国の成果主義に基づく組織の概念も同じ英国の改革努力から取り入れたものであり、全世界的に少なからぬ模倣が行われ

表10-16　政府機構改革の段階

第1段階	第2段階	第3段階	第4段階
法の原則を確立させる	国有産業を民営化し、市場経済に移行する	国家能力を構築して市場経済を支える	国家を官僚制のパラダイムを超えて改革する

ている。

「需要牽引型」の模倣の他に、「供給圧力型」の後押しも世界中にたくさん見られ、こちらは主に国家能力が経済発展を左右する要素だと気づいた開発機関によって先導されている。第8章でグリンドルはこう述べている。「八〇年代初めから半ばにかけて改革への提案に強い反中央政府的な偏向を示していた経済開発の専門家が、市場システムから成長を引き出すには有能な中央政府がマクロ経済政策を運営し、一連の根本的な活動を行う必要があると論じあうようになった」

アメリカ文化の支配的地位もまた、世界各地の行政改革の導入に大きな役割を果たしている。また、第11章でシャウアーが指摘しているように、米国をまねるのを意図的に避けている国には、見習う国として英国、ニュージーランド、カナダ、オーストラリアといった他に先駆けて行政改革を行っている国がある。

ここにきて、多くの国が新しいグローバル経済に合わせて政府機構を調整している。先進国はどこも、かつては国家を多くの問題の解決策と見なしていた中道左派の政党でさえ、今ではより小規模で合理化された国家を求める声に同調することが多くなった。たとえば、スウェーデンについてノーマン・フリンとフランツ・ストレールはこう述べている。「公共支出と国の介入は、以前は〈解決策〉と見なされていたが、初めて問題として受け止められるようになっている」[25]

二一世紀の初め、政府機構の改革は類別できるようだ。まず、政府が辛うじて機能しているという状態の国が数多くあり、これらの国の改革努力は法の原則を確立させるといった最低限の基本を目標としている。他には、改革とはまず何よりも、主に国営産業の民営化を通じて新しいグローバル経済に適応することだ、という国がある。また、民営化につづいて、新しい民間経済を支えるのに十分な国家能力を築かなければならない国がある。そして先進国を中心として、改革とは二〇世紀の官僚制のパラダイムを超え、民間部門に近い効率性と革新能力を持つ政府を作りだすことだ、という国がある。これらの段階を要約したのが表10-16である。

言うまでもなく、このテーマについてはさらなる研究が必要だ。政府機構の改革努力に関する自己報告をどこまで真実と判断するかということ自体が研究課題である。とはいえ、二〇世紀末にさまざまな理由によって行政の大改革が見られたことは間違いない。これは、ウェーバー的な官僚政治の原則が世界の多くの政府に影響しはじめた一九世紀の変わり目の改革に負けず劣らず大きいものだった。この政府機構改革における革命が、どこまで本物で、どのくらい広がりのあるものなのか、明らかになるのはこれからだ。

第11章

法律とグローバル化

The Politics and Incentives of Legal Transplantation

Frederick Schauer

法律はもともと、社会現象のなかで最もグローバルではないものの一つである。法律の概念が歴史的に国家主権と結びついていたこともあって、国家主権ぬきの法律という観念が受け入れられるのはきわめて困難なことだった[1]。二〇世紀の法学論議において、国際法は果たして法律なのかどうかという論題が繰り返し登場したのが、多くの人にとって法律とグローバル化は本質的に矛盾するものだということの有力な証拠になっている[2]。

法律を主権と関連づけることは、法律学の学問上の議論では着実に減ってきているが、一般的にはまだ関連づけられることが少なくないようだ[3]。政治体制の転換という現実に、その国の「固有性」を特徴とする法律制度を持ちたいという願望を絡めることが世界各地で起こり、その最たる例が東欧、南アフリカ、旧ソ連圏諸国で見られた。過去から脱するには過去の法律を捨て去ることだ、植民地化

（東欧の場合は、支配）勢力と決別するには、植民地化勢力や支配勢力の法律の構造や制度の残留物および所産を一掃することだ、というわけである。

このように言い切ってしまうと、これにあてはまる実例に引けをとらないくらい反例もあるため、言いすぎたことになる。それにもかかわらず、法律制度には象徴やその他のものとして特別な政治的・社会的状況が存在することを思い起こしてみるのは、この章で示したいと思っている見解の前置きとして役立つ。その見解とは、科学、技術、経済の思想が国家や国境を越えて広まるのは、それ自体の力や価値によるところが大きいと思われるが、法律や法律思想の場合はそうではなく、法律の移転を左右しているのは、供給側も需要側も、法律の本質的価値や有益さより、政治的・象徴的要因ではないか、というものだ[4]。この短い章では、本質的価値の要因以外のさまざまな要因について、法律の移転や移植のパターン、ひいては法律のグローバル化のパターンに影響しうる検証可能な仮説を示していく[5]。ここでは仮説を検証することはしないが、各仮説がさらに綿密な検討に価するほど大いにありうるものだという証拠をいくつか示す。

仮説1

仮説1　法律や経済の最適化と本質的に関係のない政治的・文化的・社会的要因は、科学、技術、経済の思想、制度、構造の国境を越えた移転のパターンを決定するときより、法律の思想、制度、構造の国境を越えた移転のパターンを決定するときに大きな影響をおよぼす。

すでに述べたように、法律を制定することが国家主権の中心的特徴だと一般に考えられている。重要なのは、これが主権論や国家論において真実かどうかではなく、そうだと信じられていることだ。そのように広く信じられているかぎり、国家、特に新しい国や体制を転換しつつある国は、固有法の制定が体制転換の成功の重要なバロメーターだと思いこみかねない。そのために、国外からの影響が善意から出たもので役に立つとわかっていても、拒絶するかもしれない。新生国家は、たとえあまりうまくできない場合でも、「自分たちでする」ほうを選ぶ[6]。たとえば東欧と旧ソ連圏の大半の国や南アフリカのように、体制転換を進めている工業国では特に、法律の制定にあたって外国からの助言に頼りすぎると、弱さの現れ、高度な知識の欠如、独立統治能力の欠如と受け取られるようだ。そうではないことを示したくて、独立した高度な統治能力を見せようとしても、多くの場合、外国の助言とモデルをしぶしぶ受け入れて、最適なものができなくても固有法の制定に執着しているのが関の山である。

とはいえ、固有性は、法律の有効性に関係したり、法律の有効性が一役買うと考えられている経済面での最終的状態に関係することがある。スティーブン・コーネルとジョセフ・カルトによるアメリカンインディアンの憲法制定に関する研究と、ダニエル・バーコビッツ、カタリナ・ピストーア、ジャンフランソワ・リシャールによる国境を越えた法律の移植に関する研究は、法律の移植という事実が、移植された内容とは無関係に、法律的・経済的な有効性のさまざまな指標と因果関係があるかもしれないことを裏づけている[7]。コーネルとカルトが明らかにしているのは、私が固有性と称しているものが象徴的な役目を果たしたり象徴的な影響をおよぼすだけではなく、(もしかしたら象徴的な影響の結果として)経済的成功を生みだすのに効果があるかもしれないことである。固有の法律や憲法の制定が、経済的成功を促す社会的・政治的な状況や制度を強化するかぎり[8]、固有性は経済的成功を促すものであって、本質的に無関係ではないのかもしれない[9]。

バーコビッツ、ピストーア、リシャールのほうは、法律の有効性（および法律の有効性が経済発展を促す範囲での経済発展）が成文法の特性の作用であるだけでなく、法律が施行や執行の面で「異質な」環境に移植されたときの施行のさまざまな潜在的非効率の作用でもあることを明らかにしている。彼らが「移植の影響」と称しているものは、法律と法律制度の有効性に大きなマイナスの影響をおよぼすようだ[10]。つまり、これらもコーネルとカルトの所見と同じく、固有法の制定と移植された継受法の区別が、法律の有効性や、法律と法律制度の最適性の問題とまったく本質的に無関係だとするのは誤りであることを示している。

もっとも、第一の仮説の要点は別にある。移植の影響やそれに類するものをすべて考慮に入れても、それでもなお、法律の最適化にとって本質的に関係のないさまざまな要因が、固有法を制定するか外国の法律を借用するかの最終的選択に影響することがある。これらの要因、つまり固有法制定の象徴としての重要性や固有法制定によって生じる国家の自尊心に関わる要因が、法律のグローバル化の広がりとパターンを決めるのに関与しているかぎり、最適化だけをめざすモデルは完全なものになりえない。なぜなら、国家が自己表現のためや、国家としての自尊心を高める手段や、世界にシグナルを送るためのものとして、固有性を法律の最適化の一部としてではなく別個に追求している場合、これらの目標と法律の最適化の目標が少なくとも部分的に衝突するのはほぼ確実だからである。そのうえ、こうした現象は、固有の技術、科学、経済の発展の場合と比べて、法律の場合により顕著だと思える根拠がいくつかある。したがって、第一の仮説が示しているのは、主権、国家の自己表現と自己決定、国家の名声、国家の自尊心と特に関わりのある法律の観念が固有法の制定に対して生みだす圧力は、法律以外の領域における固有の制度構築に対する圧力より大きいということである。

仮説2

仮説2　政治的・社会的・文化的要因が法律移転のパターンの決定により大きく影響するのは、事業、商業、経済に関する法律、思想、制度の場合より、憲法や人権に関する法律、思想、制度の場合である。

前出の「本質的に関係ない」要因が法律の発展と移転の領域のいたるところで作用しているという根拠がある一方で、そのこと自体を目的として固有の法律を制定するという現象が、特に憲法の制定において見られるのではないかという根拠もある[11]。国家と政界・法曹界の指導者は、破産法、有価証券法、その他の会社・商業法を、主として経済発展に役立つものなので、おしなべて技術的で非イデオロギー的なものと見なし[12]、他国の類似した法律を借用あるいは模倣できると考えているようだ[13]。だが、こうした認識は憲法についてはめったに見られない[14]。エストニアが米国の破産法（ジョージタウン大学ロースクールの教授陣と学生が中心になって起草した）[15]を採用していることは、大半のエストニア人にとって、フランス産のワインを飲んだり、ドイツ製の車、日本製のテレビ、台湾製の自転車を所有するのとさほど違わない[16]。だが、米国憲法を採用するとなると話はまったく別で、主権、支配、そもそも国家を国家たらしめている本質の大部分が失われることを意味する[17]。そういう理由もあって、エストニアの憲法は主として国内で起草されたが、一部の起草者はこれが専門的な法律文書として遺憾な点が多いことを当時も今も認めており、外国のモデルを使っていれば、より優れた構造を持ち、より内的整合性があり、あとで改正しなくてすみそうな成文憲法ができたはずだと思っている[18]。また、南アフリカの新憲法は、外国人オブザーバーの支援をいつでも利用できる状況のなかで生まれたが、ほぼ完全に固有の文書であり、ときどき一部の規定にヨーロッパ人権条約に類似したものが見られるものの、それ以外の点ではみごとに外国の影響がない[19]。実際のところ、この一〇年間に新たに起草された憲法には、経済や商業に関する法律に幅広く頻繁に見られる超国家的な影響や痕跡が、まったくというほど見られない[20]。

これと同じパターンは、人権、移民、投票権に関する法律や、他の政治的決議の構造的手段をはじめとする、中心的な政治的価値観を反映する他の法律にもおそらく見られるはずだ[21]。これらに関する一般(憲法以外)の法律は、憲法の制定ほど国家という理念のかなめとなるものではないのに、これらでさえ憲法と同じように政治的なものと考えられがちで、国家が不適切もしくは押しつけがましいと見なすような影響を受けることが少ない。これも実証ではなく仮説ではあるが、憲法がいわゆる一般の法律より外部の力に影響されないと思われるのと同じように、個人の権利、ナショナル・アイデンティティ、政治構造に関わる法律群は、経済、事業、有価証券、商業に関わる法律群より外部の力に影響されないと仮定できる。

仮説3・4

仮説3　国際社会と受入国における供与国の政治的名声は、供与国の法律の思想、規範、制度が受入国でどのくらい受け入れられるか決定する要因となり、これは、これらの思想、規範、制度の本質的な法律的価値に関する受入国の評価や実際の法律的価値に影響されない。

仮説4　国家が特定の国家集団に仲間入りしたがっているか尊敬されたがっていることは、その国が法律をその国家集団の法律と一致させようとする度合いに因果関係をおよぼし、さらに、その国の法律がその国家集団の法律と最終的に類似する程度に因果関係をおよぼす。

このように、新しい国や体制転換中の国が法律を外国に求めるかどうか決断する際、広い意味で政治が影響することがある。そして、外国を探すのがよさそうだと決まってからどこを探すか決める段になると、政治の影響がいっそう明白になる。恰好の例として、憲法思想の「供与国」として成功を収めているカナダがある。カナダの思想と憲法学者は、世界の多くの国、特に英語と英米法の伝統のある国で突出した影響力を持っており、この点ではおそらく米国を上回っている[22]。その理由の一つは、カナダが米国とは違って極端ではなく、形成されつつある国際合意を反映させていると思われていることだ。米国の姿勢は、たとえば言論の自由、報道の自由、平等について言うと、報道機関の無作法なふるまいや人種差別的なものをはじめとする憎悪に満ちた発言が法的に保護されている度合いや、人種を基準とするアファーマティブ・アクションをはっきりと合憲としたがらないことなどが極端だと思われている[23]。米国が、世界の大半が極端だと思うようなこうした立場を国内でとっていることの是非を議論するのはもちろん可能だが、ここで言いたいのはそういうことではない。要点は二つある。まず、形成されつつある国際合意に近いと見なされる考え方が、国際的により大きな影響力を持つだろうということ。第二に、国際的な法的影響力を拡大したい国がどうかすると、第一の点を認識して、この治外法権上の影響力を持つ可能性を最大化することを考えて法律を制定することだ。カナダは、このどちらにもあてはまるように思われ、カナダの憲法思想が世界各地で影響をおよぼしているのは、米国ではないという価値がカナダにあることが作用している部分がありそうだ[24]。だが、こうした存在の重みはまた、カナダにしたがうこと、もしくは（たとえば南アフリカのように）少なくともカナダの影響を受けることが、形成されつつある国際規範と一致させる賢明な方法だと見なされているからでもある[25]。

一致させることの重要性は、法律の他の領域にも見られる。ヨーロッパに実際かつ表象的に仲間入りしたいと願っている国は、ヨーロッパ的に見える法律制度を持つことが首尾よくヨーロッパ社会の一員になる可能性を高めるとますます信じるようになっている[26]。そしてヨーロッパではドイツが法律的・経済的に最も重要な国であることから、バルト海沿岸や東欧の諸国でドイツをモデルに法律を立案する努力がかなり見受けられた。これは通常、ドイツ法が優れていると信じているからではなく、ドイツと一致させておけば、その国がよりヨーロッパ的に見えるし、仲間入りしたいと願っている超国家共同体に合致した法制度が形成されると信じているからだ。

これと同じようなことが、より大きな国際社会についてもいえる。南アフリカの新憲法は、世界のどの憲法とも違って、南アフリカ憲法裁判所や他の裁判所に国際公法を考慮に入れるように命じており、裁判所が南アフリカ憲法を解釈する際に「比較可能な外国の判例法」を考慮に入れることをはっきりと奨励している[27]。この規定の導入に至った論議から明らかなように、南アフリカの裁判官が外国の知恵を参考にするように仕向けるというのは動機の一部でしかなかった。それよりはるかに大きかったのが、のけもの国家という南アフリカの近年の歴史に対する反動であった。したがってこの規定に反映されているのは、国際標準が本質的に望ましいものかどうかの規範的判断とは関係なく、裁判官の力で南アフリカを国際標準と一致させてもらいたいという南アフリカの願望だと思われる[28]。

この一致させること自体を目的としているのがとりわけ目についたのは、人種差別的な憎しみを喚起するような発言や出版を、多くの先進国で行われているように処罰の対象とすべきか、それとも米国や少数の国で行われているように言論の自由や報道の自由という考え方によって守るべきかをめぐる南アフリカでの論議だった[29]。南アフリカでは米国モデルはよく知られていたし、米国と同じ考え方を強く主張する南アフリカ人は大勢いた。だが、人種的憎悪を駆りたてたり助長する情報伝達は制限するべきだという国際合意に南アフリカが加わらないというのは、歴史を考えれば、政治的に受け入れられないのは明らかだった[30]。つまるところ、結論の決め手となったのは考え方の優越性ではなく、国内でも対外的にもさまざまな政治的含みがあったことだった。

ここで、法律の移植の象徴的影響について考えてみよう。一部の政治的立場の国では、米国の影響をとにかく避けることが原動力となっているのがしばしば見受けられる。また、政治と象徴が異なる国もある。アイルランドの最高裁判所は、アイルランド憲法の解釈においてわざわざ米国の判例を用い、可能なかぎりわざと英国法を避けているようだ[31]。カナダの最高裁判所もまた、多くのカナダ人が懸念している「米国の五一番めの州」と見られるという象徴性を気にしてか、地理的な近さや、文化的類似性や、法律に関する交流から予想されるほどには米国の判例に頼っていない。ベトナムは、法律のモデルと指南役を探すにあたってわざとフランスを避けたように思われ、その一方で、ベトナムにおいて法律に関する影響力を積極的に高めようとするデンマークと、ベトナム人のいう「アメリカの戦争」のあいだもベトナムに外交使節団を常駐させたスウェーデンの支援を受け入れた。イスラエルはカナダとは対照的に、法律制度が米国とかなり違うにもかかわらず米国の判例に大きく頼っており、東欧の大半はドイツに大きく頼っている[32]。どの国に頼るかについては、パターンの一部は同じ法律群（英米法、大陸法、英国法系といった）に属していることで説明できるが、実際の例が示唆しているのは、こうしたパターンが政治的・文化的にもっと複雑であるかもしれないことと、同じ法律群に属していることで説明できるのが全体のほんの一部でしかないことだ。

裁判所で行われる引証は、法律が他の形で移植される場合とは違って、判例の出所が明記されるため、象徴主義的影響を特に受けやすい[33]。そのうえ、法律情報の技術が劇的に変化したことによって、裁判所や弁護士が他国の判決にアクセスするのがきわめて容易になってきている[34]。このように、アクセスの容易さが法律の移入の要因の一つであり、同じことがデータベースを設計する際の政治学や社会学とでも言うべきもの（と動機）にもいえる。どの国が判決や法律をインターネットに載せているか。どの国の判決や法律がLEXISやWESTLAWといった標準的データベースに載っているか。LEXISやWESTLAWといったデータベースの設計者は、どこの国の出身か。どの国が判決や法律を、一般的には英語だが時にはフランス語やドイツ語といった自国語以外の言語で読めるようにしているか。これらをはじめとする多くの要因が、判決に説得力や権威があるかどうかと同じくらいかそれ以上に、引証と影響のパターンに関係するものと思われる[35]。

仮説5

仮説5 政府、非政府組織、民間部門団体の制度的影響に自己本位で自己防衛的な戦略が存在することが、国境を越えて法律が広まるときのパターンの決定にいくらか影響する。

法律には翼がない。法律の移転が進むのは、法律そのものの行動によるのでも、見えざる手によるのでもない。法律思想の伝達は人間の行動によっており、行動を起こす人間にはそれぞれ動機や思惑や規範がある。このことは、組織や機関にいっそうよくあてはまる。ジョージタウン大学ロースクールがエストニアの商業・破産・有価証券法の制定に深く関わることは、エストニアのためになるものと思われるが、これはまたジョージタウン大学ロースクールの名声のためにもなる。これがジョージタウン大学ロースクールについていえるのであれば、同じようなことは外国の類似する組織はいうまでもなく、米国の弁護士協会、情報局、国際開発庁、報道の自由のための記者団委員会、その他一連の公的部門、民間部門、非営利組織についてもいえる。これらの組織が抱いている動機が法律の移転におよぼす影響を無視するのは、明らかな誤りだと思われる。

その影響にはどういうものがあるか、少し考えてみよう。まず、移植過剰や供給過剰に向かうことが考えられる。法律を供給しているさまざまな団体にどれほど複雑な思惑があったとしても、その一つに供給の抑制があるとは思えない。さらに場合によっては、法律を供給する力のある団体が、その法律を他の国が採用する誘因を作りだす力も持っている。米国政府は、国際開発庁、情報局、他のいくつもの政府機関および準政府機関を通して、法律モデルを探している国に支援を提供することができる。ところが、米国政府が国務省において評価しているものの一つに、人権のさまざまな面に関する他国の法律がある。供給する機能と評価する機能が緊密に連繋しているという根拠はないが、米国式の法律を採用していることが評価に関係しない、あるいは少なくとも評価に関係しないと受入国が思っているとは考えにくい。米国の国務省の人権報告書で非難されず称賛されたい国が、それが正しいにせよ間違っているにせよ、米国を手本にして人権法を制定することが目標を達成するのに役立つと考えるのはありそうなことだ。

また、あまり影響力のないプレイヤーが積極的に国際社会における地位を築いて重んじられようとして、より確立された供与国を上回る努力を重ねるのも、同じ影響によると考えられる[36]。デンマーク当局がベトナムの法律改正に最大限に寄与する「位置に着く」のは、デンマークがベトナムだけでなくデンマークのことも気にかけているからで、国際社会の重要なプレイヤーと一般的に見なされていない小国が大国で潜在的に重要な国の憲法の発展に大きな影響をおよぼせるという自己本位の関心があるためだと思われる。これはデンマークを侮辱するものではなく、人間（そして国）として正常な動機や思惑の現れである。

同じようなことは、非政府組織についても言えそうだ。ガネット基金によって設立されたフリーダム・ハウスは、民主主義の自由を評価するのに世界中で広く用いられている指標を提供しており、その一方で、さまざまな国の出版法や報道の自由を積極的に援助している。トランスペアレンシー・インターナショナルは、各国が透明性を実現して腐敗を避けるのを助ける会議を主催し、きわめて影響力のある腐敗認知の国際的指標を発表している。これらの指標は、研究者にとって有益であり、市民の自由という大義にも腐敗と闘うのにも有益だが、フリーダム・ハウスとトランスペアレンシー・

インターナショナルにとっても有益である。

これらはいずれも悪質なものではなく、大きな陰謀説を示唆しているつもりはない。ここで悪意なく示唆しているのは、法律の思想とモデルが国境を越えて伝わるのに作用する人間と機関は、多かれ少なかれ資金力があること、多少なりとも政治的につながっていること、自らの名声、影響力、権力、富、意向を保持するのにいくぶん関心があるということだ。他のあらゆる制度と同じように、法律の移転の制度もその動機と構造には、どの法律思想が、どのくらいの頻度や勢いで、誰によってどこに広まるかということと因果関係があるらしい。

結論

これまで述べてきた印象、逸話、所見には、一つの大仮説といくつもの小仮説が示されている。大仮説は、法律思想の価値の客観的な評価および受入国による評価以外の要因が、法律の移植と法律のグローバル化のパターンの重要な決定因だというもので、これは吟味するまでもないほど明白である。だが小仮説については、正しいと思われるものの、検証の余地があるようだ。他にもあるだろうが、この章であげたのはそうした小仮説で、これらを体系的かつ綿密に検証すれば、法律の思想、制度、構造がどのようにして他国に伝わるのかについて新しい情報が得られるはずだ。

第3部

グローバル化をいかに管理するか

第12章　Globalization, NGOs, and Multisectoral Relations　L. David Brown, Sanjeev Khagram, Mark H. Moore, Peter Frumkin

NGOとグローバル化

一九九九年の世界貿易機関（WTO）シアトル会議で見られた光景は、「グローバル化」や「ガバナンス」、とりわけ国際舞台における非政府組織（NGO）の役割に関心を持つ人たちにとって画期的なものだった。この会議は、新しい国際機関のWTOが世界の経済閣僚を集めて、資本や財や人が国境を越えて行き来できるように貿易協定を交渉するためのものだった。これらの協定は、世界中の国と人の運命を大きく左右する。それによってヨーゼフ・A・シュンペーターのいう「創造的破壊の強風」の進路が決まるからだ[1]。国とその住民の経済・文化・政治面の運命が、国という枠組みを越えた強い力に振りまわされる。伝統文化は栄えるのか、押しのけられるのか。天然資源は保存されるのか、絞りとられるのか。世界の貧困は、拡大する富と機会の分配によって緩和されるのか悪化するのか。

利害関係の大きさと影響される利害関係者の多様さにもかかわらず、この会議には民主的な政策決定の特徴がほとんど見られなかった。WTO自体、貿易協定を交渉するための単なる政府機関の寄せ集めにすぎない。主権も権限もなく、あるのは参加国に相互利益をもたらすように協力するという圧力だけだ。重要な決定を下すときは、票決ではなく交渉によって行う。議論はきわめて専門的で、一部の人には興味深くても、一般市民にはほとんど理解できない。閣僚はしかるべく任務を果たし、それで会議は終了するはずだった。

ところがそこに世界の市民が登場する。公共の利益について主張を持った一三〇〇ほどの団体がシアトルに集まり、疑問をぶつけ、抗議し、会議出席者に要求を突きつけた。催涙ガスがすっかり消える頃には、多くの国際関係者が何年も前から気づいていた事実が、米国ばかりか世界中の人びとにもはっきりと見えてきた。NGOは今や、国際的なガバナンスにおけるプレイヤーなのである。

もちろん、グローバル化も、国際的なガバナンスも、NGOに支えられた超国家的な市民社会の出現も、まったく目新しいというわけではない。グローバル化(国境を越えた相互依存のネットワークが厚みを増し、それにともなって情報、考え、資本、財、人が、ますます早くかつ安く国境を越えて往来すること)は、何世紀も前から拡大してきた[2]。NGOや市民団体連合も、長年にわたって国際的なガバナンスや政策立案の分野で活動してきた。たとえば、奴隷制度反対や女性の権利を主張する人たちが、国際的なNGOの同盟を築いて国内・国際政策を方向づけるようになってから久しい[3]。目新しいのは、市民団体がさまざまな問題点について国際的なイニシアチブをとる回数、活動、目立ち方が近年になって爆発的に増えたことで、これは通信、輸送、生産のグローバル化の急速な拡大と無縁ではない。グローバル化が加速したのと、世界各地で市民社会組織が盛んになったのは時期的に一致している。アジア、アフリカ、ラテン・アメリカなどの発展途上国や、東欧、旧ソ連圏などの移行国で、自発的組織の能力や才能が社会問題への取り組みに向けられることがますます増えている。市民連合が出現して、地域の問題を解決し、求められているサービスを提供し、よりよい政府を要求し、他の社会の同じような考えを持った団体と同盟を結び、国際的なガバナンスの手順に手直しを加えている。

第一の重要な問題は、市民団体が国内や国際レベルで盛んになったのは、グローバル化と時期的に重なっただけのことなのか、それともグローバル化のプロセスにこうした活動を生みだす何かがあるのかという点だ。第二に、こうした活動がグローバル化のプロセスにどういう影響をおよぼしうるのかも重要な問題だ。これらの活動は国境をなくし、同じ考えに傾倒している人びとを結束させて、グローバル化を加速させるのか。それとも、このプロセスに脅威を感じる人たちに世界動向に影響されない孤立した文化圏を作らせてしまい、グローバル化を遅らせるのか。第三の問題は、これらの組織が国内および国際的なガバナンスの質にどういう影響をおよぼしうるかという点だ。これらの組織は、民主主義的な説明責任を強化して、政府が国民の意志により反応するように仕向けるのか。ますます強くなっている企業の力に市民が対応するのを助けるのか。それとも、NGOを創設した社会的起業家や、支援している援助団体や財団の多かれ少なかれ特異な目的の代行者となるのか。

この章では、新しい経済・文化・政治的なアクターである市民社会組織が、グローバル化のプロセスにどのように方向づけられ、また逆に方向づけているか、そしてそれらが国内および国際的なガバナンスの質にどう影響するのか考えてみたい。グローバル化のプロセスが、多くの国で、特に国際的領域において、NGOの数と影響力が拡大する一因となったことを論じる。また、国内・国際NGOが重要な政策立案者として出現したことが、民主主義的な説明責任を将来的に強化するのか弱めるのか一通り考え、将来のガバナンスの問題における市民団体、政府、企業の交流の型をいくつか示したい。

多面的プロセスとしてのグローバル化

考えや財や人が地政学上の境界線を越えて盛んに行き来するようになって相互依存のネットワークの厚みが増すと、「世界が狭くなる」。狭くなるのは、(互いに即時に絶えまなく接触するようになって)物理的にだけでなく、(互いの類似性や差異、複雑な相互依存性を認識するようになって)心理的にもである[4]。この「世界が狭くなることによる影響」は、人びとの意識と行動を方向づける。さらに、人びとが暮らしや状況を管理するのにどう力を結集させるかを方向づける。それによって、これまで人びとに独自のアイデンティティと、状況に応じた十分な集団的対応を提供してきた制度的取り決めのなかに、攻撃されて損なわれるものが出てくる。人びとは古い制度を補完するか差し替えることになる新しい集団的手順と制度を作ることを促され、その機会を与えられる。こうした点において、グローバル化はガバナンスの需要と供給に影響をおよぼす。グローバル化は、国際政治システム、国際市場経済、輸送と情報の技術における変化とともに進行した。ソ連の崩壊と冷戦の終結によって、世界的な民主主義への移行が起こった。それまで米国かソ連圏の同盟国となることで持ちこたえてきたような全体主義的な政権は、ソ連の崩壊と冷戦の終結によって突然後ろ盾がなくなる。これらの国は、国民とその長らく抑圧されてきた民主政治への要求を前にしてたちまち弱い立場に追いこまれたが、冷戦時代には競って面倒を見たがった大国は助けてはくれなかった。また、資本と技術の自由な移動によって拍車がかかった市場の国際化は、世界中に新たな富と機会を生みだした。だが、順調なときでさえ搾取されやすく、景気循環や経済政策の失敗によって経済成長が減速すると望みが打ち砕かれる経済的・社会的に最下層の人たちは、この動きから取り残された。人と情報が世界中を素早く駆けめぐるようになると、世界の人びとが政治や物質の面できわめて不平等な状況に置かれていることが目立つようになり、政治的・経済的平等の拡大に対する要求があちこちで起こり、広い意味での経済・政治・精神面の相互依存が促された。

こうした変化によって、各国内と国際政治経済において国家、市場、市民団体の役割のバランスが変わってきた。それまでは、国際政治経済についていえば、主なアクターは明らかに主権国家だった。国境の内側で起こることは、国家が責任を負う。国境を越えて——国際的な共有地で——起こることは、国家間の相互作用から生じる。ところが一〇年ほど前から、市場の力が大きくなって、西でも東でも、北でも南でも、多くの国で国家の役割が小さくなった。国際マクロ経済への移行によって、国家が自らの経済的運命を管理する力が縮小した。さらに、経済的運命はしばしば政権の安定に影響するため、政府が国際経済に対して弱い立場にあることが強調された。世界の動向を決めている強力な経済の力と、あまり守ってくれない国家に直面して、集団で対応する運動が起こった。それは、途上国の草の根運動として起こったこともあった。地域の草の根運動が広がって、全国的な運動に発展したこともあった。さらに、地域の運動が国際組織と連携して、全国的な目的を達成するのを助けたり、国際的な取り組みに力を貸したりすることもあった[5]。

グローバル化は、多くの人にそれまで手が届かなかった情報と考え方をもたらし、国際的で世界主義的な新しい意識の可能性を開いた。情報と人の行き来が増えたことが、嗜好、規範、関心事が世界的に均質化（「アメリカ化」か？）される一因となる。マクドナルドのハンバーガーは北京にもブエノスアイレスにもあり、外国から入ってくる言葉や音楽がパリやシンガポールの文化保護論者の反発を招く。かと思うと、外国の考え方や価値観に攻撃されることによって、伝統的な価値観や生活様式を熱烈に擁護する動きが起こることがある。ＮＧＯは、世界主義的で国際的な観点を表明して、そうした観点が生まれるのを助けることがあるかと思うと、世界化した観点や文化の「輸入」とは無縁の人たちの価値観や懸念を表明して擁護することもある。このようにＮＧＯは、グローバル化を表明したり可能にしたりする一方で、国内・国外で強い宗派心によってグローバル化に激しく抵抗することがある（たとえば、戦闘的なイスラム教徒の運動）。

国際政治経済において台頭するアクターとしての市民団体とＮＧＯ

「市民社会」という概念は、さまざまに定義されてきた[6]。この章でいう市民社会とは、市民が自分たちにとって重要な目的を追求するために個人または集団で組織化できる、国家と市場とは関係のない協力と行動の領域を指す[7]。市民社会のアクターには、慈善団体、教会、町内会、親睦クラブ、公民権推進団体、ＰＴＡ、労働組合、産業団体などがある。

市民団体は、いくつかの面で政府や企業部門と区別できる[8]。政府は、公の秩序と公共財をもたらすのを目標とし、権限を用いて資金を集め、国民にとって望ましい状況を作りだす。企業は、自発的な交換メカニズムを通して私的財とサービスを提供する。それに対して市民団体は、独自の自発的努力と、企業や政府におよぼせる影響を通して、市民の価値観と目的に力を与える。政府が合法的強制と課税によって資源を集め、企業が資源交換によって資源を集めるのに対し、市民社会組織は価値観と社会目的を訴えることによって資源を集める。企業が私益を志向し、政府が公益を志向するのに対し、市民団体は、現行の取り決めでは不利な条件に置かれた集団など、社会集団の利益に焦点をあてる。

この章では、貧困緩和、人権、環境悪化をはじめとする社会・経済・政治的発展の問題点と取り組んでいる市民社会の機関を取り上げる。これらは一般的にNGOと呼ばれ、貧困層に奉仕したり、現地に自助能力を築いたり、恵まれない人たちを支える政策の分析や提言をしたり、研究や情報の共有を推進したり、さまざまな活動をしている[9]。NGOには、メンバーのために活動するものと、外部から依頼されて活動するものがある。なかには国内で活動しているのに、その影響が村落から国の政策や国際的な場にまでおよぶプロジェクトもある。途上国の例を見てみよう。

グラミン銀行――担保がないため銀行融資を受けられない貧しい起業家を対象に、少額融資を行うバングラデシュのNGOとして発足した。数名の仲間との連帯責任で返済するこの融資の返済率は、通常の借り手の場合をはるかに上回った。そこでグラミン銀行は事業を拡大してバングラデシュの女性起業家を中心に二〇〇万人以上の貧しい人たちに融資し、世界の主要援助機関に支援された国際的なマイクロ・クレジット（少額融資）運動のきっかけとなった[10]。

ナルマダを救う運動――インドのナルマダ・ダム計画によって土地を「追われた」何千人もの人たちを代表する組織で、インドの中央・州政府と世界銀行のダム建設の決定は住民移転に関する世界銀行の方針に違反していると異議を唱えて成功した。「ナルマダを救う運動」によって国境を越えた連合が組織され、それが大規模ダムの価値を世界全体で考えなおすこと、世界銀行の方針と慣行の変更、世界中の大規模ダムの功績を精査する世界ダム委員会の設立などにつながった[11]。

これらは、途上国のNGOから始まった運動が広がって国際的な政策や計画に影響した例だ。マイクロ・クレジット運動によって経済発展に大衆が参加できるようになり、また大規模ダムをめぐる闘争は国際的な政策や意思決定機関を変化させ、その影響が国や地域を越えて広がった[12]。

他に、先進国から始まった国際的なNGOの運動がたくさんある。最近では、国際的に連携して地雷の禁止を訴える運動が多くの政府の抵抗にあいながらも実を結んで、国際条約が発効した。特殊調整粉乳を途上国の母親に売りつけることをめぐる長年におよんだ闘争は、ベビーフード販売の行動規範に関する国連協定にほぼ全員一致でこぎつけるに至った。これら四つの運動は、どこで始まったかに関係なく、途上国と先進国のNGOや市民団体が積極的に参加するようになり、それぞれの問題に幅広い情報と観点がもたらされた。

NGOが地域や国内にとどまらず影響を拡大しようとする場合、組織上の大きな問題にぶつかる。国際的な活動を組織する方法としてはまず、国境を越えて活動する国際NGOを設立することがある[13]。たとえば、トランスペアレンシー・インターナショナルは三〇以上の国に加盟組織があり、汚職を見つけて減らす国際的な活動を国内で支えている。二つめの方法は、価値観、情報、メンバーに同じ行動をとらせる理念を共有する「超国家的ネットワーク」を築くことだ[14]。このネットワークの例として、環境問題と取り組むNGOと他のアクターが、この二〇年間に幅広いつながりを持つようになったことがある。こうしたネットワークは情報や戦略の交換にはよいが、活動を持続的に調整したり、論争のある政治問題に大勢の人間を動員するにはあまり役立たない。三つめの方法は、アクター同士が国境を越えて提携して共通の戦略や戦術を編み出し、国際的な政策決定者に影響を与えることだ。たとえば、国内・国際的な環境NGOと世界銀行の担当者が提携したことによって、世界銀行の情報アクセス方針が改められ、世界銀行プロジェクトの影響に関する苦情を調査する監察委員会が設置された[15]。四つめは、超国家的な社会運動を組織することで、共通の目的を持つアクターが国際的に連携して行動を起こすというものだ。これは成功させるのが難しく、数が少ない[16]。国境を越えた社会運動に近いものとして国際的な女性運動があり、いくつかの問題点では数カ国でメンバーを動員して反対派に挑戦できる力を持っている。国際的な活動能力や、ますます求められる資源と活動方針の調整能力は、組織の形態によって開きがある。

市民社会組織は新しい現象ではないが、その重要性はこの二〇年間にさまざまな領域で劇的に拡大した。ある研究者は、この変化を「グローバル結社の革命」と称し、二〇世紀末にとって、一九世紀末の国民国家の台頭に匹敵するほど重要なことかもしれないという[17]。国際組織年報によると、この一〇年間に国際NGOの数は四倍以上に増えている[18]。市民団体の規模や活動は実にさまざまだが、この部門は多くの国・地域で急速に拡大している。たとえば、東欧ではベルリンの壁の崩壊以降に生まれた市民社会組織が一〇万以上にのぼり、インドでは一〇〇万以上のNGOが活動していると見られている[19]。市民社会組織、特に開発に関わるNGOが増えたことは、それらを支える資源の存在と無関係ではない。財団、国際援助機関、さらに政府でさえ非政府機関を支援することに関心を向けたので資金が潤沢になり、事業家がそれを利用できるようなNGOを設立するのを促した。その結果、名目上の価値観に基づく使命を果たすためではなく、こうした資金を利用するために組織されたNGOが多くの国で急増した。すべての市民団体が社会的使命や公共の目的を果たすのに同じように真剣なわけではなく、市民団体の定義の中心をなすともいわれる寛容、互恵主義、非暴力といった価値観を同じくしているのでもない[20]。市民団体は、増えるにつれてきわめて多様になり、今では競合することさえあるさまざまな異なる方向に突き進んでいる。市民団体は、その正当性や説明責任をめぐって混乱が生じやすく、より大きな背景を理解することなく一つの問題点に集中することがあり、大規模なイニシアチブを実行するより阻止するのにたけていたりする。だが、影響力はますます大きくなっている。

グローバル化がNGOと市民団体におよぼす影響

グローバル化は、NGOと市民団体に国内・国際的にどのように影響しているのだろう。この章で主に取り上げるのは国際NGOと超国家的な市民団体だが、国内のNGOと市民団体の影響を論じることから始めたい。それは国際的な活動が、国内問題をめぐって市民団体が組織されたあと、関連する問題に取り組むには国際的な活動が必要だと気づいたケースが多いからだ。また、国際NGOが始めた国際的な運動の場合でも、それらを存続させて効果を上げるのに欠かせない政治的基盤や正当性を確保するのに、国内NGOが必要とされることが少なくない。それに国際NGOの活動にとって、国内の市民団体に与える影響は最も重要なことの一つに数えられる。

グローバル化と国内NGO

国民生活において市民社会組織がどのくらい活発に活動しているかや、グローバル化の影響にどのくらい門戸が開かれているかは、国によってかなり異なる[21]。外国の影響を受けないと決めているような政権があるかと思えば（たとえば北朝鮮やミャンマー）、国家権力に脅威となるような非国家機関を管理する政権もある（たとえば中国）。だが、国が情報、貿易、旅行に門戸を開くと、市民社会とその組織に大きく影響する。現在のメディア、ビデオ、ファクス、インターネットを通して情報が溢れんばかりの状況では、社会のあらゆる層に外国の暮らしぶりが知れわたり、何が自分や隣人の暮らしを制限しているのかがわかり、過去の慣行に取って代わる数多くの代案を広める、といったことがすぐにでも起こりかねない。人びとがより広い世界を意識するようになることは、まず避けられない[22]。

こうした情報の洪水にさらされると、従来の信念や期待が疑われたり、古い価値観や社会的アイデンティティへの忠誠が呼びさまされたり、「女性解放」「土地は耕す者のもの」「民族浄化」といった激しい論争を招くような考え方が真剣に議論されたりする。情報の流れが社会の中心的価値観と共鳴して、国内の政策や統治の過程で新たな強い発言力を持つ市民社会組織や社会運動が出てくることがある[23]。広い世界と接触することはまた、経済のひずみを拡大させたり、その事実に気づかせることがある。経済が統合されると、資源のある人はより低いコストでより多くの財を手に入れられ、企業が安い労働力を利用するために移転するので新たな雇用がもたらされるかもしれない。だが同時に、構造調整計画によって政府の職員は解雇され、減る輸出品に依存している部門は取り残され、事業の失敗からグローバル競争の基準に達することの難しさが痛感されるという結果にもなりかねない。「貧しい者がより貧しくなる」とあっては、NGOの活動の対象となる人や動員される人が増え、必要性も高まる。

グローバル化の勢いが全国に広がると、国が経済を統制することが減ったり、民主主義的な説明責任への圧力が高まったり、国家主権について疑問が呈されたりする。こうした展開によって市民社会組織に政治的空間が生まれると、かつて国家が提供していたサービスを代わって提供し、政府が政策を策定・実施するのを監視して政策を提言し、国家のパートナーとして政策を請負い実施し、サービスが改善されるように導いて社会を革新する、といったことができるようになる。グローバル化によって政治的空間が広がると、以前の体制では声なき存在だった貧しい取り残された集団の懸念に対応する市民団体が現れると思われる。

グローバル化の政治・文化・経済面は、必ず一緒に変化したり互いに強化しあうとは限らない。文化の基本的価値観の重要性を際立たせ、市民団体が活動できるように政治的空間を広げ、貧困を悪化させるような経済的帰結をもたらすことがグローバル化によって同時に起こることはない。政府は、グローバル化の政治的影響を制御しながら国際市場に門戸を開放することができるし、その逆もできる。また、文化的影響に対して国境を封鎖することもできる。だが一般的にいって、国がグローバル化に開かれていればいるほど、市民社会組織が国の重要なアクターとなることが多い。これには三つの要因が作用している。まず、グローバル化が影響をおよぼす意識が市民社会組織を通して表明されるようなものだということ、第二に、グローバル化が特に強調しそうな個人主義、自由、平等な権利は、NGOがその産物であり実例である政治的イデオロギーであること、第三に、グローバル化が国内の市民団体の出現を積極的に促すような国際的アクター（国際NGO、国際機関）を招じ入れることである。

グローバル化と国際NGOやNGO連合

グローバル化によって情報の流れ、人の行き来、貿易が増えたことによって、国際NGOやNGO

連合（国際ＮＧＯ／連合）の形成や活動は一般に容易かつ安価にできるようになった。世界が狭くなり、国際的な組織と調整にかかる費用は大幅に低下した[24]。グローバル化はまた、国際ＮＧＯ／連合に関係しうる新たな問題を発生させる一因ともなった。地球温暖化、オゾン層破壊、国境を越える汚染といった地球全体に関わる環境問題は、各国間の制度的取り決めでは処理しきれないことがあった[25]。そこに国際ＮＧＯ／連合が登場して、サービスの提供と災害への対応、政策の代替案の分析と提言、学習の促進などの領域で、グローバル化に関連した問題に対応することになった。

「災害に対応し、サービスを提供すること」は、国際ＮＧＯ／連合が長年にわたって行っており、今でも国際ＮＧＯの最も代表的な役割である。こうした団体はほとんどが先進国で設立され、その多くが途上国に支部をおいて大型プロジェクトを進めている。最大手一一の国際救済援助機関（ＣＡＲＥ、ＯＸＦＡＭなど）の最近の会議において、グローバル化に関連するいくつかの課題が明らかにされた[26]。たとえば、冷戦の終結によって国内紛争や難民が増えたのに、公的部門が縮小されたため、紛争や人道的危機に対処する国の機関の力が低下している。グローバル化によって多くの地域で貧困が悪化しているのに、開発援助資金が減ったため、資源をめぐって国際ＮＧＯのあいだで競争が激しくなっている。こうした動向に見られるように、援助に対する要求が著しく増えたのに、それを満たす能力が大きく低下している。つまり、国際的にサービスを提供しているＮＧＯにとって、グローバル化はサービスに対するニーズを拡大させる一方で、資源を減少させる。これらの組織の多くはまた、広く行われている市場に基づく運営管理アプローチに則してもっと「事務的」で「結果志向」になれという、民間と公的な援助供与者からの圧力を感じている[27]。多くの途上国に市民社会組織が誕生したこともまた、サービスを提供している国際ＮＧＯには、現地の活動を途上国のＮＧＯに引き渡せという圧力となる。こうした変化によって、これらのＮＧＯは本来の任務を再検討しなければならず、スタッフの大半が不要になるかもしれない。このようにグローバル化の影響は、国際的にサービスを提供している多くのＮＧＯに抜本的変革を迫っている。

「政策の分析と提言」を活動の中心としている国際ＮＧＯや連合から見ると、グローバル化によって生まれた世界的な相互依存のネットワークが厚みを増したことが、市民社会に影響するさまざまな問題を引き起こしている。ときには、組織がまず国際レベルで設立されて、それから国内・地方レベルでＮＧＯと連携することがある。たとえば、環境、汚職、人権の問題と取り組む国境を越えたネットワークは、国際ＮＧＯから始まって、のちに国内や地方のパートナーと組むことが多い[28]。他に、国内ＮＧＯと社会運動が国際的な組織と提携して、国内や国際的な政策決定者に影響をおよぼすケースがある。たとえば、エクアドルの先住民の運動は土地改革をめぐる闘争で国際的に連携し、ブラジルでも同じような集団がダム建設計画を中止させるのに国際的な組織と組んだ[29]。上から下、下から上のいずれの連合の場合も、グローバル化が進んだことによって連携の可能性に気づき、情報を容易に交換できるようになり、主だったアクター同士が直接的に接触するようになった。政策提言活動の対象機関（たとえば世界銀行）が、草の根の人びとを代表していると主張する国際ＮＧＯの正当性をしばしば疑い、それが、資源、力、文化の大きな違いを乗り越えて真の提携が確立されるのに寄与した。

「組織間で学び、問題を解決すること」は、重点的に行う国際ＮＧＯや連合が増えている領域である。そうした連合や国際ＮＧＯは、多様な観点から考えないと解決できないような世界的な問題が出てきたのに応えて登場したという面がある。たとえば、世界ダム委員会は大規模ダムの経済・社会面での影響を評価する際、さまざまな関係者の観点を参考にする。「ＮＧＯ能力強化のための国際フォーラム」

は、三大陸においてNGOの能力とニーズを評価し、これらのニーズに応じて援助供与者や政府とともに問題解決策を提案した。情報交換と協議が容易にできるようになったおかげで、市民団体は問題の性質を見分けて合意し、原因を探り、選択肢を評価し、解決策と実施計画に合意することが、一〇年前なら大きな壁になっていた地政学的・文化的境界線を越えて行えるようになった。

こうした異文化間の接触では、誤解や衝突のきっかけとなりそうな規範や価値観の違いにうまく対応しなければならない。価値観を基盤とする組織である国際NGO／連合はたいてい、こうした衝突にはきわめて敏感だ。彼らは価値観の違いを超えて問題点を明確に表現してまとめるという非常に重要な役割を果たすことができるので、国際的な懸念や問題に一般市民の関心を集めるのに一役買う。たとえば、「女性への暴力に関するグローバル・ネットワーク」は、インドの持参金不払い殺人、アフリカの女性生殖器切除、北米の配偶者虐待、ラテン・アメリカの政治囚への暴行や拷問といった、世界中の暴力の問題と取り組む運動に共通するテーマを識別して啓発するのに役立った。

市民団体と国際的なガバナンス

グローバル化の進行は明らかに、市民団体とNGOに国内・国際レベルで影響している。これらの影響は国際的なガバナンスと政策決定におよんでいるのだろうか。最近の研究が示すところでは、国際NGO／連合は数多くの国際的な決定や方針の形成と実施に役立っている[30]。少なくとも次の点で国際社会の出来事を方向づけてきた。

(1) 無視される可能性のあった、グローバル化の問題ある影響を特定
(2) 国際的慣行を誘導して制約する新しい価値観と規範を明確に表現
(3) 無視されていた代替案を提唱する国境を越えた連合を形成
(4) 満たされていないニーズに対応する国際制度に改変
(5) 国際的に応用できる社会改革の普及
(6) 国境を越えた紛争や衝突の解決策を交渉
(7) 重要な公共の問題に資源を動員して直接的に行動

こうした活動において国際NGO／連合は、一味違う国際的なガバナンスを可能にする超国家的な市民団体の意識と制度を築いてきた。

市民団体は、世界的な情報ネットワークを利用して、現在の国際協定では取り上げられていないか解決されていない国際問題をたいてい真っ先に発見する。サービス提供や政策提言の活動に従事する国際NGOは、声なき声に接することが多いので、他のアクターにはまだ見えていない問題に気づく。また、問題に注目が集まることが資金援助に結びつくため、NGOはメディアとのつながりを深めて重大な問題に対する一般市民の関心が高まるようにする。たとえば、トランスペアレンシー・インターナショナルは、世界各地の汚職の問題と、それが発展におよぼす影響について、人びとの注意を喚起している。ワールドウォッチ研究所は、地球環境が脅威にさらされていることを世界の人びとに認識させようとして「地球白書」を発行している。問題に気づかせることは行動の前提条件でもあり、NGOのイニシアチブによって、新たに発生した問題が世界に知られるようになる。

世界舞台におけるNGOの二つめの役割は、将来の国際的な方針や慣行の指針となる国際的な価値観や規範を築くのを手伝うことだ[31]。相互依存が深まると、異なる文化における規範的含みがはっきりしなかったりさまざまだという問題が出てくる。国際NGOや市民団体の連合は、価値観や規範をはっきりと表現して、環境の持続可能性といった新しい問題の解釈を促進することができるし、環境影響評価といった慣行を明確にする際、将来の方針を誘導することができる。

この一〇年間、市民団体の国境を越えた連合が中心になって、全世界的な公共政策を策定・実施して重大な問題に対応することがますます増えた[32]。こうした運動の多くは、現行の制度的取り決めが新たに発生した問題に対応しようとしないかあるいはできない場合に始まった。たとえば、国際ベビーフード運動からは国連に採択された行動規範がもたらされたし、国際河川ネットワークはダムの影響評価と、ダムの破壊的影響を制限する全世界的な政策を求めるのに欠かせない存在となった[33]。こうした運動のために組織された連合は多くの場合、別の問題点をめぐるそれ以降の運動の重要な資源となった[34]。

国際NGO／連合の四つめの役割は、国際制度を作るかまたは改革して、世界的な問題に対応できるようにすることである。たとえば、世界銀行の活動の秘密性を減らすことと、自らの方針に違反している世界銀行プロジェクトに現地の利害関係者が抗議できるようにすることを目標にしている超国家的な連合がある[35]。こうした運動から、より対処能力のある将来の制度的取り決めや、新たに発生した問題を解決するための新しい制度的取り決めが生まれることがある。たとえば、一連の大規模ダム反対運動の産物である世界ダム委員会は、ダムの実際の稼動ぶりを組織的に評価している。

国際NGOは、国際的なガバナンスのプロセスに影響するような社会改革を起こして広めることによって、グローバル化の影響に作用すると思われる。この一〇年間にリオの地球サミットや北京の世界女性会議など、注目度の高い国際会議に膨大な数のNGOが集結しており、WTOのシアトル会議でのデモは、その「NGOフォーラム」の最近の例である。こうした努力によって、これらの会議で話し合われることが世界の脚光を浴び、対話や政策提言の対象を政府代表のみならず世界中の一般市民にまで広げられる[36]。相互依存のネットワークが国や地域を越えて広がって厚みができたため、グラミン銀行の画期的な少額融資や、エクアドルの先住民運動の影響力のある戦略などを広めやすくなった。

変革や対決の推進役を務めるNGOだが、それとは対照的に、国内・国際紛争の解決に向けた調停や働きかけをすることもある。グアテマラやスリランカの深刻な地域紛争では、NGOが初期警告を発したり早期予防措置を講じて、事態の収拾に向けて役割を果たした[37]。

一般的なことでは、国際NGOやNGOネットワークは、重要な公共の問題をめぐる国際的行動に人と資源を動員する力があることを示した。NGOは、問題を特定したり重要度を明らかにするのに中心的役割を果たすこともあれば、直接行動に出て問題の解決策を打ち出したり強く要求することもある。たとえば、地雷禁止の国際条約の採択では、多くの国が反対するなか、NGO連合が中心になって支持を集めた。

国際NGO／連合が世界全体の意思決定や制度構築に関わると、国際的なガバナンスに通じた積極的なアクターの顔ぶれが多彩になる。シアトルに集まった市民団体が労働者の権利や環境規制にもっと注意を向けるように要求したおかげで、WTOで討議される問題の幅が広がった。市民団体はまた、共有されるグローバル文化の価値、規範、重要な発端をはっきりと示すのに役立つと思われる。グローバル化した世界における国際的なガバナンスは、さまざまなアクターと利益に対応するようになってきている[38]。

市民団体とこれからの国際的なガバナンス

グローバル化によって世界各地で市民社会組織が激増した。もっとも、その影響は国や問題点によってむらがあった。一部の国は、市民社会組織が重要なアクターとして台頭するのを支えるようなグローバル化による展開——通信の高速化と情報の普及、旅行と輸送のスピード化、政治の民主化と分裂、経済的活力と富の集中、文化の均質化と対立——にとりわけ開かれていた。国際NGOや市民団体連合は、国際的なガバナンスに影響する討論に参加する能力があることを行動で示してきた。これまでの活動によって、政策をめぐる討論や制度に接することが増えた。だが、これらの場でどういう役割を果たすかは、自らの正当性と説明責任に関する問題をどう解決するかにかかっている。

NGOの正当性と説明責任

国内・国際NGOを支持する人たちは、これらが出現して影響力を拡大させていることが、民主的なガバナンスの質を高めて国際的なガバナンスの決定や制度の民主主義的な説明責任を強化するという究極の目標と合致しているとほぼ確信している。だが、NGOの挑戦を受けている国際的なガバナンスの機関、国家、国内・国際企業などで権力の中心にいる多くの人にとって、NGOの正当性は疑わしいものと映る。大衆運動という見かけの裏にカリスマ性のある個人がいて、公益について独自の見解を持つ財団の支援を受けているかもしれない。こうしたNGOはいったい誰を代表しているのか。

多くの利害関係者と何十億もの人に影響するような決定が、こうしたＮＧＯの行動に方向づけられたり阻まれたりしてよいものか。

国内・国際ＮＧＯが登場して政策決定の過程に積極的に参加していることを民主的なガバナンスの質の向上と見なせるかどうかは、ＮＧＯがどういう主張をして政府や国際的なガバナンスの取り決めに説明責任を果たさせるかにかかっている。「説明責任」については、次のような関係として考えるとよいだろう。ある機関に説明責任があるというのは、その機関に約束を果たすように要求できる者がいて、果たさないと制裁を受ける、ということだ[39]。説明責任は、アクターの他者との約束、その約束の本質的な性格、その約束を確実に守らせるために他者が持っている手段に存在する。説明責任の関係のなかには階層的なもの（たとえば、本人・代理人の関係）があり、これはもっぱら代理人が本人に対して説明責任を負う。他はもっと相互的な関係で、互いに要求しあえる（たとえば、双方の当事者の義務を定める契約）[40]。説明責任は、アクターが予期された通りに約束を果たす誘因となるので望ましく、こうした確実性は業績のみならず当事者間の関係も良くするはずだ。

市民団体が国際的なガバナンスの過程に参加するにあたり、少なくとも二つの点で説明責任が問題となる。第一に、国際ＮＧＯ／連合が国際的な方針や問題解決策を策定・実施する国際制度に挑むことが、民主主義的な説明責任を拡大させるのか縮小させるのか。これらの連合が世界の一般市民（またはそのかなりの部分）を代表している場合、そうした介入によって標的とされた制度の民主主義的な説明責任が増すことはおそらく間違いない。だが、この代表しているという主張は、証明するのが難しい。それに、国際ＮＧＯ連合が、代表している人たちの利益に反する政策を推進すると、民主主義的な説明責任は縮小しかねない。

また、これらの組織は特定の集団や個人を代表するものではなく超越した目的のためだという主張も民主主義的な説明責任の根拠となりうる。これには、政治的抑圧、飢餓の脅威や悪性の疾病、読み書きができないことからの解放といった、急を要する基本的人権がある。民主主義的な説明責任は、こうした基本的人権を所轄機関が保障することに関わっているはずだ。こうした大義のために連携するNGOは、民主的なガバナンスを促進することになる。一般市民が民主的参加の権利や責任を行使するのに必要な条件が整っていないと、国内・国際的に民主的なガバナンスはありえない。

他に正当性を主張できる場合として、対象機関が自らの方針や実施の基準にしたがっていないときがある。世界銀行のナルマダ・ダムへの融資に反対した超国家的なNGO連合は、この計画がダム建設によって追われる人たちの再定住に関する世界銀行の方針に従っていないと主張し、基準を満たしていないことが最終的に独立調査委員会によって認められた[41]。この場合、挑戦の正当性は世界銀行の方針から生じたものであり、連合の代表性や基本的権利の擁護によるものではない。だが、連合が問題を提議する立場にあるかどうかについては疑問が呈されるかもしれない。

第二の重要な問題点は、国際NGOや連合の制度としての説明責任に関するものである。連合が約束を果たさなかった場合、他のアクターはどの程度、制裁を加えることができるのか。これは、国際NGO／連合にとって複雑な問題だ。というのも、これらは異なるレベル（地元、全国、海外）の複数の支持者（依頼者、援助資金供与者、提携先）に対して任務を果たすと約束しているからである。約束が果たされず制裁しようにも、これら支持者の力には大きな開きがある。たとえば、名目上は同じ連合に属していても、草の根団体が遠くの国際NGOに影響をおよぼすのは難しい。国際NGO連合がうまく機能するには、説明責任の「鎖」を築いて、影響や制裁がいくつもの「輪」を越えて

（たとえば、地元から地域、全国、海外へ）伝えられて、国際NGOと草の根団体の組織的距離を補っている場合が多い[42]。

説明責任はまた、関係する当事者たちが期待される成果についてはっきりと定義することにもかかっている。連合の形態によって、目標、戦略、責任をどのくらい明確に定めるかが違ってくる。共有される価値観によって組織され、情報を共有することに主眼を置くネットワークは、戦略や行動計画を共有する連合より説明責任の焦点が少ない。目標、戦術、相互の期待がさらにはっきりしているのは、強力な敵との闘いに直面する社会運動の組織である。超国家的連合は、戦略や戦術の共有に重きを置くようになるにつれ、相互の影響や説明責任により専心するようになると思われる[43]。

国際NGO／連合の関与が、国際的で多部門にわたる問題解決に民主主義的な説明責任を促すかどうかは、一つに、これらがメンバーと利害関係者に対して制度としての説明責任能力をどこまで伸ばせるかによって決まる。市民団体の説明責任の問題と、この問題が他部門のアクターを交えた国内や国際的な意思決定における市民団体の将来の役割にとって重要であることは、市民団体やその国際的連携の研究者が注目するところとなっている[44]。これらの問題は、市民団体が政府や企業とともに活動して効果をあげようとするにつれ、さらに重要になる。

多部門にわたる関係——市民社会、国家、市場

NGOが民主主義的な説明責任を向上させて国際的な問題の解決にあたることができるかどうかは、NGOが自らをどう発展させて管理するかだけでなく、公益を代表し、公共の目標を追求している社

会の他の強力な部門といかに交流するかにもよる。この一〇年間を振り返ってみると、国際NGO／連合は重要な問題を解決するために大規模な行動を起こすより、決定を阻止するのに力を発揮するほうが多かった。こうしたひずみの一因は、少なくとも国家・市場部門のアクターと比べて、市民団体の資源が低水準だということにある。だがこれは、部門によって比較優位が異なるからでもある。国家と市場には大規模な活動に必要な機能が本来備わっているのに対し、市民団体のほうは地域での小規模な試みや改革に向いていると思われる。

各部門が互いに関わることなく活動できる問題分野はたくさんある。だが、企業、政府、市民社会組織が互いに影響しあおうとしている問題分野も数多い。ただ、部門間には利益や考え方に大きな隔たりがあるため、誤解や衝突がよく生じる。誤解が生じやすいのは、部門間に力の格差があると考えられていて、格差がイデオロギー的に解釈されているときだ。市民団体、なかでも社会的に恵まれないか取り残された集団のために活動している団体は、力の格差や価値観の衝突に特に敏感である。

利益と価値観をめぐる論争から生じる部門間関係の一般的傾向の一つに、部門間の対立がある。その特徴は、価値観にしばられた固定観念が見られ、権力と資源をめぐって争い、共通する利益がいくらかあるとわかっていても共同行動をとりたがらないことだ。この場合、各部門は自らの利益や考え方を重視し、他部門の価値観、願望、資源に正当性や妥当性をほとんど見出さず、協調行動から大いに得るものがありそうでも他部門を無視ないし犠牲にして自らの目標を達成しようとする。

部門間に対立があると、多くのアクターにとって大きな利害関係がある領域で、決定の支配をめぐって争いが起こる。政府や政府間機関は、多国籍企業や超国家的な市民団体連合が問題点について重要情報を持っていたり、決定結果に大いに利害関係があるときでさえ、これらを重要な国際的意思決定の過程から締め出そうとすることがある。そもそも国際関係論では、国際的なガバナンスの主だった正当なアクターとして国家だけを取り上げる場合がほとんどである[45]。また、多国籍企業と金融市場が国際的決定を方向づけて、政府や市民団体を除外しようとすることがある。昨今の国際市場の台頭によって「企業による世界の支配」がほぼ確立され、重大な国際的決定に政府と市民団体はほとんど関与しなくなった、という分析がある[46]。かと思うと、国際NGO／連合が多くの国際的決定を阻止する力を持つようになった、という主張もある。市民団体はきわめて多様であるうえ、あくまで自主性にこだわるため、一つないし少数のNGOが首尾一貫して国際的主導権を握ることは考えられないものの、問題分野によっては、国際NGO／連合が国際的な決定や進展を阻むという、特別利益団体による手詰まり状態にすでに陥っているという説もある[47]。

論議を呼ぶような問題について、部門間にいざこざや影響力をめぐる争いがいくらかあるのはおそらく避けられない。それどころか、ある程度の争いは、問題を徹底的に分析し、独創的な問題解決策を生みだすのに望ましいかもしれない。衝突と交渉について考察した結果、論争を解決するアプローチとして、関係者の利益に折りあいをつける、関係する権利を定める、どの関係者が意志を押しつける力を持っているのかはっきりさせる、といったものがあげられている[48]。これらのアプローチは、かかる費用が違う。一般的にいって相違に折りあいをつける交渉のほうが、権利を定めるための法廷闘争や優位を確立させるための権力争いより費用がかからない。適用される権利や相互の力関係について意見が一致しないときは判定や論争が必要かもしれないが、こうしたプロセスは、いろいろな意味で高くつくことがある。

この二〇年間、先進国でも途上国でも、利益に基づく交渉や問題解決によって部門間の相違を超えてさまざまな問題の解決策が生みだされてきた[49]。多部門間協力の特徴は、すべての部門にわたって互いに影響しあうことと、多くの関係者の関心や能力を考慮に入れた取り決めを交渉する気があることだ。この場合、政府、企業、市民団体が交流することによって互いの関心や願望を正しく認識し、互いの資源を理解し、すべての関係者にとって公平で受け入れられる取り決めを交渉できる可能性がある。次の二つの例に見られるように、多部門間協力は実にさまざまな場面で開発に役立ってきた。

マダガスカルの農村は、道路がないために市場のある中心地に行くのがままならず、政府には道路の建設や維持に振り向ける資源がほとんどなかった。政府は国外からの援助を受け、地域共同体の組織と民間の道路建設業者と提携して、何百キロにもおよぶ道路を建設・維持することにした。提携の仕組みはこうだ。民間業者は、道路を建設して地域共同体に維持の方法を教える。政府は、共同体に道路利用者から通行料金を徴収する権限を与える。共同体は、自前の労働力と徴収した料金で道路を維持する。この提携は、それぞれの関係者の比較優位を活用して全員に利益をもたらしている[50]。

オハイオ州クリーブランド市は一九七〇年代、衰退した都市の例としてよく知られていた。原因は、地元産業の移転、一連の暴動や民族間の緊張、企業と行政の権力闘争など、いろいろあった。地方自治体と企業のリーダーたちは多部門による革新的な作業部会や委員会を組織して、どうすれば問題を理解し、解決に向けて数多くの制度や部門にわたる共同責務を確立させ、討議から生まれた数々の革新的なイニシアチブを実行できるか探った。その後の一〇年間に、かつて「湖畔の誤判」と嘲笑されていた市は、さまざまな部門、階級、民族、文化的背景のアクターを融合させた共同行動による都市の再生と変革の模範例となった[51]。

多部門間協力は、全国的に実施する国が増えているものの、国際的にはまだ一般的ではない。その理由は、多部門にわたる協力が本質的に難しく、権利や権力の問題——多部門間交渉で利益に折りあいをつけて争いを解決できないと、これらに行き着く——がはっきりしないままでは関係者が苦労してまで挑戦しようとしないからだ。国際的な領域では、権利と権力のどちらに訴えれば利益をめぐる交渉より関係者の利益に役立つのかが往々にしてはっきりしない。とはいえ一部の領域では、政府、企業、市民社会組織のあいだの長期におよぶ争いから、判定や権力闘争はコストがきわめて高くなることが多いとわかり、利益をめぐる交渉が魅力のある選択肢となった。世界ダム委員会にはこれら三部門の代表が参加し、重要な方針や決定を討議して導きだす場となったが、その理由の一つは、これが多くの参加者にとって高くついていた争いに代わるものだったからだ。国際NGO／連合が展開する運動が国際的なガバナンスにもっと影響するようになると、市民団体の権利と権力がより理解されて受け入れられ、多部門間協力ができる取り決めが増えると思われる。他の学問分野ではすでに、部門間協力が多くの場面で見られるという報告がある[52]。

多部門間の意思決定によるガバナンスは、それでなくても難しい成果測定と説明責任の問題をさらに複雑にするかもしれない。多部門による行動の成果の評価には、どの基準を用いればよいのか。評価する際、各部門の中心的関心事を反映させた基準を用いるのは重要なことか。部門全体におよぶ価値を反映させた他の基準を用いるべきか。市場、国家、市民団体の三部門から引き出した基準と、部門にまたがる基準の可能性を示すと、次のようになる。

（1）資源の有効利用——多部門による行動は、効果的で持続可能な問題解決に向けて資源と情報を効率よく動員できるか。

（2）民主主義的な説明責任——多部門による行動は、その問題の主だった利害関係者に対する敏感な反応と説明責任を促しているか。

（3）基本的価値観の実現——多部門による行動は、利害関係者の基本的価値観と規範を認識し、表明し、支持しているか。

（4）社会的学習——多部門による行動は、その問題分野において利害関係者の役に立つさらなる理解と革新を促しているか。

多部門間協力は、難しいうえ費用がかかる。あらゆる決定に適したものでもない。だが問題によっては、多部門による参加のないまま解決しようとすると長期的に見て高くつくかもしれない。市民社会組織や連合が、彼らの利益や観点が考慮されていない国際的な意思決定に異議を唱え、妨害するからだ。多部門間協力は、状況によっては市民団体の利益に折りあいをつけて、それらの比較優位を政府間機関や多国籍企業の比較優位とともに集結させることができ、また、より迅速で敏感に反応する社会的学習にも一役買う。

結論

このように、市民社会組織は多くの国と国際的領域で重要さを増してきた。この数十年間におけるこれらの組織の出現は、グローバル化の力と関係があり、それが一因でもある。市民社会組織の台頭は国によってさまざまだが、一般的に、グローバル化に開かれていることがNGOや他の市民社会組織が強化され多様化することと関係があるようだ。また、国際NGO／連合が増えたのもグローバル化によるもので、なかでもサービス提供や災害救助、政策の分析や提言、社会的学習や問題解決に従事する組織の影響力が特に目につく。国際的にはNGOやNGO連合は、新たに発生した問題を見つけ、新しい価値観や規範をはっきりと表明し、制度的取り決めを結ぶか改革し、国際的慣行の刷新を促し、争いを解決したり相違をうまく処理するのに役立った。こうした国際的なガバナンスへの貢献から見えてくるのは、国際NGO／連合の民主主義的な制度上の説明責任という問題と、国際的なガバナンスの複雑な問題を解決するための多部門間協力の可能性である。

市民団体が国際的なガバナンスにおける正当で貴重なアクターとして認識されつつあることは、国際的なガバナンスの問題と取り組むのに多部門間協力が多用されるようになることの前兆かもしれない。政府と企業が、真の権利を代表し、真の権力を行使するものとして市民団体を受け入れるにつれ、協力の過程で利害に折りあいをつけるとコストを抑えられるため、協働の気運が盛りあがると思われる。とはいえ、他部門の潜在的な勢力範囲や資源は、市民団体の自治と独立にかなりの脅威となりうる。三部門がそれぞれ異なるアイデンティティと能力を保ちつつ協力しあう方法を見つけることが、今後の重要な課題である。

第13章 | Globalization and the Design of International Institutions | Cary Coglianese

グローバル化と国際制度の設計

グローバル化には現在、国際的な調整と集団行動が求められている。市場が拡大すると経済の相互依存が深まり、食品の安全、銀行業務、製品基準など、さまざまな規制対象分野で調整が必要になる。グローバル通信の高速化と低価格化は、国際的に調整された動きによってネットワークに互換性を持たせることに大きく依存している。気候変動といった地球環境問題にも、国際的な集団行動が必要なのは明らかだ。世界中の人びとの運命がますます互いに関連してくるため、引きつづき国際的行動によってさまざまな世界的な問題に取り組んでいかなければならない。

世界的な問題の解決は多くの場合、さまざまな国際制度の設立を軸として進められる。「制度」とは、ここでは国際的な規範と国際組織の両方を指す[1]。国際組織には非政府組織と政府機関があるが、この章では主に政府機関に焦点を合わせる。国際制度は、国際関係の分野において規範と組織の面からかなり研究されてきた。制度の研究の多くは、なぜ国際制度が作られたかという点と、力に差があり、利害関係が異なり、複雑な国内政治を抱えている国民国家が支配する世界において、国際制度が独自に政治行動に影響をおよぼせるのかという点に集中している[2]。

この章では、制度が結果に影響するという前提に立って、重要であるのにこれまであまり取り上げられなかった問題を提起していきたい。それは、グローバル化に関連する規制問題を解決するときに、制度の形態の選択が制度の有効性にどう影響するか、というものだ。ここで示したいのは、国際制度の全体的設計が世界的な問題に取り組むときの有効性に影響することと、さらに重要なことに、制度を作る国家からの支援にも影響することである。すべての条件が同じであれば、国家は自らの法的権限を最も制約しない制度設計を選ぶものと思われる。だが、そうした制度の形態のなかには、特に世界共通の問題や人権の擁護など、一部の世界的な問題にうまく対処できないと思われるものがある。その場合、国家には利益が侵害されないことを保証するいっぽうで、制度には独立性を与えてよりよい世界を実現できるようにする制度的構造を生みだすことが課題となる。

グローバル化と世界的な問題

世界的な交流が活発になって広がると、さまざまな統制上の課題が出てくる。グローバル化にともなう問題で、国際的行動が求められているものは三つある。調整の問題、世界の共有地の問題、人権などの基本的価値観の問題である[3]。

調整の問題

第一の問題は、世界全体を結びつけている情報、製品、サービス、資本の国境を越えたやりとりを調整することに関するものである。国境を越えると互換性のない要件や技術に直面するのでは、人びとが望んでいる国際的なやりとりが制限される。調整の問題のなかには、車を右側通行か左側通行のどちらかに決めることや、共通の時間の単位を採用することに似たものがある[4]。たとえば、グローバル通信の低価格化を可能にした技術の発達は、ネットワークや電気通信サービスが世界各地で相互運用できることにかかっている。別の例として、目下関心を集めているインターネット取引のための電子署名がある。企業は、電子署名によって契約相手の身元を確認できる。認証技術はすでにいくつかあり、これから新しいものも出てくるはずだ。国によって異なる認証技術を使用しなければならない場合、統一された方法にしたがう場合と比べて、国際的な電子取引は不確実で面倒になる。

調整の問題は、国内規制のさまざまな基準に直面する製造業者にとって特に大事なものだ。国内規制によって、国内で販売される製品の設計と性能（製品基準）と、製品が作られる工程（工程基準）が決められている。製品基準は、安全性や性能といった求められる設計上の特徴によって、さらに製品が重要な要件を満たしていることを証明するための検査や手順によって違ってくる。設計基準が異なるために、製造業者は市場によって製品を変えざるをえないことがあり、そうなると規模の利益が損なわれる。たとえ設計基準が似ている場合でも、検査手順が異なるためにコストが高くなることがある。たとえば、欧州と米国の自動車メーカーの報告によると、さまざまな基準にしたがうことに関連する費用は技術・設計費用の一〇％に達している[5]。

もっとも、基準が異なることに関連する追加費用は、追加利益によって相殺されるときは容易に正当化される。基準の違いには国によって異なる状況や嗜好が反映されていることがあり、その場合は、たとえ互換性のない異なる基準でも十分に正当化される。だが相殺的便益がないときは、さまざまな規制基準があると競争が少なくなりがちで、効率の悪さにつながる[6]。この場合、非常に高くつく基準のある市場では、地元の国内企業が外国企業より有利になりかねないため、製品基準がばらばらであることが本質的に参入障壁となりうる。また、製造工程の基準があまりにも緩い市場――環境や労働安全面の規制が不十分な国など――の企業は、社会的により適切で高い基準を設けている国の企業と比べて、本質的に不当に有利になると思われる。国によって異なる規制基準が存在することに正当な理由がない場合、さまざまな基準があるためにかかる費用は、製造と貿易の世界的配分に非能率をもたらしかねない。

世界の共有地の問題

グローバル化に関連する第二の問題は、共有資源や公共財を守ること、というおなじみのものだ。公共財や共有資源は非競合財であり、誰かに使わせないようにするというわけにはいかない。そのため、これらの使用を配分するのに純然たる自由市場システムを用いるのは適切ではない。たとえば、化石燃料が大量に使用されるようになって温室効果ガスの排出量が増えたために、地球温暖化が世界全体の問題となった[7]。すべての国が大気中に温室効果ガスを排出しており、排出量が削減されれば、それに貢献したかどうかにかかわらず、すべての国が恩恵に浴する。それが、ただ乗りの大いなる誘因となる。この場合、十分に考え抜かれた国際制度があれば、ただ乗りの問題が克服されるかもしれない。

それと関連して、国内の行動の影響が国境の彼方にまでおよぶという問題がある。たとえば、ある国の産業が大気汚染を引き起こし、それが風で他国に運ばれることがある。あるいは、法的処罰の緩い国が、他国で活動している麻薬密輸業者やテロリストの温床となることがある。これらの場合、国内の行動（または行動しないこと）が他国に悪い外的影響をおよぼす。コストを負担するのはもっぱら他国であるため、それを引き起こしている国は予防措置に投資する気にならない。よって、この場合も国際的行動が適切だと思われる。

基本的価値観

第三の問題は、超越的な基本的価値観を守ることに関するものである。平等、自由、民主主義といった道徳的原則は、現在の政治的慣行を超越するといってよい[8]。人間には尊厳があり敬意を払われるべきだという道義に基づいた権利は、特定の国の市民としてではなく、人間として本来そなわっているものだ。したがって、少なくとも人権が最低限尊重されるようにすることは、明らかに全世界的な問題である。さらにグローバル化は目下、重要な社会的価値観が世界中でより広く受け入れられる状況を作りだしていると思われる。グローバル化によって、これまで閉ざされていた政治制度の国にさえ、情報や考え方が容易に伝播するようになってきた。世界では現在、かつてなかったほど多くの人が外国の映像や考え方に触れられるようになっている。文化的・政治的価値観をめぐって幅広く意見が交換されるようになると、個々の国が保障している（もしくは保障していないことも多い）実在の権利にもかかわらず、人権や民主主義の原則が広く受け入れられる一因になるかもしれない。どの国も同じように正義を保証して国民の権利を守っているわけではないので、すべての国で最低限の人権擁護が保証されるようになるには、有効な国際制度が必要だと思われる。

世界的な問題と、求められる国際制度

調整の問題、世界の共有地の問題、基本的価値観の保護は、場合によっては国際制度の設立を正当化しうる重要な問題である。これらの問題がグローバル化の進行とともに拡大するのであれば、国際的行動の必要性も増すものと思われる。とはいえ、国際制度は必要に応じて自動的に発生するわけではない。国家は、やはり主権と自国の利益を守ろうとするはずだ。世界が地球的規模で相互に関連しあってきている反面、多くの国で地域主義や分権化への関心が復活している。いくつかの連邦制度において、政策決定を国家レベルから州・地域レベルに移す動きが見られる。欧州連合の補完性(サブシディアリティ)の原則は、欧州統合に脅かされる国内・地方制度を象徴するものだ。世界各国で、孤立主義に傾く人たちが新しい国際制度に抵抗を示す。グローバル化が加速するにつれ、国家と国民は統治の地方的手段をいっそう擁護するようになるかもしれない。

国際協力には他にも、ただ乗りを引き起こす誘因といった障害が予想される。国際制度の設立には取引費用がかかる。どの国もたしかな情報がないと、協力が自国の利益になるという結論を下せない[9]。それに、他国との交渉には時間と費用がかかる。こうしたきわめて現実的な障害にもかかわらず、グローバル化の現段階において国際制度の数は激増している。この五〇年間に、政府間交流、協定、国際的

な政府機関の総数が増えたのをはじめ、さまざまな面で国際協力と制度構築に劇的な広がりが見られた[10]。国際制度の構築は難しく反対もあるが、少なくともしばらくは、国際制度を設立して強化することによって、ますます相互依存的になっている世界の問題に対応しつづけることになると思われる。

国際制度の形態

では、国際制度はどのように作りだされるべきか。国家は、世界的な問題にどう対応するか選ぶことができる。たとえば、行動しないことを選択して、規範や調整メカニズムが市場または非政府組織のネットワークを通して発展する可能性を残すことができる。あるいは、貿易の対象となる製品に国内基準を課すか、国内規制を外国の規制と合わせることによって、国際問題に国内法を通して取り組むことができる。さらに、他国と協力して、互いの国内規範を認めあう方法を編み出したり、相互に受け入れ可能な国際規範を作ることができる。それに加えて国家は、国際機関を設立して、世界的な問題を研究し、勧告や政策を生みだし、計画を実行し、規則を実施し、紛争を解決する権限を委ねることもある。

これらの対応は、他国や国際機関に移されず国家に残されている権限の大きさがそれぞれ違う。表13-1は、国が世界的な問題に対応するのに用いることができる六つの制度の形態を、国家に残されている権限が大きい順に並べたものだ。国は世界的な問題への対策を講じるのに、これらの選択肢から選ぶことができ、いつでも複数の選択肢を併用できる。グローバル化によって国際的行動がいっそう求められるようになると、これらの選択肢のなかでも特に、相互承認、合意、委任が関わるものが用いられることが増えるはずだ。とはいえ各国は当初、新しい世界的な問題に対応するのに国家主権に最も影響しない選択肢を選ぶものと思われる。

国家によらない行動

第一の選択肢は、国家がまったく行動せず、世界的な問題を未解決のまま放置するか、国家以外のアクターが解決しようとするのに任せるというものである。国家が介入しなくても、世界的な問題に処置がとられないとは限らず、問題によっては市場、超国家的な社会規範、民間の標準設定機関が解決・予防しようとする[11]。

ときには、市場の力学によって調整された行動がとられる。正式の製品基準がない場合、市場が事実上の業界標準を決めることがある。たとえば、基本ソフトのウィンドウズがパソコンのソフトウェア開発の標準となったのは、マイクロソフト社が市場を支配していたためであり、政府が標準を決めたからではない。また、政府による標準が各種ある場合でも、最も厳しい標準にしたがうほうが各種の製品を設計するより企業にとって安上がりであれば、その標準に生産方法が収斂することがある。

社会規範もまた、制御的機能を果たすことがある[12]。国際的な領域では、国が介入しなくても、専門家と他のエリートのネットワークが規範を普及させることがある。また、国内の一般大衆が規範を生みだしたり維持することもある。たとえば、第三世界の衣料工場の労働条件に抗議する動きが起こっているが、そこから途上国で事業展開している多国籍企業による労働者の待遇に関する規範が確立する可能性がある。

表13-1　世界的な問題に対応する制度の形態

形態	内容	国家に残されている法的権限
国家によらない行動	国家以外の組織か政策ネットワークが行動規範を作る	全部
国内統制	国家が国内で策定した政策を通して権限を行使する	全部
相互承認	国家が、他国内で策定された政策を特定の条件のもとで承認することに同意し、その他国も承認で報いる	全部。ただし、国家は一定の条件のもとで不本意ながら他国の権限にしたがう
合意による規則	国家が他国との交渉によって生まれた国際政策に同意する	全部。ただし、権限は他国との交渉過程で制限される
委任	国家が政策の権限を国際制度に委任する。委任は大まかなことも厳密なこともある	一部
離脱	国家が政策の権限を、他の国家か制度に完全に委ねる	皆無

民間の標準設定機関も、国の介入なしに行われる国際企業間の調整を促す。国際電気技術委員会や国際標準化機構（ＩＳＯ）は、国際的な民間の標準設定機関である。ＩＳＯ標準は、フィルム感度から企業の環境管理システムまで、さまざまな製品と商慣習を「統制」している。

国家によらない規範が民間の標準設定機関、市場、社会的ネットワークから生まれても、それらが必ず守られるとは限らない。国が関与して強制しないと、特に順守の費用がかさむ場合など、規範は無視されかねない。だが、規範が社会的ネットワーク全体に浸透し、世界各国の指導者および一般市民が自分たちのものと感じるようになると、非常に大きな影響をおよぼす可能性がある[13]。

国内統制

第二の選択肢は、国家が国内の法律制定によって統制するというものだ。このアプローチは国家の主権を最大に保てるものの、主権は国内にしかおよばず、各国は異なる標準を採用することになりそうだ。先に述べた世界的な問題が厄介なのはひとえに、国家が自力で調整したり、地球の共有地を保全したり、基本的価値観を守ることができないからである。

だからといって、国内統制が国際問題にまったく影響しないわけではない。国家は遠くまでおよぶ法律を制定して国内の権限が国外まで拡大適用されるようにし、居住者と取引を行う外国企業を規制することがある。さらに場合によっては、国家は国内で策定した政策を他国の例にしたがって調整することがある。経済大国や効率的管理で特に名声が高い国が規制面のリーダーとなって他国が追随し、正式な国際的調整が行われないまま規制面の収斂がいくらか進むことがある[14]。とはいえ、国際協力なしで一致にこぎつけるのは時間がかかるうえ面倒なものだ。各国が互いの政策を調整するという保証はないに等しい。

国内統制は国境を越える問題には万全ではないが、政府の行動は世界的な問題に取り組むほぼすべてのアプローチに欠かせない。国家が世界的な問題の解決に国際制度を必要とするときでさえ、その制度の実施は国内の決定にかかっている[15]。たとえば、条約にはたいてい実施のための法律が必要だし、国際規約の国内における実施と監視に責任を負うのは政府である。したがって、国内統制を国際的な統制と並べて比較するのは適切ではない。国内統制が制度の他の形態と違うのは、協定、条約、国際的な政府機関といった国際機関による調整メカニズムがないことだ。

相互承認

国際制度の第三の形態は相互承認で、他国が採用した政策を一定の状況のもとで認めるという、調整の原則を国家が受け入れることである[16]。このアプローチは、外国の企業や個人が関わっている取引にどの規則を適用するか決めるときの基礎となる。相互承認を用いる各国は、それぞれ国内統制を行っているが、各国間のやりとりが関わる状況に適用される一連の原則に同意している。たとえば、A国が、国産品用に設けた基準には達していないがB国の安全基準は満たしている製品の販売を認めるとする。それを受けてB国がA国製品のB国内での販売に同意すれば、相互承認が成立する。

相互承認協定はヨーロッパで特に多用され、欧州連合（EU）加盟国は互いの製品を承認している。EUはまた、オーストラリア、ニュージーランド、カナダ、日本、米国と二者間交渉を行っている。

現在のところ、相互承認の交渉は食品、医療用具、電気通信機器といった特定の製品に関する二国間交渉が中心となっている[17]。こうした交渉では、相互承認協定の当該国の規制基準が大きく違わないことが重要なポイントとなる。したがって相互承認は主として、すでに規制面にある程度の一致が見られる国同士のための選択肢である。

合意による規則

国際制度の第四の形態は、合意による規則――条約――である。国際的な条約や盟約を結ぶことによって、国家は互いの国内規則を認めるばかりか、新しい超国家的な共通の規則を設けることを公約する[18]。条約は正式の執行手段に支えられていることはめったにないが[19]、頻繁に用いられている国際協力の形態である。国連には三万四〇〇〇以上の条約が登録されており、そのうち五〇〇以上が主要な多国間条約である[20]。

条約には国家が同意した規定が盛りこまれるため、政策の権限は依然として国家にある[21]。とはいえ実際には、各国の決定は交渉過程でいくらか制約を加えられ、条約に盛りこまれるのは各国が当初考えていた最良の方策と同じものではない。それに、大国が小国をしたがわせる傾向がある。だが、条約に同意するかどうか決めることに関しては、各国に完全な権限がある。こうした権限を保つにはむろん代償がともない、合意による規則の制定は時間がかかり、最小公分母効果にさらされ、現状維持に傾きがちである。

委任

第五の国際制度の形態である委任は、合意による規則の制定の特殊なもので、多国間条約の交渉につきものの限界を克服する可能性を秘めている。各国は、権限を委任することによって、国際機関に具体的な措置をとる権限を引き渡すことに同意する[23]。国際機関は自発的に措置をとることができるため、各国は複雑な問題と取り組むのに必要な個々の決定を左右する条約の文言を協議しなくてよい。このように、国際機関は進行中の国際協力のフォーラムとなりうる。各国政府は、一九九〇年代半ばまでに二五〇以上にのぼる国際的な政府機関を設立した[24]。そのなかには、国連、EU、世界貿易機関（WTO）といったよく知られた機関もあれば、国際食品規格委員会（国際的な食品安全規格を発表する）や国際電気通信委員会（電気通信サービス規格を設定する）といったあまり知られていない機関もある。国家はこれらをはじめとする国際機関を設立して、超国家的な問題を検討して勧告を出すことから、超国家的な政策を策定・実施することや政策を施行して国家間の紛争を解決することまで、さまざまな行動をとっている。

委任とは、国家が政策問題に関する権限を全面的に国際機関に引き渡すということではない。それどころか、国家の指導者は、新設する国際制度が自国の利益を損なうことがないようにするはずだ[25]。したがって、各国とも委任の際は、委任の条件や新しい制度の意思決定の構造に注意を払いながら慎重に行う。この点において、国家の指導者が国際機関に権限を委任することに対して抱く懸念は、立法府が行政機関に権限を委任するときや、民間のアクターが第三者に事業などの意思決定の権限を委任するときと似ている。こうした場合、権限を委任する国の利益と、権限を受ける機関の利益のあいだに緊張が生じることがある。これがよく知られた本人・代理人問題で、代理人が本人の目標と一致しない行動をとるおそれがある。たとえば、特に自由貿易の推進によって環境や土地固有の文化といった社会的価値観が犠牲になる場合など、WTOの目標は、一部の加盟国と国民が望んでいる以上に競争市場を整えることに集中していることが考えられる。どの国も国際機関に権限を与える前に、「この機関が下す決定は国の全体的利益にどのくらい反するものになるか」という問題に直面する。

国際機関は、その権限に左右されることになる国家の同意によって設立されるため、機構としては、立法府から行政機関への委任といった他の権限委任の場合と類似したものになると思われる[26]。代理人が本人の利益と矛盾する行動をとる可能性を最小限にするため、委任には多くの場合、本人が代理人の行動を監視・管理するための措置が含まれている[27]。

政府の権限の委任には、権限の移譲先である機関の裁量を制限するための工夫がともなわれていることが少なくない。それらは、線引き、監視、分かちあい、取消可能性の四つに分類できる[28]。線引きは、機関の管轄——領域、任務、機能——を定める基準や原則によって行う。監視は、意思決定の透明性を確保し、さらに決定を下す前に行わなければならない一定の分析や報告を要求するためのものだ。分かちあいの取り決めは、機関の意思決定の過程に加盟国が関与して意見を表明できるようにする。取消可能性は、一定の条件のもとで各国が機関の管轄から脱けられる免除規定のことを指す。

これらの工夫が個々のケースにどのように組みこまれているかによって、委任の性格が違ってくる。線引き、監視、分かちあい、取消可能性の具合によって、厳密にも大まかにもなる。線引きは、明確なことも曖昧なこともある。監視は、徹底的なことも限定的なこともある。分かちあいの取り決めは、すべての加盟国の同意を必要とすることも、完全な代表や合意でなくてもよいこともある。取消可能性の条件は、容易に満たせるものも厳しいものもある。委任が厳密であればあるほど、各国は国際機関の決定や目標を思い通りに動かせる。委任が大まかであればあるほど、国際機関の自由裁量が拡大する。

離脱

第六の国際制度の形態は、どちらかというと実際に利用するためというより理論上の釣りあいのために取り上げるに値する。離脱という選択肢は、国家にすべての法的権限がある選択肢の対極に位置するものだ。離脱すると、国家は政策の権限に対する権利をすべて手放すか移譲することになる。権限の行使を放棄するか、あるいは別の制度に取消しのできない完全な委任をするのである。離脱は主に国が統合されたり他国に吸収されるときに起こり、最近ではドイツ統一の例があった[29]。それ以外では、離脱という選択肢は、いわゆる世界政府を提唱する人たちが国家を中心に組織されたガバナンスの制度に代わるものとして目指しているという域を出ない。

制度の形態の選択と影響

国家には、世界的な問題に対応するための選択肢が数多くある。すでに示したように、大きく六つに分けた制度の形態から選ぶことができる。さらに、これらの制度の形態にはそれぞれ、具体的な方策の選択肢が無数にある。たとえば、この章でこれまでまったくといってよいほど触れていないものに、条約の「内容」、つまり国家が諸問題を解決しようとして取り決めるさまざまな要求事項がある。条約の具体的な要求事項はいうまでもなく真剣に交渉されるが、どういう要求事項にするかによって効果が違ってくる。ロナルド・ミッチェルによると、オイルタンカーによる汚染を防ぐための条約において、タンカーに特定の機器を設置させる規定のほうが排出量の上限を決める規定より順守させるのに効果があった[30]。技術と履行のどちらに基づいた基準にするか、あるいは他のどの規制方法にするかといった選択が、国際規約の守られ方に影響するのはほぼ間違いない。だが、本章の分析では、こうした「運営上の」選択と巨視的に見た制度の形態の選択を区別したい。履行や技術に基づく基準は結局のところ、基本的には国内の法律制定において採用され、相互承認協定において認められ、条約によって成文化され、国際的な政府機関によって提案されうるものだ。この章で問いたいのは、すべての条件が同じであるとして、これら大きく捉えた制度の形態が世界的な問題を解決するときの制度の有効性にどう関係するかである。

制度の形態の有効性とは、国際制度の設計が世界的な問題の解決策を生みだすのにどのくらい寄与するか（政策の有効性）、制度の政治的正当性と政府や国民の支持獲得にどのくらい寄与するか（政治的な有効性）ということだ。正当性を有効性と区別した概念として捉えるのは、正当性のない制度は有効性の面で効果を上げられないからである。これが特に当てはまるのは、制度の存続と国際規約の施行が政府しだいだという国際制度である。

ここで、最初に論じた三つの世界的な問題と、次に論じた制度の形態を合わせて考えてみよう。まず、制度の形態によってより適した世界的な問題があると思われることを示し、この適合が国際制度の政策の有効性に影響すると仮定する。次に、制度の形態が制度の政治的な有効性、つまり正当性に関係があることを示す。これらは政策や制度の有効性に関するあらゆる主張と同様に、実証的研究によって検証されるべきものである[31]。とはいえ、国際制度の形態が政策の有効性と政治的正当性にどう関連しているかについて仮説を立てることが、実証的な検証に向けた最初の一歩となる。

形態と問題点の適合

この章のはじめに、グローバル化の段階で生じる調整の問題、世界の共有地の問題、基本的価値観の問題について見た。制度の形態によって、国際制度がこれらの問題をどのくらい効果的に解決できるかが違ってくるのであれば、識者や政策立案者は取り組む問題の種類によって用いる制度の形態を慎重に選ばなければならない。つまり、制度の形態が解決すべき問題に適合していることをたしかめる必要がある。

調整の問題は、国家によらない行動と国内統制という、表13-1に示した最初の二つの形態ではなかなか解決できないと思われる。国際協定がまったくなくても調整された動きが出てくることはあるが、調整の問題が顕著なのは、相容れない規定がすでに各国内で採用されているときだ[32]。標準がばらばらで、いくつもの標準があることが正当化されないとき、各国がこの不一致を解消するには何らかの集団行動をとらなければならないと思われる。この場合、合意による条約を結べば、条約の文言に(重要な留保事項なしに)合意することによって共通の標準ができる。だが、場合によっては、共通の標準に合意するのが容易ではなく、複数の異なる標準を一つの条約にまとめようとしているときは特に難しい。専門委員会の設立方法について合意できれば、調整の仕事を専門家集団に委任すると局面の打開に役立つかもしれない。

より可能性の高い方法として、各国がそれぞれ互いに相互承認の条約を交渉することがある。先に述べたように、相互承認にはまず規制がある程度まで一致していることが必要だ。それぞれの標準がおおよそ同等であれば、各国は貿易の調整をはかるために相互承認を進んで利用するかもしれない。相互承認の協定は、各国が現行の標準や検査手順を変えたり、共通の標準の細部まで完全に一致させる必要がないため、実現しやすいと思われる。

世界の共有地の問題や基本的価値観の問題については、相互承認で対処できるとは思えない。これらは、公共財の枯渇もしくは基本的価値観の侵害をもたらすような国家の行動から生じる問題なので、むろん国内統制によっても解決されない。共有地の問題に関しては、国家が自らの行動の社会的費用を一方的に引き受けるとは考えられない。共有地の問題にとって、またおそらく基本的価値観の問題にとっても、最も有望な選択肢は条約を結ぶことだと思われ、それによって信頼できる規則（ことによると公認の制裁措置も）を確立させて協力しやすくすることができる。そういうわけで各国は近年、オゾン層や気候変動といった環境問題にこの方法を用いており、それぞれモントリオール議定書と京都議定書という一様ではない結果につながっている[33]。気候変動に関する交渉では、委任という制度のおかげで「気候変動に関する政府間パネル」といった組織が設立され、それがその後の条約交渉に用いることができる科学的評価情報をもたらした。勧告を検討して発表するように課せられている組織に委任することが、別の制度の形態が出てくる過程にフィードバックできる情報を生みだすのに役立つことがある。

すでに触れたように、世界的な問題と取り組むのに国際制度が設立されている場合でも、国家による国内決定は政策を成功させるのに重要である。人権や他の基本的価値観に関しては、国家は国際条約を結んでいても、激しい国内紛争に対処するときや場合によっては日常的に、それらを守らないことがある。こうした問題は人権の領域以外でも発生しうるが、「内政」問題では国家主権が守られるとする国際体制ではその性格上、国民を政府から守るための条約は実施がとりわけ困難だ。これらや最小公分母問題などのため、国際制度の形態が無力に陥って効果を上げられないことがある。その場合、最良の選択肢は、国家によらない行動という実行可能な長期的戦略に戻ることかもしれない。非政府アクターが圧力をかけることや、国内のエリートや一般大衆がソフト・ローや国家によらない規範を受け入れることは、時間がかかるうえ、ほとんど進展が見られないことも少なくないだろう。だが最終的には、有効な国際制度を築いて世界的な問題を解決するためのより良い状況を作りだすには、このアプローチが最も有望だと思われる。

形態と正当性

国際制度の設立や実施には国家が重要であるため、政治的な支援と正当性が制度の有効性のキーポイントとなる。もっとも、政治を考慮に入れなければならないのは国際制度ばかりではない。国内の政策決定も可能性を模索する技術に他ならず、政治的に可能なもののなかから最も効果を上げる政策をめざしている。また、国内でも国際的にも、権限は正当なものであると受けとめられたときに最大の効力を生じる。政府には集権的な警察や裁判の制度があるとはいえ、国家は個人の動きを逐一見張ることはできない。法令順守は監視や制裁の有無にたしかに影響されるが、自らの一部となった規範があることや、規制制度が正当なものとして受け入れられていることも影響する[34]。制度の正当性と制度に対する一般市民の支持は、特定的なことも広汎なこともある[35]。特定的な正当性とは、その制度が個別のケースについて出した結論が受け入れられることを指す。WTOが米国のエビ問題に関してとった措置に異論のある人は、このケースではWTOに特定的な正当性がないと見なしている[36]。だが、同じ人が、WTOの手順は公正で合理的だった、あるいはWTOは間違いを犯すこともあるが長期的に見ればおおむね正しい結論を出していると思えば、WTOに広汎な正当性があると見なしていることになる。WTOにとって目下の課題は、相当な批判を浴びるような決定を下しつづけるなかで、一般市民の広汎な支持をどう強化して広げるかにあるようだ。

国際制度の広汎な正当性の決定要素をすべて理解するには、さらなる研究が必要だ。国際制度への支持に影響しうる要素として、制度が国家の主権をどの程度存続させるかということがある。すべての条件が同じであれば、国家主権を制約する度合いが最も小さい制度構築がより正当なものと見なされるだろう。したがって、主権を最も存続させる制度の形態が、国家の政治的支持を最も集めるはずだ。よって、一般的に国内統制のほうが相互承認より好まれ、合意による規則の制定のほうが委任より好まれる。もっとも、すべての条件が同じだとは限らない。それに、国家が世界的な規制機関に権限を委任することに費用を上回る便益があると見なすこともあり、おそらくWTOはこれに当たる。とはいえ、WTOの制度的構造の特質と、WTOに独自の権限が与えられすぎているかどうかをめぐって、是非はともかく激しい議論が起こっている。国際制度の効果は――対照のための非実験グループがないため――断定するのが難しく、WTOの制度的構造がより透明で連係している場合でも、自由貿易の目標を同じように効率よく達成できるかどうか判断するのは困難だ。

委任のジレンマ

WTOをめぐる最近の論争は、制度の形態としての委任にまつわる全般的な課題を浮き彫りにしている。相互依存を深める世界では、世界的な問題に素早く対応するために委任がますます必要とされるだろう。だが、国際機関への権限の委任には潜在的短所が二つある。一つは、機関に多大な制約が加えられることである。たとえば、権限が細かく線引きされていればいるほど、その機関は、時とともに変化する問題に対応したり、線引きされた範疇にぴったりと当てはまらない予期しなかった問題と取り組むのが難しくなる。さらに、独自に決定を下せるかどうかという点でも制約されることがある。権限が一枚岩的に共有される（つまり、機関の決定にすべての加盟国の同意が必要な）機関は、足かせをはめられたも同然だ。これでは、委任された権限がないに等しく、国際的合意を生みだすためのフォーラムでしかなくなる。機関の全加盟国による一致を必要とすることは、委任によって解決できたはずの基本的な集団的行動の問題を制度化することになる[37]。このように厳しく制約された機関は、問題にタイミングよく効果的に対応することができない。

一方で、第二の潜在的短所は、委任にあまりにも制約がないことである。国家から制約のない権限をふんだんに与えられると、国際機関としては新たな難題に効率よく対応する態勢が整う。だが、これは間違いを犯したり、一部の加盟国の利益に反する行動をとる力を与えられたということでもある。強力すぎて権力を不用意に行使するような国際機関は、その制度を作った国のあいだで正当性を失うことになりかねない。そのため各国は、強力になりすぎた機関の活動に反対したり、その制度の権限から逃れるのに取消可能性をうたった規定を求めることがある。

言い換えると、国際的な政府機関にとって政策の有効性と政治的な有効性のあいだにはしばしば緊張関係がある。効率よく活動できるだけの独立性を持たせた機関を設立することと、新しい機関が持っている力を当然ながら警戒する国家（および国民）の支持を保つことを両立させなければならない。新設される機関には、世界的な問題を解決するのに十分な権限を与えなければならないが、設立や維持を承諾する立場にある国家に機関が受け入れられるように、権限には制限が課せられなければならない。これら二つの面において最適な状態にするのに、国家は先にあげた線引き、監視、分かちあい、取消可能性という、委任に関する四つの特徴をさまざまに組み合わせて用いればよい。たとえば、管轄が細かく線引きされた機関では、国家が決定を分かちあうことは少ないはずだ。そこで、比較的狭い範囲に限定された世界的な問題と取り組むために設立された機関は、権力の分かちあいや監視に依存することが少なくなる。だが、多様な政策問題と取り組むために設立された機関――EUのような――には、加盟国と権力を分かちあうためのさまざまな取り決めが必要になる。

結論

国際制度に権限を委任する際、統制と自由裁量との適切なバランスを見出すのは時間がかかり、試行錯誤を繰り返しながら学ぶことになる。実際には、それまで以上の統制もしくは自由裁量を必要とするような新たな問題が現れたり、政策の権限がどこにあるべきかについて考え方が変化したりするので、適切なバランスなど永遠に見つからないかもしれない。もっとも、変化があるから制度の形態の選択がなおさら重要になるのだと思われる。問題が変化し、問題の解決法をめぐって考え方が変化する世界では、国家が国際的な規約と機関を作りだせるような取り決めが求められる。必要なのは、目の前の問題に合わせて針路の変更が求められているときに、国家がこれら新しい制度を転換させられるような取り決めである。

国際制度の構築には、さまざまな制度の形態が利用されることになるはずだ。これは、世界的問題の種類によって、より適した制度の形態があるということなので、さらなる研究の機会をもたらす。支配のシステムはすでに、国家の権限に基づくものからもっと複雑で相互依存的な世界的関係に基づくものへと移行しはじめているが、この動きは一気には進まない。グローバル化の状況を見ると、国際制度に協力さらには委任することが国家の利益になるとますます思われるが、国家の指導者としては、新設される制度が自国の全体的利益になるように利用されることをつねに確信していられる必要がある。相互承認協定、条約、国際機関がいっそう重視されることになりそうだ。だが、新しい国際制度が強力な国家に悪影響をおよぼす人気のない決定を下すことになると――それがたとえ世界全体の利益にかなっていても――その後の国際制度のさらなる発展に影響するおそれがある。また、国際制度が、差し迫った世界的な問題を前にして効果を上げられないように見えると、これも将来の制度の発展に影響しそうである。いわゆる新世界秩序への移行は容易ではない。とはいえ、いずれ政策の有効性と政治的な有効性のバランスがとれた形で制度の形態が用いられるようになり、それが少なくともかなり長期間つづくものと思われる。

第14章 | Culture, Identity, and Legitimacy | Arthur Isak Applbaum

文化、アイデンティティ、正当性

グローバル化を恐れる理由としてしばしばあげられるものに、国や民族に特有の文化が破壊されるかもしれない、というのがある。英語と北大西洋の価値観や生活様式が広まって、数多くの地元の言語、価値観、慣習が損なわれ、多様な国家、民族、宗教との結びつきがなくなり、アメリカ訛りの「文化のエスペラント」一色になる、という主張である。自分自身の背景となる豊かな文化を持っていることは、有意義な人生を送り、自分の世界の意味を理解し、完全な個人的アイデンティティを保つための必要条件である。自分の文化を失うことは、人間性そのものを傷つけることであり、人が被りうる最も重大な損害の一つである。完全な背景文化を持っていることは人間性に欠かせないので、人にとって価値のある能力や特権の実現に欠かせない。したがって、文化的な権利は個人的な権利に優先する――。この言い方だと、文化が（優先することはともかく）権利を持つことができる実体だというきわめて奇妙なことを言っているのか、個人には自分の文化に対する権利があり、それが個人の推定上の権利に優先するというそれほど奇妙ではないことを言っているのか、二通りの解釈ができる。仮に後者の主張だけが正しいとしても、グローバル化の均質化圧力から文化的慣習を守るために、政府が個人の重要な特権の少なくとも一部を制限することが正当化されることになる。

たとえば、ケベック州がケベック文化を守るために、フランス語を話すのを奨励することだけでなく、強制的手段を用いて英語の優勢を防ぐのも許されることになる。ケベック州では現在、店舗はフランス語の看板を掲げなければならず、非英語圏からの移民の子弟はフランス語を使用する学校に通わなければならない。文化優先論が正しいのであれば、英語を使用する学校を全面的に禁じたり、英語の書籍、映画、テレビ、ポピュラー音楽が入ってくるのを規制したり、英語を母語とする人たちの教育や雇用の機会を制限するといった、より極端な手段を講じて英語が広がるのを阻むことも正当化されることになる。シンガポール、中国、サウジアラビア、イラン、アフガニスタンといった国が、自由主義に反して自国の文化的慣習を擁護してきた理由は二つある。第一に、彼らの文化的慣習に見られる良い暮らしの概念が自由主義的な文化の価値観よりはるかに優れていること、第二に、たとえ第一の理由が事実ではないとしても、部外者にはよその政治共同体の内政問題に干渉する正当な権限がないことである。この二つめの擁護論は、あとで取り上げる。三つめの擁護論となるのが文化的な権利の主張であり、これは自由主義者も納得できる人間性の概念に訴えるものである。そのため、グローバル化の文化的影響については、グローバル文化における自らの立場は安定している、多くの良心的な自由主義者が懸念している。

だが、自由主義者は心配するにはおよばない。文化的な権利が優先されるという説は、ほぼ全面的に間違っているからである。もっとも、グローバル化が文化におよぼす影響がまったく心配ないということではない。急速な経済的・社会的変化によって多くの人が厳しい、どうかすると不当な重荷を課せられており、そうした重荷の一部はグローバル化が言語や文化の慣習におよぼした影響の結果である。職と人が農村部からどんどん離れていくことは、「文化のエスペラント」を学ぶことができない人や学ぼうとしない人を貧困に陥らせるだけではない。こうした移動は、社会制度との結びつきを弱めて、疎外や不安定が広がる原因となりかねない。こうしてもたらされる害について予測するのは、この問題の専門家に任せるが、たしかにゆゆしい状況である。ただ、こうした害の道徳的評価はかなり誇張されていることがあるので、その点を正したい。文化的な権利の主張には反するが、自分の文化から追われるよりさらに悪いことがある。それは自分の文化に囚われることである。

アイデンティティ

「英国で、ウェールズの民族主義者の一部がウェールズ社会の存続の条件としてウェールズ語の存続を口にするとき、それがウェールズ人の生存の条件であって、ウェールズ語を忘れることが文字どおり死に至らしめることであるかのような印象を与えることがある」[1]

——バーナード・ウィリアムズ『道徳性——倫理学概論』

枝葉末節かもしれないことから話を始める。「個人的アイデンティティ」は文化の影響を受けると危うくなる、とよく言われるが、アイデンティティが失われた、傷ついた、打ち砕かれたという主張は、たいていが誇張である。個人的アイデンティティは人間に統一性のある行動をとらしめているものだと理解するなら、それを真に損なう方法がいくつもあるわけではない。損なう力があるのは深刻な精神病や脳損傷であり、脳の複製が登場するようなSF小説でも見られるかもしれない。だが、それ以外はほとんどすべてが誇張である。聖書にあるように、サウロはダマスカスに向かう途中で名前を変えたが、それでも個人的アイデンティティは変わらなかった。現在、「個人的アイデンティティ」は（「自己」とならんで）、結びつき（アタッチメント）や係わりあい（コミットメント）を擁する（さらに熟考したうえでこれらを承認するか修正する）統一性のある行動をとる力ではなく、結びつきや係わりあいそのものを指すのに用いられることが多くなった。だが、このように変わったために、人間の結びつきや係わりあいにおける喜ばしい変化も喜ばしくない変化も重大さが速断されてしまう。これがなぜ問題なのか考えてみよう。

　文化的な権利説はそもそも、言語を話すことと文化的な理解や慣習が身近にあることが、自分のしたいことや良いと思っていることを是認・実現するのに必要だというものである。だが、言語を話すことは、特定の言語を話すことと区別されるべきであり、周囲の文化的世界を理解できることは、特定の文化的世界に取り囲まれていることと区別されるべきである。亡命者や移民は不利な条件に置かれることがしばしばあるが、文化的に適応できないことは稀で、状況を理解し、計画を実行し、成り行きで加わった社会生活の保護や機会を享受できる。外国に来たばかりの人でも、口がきけない野生児、カスパー・ハウザーになってしまうわけではないのである。

　言い換えれば、人は自分の文化に対する権利を持たないまま文化に対する権利を持てる、ということである。もっとも、こう言うと譲歩しすぎたことになる。これでは文化がかなり静的なもので、文化の構成員がはっきりしているという印象を与えるからである。だが、「自分の文化」は二つの点において「移動目標」である。まず、文化の内容と境界をめぐっては、しばしば争われているうえ常に動いていること、そして、多種多様な世界主義的な傾倒や無関心がありうるなかで、何を自分の文化だと思うかがしばしば影響することである。この二つの力が働いていなかったら、グローバル化が文化にもたらす脅威は、直接的で有無をいわせない外因性のものだけとなる。天然痘は、アメリカ先住民の部族と彼らの文化を消滅させた。銀行システムの破綻は、大量の失業を発生させ、ひいては大量の転職と大きな社会不安を引き起こしかねない。だが、これらの事例においてグローバル化が与えた打撃を理解するのに、「個人的アイデンティティ」を持ち出す必要はあまりない。

より興味深い（より重大とは言っていない）グローバル化の脅威は、大半が内部からくるもので、文化共同体の個々の構成員が互いの行動に適応しながら均衡を保っていることによる。ケベック州でフランス語が脅威にさらされているのは、英語で話し、英語の本を読み、アメリカ映画を見るケベック州の住民がますます増えているからである。ここできわめて重要なのは、集団行動の問題における構造モデルを正確に作ることだ。民族主義者は、フランス語を話す人たちは全員がほんとうは避けたかった戦略的ゲームに巻きこまれて敗北を喫していると言わんばかりである。他者が使うおそれがなければ誰も英語を使わないし、英語の優勢が拡大するとほぼ全員にとって状況が悪くなるという。これでは、伝統社会における宗教界の権威が世俗化について言っていることと変わらない。一方、より納得のいくゲーム構造は、大半の人にとって、英語化したグローバル文化に参加することが有力な戦略だということである。彼らにとって他者のフランス語への忠誠にただ乗りできるのが最も都合がよく、むろん他者が世界化する場合は置き去りにされたくない。だが、さらに納得のいくゲーム構造は、ケベック住民に民族主義者とそれに反対する世界主義者がいることである。世界主義者は、他者をフランス文化に染めることには関心がないので、ただ乗りはしない。彼らの望みは、好きなところから文化的素材を取り入れ、結びつきや係わりあいについてよく考え、市民社会で共通認識が形成されるのに参加することである。だが、これを世界主義者が思うままにできるなら、そうする人がどんどん増えてケベックの文化的慣習の内容と境界が変化する。したがって民族主義者のもくろみは、強権の発動によって世界主義者を抑圧しないかぎり成功しない。

その強権は何によって正当化されるのか。ゲーム構造について述べたことが正しいとすると、集団的な自己束縛（ホッケーのヘルメット規定を正当化する）でも、不公平なただ乗りを防ぐ（課税の実施を正当化する）ことでもない。そうなると、「エスペラントの侵略」を受けて文化的に正しいと信じている生活を送ることができなくなったケベックの民族主義者（あるいはイランのイスラム教主義者）が被る損失が、表現や信教や結社の自由が抑圧されるという世界主義的な反対者が被る損害よりも道義的に優先されるという主張しかない。だが、文化に対する権利が基本的な自由に優先されるのは、人の人間性そのもの、つまり人の主体としての能力が破壊の危機にさらされているときだけである。ウェールズ語を忘れることは、これには当たらない。

国家は、深刻な脅威から国民を守ることが認められているばかりか要求されている。グローバル化は深刻な脅威を与えるかもしれず、ここで述べたことはすべて、経済的災難を防ぐための金融・通商政策や流行病を防ぐための公衆衛生政策にも通じる。グローバル化が地域文化に与える脅威が本当に天然痘ウイルスのようなもので、誰にも歓迎されない侵略であるなら、天然痘の場合のように闘うべきである。だが、地域の文化的慣習や言語の使用が変化する仕組みは、どういう生活を送りたいか、どういう結びつきや係わりあいを持つべきかについて、個人が貴重かつ有意義な選択をすることによって調整されるものである。誰もがいやがるようなゲームに追いこまれた人たちがいると主張して、文化の強制的保護を公益の供与と位置づけたがる気持はわからないでもない。だが、これを位置づけるなら、家父長的干渉か抑圧のほうがふさわしい。

正当性

「感覚のある生物が文化の自然な発達にしたがって生きる権利は神聖なものである。よって、スターフリート関係者は異星人の生活や文化の健全で自然な発達に干渉してはならない。そうした干渉に含まれるものとして、優れた知識、兵力、技術を、それらの利点をうまく扱う能力のない世界に導入することがある。スターフリート関係者は、その文化に対する過去の侵害や偶発的な汚染を正す場合を除き、たとえ自分の命や宇宙船を救うためであっても、この艦隊の誓いを破ってはならない」[2]

——スタートレック／スターフリート・コマンド〈艦隊の誓い〉より

では、先に触れた自由主義に反した文化的慣習の擁護に目を向けることにしよう。部外者には、他の政治共同体の内政問題に干渉する正当な権限がないという主張である。この主張に該当するものとしては、絶滅に瀕した文化的種に関する法やスタートレックの艦隊の誓いがあるが、これは、たとえばアマゾンや南太平洋など、脆弱な原始社会を守るときに限られるため一般的ではない。これよりいくらか可能性が高いものとして、多国籍企業や各国政府が、ある国に的を絞ってその文化的・政治的慣習を政府の反対にもかかわらず市場の力や外交的圧力によって変えようとするのは間違っているという主張がある。標的にされた政府は、国内の文化的慣習が実際に優れていると思いこんでいたり、外国文化の影響が国内の貴重な生活様式におよぼす損害について誤解しているかもしれない。そうであっても、正当な政府の場合には、こうした誤りを犯す自由がある。正当な政府は、求めていない軍事介入を免れるのと同じように、望んでいない文化的干渉を免れる。したがって、自国語を守るために英語の書物や映画が入ってくるのを規制したり、国内の宗教的慣習を守るために女性や少数民族を平等に扱うことを求める非政府組織の活動を制限することは、すべて国家主権の適切な行使である。政府の反対をものともせずに干渉や批判をつづけることは、その国の政治制度や国民を軽視することである――。

この議論について考察したいのは、現地政府の正当性にはある種の免除が概念的にともなっているという説である。政府が正当なものであれば、必然的に干渉を免れるというものだ。免除は正当性の概念に組みこまれているため、政府に免除が与えられていないと主張することは、政府の正当性を否定することになるという。この概念的主張の真意は明らかである。つまり、政府の正当性の基準が何であるにせよ、政府に完璧な公正さと正しさを求めるほど厳しいものではない。だが政府が正当なものであれば、していることが公正さを欠き正しくなくても干渉を免れることになる。

この主張は大きく二つの段階に分けられるが、そのどちらも間違っている。第一に、正当性は免除をともなっているわけではない。だから、正当な権限であっても権限の行使の際に干渉を免れないと考えるのは、概念的に誤りではない。正当性のある政府は免除されると主張したければ、概念の意味に訴えるのではなく、規範にしたがった実質的な議論を展開するべきだ。第二に、正当性のある政府は一般に考えられているよりはるかに少ないかもしれない。だから、仮に正当性のある政府は干渉を免れると言えるだけの理由があったとしても、国民の自由を守れない政府は正当なものではないと言えるだけの理由もある。

まず、二つの点について区別する必要がある。経験的な正当性と道徳的な正当性の違い、そして正当性という考え方と正当性の特定の概念――その内容と基準――の違いである。マックス・ウェーバーの影響で、現代社会科学の論文では「正当性」という言葉が経験的な意味でよく用いられ、人びとが権限の適正な行使だと信じていることを指している。この意味においては、その命令に支配される者が正当であると見なすかぎり、権限は正当なものである。当然、経験的な正当性は、それに優先する理念である道徳的な正当性に依存している。というのも、社会科学の論文で取り上げられている社会の構成員が支配や支配者を正当だと信じているといっても、彼らがその記述に関わっているわけではないからだ。経験的な正当性に表れているのは、道徳的な正当性についての見解である（これは、無政府状態や暴力革命主義などのために、道徳的な正当性が存在しない場合でもいえる。一角獣も存在しないが、一角獣という概念はある）。

「人間は生まれたときは自由であるのに、いたるところで鎖に縛られている……この変化がいかにして起こったのか。それは私には分からない。何によってこれが正当なものとされるのか。この問いには答えられると思う」とルソーが記したとき、「正当性」は完全に規範的な意味で用いられており、この語義は歴史的にも概念的にもウェーバー以前のものである。これは、道徳的に正当だと人びとが見なしているという社会的事実が、道徳的な正当性があることの条件となりえないと言っているのではない。その権限が道徳的に正当であると大半の人が（どういう理由であれ）信じているのであれば、権限が道徳的に正当だとするのは筋が通らないことではない。だが、これは道徳的な正当性があることの実際の基準――特定の概念――についての主張であって、概念として原初的なものである道徳的な正当性の意味についての主張ではないことを忘れてはならない。この主張は、筋が通っていなくはないが、誤りである。大半の文化において歴史上の大半の時期、女性は自分たちに対して夫が正当な権限を持っていると信じていたが、だからと言って、その通りになったわけではない。同様に、ある社会の支配者が正当な権限を持っているとその国民が、あるいは別の社会の支配者たちが信じていても、それによって権限が正当なものになるわけではない。考えられるのは、経験的な正当性は、道徳的な正当性の必要条件であるかもしれないが十分条件ではないことだ。圧政的な支配を正当化するにはある程度の効果を上げていることが条件となり、効果を上げるには正当であると認められることが必要だとすると、これが言える。今後、限定しないで正当性に言及するときは、道徳的な正当性を指している。

二つめの区別はすでに触れた通り、正当性という考え方――その意味――と、特定の概念――その内容と基準――の違いである。支配者は神に選ばれた場合のみ正当であると主張する者と、支配者は公正な憲法の規定に基づいて自由かつ公平に選ばれた場合のみ正当であると主張する者がいるとき、両者は道徳的な正当性を有するための基準については意見が一致しないが、相違点がどこにあるかについてはおおよそ意見が一致する。

概念はそもそも手順や経歴に本質的に言及するものではないため、「政府は道徳的に善である場合に限り、道徳的に正当である」というのはありうる概念形成である。もっとも、概念は、善や正、道徳的に正しいと考えられているすべてのものにも本質的に言及しない。正当性の概念が当てはまると考えられるのは、権威ある原典、家系、立法府による法律制定などに限られる。道徳的な正当性の概念は、一部の手順か重要な属性、もしくはその両方を、必要条件あるいは十分条件とする可能性がある。最も納得のいく概念には、支配者と被支配者の意志に十分に密接なつながりがあることと、少なくとも基本的で重要な権利と特権が守られていることが求められるはずだ。完全に民主的・自由主義的ではない政府が正当なものだというケースはありうるが、専制的な政府や基本的人権を侵害する政府の場合はありえない。

では、道徳的な正当性という考え方には、どういう要素が組みこまれているのか。ジョセフ・ラズの説得力のある主張によると、主体による正当な権限の行使は他者の規範的状況に何らかの変化を引き起こす。もしそうでなければ、権限を持っていることを単に特権を持っていることと識別できない。この点ではラズは正しいと思うが、だからといって、この規範的状況における変化が、権限の対象となる者が服従することを道徳的に求められるか、第三者が干渉しないことを道徳的に求められるかのどちらかだということにはならない。概念的分析では、有益だが最も非限定的な明確化を追求するのがよい。さもないと、本質的な不一致を単なる意味の取違えと誤解するおそれがある。

私が考える道徳的な正当性の正しい概念を説明するには、二〇世紀初めにウェスリー・ホーフェルドが展開した分析的法学に立ち返る必要がある（図14－1）。ホーフェルドは、AがBに対して持ちうる法律上の有利な点で、相関的にBがAに対して不利になる四つの点を識別した。AがBに対して権利（あるいはもっと具体的に請求権）を持っている場合、BはAに対して相関的な義務がある。AがBに対して特権を持っている場合、BはAに対する権利がない。AがBに対して権限を持っている場合、BはAに責任を負わされる。AがBから免除を与えられている場合、BはAに関して資格がない。また、法律上の有利な点にはそれぞれ反対のものがある。請求権があることは権利がないことの逆であり、特権は義務の逆、権限は資格がないことの逆、免除は責任を負うこと［訳注1］の逆である。ホーフェルドの鮮やかな理論体系は法的概念の関係を示すために立てられたものだが、少し手を加えれば、道徳的な概念の関係を説明するのにも使える。たとえば、AがBに対して道徳的な請求権を持っている場合、Bには相関的に請求を引き受ける道徳的な義務があるといった具合にである。

私が正しいと考える概念では、正当性は道徳的に正当化された「生みだす源」の一つで、道徳とは無関係の規定や社会的事実を生じさせて強制する道徳的な権限である。つまり、法的・制度的・慣習的な権利と義務、権限と責任などを生みだす道徳的な権限なのである。ホーフェルドの理論体系が正しければ、AがBに道徳的な権限を行使し、それによってBに制度的義務が課されると、Bは相関的な道徳的責任を負うことになる。この責任とは何か。それは、Bが道徳的に正当化された強制の対象となることである。だが、道徳的責任は道徳的義務ではないし、また制度的義務は道徳的義務ではない。こうしてBが道徳的責任——正当化された強制——の対象となったことによって、正当な権限の行使が権限の対象となる者の規範的状況を変えるというラズの必要条件が満たされる。AがBに制度的義務を課すのに正当な権限を行使する場合、Bはそれにしたがう道徳的な義務があるというのは、概念として必然的ではない。

ホーフェルドの理論体系が有効であればさらに、道徳的な権限があることは道徳的な免除を与えられていることと同じではなく、それを引き起こすこともない。AがBに道徳的な権限を行使し、Bに制度的義務を課すとき、Bは道徳的に正当化された実行の責任が課せられ、これは実行が道徳的に免除されることの逆である。だが、BがAから道徳的に免除されないというだけで、Aが第三者の干渉を道徳的に免除されるわけではない。正当性があること——道徳的な権限があること——と道徳的な

図14-1　ホーフェルドの分析的法学

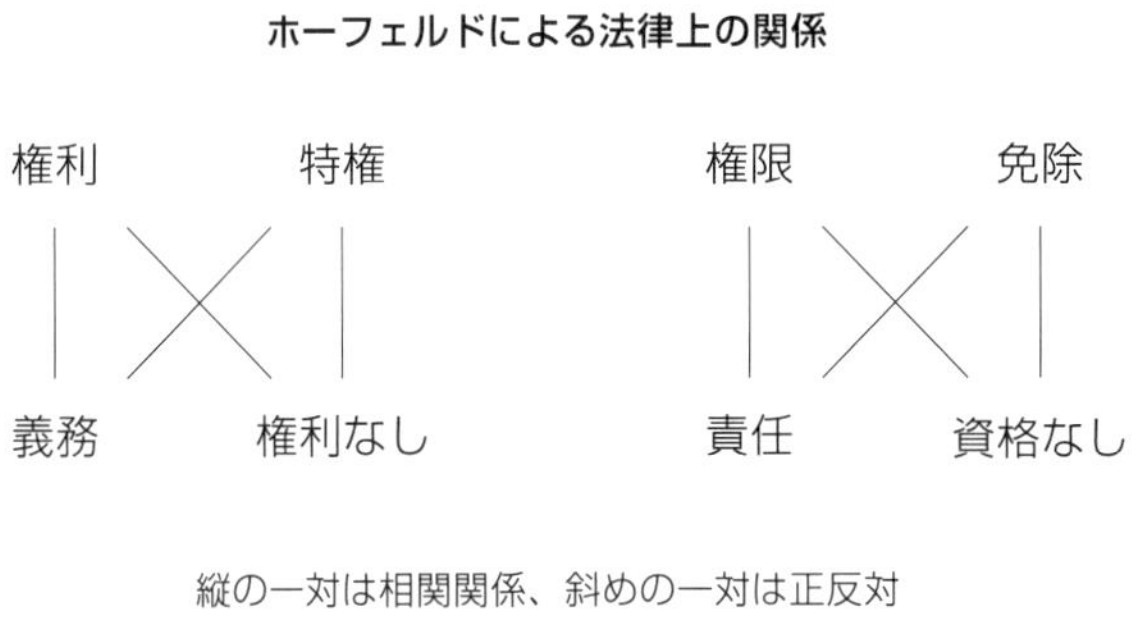

免除を与えられることには、概念上のルートがない。したがって、文化の規範を生みだす仕組みに正当な権限があっても、これらの規範の生成や実施に部外者が干渉してはならないとは直ちに言えないのである。スタートレックの艦隊の誓いは概念として必然ではないため、自由主義に反する文化的慣習を部外者は尊重せよという主張は、意味のある根拠に基づいて行われなければならない。

そういう根拠の一つとして、公正とは言いがたい慣習を尊重するのは、集団で決めて受け入れている統治方法を持つ政治共同体の構成員に敬意を払うべきだからだ、というのがある。公正な慣習を持っていない政治共同体であっても、不快感を与える慣習は「彼らの」慣習であり、限度内で、公正であることについて誤りを犯すのは彼らの勝手だと主張するのは理にかなっているのかもしれない。限度内で、と断ったが、その境目は、干渉が不当な扱いを受けている人たちに敬意を払わないことになるかどうか、自由主義に反する文化的慣習によって最も苦しめられている人たちにとって、それにもかかわらず慣習を自分たちのものとして承認することが理にかなっているのかどうかにある。たしかに、苦しめられている人たちが課せられた厄介な文化的慣習を真に道徳的な義務として受けとめているのであれば、部外者には彼らのために干渉するという大儀がない。

だが、制度的義務を課す正当な権限が、それにしたがう道徳的義務をともなうものではないことを思い出してもらいたい。支配者（もしくは多数派、もしくは強者）は被支配者（もしくは少数派、もしくは弱者）の意志と利益に、正当な権限だと辛うじて言える程度にはつながっているかもしれないが、厄介な慣習が苦しめられている人たちのものとなって、服従する真の道徳的な義務を彼らのなかに生じさせるほど十分につながっているわけではない。不当に扱われている少数派が、自分たちに損害を負わせている「我々国民」の「我々」の一部と見なされるのを拒否したとしても、それは許されることだ。その場合、彼らに代わって部外者が干渉することは、彼らに敬意を払わないことにはならない。道徳的な正当性と道徳的な免除が切り離され、道徳的な正当性と道徳的な義務が切り離され、その結果、義務と免除が一丸となりうる。文化的少数派・反対者が公正を欠く正当な権限にしたがうことを道徳的に義務づけられていない場合、部外者には、彼らに代わって有益な口出しをする道徳的な資格があると言える[3]。

第15章 Information Policy and Governance

情報政策とガバナンス

Deborah Hurley, Viktor Mayer-Schönberger

インターネットをはじめとする世界的情報システムによって利用できる情報が増え、それがガバナンスと政治プロセスに影響する[1]。そしてガバナンスは、世界的情報システムにおける情報の創造、入手可能性、普及、利用に影響する。

この情報時代において、「情報」という言葉は広く用いられ、情報へのアクセスに格差があることが大いに嘆かれているものの、この語には一般に認められた定義がない。本章では、「データ」とは人間または自動装置による通信、解釈、処理に適した形にした事実、概念、指示を表すものとする[2]。「情報」とは、これらのデータに適用される約束ごとによって、データに与えられた意味内容を指す[3]。

情報には、絶対的性質というものがほとんどない。情報は、時と場合によっては死や惨事をもたらすほどきわめて有害なことがある。その同じ情報が、時や場所が違えばまったく無害であったり、有益なことさえある。

法律制度には多くの場合、情報の階層性が見られる。たとえば米国では、米国憲法修正第一項に示されているように、政治演説は最小限の制約しか受けず、相対的に容易に伝達される状況を作って維持しなければならない情報として特別扱いされている。他の国では逆に、政治演説は注意深く統制すべき情報だとして、特別な配慮を加えている場合もある[4]。

情報をめぐる主な問題点は、その生成、アクセス、配布、利用にある。情報の創造は、政治演説の場合のように奨励されることもあれば、児童ポルノの場合のように阻止されることもある。情報へのアクセスは、促進されることもあれば、制限されることもある。米国の著作権法には、情報へのアクセスを促す場合と抑える場合の双方の例が見られる。米国政府によって作成された文書は公有財産であるため、用途を問わず無料で利用できる[5]。その他の作品については、米国の著作権法によって作者に期間限定の独占権が与えられる。その他の情報も同様に、どこでも入手できることもあれば、配布が厳しく規制されていることもある。さらに、特定の情報を利用すること、またはさまざまな集団や個人が一定の情報を利用することを、緩和もしくは抑制する規則が存在することがある。

情報の創造、入手可能性、普及、利用には、それぞれ問題点がいくつかある。まず、情報と情報の生成、アクセス、配布、利用をめぐる管理の中枢がどこにあるのかという問題がある。第二に、情報と情報の生成、入手可能性、配布、利用をめぐる所有の問題があり、所有が管理と異なることがある。情報の生成、アクセス、配布、利用についてルールが決められることがあり、それには規制、ルールを定める環境、その目的をはじめルールを決める理由などが含まれる。ルールの目的としては、個人と財産と社会規範の保護を組み合わせたものなどが考えられる。

情報の生成、アクセス、配布、利用については、開いたり閉じたりする扉がいくつもつづいている状態を想像するとよいかもしれない。たとえば、ある情報を生みだすのを阻まれた場合、その情報の入手、普及、利用もできなくなる。これらの扉はそれぞれ蝶番で固定されて開閉するようになっており、蝶番の位置は自由に決められる。では、各扉の蝶番の設置は何によって決められるのか。

情報の創造についてはふつう、それほど規制されていない。制裁の対象となる情報の例としては、一部の国や状況における政治演説、一定の法域での嫌がらせの演説、そして先ほどの児童ポルノなどがある。情報に対する規制は、大半が情報の入手と配布に集中している。情報の利用についてもやはり、それほど規制されていないのがふつうだ。これは、情報政策の問題と取り組むときの妥当なやり方である。情報の創造と利用に対する規制の実施は相対的に難しいが、情報の流れを監視して、アクセスと配布の扉を閉じるのは相対的にやさしい。

この章では、二種類の情報に焦点を合わせて、グローバル・ネットワークをめぐる情報政策の展開と現状を見ていく。身元が特定される個人情報と、いわゆる好ましくない情報内容という二種類の情報は、かなりの論議を呼んできた。インターネット利用者の世論調査では、インターネット上の個人情報に関する懸念がつねにあげられ、これは世界的な情報ネットワークや電子商取引への参加を妨げかねない[6]。インターネット上の好ましくない情報内容に対して、政府当局が世間を驚かせる措置をとった例がいくつかある[7]。個人情報については、すでに三〇年にわたって国際的に議論され、ルールが決められてきた。それにひきかえ、「好ましくない」情報内容については、ポルノ的、暴力的、冒涜的、反体制的、扇動的のどの場合も議論百出で、国・地方レベルのルールは数多くあるが、世界的情報ネットワークで配信されるものは、国際的に調査や議論が行われることがほとんどない。個人情報の保護と好ましくない情報内容の規制という、世界的情報ネットワークにおける情報政策のきわめて異なる二つの視点を出発点として、全世界的な情報政策の状況を検証してみよう。

世界的情報ネットワークにおけるプライバシーの保護

個人を特定できる情報としてはいうまでもなく、氏名や他の比較的固有の識別子をともなう情報がある[8]。さらに、たとえ氏名が示されていなくても、個人を特定できる情報もある[9]。個人情報の保護は、断片的でむらがあり、国や地域によってさまざまだとよく言われる。だが、個人情報の保護については、世界的な合意を形成するための共通の基盤となるしっかりした枠組みがすでにあり、国際的にも多くの国によっても受け入れられている。個人情報の保護に関する国際協定には、「プライバシーと国境を越える個人情報の保護に関するOECDガイドライン」（一九八〇年）と、「個人データの自動処理に関して個人を保護するための欧州会議の協定」第一〇八号（一九八一年）がある[10]。この二つの協定の少なくとも一方に、米国、欧州連合（EU）加盟国をはじめとする多くの国が署名している。この二つの協定は、インターネットの台頭や、現在のようなコンピューター能力やネットワーク化が登場する以前のものである。それにもかかわらず、これらは変わることなく有効で、個人情報の保護に関する基本的な枠組みを提供するものと見なされている。こうした直接的にはっきりとプライバシーを保護するものに加え、世界人権宣言や欧州人権条約といった主要な人権条約の規定も、個人情報の保護に適用されると考えられている。さらに、人間の交流がインターネットを経由することが多くなるにつれ、これら二つの条約における移動と結社の自由に対する権利が、識別や追跡が可能な取引が増えている世界的ネットワークに適用されると言われている。それに、個人情報の保護に関する方針を立てることだけでなく、これらの方針を法律、標準、企業行動規範、技術的設計・導入などによって実施することでも、三〇年におよぶ経験がある。

好ましくない情報内容について世界的な政策を策定することも、不可能なことだとされる。政治、宗教、文化、芸術の面でこれほど多様な世界において、好ましくない情報内容について国際合意に達し、国際協定を結ぶことなど望めるものだろうか。好ましくない情報内容という概念はもともと曖昧で、政治・宗教・文化的な見解や個人的な感じ方に左右されるものだという議論がある。同じことが、個人情報や、著作権をはじめとする知的所有権についても繰り返し言われてきた。とはいえ、国・地方のレベルではすでに、好ましくない情報内容について数多くの規定がある。この問題について、実際には一般に考えられている以上の世界的合意があるかもしれない。たしかに、好ましくない情報内容に関する国際的な話し合いは始まったばかりで、まだ初期の準備段階といったところである。調整のメカニズムとなる国際的な協議や書面による合意、経験や専門知識の交換、基準となるもの、明確に示された実施や強制の手順や制度などは存在しない。だが、ルールがないから結果が出ない、ということはない。個人情報の保護など、情報の他の範疇における類似例や先例を参考にすればよい。

世界的ネットワークにおける個人情報

「ガバナンス」について理論的に検討するとき、あらゆる政治制度に欠かせない構成単位が個人であるという事実を見失う危険がつきまとう。この項では、個人（社会的・経済的・政治的秩序にとって停止条件である）から始めて、個人を特定できる情報の入手可能性と利用の拡大がガバナンス、特に民主的な政治制度におけるガバナンスにどのような影響をおよぼしうるかを検討する。

プライバシーは、民主主義にとって必要な構成要素である。個人は、家族、国家、学校、会員制組織、宗教団体、インターネット上のチャットなど、あらゆる集合体にとって必要な要素である。個人にとって、集合体は背景と枠組みを与えてくれるものだが、プライバシーは自己の概念を形成するのに欠かせないものである[11]。人は意思の疎通を図らないではいられないが[12]、コミュニケーションの対象を制限したいと思うことがある[13]。ある種の思考や活動を、より大きな共同体に知られたくないのである。現実の世界では、人は多様な関係や交流において透明・不透明なさまざまな領域を持っており、そこでは多かれ少なかれ個人情報が明かされている。

個人を特定できる膨大な情報が、ますます強力になるコンピューターや情報通信のネットワークの世界的ネットワークと一体化したことで、プライバシーをめぐって急を要する重大な問題が生じる。世界には現在、法律、標準、技術的方法、業界の行動規範、事業の慣行や手順など、個人情報を保護するためのさまざまな方策がある。具体的にどの方策が用いられるかは、所在場所や技術の発達によって大きく異なる。このようにばらつきがあることは、身元を特定できる個人的なものを含む情報がどこでも自由に行き来する世界的ネットワークにふさわしくない。同じ個人情報がどの程度まで保護されるかが、何らかの意図によってではなく、ネットワークのある部分をたまたま支配している法律・経済・技術・社会・倫理的ルールによって違ってくる。そのうえ多くの場合、どのルールがネットワークの各部分やそのなかの情報を支配しているのかが明らかではなく、それが不確実さ、明快さの欠如、法廷地漁り（フォーラム・ショッピング）、いわゆるデータ避難所の出現、結果の潜在的不一致などをもたらしている。

個人情報の保護の拡大に向けた世界的傾向

一九七〇年代の初め、政府や企業がコンピューターを広く利用するようになると、個人情報の収集、利用、自動処理をめぐって懸念が高まってきた[14]。第二次世界大戦中に市民の自由と人権が侵害されたヨーロッパでは特に、個人に関する記録の大々的収集、操作、保持が害をもたらすのではないかと気にする人が多かった。ドイツ、フランス、スウェーデンなどの国は、個人情報を保護する法律を制定しはじめた。米国は、この初期の傾向に参加して一九七四年、連邦政府に適用されるプライバシー保護法を採択した。法律を採択することによって個人情報を保護するという傾向は、その後もつづく。大半の西欧および中欧諸国と、オーストラリア、ニュージーランド、香港などには、いわゆる包括的データ保護法がある[15]。だが、米国ではこれに類する法律が採択されていない[16]。

ヨーロッパにおける三〇年間の政策展開の頂点が、「個人データの処理と自由な移動に関して個人を保護するための欧州連合（EU）指令」95／46／ECである。EU指令は一九九五年に採択され、加盟国は九八年一〇月までに国内法令によって実施することを求められた。EU指令には重要な域外適用規定があり、加盟国から流出する個人情報は、移転先の法域の個人情報の保護が適切な水準ではないと見なされた場合、止めることができる。米国は、「包括的な」法律がないため、個人情報の保護が適切な水準に達していないと一般的に見なされている。EUと加盟国は指令の域外適用規定を適用するつもりであるため、EU、米国、指令に影響される非EU諸国がさまざまな国際機関に訴えることが想定され、激しい議論が起こって政府間協議が持たれた。米欧間の妥協案の期限は何度も設定しなおされ、期限が近づくたびに交渉は活気づいた。「欧州委員会は二〇〇〇年七月、米国において個人情報の適切な水準の保護を提供する方法として、米国政府が提案した避難場所プライバシー原則を承認した。欧州議会は、この承認に反対した。欧州委員会による避難場所原則の承認は、二〇〇三年に評価される」[17]。EUと米国のあいだには明らかに隔たりがあるが、両者とも一九八〇年のプライバシーに関するOECDガイドラインを採択している。個人情報の保護は、世界貿易機関（WTO）の電子商取引に関する作業計画の提案に含まれ、次の貿易交渉で取り上げられることになっている。

ヨーロッパで事業を展開している米国企業は、進出先の個人情報保護法にしたがうのを余儀なくされてきた。多くの米国企業が、包括的データ保護法を厭わず順守できることを何十年にもわたって示している。これらの企業が、米国人や法律で要求されない法域の人たちに対しては、同じような個人情報の保護を義務づけられていないのは皮肉なことだ。

情報時代のプライバシーに関するルール

二一世紀における個人情報保護の基礎として、次の三点を提案したい。

（1）プライバシーを指定しなくても自動的に選択される「デフォルト」とする。コンピューターとネットワークのシステムやそれらを利用した取引は一般的に、身元が特定できるように設計されている。この状況に至った過程と理論的根拠を調べる必要がある。世界的ネットワークは、個人情報の保護をデフォルトとして設計されるべきだ[18]。個人の情報や通信の管理は、個人が中心になって行うべきものだ。こうした設計基準を加えることによって、システムの設計と導入、法的規範の採用、社会的論理の構成に重要な見識と提言がもたらされる[19]。

これに関連して、身元の完全な特定と完全な匿名性のあいだには、まだほとんど開拓されていない興味深い空間がある[20]。そこに含まれるものには、たとえば「認定された利用者」や「グループのメンバー」がある。現実の世界では、多くの取引が身元を特定しないまま行われている。世界的ネットワークでも、身元を特定されないやりとりが増えるように積極的に努力すべきである。

（2）個人情報の管理と所有を個人に戻す。個人データは、本人が管理すべきである[21]。現在は第三者モデルが主流で、第三者は政府か民間部門のどちらかである。これらが個人に関する情報を持っており、法律で要求される条件や自己規制によって、一定の方法で保持し利用している。こうした保護はつづけなければならないが、個人情報は本人が管理するというルールに基づいて行われるべきである。それに加え、プライバシーと個人情報の保護を強化するための技術的方法を考え出すのに、いっそう力を入れる必要がある。

鍵となるのは、「個人データは誰のものか」ということだ。今日、消費者が情報を取引することによって利益を得ていると言われることがある。だが、実態は捨て売りでしかなく、情報を収集する側が棚ぼた式に利益を得て、情報を提供する側にはわずかな見返りがあるかないかである。詐欺まがいや探り出しは跡を絶たず、その一例として米国に保証カードと呼ばれているものがある。これがなくても保証は付いているのに、たとえば購入者の収入といった、保証条件とはまったく関係のないことを聞きだすものだ。

(3) 全世界的な解決策を講じる。個人情報の保護に関する国際ルールは、好ましくない情報内容への対応と比べるとはるかに発達しているとはいえ、世界的ネットワークを支えるルールを作るには、さらなる尽力が必要だ。個人情報を保護するためのルールは、全世界的な解決策となる調和のとれたものでなければならない。米国は、ヨーロッパの水準に追いついて、個人情報の保護におけるリーダーの役割を担うべきだ。

プライバシーは、まったく新しい問題のように扱われることが少なくない。だが、個人データを守るための規則は、三〇年前から設けられてきた。国際・国内レベルですでに努力が重ねられて共通の原則やルールが確立されており、多くの国が広く受け入れ、基礎作りは完了している。ここにきて世界的情報ネットワークが急速に拡大したために、個人情報のいっそうの保護が緊急に求められるようになった。目下の課題は、既存の国際的および国内の枠組みの普及と実施をはかり、必要に応じて、現在と近い将来のプライバシーのニーズに応える新たな方策と慣行を打ちだすことである。これに対して、好ましくない情報内容に関する情報政策は、次の項で見るようにまだ初期段階にある。

世界的情報ネットワークにおける好ましくない情報内容

メディアは規制努力についてふつう、世界各地で厳しく過度に行われているとするか、世界的ネットワークでは本質的に無益だとするかのどちらかだ。両極端を並べることは、情報内容をめぐる議論に資するところがほとんどない。重要なのは、世界的情報ネットワークが、情報内容に対する規制の目的と手段に計り知れない圧力を加えることである。

好ましくない情報内容に対する政府の規制がおよぶ範囲を示した例として、悪名高いネオナチの米国人、ゲイリー・ロークがドイツで裁判にかけられて有罪を宣告されたことがあげられる。ロークは長年、郵便とインターネットを利用してナチスの宣伝文書をドイツ市民に送りつづけていた。これは米国では憲法修正第一項によって保護されている活動だが、ドイツの法律では違法である。ロークは、講演先のデンマークで逮捕され、ドイツに引き渡された。同様に、米国のアメリカ・オンラインへの接続サービスを提供するコンピュサーブのドイツ子会社の最高経営責任者が、インターネット上のディスカッション・フォーラムにドイツ市民が参加できるようにしたかどで、ミュンヘンで裁判にかけられた。何十万とある書きこみのなかに、小児性愛に関するものがあったからである。

シンガポールはインターネットをふるいにかけるという無駄な努力をし、イランはテレビの衛星放送の受信器を禁じてもあまり効果がなく、中国はデジタル・ネットワークを通じて流入してくる情報を制限するというほとんど無益な努力をしている。セルビアの当局は、厳しい措置をとったにもかかわらず、政治情報の統制に失敗した。何万もの衛星放送の個人用受信器、NATOの空中情報戦争部隊によるセルビア向けのテレビ放送、通常の電話回線を使ったインターネット利用の激増に負けたのである。

好ましくない情報内容の規制

情報内容の規制は通常、好ましくない情報内容が創りだされるのを未然に防ごうとするものではない。例外としては、児童ポルノや、一部の政治制度における政府を批判する文書などがある。情報内容の規制には、好ましくない情報内容の利用を禁じるものもあるが、大半が文書や画像の入手と配布に集中している。

国家は何十年ものあいだ、このアプローチを用いて普及を制限して、情報内容を規制してきた。名誉毀損法は公の非難を対象とするもので、私的な会話で口をついて出たことは罰せられない。猥褻文書規制は、成人だけが情報を利用でき、未成年には認められないとする。混みあった劇場で偽って「火事だ」と叫ぶのを禁止する、という情報内容規制は、容認される例としてロースクールで取り上げられる典型的なものだが、この場合でも焦点となるのは内容ではなく、観衆全体に向かって「叫ぶ」という、用いられた具体的な伝達手段である。

情報の源とそれを広めるネットワークが国内にあるときは、情報内容の規制は比較的容易である。情報が違法であれば、発信元を法律に基づいて裁き、配布を止めることができる。

一見すると、グローバル化によって、国内における情報内容規制の実施能力が損なわれるように見えるかもしれない。だが、ゲイリー・ロークやドイツ・コンピュサーブの最高経営責任者など、情報提供者に対して世界各地で有罪判決が下されていることは、情報内容の規制が形は違っても存続することを示している。規制の実施は可能性が低くなる一方で変則的になり、予期しない副作用を生みだす。情報内容の規制に関する国家の権限は、情報の利用や配布が領土を離れると管轄権とともになくなる。たとえば、放送衛星のおかげで、情報提供業者が多くの場合は地球規模の国際的プレイヤーとなり、手ごろな価格の小型パラボラアンテナがあれば誰でも豊富な情報チャンネルを利用できるようになった。ルパート・マードックは放送衛星を利用して中国向けに放送しているが、それには中国の管轄権はおよばない。

こうした国境を越えて流入してくる情報を規制することは、国内の規制当局に新しい大きな課題をもたらした。情報の創造者や最初の発信者が遠方にいることがあるため、これらを規制の対象とするのがますます難しくなったのである。実施の矛先が、もともとの創造者とはほとんどつながりのない地元の配信サービス提供業者に集中することになる。

情報が国境を越えて行き来する世界において国内で情報内容の規制を実施することは、国家の伝統的な「ハードな」力より、もっと「ソフトな」力に左右されるところが大きい。中国は、マードックの衛星放送をやめさせることはできなかったが、衛星放送のチャンネルからBBCを外すように説得することはできた。その見返りとして、マードックのニューズコープ社のテレビ・チャンネルは中国で正式に承認され、中国における広告主探しに取りかかることができた（この事例は、世界的情報ネットワークのもう一つの特徴を示している。それは、ネットワーク提供者と配布している情報の源がますます無関係になっていることである。マードックにとってBBCを外すことは、市場にあるもっと穏やかなケーブル・チャンネルと入れ替えればすむことなので、ほとんど問題とならない）。

こうした国境を越える情報の流れを管理するには、政府は国内での実施から、他の法域の当局や世界的情報ネットワークの他のプレイヤーとの国際的な協議、交渉、規則の制定といった協調的な取り決めに移行しなければならない。マードックのテレビ衛星や他の従来からあるメディアの場合、情報の種類によって伝達経路が限定されるため、交渉する相手は容易に識別できた。この点が、急速に変わってきている。インターネットや同じような情報の基盤構造はデジタル・ネットワークである。すべてのデジタル化できる情報――ほとんどのものがこれに該当する――は、ネットワークを超えて送ることができる。ネットワークは、テレビの視聴覚映像や電話の音声通信の場合とは違って、一定の種類の情報しか伝達できないということがない。人間のコミュニケーションのあらゆる要素を網羅している。このどこにでも存在する新しい情報メディアには、領土に基づく昔ながらの規制方式はあまり効果がない。中国は、マードックがBBCの放送取りやめを拒否していた場合、ニューズコープ社の放送衛星を妨害できたかもしれない。だが、デジタル方式の情報ネットワークの場合は、BBCやマードックのテレビ番組だけでなく、中国と世界全体をつないでいる情報接続をすべて取り除かなければならない。金融市場や企業をはじめ、航空管制などの無数のネットワークと相互接続が進んでいることを考えると、国が全世界的な情報ネットワークから切り離されることは、情報内容の規制には効果的であっても、情報に関しては自殺行為に等しい。

通信ネットワーク・プロバイダーを説得して、国内の規制当局と連携して好ましくない情報を識別させようという試みは成功しない。それはこれらプロバイダー自身、ネットワークを行き来するデジタル情報の流れを技術的に制御できないからである。こうした集中型ネットワークへの接続を提供している業者は、具体的な情報ではなく、情報のパイプラインを提供しているにすぎない。それに、たとえプロバイダーが情報の流れを技術的に制御できたとしても、制御することが法的に禁じられる可能性がある。伝統的な情報内容規制論によると、政府は公的な通信は規制できても、私的な通信に立ち入ることはできない。テレビや電話といったこれまでの情報ネットワークは簡単に類別できたが、世界的情報ネットワークの場合は、それが難しいか不可能である。

インターネットには、そうした単純な類別が通用しない。個人的な電子メールから、ウェブキャストと呼ばれるウェブ上で公に流されるライブ映像まで、あらゆる種類の情報を伝えるのに利用されるからである。集中型であるため、伝統的な情報内容規制のもう一つの根拠である、私的通信と公的通信の区別が成り立たなくなる。世界的情報ネットワークにおけるネットワーク・プロバイダーの役回りは、マードックのスターTVという情報伝達ネットワークとはほど遠い、電話の交換手や郵便の配達人に似たものだ。利用者とコンテンツ提供者が交わす通信は、すべて二者間の私的なやりとりだからである。公的か私的かという区別が消えてしまったことによって、政府はデジタル情報の流れを制御しうる者としてネットワーク・プロバイダーに狙いを定めることができなくなった。

政府は、管轄権にもとづくこれまでの方式によっても、国際的な情報伝達に携わる者と協力するというそれに代わる方法によっても、世界的情報ネットワークにおける情報内容規制に関して権限を保つことができない。では、政府にはどういう選択肢があるのか。

政府には、できるところではこれまで通り規制しながら、統制できる範囲が大幅に縮小することを受け入れるという方法がある。シンガポールは、このアプローチをとっている。それに、全面的な規制がますますできなくなっているとはいえ、ゲイリー・ロークやコンピュサーブの例がはっきり示しているように、散発的でむらのある規制でも効果を上げられる。それは、インターネットのネットワークの位相が一様ではないからである。理論上、ある情報源がどこかの国で禁止されても、それが別の国に移動して、そこから利用できるようになる。フランシス・ケアンクロスも指摘しているように、ネットワーク上では距離は問題にならない[22]。とはいえ現実には、北米、ヨーロッパ、その他の数カ国が利用可能な通信帯域幅のかなめを押さえている。情報のサイトをこれらの国から他の場所に移さなければならなくなると、情報の入手や普及が不可能になることはなくても、帯域幅の狭さ、信頼性の低さ、待ち時間の長さによって、サイトの効率が大きく低下する可能性がある。インターネットにおける注意持続時間の短さを考えると、こうした障害は理論上では致命的ではなくても、情報を実質的に利用できなくするかもしれない。このアプローチの不都合な点は、一時的なものだということだ。接続性と帯域幅が全体的に拡大するにつれ、アクセスも向上する。いずれ、地理的な位置はまったく問題ではなくなると思われる。

政府にはまた、国際協力を拡大させるという方法もある。規制の対象となる情報内容について各国間で合意できれば、そうした情報内容は源で制御されて、すべての参加国で規制され、ネットワーク・プロバイダーには影響しない。たとえ共通政策のアプローチに賛成するのが情報ネットワークの高速の基幹回線を持つ国だけでも、国境を越えてかなり規制できるはずだ[23]。これがEU加盟国やG7諸国の目下の考え方である。児童ポルノ禁止の場合のように、各国にすでに同じような国内規則がある好ましくない情報内容については、国内の法執行機関が世界的情報ネットワークを利用して国際的に協力することが、より幅広い規制の枠組みに向けた最初の足がかりになると思われる。こうした努力は有益ではあるが、限界もある。それは、ダイナミックで息もつかせぬインターネット時間によるのではなく、国際協力や外交の比較的ゆっくりしたペースで進められることである。

この数年間に、第三の選択肢が提案されている。それは、フィルター技術を利用して、好ましくない情報の中身を取り除くというものである。この方法では、規制の対象が創造者や提供者から受け取る側、つまり利用者に移る。このいわゆる自主規制方式の提唱者は、たとえば好ましくない情報を除去するソフトウェアを用いて、流入してくる情報を利用者が「規制」するように提案する。この考え方は、創造者か第三者が情報を中身によって分類表示するシステムと組み合わせた場合は特に有望で、他の選択肢より比較的容易な解決策のように思われる。有害な情報は、好ましくないと利用者あるいはその政府が思う場合に止められるが、同じ情報を他の人は受け取ることができる。

残念ながら、このアプローチにはいくつもの欠点がある。まず、アクセスを望んでいる好ましくない情報や違法な情報を除去するのに、利用者はソフトウェアを稼動させたりはしない。「自主規制」という言葉とは裏腹に、フィルターを維持するのは大半の場合、利用者自身ではなく第三者だ。さらに、フィルター用ソフトウェアについての調査では、好ましくない情報をうまく除去するという点でも、認められている情報へのアクセスを阻止してしまう点でも、欠陥があることが繰り返し明らかになっている[24]。

ネットワーク・プロバイダーのレベルでフィルターを設置することは、責任が利用者から提供側に戻ってしまうというだけでなく、さらなる問題を生みだす。たとえば、誰がどの基準にしたがってフィルター用に情報を分類して表示するのか。分類表示を第三者に任せる場合、社会標準を推測するような、広汎な検閲制度が生まれる。この解決策とされるものは、解消させるはずだった害悪を上回る問題を引き起こす。とはいえ、情報の創造者に分類表示をさせた場合、違った標示づけをしたらどうなるか。創造者が情報に正しい標示づけをするように仕向けるには、刑事制裁という脅威を与えることだという提案もある。この提案が採用された場合、行き着くところは単なる検閲制度ではなく、創造者が自らを検閲するというジョージ・オーウェルの小説に登場するような制度である。

前途について

この章では、世界的情報ネットワークにおける情報政策の形成について見てきた。世界的ネットワークのダイナミックな情報の流れは、政府とガバナンスに影響する。それは、必要もしくは役立つと思われる情報のルールと、情報政策を明確に示す際の政府の役割と、さらに他の利害関係者の参加について、明らかにしようと試みられるからである。同様に、政府の措置、特に他の法域にすでに存在する規範や支配的なルールもしくは傾向を無視したり、それらと関連させずにとられた措置は、ひずみ、政治的摩擦、不公平な扱い、大きな溝などを生じさせかねない。この章ではまず、情報のルールと政策について考えるための枠組みを示した。次に、個人情報と好ましくない情報内容という、情報の二つの領域における規制について論じた。個人情報の保護については三〇年におよぶ国際的で強力な基盤があり、それが世界的ネットワークの増えつづける情報の流れと、個人情報を保護する規則がまだない法域での規則の制定の基礎となる。それにひきかえ、好ましくない情報内容については感情が激化しているのに、国と地方の規則は継ぎはぎの状態で、世界的情報ネットワークにおける好ましくない情報内容に対処する措置は、これまでのところほとんどとられていない。短期的には、これらの問題は民主的な政治制度により大きく影響するかもしれない。とはいえ、他の統治体制の国もこれらの問題を免れるわけではなく、結局のところ、より深刻な影響に見舞われると思われる。

第16章

経済のグローバル化の管理

Governance of Economic Globalization

Dani Rodrik

混合経済は、二〇世紀の経済における最大の成果である。資本主義を全面的に解き放ったのが一九世紀だとしたら、それを制御し、市場を基盤とした経済という制度的土台を与えて生産性を押し上げたのが二〇世紀である。信用と流動性供給を調整する中央銀行、総需要を安定させる財政政策、不正行為や競争阻害行為と闘う独占禁止および規制当局、生涯のリスクを減らす社会保険、これらの制度が市民に対して責任をとるようにする民主政治――これらはすべて、今日の先進国で二〇世紀後半になってようやくしっかりと定着した新機軸である。二〇世紀後半はまた、西ヨーロッパ、米国、日本、東アジアの一部が前代未聞の繁栄を謳歌した時期でもあったが、これは偶然ではない。こうした制度の新機軸が市場の効率と正当性を大いに高め、市場要因によってもたらされた実質的な進歩から力を引き出したのである。

グローバル化――ここでは貿易と金融の統合が深まることを意味する――は、混合経済に機会と課題をもたらす[1]。プラスの面では、市場が地球規模に拡大することによって、比較優位に基づく分業と特化を通していっそうの繁栄が約束される。これは、最先端の技術と世界市場における安価な資本財に接近できるようになる発展途上国にとって、特に重要である。

ところがグローバル化はまた、規制や再分配の制度を築くための国家の能力を弱め、その一方で確固とした国の制度の重要性を高める。社会保険の必要性が増すのに、社会の安全網をまかなうのが困難になり、しっかりと監督することがいっそう重要になるのに、金融仲介機関は国内規制をかわす能力を高め、政策を誤ったときの損害が大きくなるのに、マクロ経済的管理は難しい局面にさしかかる。この点でも、もともと制度が脆弱な発展途上国のほうが危険である。

二一世紀初頭、市場がグローバル化しようとしているのに、それを支えるのに必要な制度がおおむね国家レベルにとどまっているというジレンマに直面している。この章では、この食い違いに二重の意味あいがあることを論じたい。一方では、ほぼ国境に沿って管轄権の境界線が引かれていることが、経済統合に制約を加える。これは効率を妨げる。もう一方では、生産者や投資家がグローバル化を望んでいることが、国家経済の制度的基盤を弱める。これは公平さと正当性の妨げとなる。

この二つが同時に進行すると、行き着く先はどっちつかずの世界である。輸出企業、多国籍企業、融資機関は、貿易や資本移動に支障をきたすと不満をもらす。労働運動家、環境保護主義者、消費者保護活動家は、国の基準や法律を緩和する動きを非難する。庶民の多くは、グローバル化を禁句扱いする一方で、その果実を喜んでむさぼり食う。政府の役人は、各グループを順に喜ばせようとするのだが、どれも満足させられないで動揺している。

長期的に見れば、ジレンマから脱け出すには、政治が経済と同じようにグローバル化した世界を思い描くことである。それは混合経済が世界全体のレベルで再構築された、全世界的な連邦主義の世界である。短期的には、国家がまだ存在しているため、より現実的で実践可能な取り決めに落ち着かざるをえない。中間的な仕組みとして適切なのは、国際的に調和させて基準を設定することに、一般化された離脱の方法と免責条項を組み合わせたものだ。これなら統合によって得られる効率の大半を手に入れられるうえ、さまざまに異なる国の慣行に余地を残すことができる。この仕組みは、「埋めこまれたリベラリズムの妥協」を二一世紀初頭の経済の現実に合わせて再形成することになる[2]。

グローバル経済のグローバル度

今日の世界経済については、財、サービス、資産が摩擦もなく国境を越えて移動する世界市場が出現していると一般的に認識されている。このイメージはたとえば、グライダーやフリードマンの評判を呼んだ著作に見られるが、この二冊はそれ以外の点ではことごとく違っている[3]。両者とも国家が実質的にすべての権力を失い継ぎ目なくつながった世界市場を描きながら、この状態が望ましいかどうかについてきわめて異なる結論に達している。

グローバル経済は、実際にはどのくらいグローバルなのか。経済のグローバル化について考えるときの指標は当然、財、サービス、生産要素の市場が完全に統合された世界である。私たちは現在、そのような世界からどのくらい離れたところにいるのか。私の答えはかなり遠く離れているというものので、これは第2章におけるフランケルの評価と大筋で一致している。世間一般の通念や学者の説に反して、国際的な経済統合はまだきわめて限定的である。この確たる結論を示している研究は、枚挙にいとまがない[4]。国境は、正式の関税・非関税障壁、言語や文化の違い、為替レートの不確実性、その他の経済的障害がない場合でも、通商にかなりの抑圧効果をおよぼすようだ（たとえば米国・カナダ間の場合）。貿易財における国際的な価格裁定は、非常にゆっくりと起こる傾向がある。先進国の投資内容には大いなる「自国偏向」が見られ、資産分散化の原則が示しているより高い比率の資産が自国に投資されている。国の投資率は、国民貯蓄率と大いに相関関係があり、左右される。資金が潤沢な時期でさえ、豊かな国と貧しい国のあいだの資本移動は理論モデルから予想されるよりかなり少ない。実質金利は、金融市場が統合されている先進国間でさえ等しくなることはない。国際的な労働移動に対する厳しい制限は、例外ではなくふつうのことである。さらに、技術がもたらした国際化そのもののインターネットでさえ、いろいろな意味で地方的である。

貿易や資本移動に対する公式の障壁は、この三〇年間にかなり減ったものの、財、サービス、資本の国際市場には、完全に統合された場合のような「厚み」がない。なぜこれほど多くの財や資本の取引がどこかへ行ってしまっているのかは、国際経済学の目下の研究課題である。その答えは、まだ完全には明らかになっていない。だが、答えがどうであれ明らかなのは、経済統合の効率がもたらす利益を全面的に享受するには、経済のグローバル化が大きく進展しなければならないことだ。

政治的・法的管轄によって制限される国際分業

先ほど述べた「国境」の影響は、ある程度までは何ら不思議はない。国境は、政治的権限と司法権の境界を定めるものである。こうした境界は、輸送費や国境税の場合と同じように、市場を区切る役目を果たす。これは、国の管轄区域を越えて行われる交換には、政治や司法の制度が途切れることによって生じる多種多様な取引コストがかかるからである。

こうした取引コストの発生源はさまざまだが、おそらく最も明らかなのは契約履行の問題に関するものだ。書面による契約に当事者の一方が違反した場合、地元の裁判所が、異なる二カ国の居住者間で結ばれた契約の履行を強いるのを嫌がることがある（これは国際裁判所にはできない）。国家主権が契約の履行を妨げ、国際取引は日和見的な行動が拡大させるリスクに委ねられることになる。この問題が最も深刻なのは資本移動の場合で、国の借入れの機会を制限するのは各国の義務を果たす能力ではなく意欲だということだ。とはいえ、この問題は、異なる二つの法域に属する主体によって結ばれた商業契約にも広く見られる[5]。

契約が明示されていない暗黙のものである場合、持続させるには度重なるやりとりか付随する制約が必要である。これらはどちらも、国境を越えると一般的に成し遂げるのが難しい。国内の場合は、暗黙の契約は往々にして社会的ネットワークに「埋めこまれて」おり、それによって日和見的な行動が制裁される。経営幹部が正直さを保つのは、社会的に疎外されるのが怖いからでもある。東南アジアの華僑に見られるように、取引上のつながりを強めるのに民族のネットワークが演じている役割は、経済交流を促すのに集団のきずなが重要であることをはっきり示している[6]。

契約は多くの場合、結局は明示されているのでも暗黙でもなく、不完全なものにとどまっている。国内の場合、契約の不完全さの問題を多少とも解決するのに、法律、規範、慣行などによる方法がある。ジーン・ティロルがあげている例を借用すると、清涼飲料のビンが爆発するという小さな可能性から消費者を守っているのは、不測の事態に備えてメーカーと結んだ契約ではなく、製造物責任法である[7]。国際法は、不完全な契約から部分的に守ってくれるのが関の山で、国際的な規範や慣習にも守る力はない。

貿易を制限する取引コストの別の例として、国ごとの通貨制度がある。アンドリュー・ローズの最近の研究調査によると、通貨が同じ国同士の貿易は、通貨が異なる国同士の場合の三倍にのぼっている[8]。また、この影響は為替レートの変動そのものの影響よりはるかに大きい。為替変動が貿易におよぼす影響は比較的小さい。したがって、国の通貨によって管轄が途切れることは、通貨の価値が安定しているときでさえ貿易に大きなマイナスの影響をおよぼす。

こうした議論は、国際的な経済統合はどこまで進められるかという問題と大きく関わってくる。市場の奥行きが管轄権のおよぶ範囲によって制限されるのなら、国家主権が国際的な経済統合に深刻な制約を課すということになるのではないか。政治が国内にとどまったままで、市場が国際化できるのだろうか。さらに少し違う角度から見て、国際市場が政治の権限の範囲が狭まるのを恐れない世界では、政治はどのようなものになるのだろうか。

国際的な三極ジレンマ

開放経済マクロ経済学の結果としてよく知られているものに、国は独立した金融政策、固定相場制、自由な資本移動を同時に維持することはできない、というのがある。これは専門家が「不可能な三位一体」と呼びならわしているもので、オブストフェルドとテイラーの用語では、「開放経済の三極ジレンマ（トライレンマ）」となる[9]。この三極ジレンマが、図16-1の（A）に示してある。政府が固定相場制と

図16-1　三極ジレンマ

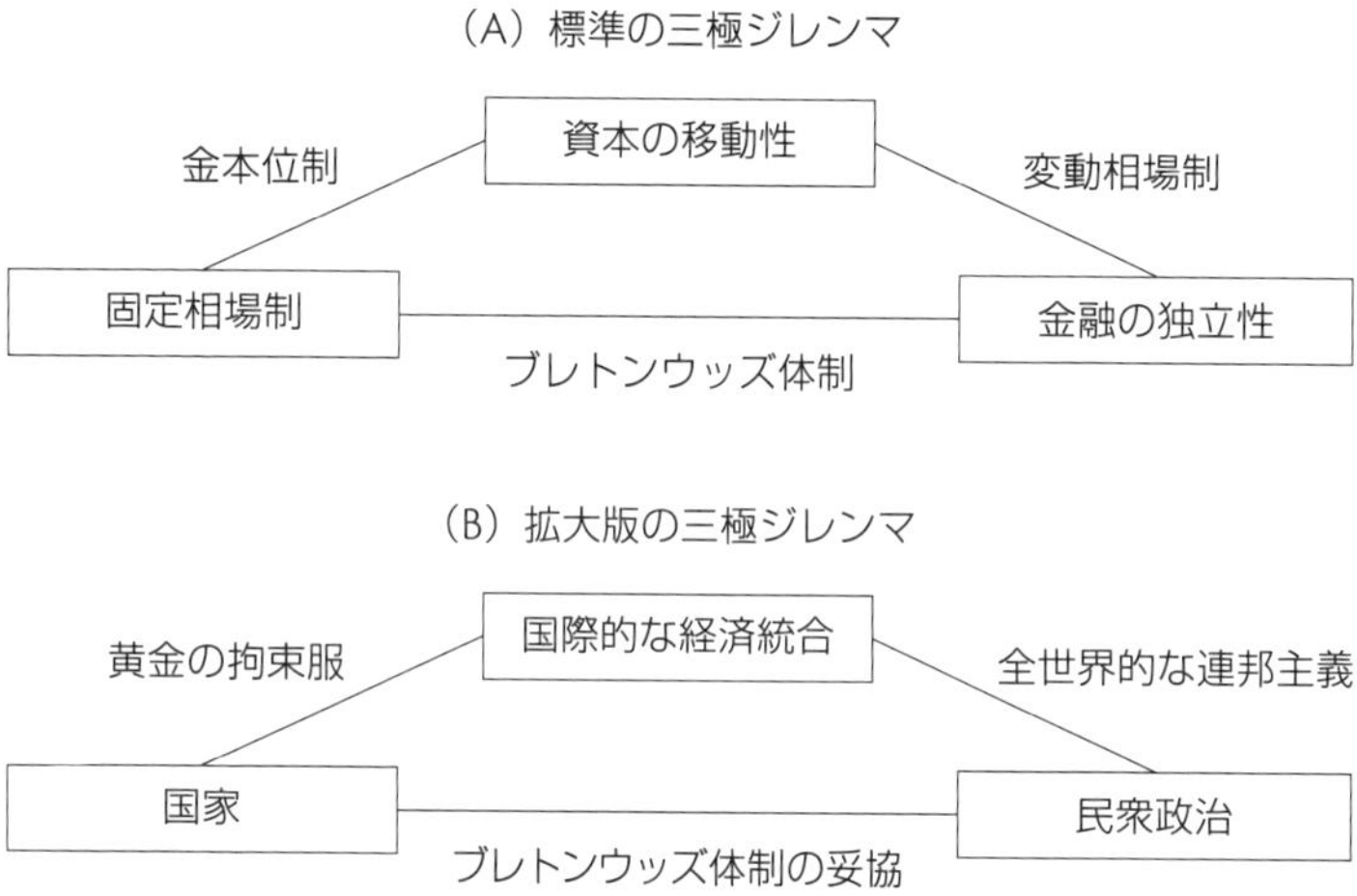

資本の移動性を選択する場合は、金融の独立性を諦めなければならない。金融の独立性と資本の移動性を望む場合は、変動相場制をとらなければならない。固定相場制と金融の独立性を組み合わせたい場合（少なくとも短期的に）は、資本の移動性を制限したほうがよい。

図16－1の（B）には、類推による別の三極ジレンマが示してある。世界経済における「政治的」三極ジレンマとでも呼べるものだ。この場合の三つの結節点は、国際的な経済統合、国家、民衆政治である。ここでは「国家」は、管轄のおよぶ領土があり、法律を制定して施行する独立した権限を持つ主体という意味で用いている。「民衆政治」は、選挙権が制限されておらず、政治的結集度が高く、結集した集団に政治制度が対応する政治体制という意味で用いている。

これも標準の三極ジレンマの場合と同じく、三つのうち二つまでしか選ぶことができない。真に国際的な経済統合を望むのであれば、国家を選んで国の政治の領域が大きく制限されるか、あるいは民衆政治を選んで全世界的な連邦主義のために国家を諦めるかのどちらかである。きわめて参加型の政治体制を望むのであれば、国家と国際的な経済統合のどちらかを選ばなければならない。国家を維持したいのであれば、民衆政治と国際的な経済統合のどちらかを選ばなければならない。

いずれも一目瞭然ではないが、これに一理あるかもしれないことを理解するために、完全に統合された世界経済があると仮定して考えてみよう。それは、財・サービス・資本市場における裁定に国の管轄権が干渉しない世界経済である。取引コストや税の格差は小さく、製品や規制の基準は統一され、商品価格や要素収益の収斂は完全に近い。

このような世界にするための最も明らかな方法は、地球規模の連邦主義を導入することである。全世界的な連邦主義では管轄区域が市場と一致して、「国境」の影響がなくなる。たとえば米国では、州によって規制や課税の方法が異なるものの、憲法、中央政府、連邦裁判所が存在することによって市場が真に全国的になっている[10]。欧州連合（EU）は、現在のところは連邦制度とはほど遠いものの、同じ方向に進んでいるようだ。全世界的な連邦主義のモデルでは、世界全体——あるいは少なくとも経済的に重要な地域——が米国の制度のように組織される。中央政府は消えるとは限らないが、権限が超国家的な立法・行政・司法当局によって厳しく制限される。世界政府が世界市場を管理するのである。

だが、全世界的な連邦主義が、完全なる国際的な経済統合を達成する唯一の方法ではない。別の方法として、国家体制をほぼ現状のまま維持しながら、国の管轄権——およびそれらに差違があること——が経済取引の障害とならないようにする、というものがある。このような世界における国家には、国際市場から見て魅力的に映ることが何より重要な目標となる。国の管轄権は、障害となるどころか、国際的な貿易や資本移動を促すように調整される。国内の規制や租税政策は、国際基準に合わせるか、国際的な経済統合に最も障害とならない仕組みにするかのどちらかになる。国内の公共財は、統合市場に適合するものだけとなる。

このような世界を想定するのは可能であり、実のところ、すでに実現されていると信じているらしい解説者が少なくない。今日の政府は、金融引締め、小さな政府、低い税率、柔軟な労働法、規制撤廃、民営化、あらゆるものにおける開放性といった、市場の信頼を得て貿易や資本流入を引き寄せると思われる政策を追求することにより、互いにしのぎを削っている。これらは、フリードマンがいみじくも「黄金の拘束服」と命名したものを構成する政策である[11]。市場が国際化するなかで国の管轄権を維持することの代価は、政治が狭い領域に限定されることである。フリードマンは、「国が黄金の拘束服をまとうと」どうなるか、次のように述べている。

経済の成長と、政治の縮小という二つのことが起こることが多い。……黄金の拘束服によって、権力者は政治や経済政策の選択肢が比較的狭いパラメーターに限られる。そのため近年、黄金の拘束服をまとった国では与党と野党の真の違いを見つけるのがますます難しくなっている。国が黄金の拘束服をいったん身につけると、政治の選択肢はペプシにするかコカコーラにするかといった程度のものと化す。味は微妙に違うだけ、方針はわずかに違うだけで、現地の伝統に合わせてデザインを少々変更し、場合によってはいくらか緩和されるものの、中心となる黄金律から大きく外れることはない[12]。

この説明が現在の世界の特性を正確に示しているかどうかは異論のあるところだ。とはいえ、フリードマンは何かを捉えている。彼の主張は、国内市場が完全に統合されたのに政治は依然として国ごとに組織されているような世界では、かなりの力を持つ。そのような世界では、経済政策を決定する集団(中央銀行、財政当局など)が政治的な参加や議論から切り離されることや、社会保険が消滅する(あるいは民営化される)ことや、開発目標が市場の信頼を維持する必要性に取って代わられるところなどに、政治の縮小が現れる。要点は、グローバル経済の要件によってゲームの規則がいったん決められると、結集した人民集団が国の経済の政策決定に接近して影響をおよぼす力が制限されざるをえないということだ。両立しないことは、金本位制が最終的に崩壊したときの経験が如実に物語っている。両大戦間の時期、選挙権が全面的に行き渡って労働が組織化されると、政府は金本位制という経済の正統派的慣行をつづけられなくなった。

これとは対照的なのが、全世界的な連邦主義である。全世界的な連邦主義の場合は、政治は縮小する必要がなく、縮小しない。全世界的レベルに移行するのである。この点について、米国が有益な考え方を示している。それは、米国で大きな議論を引き起こすような政治闘争は、州レベルではなく連邦レベルで繰り広げられることだ。

図16-1に、完全なる国際的な経済統合をめざすのを犠牲にした場合に可能となる第三の選択肢が示されている。これを「ブレトンウッズ体制の妥協」と呼ぶことにする。ブレトンウッズ・GATT(関税貿易一般協定)体制の本質は、貿易に関する国境での制限をいくつかなくし、貿易相手国について一般的に差別しなければ、あとは各国が好きなようにしてよいというものだった[13]。国際金融の分野では、各国は資本移動に対する規制を維持することができた(実際には奨励された)。貿易の分野では、数量

規制は難色を示されたが、輸入関税は認められた。GATTの一連の多角的貿易交渉は、貿易自由化に向けて大きな成果をもたらしたとはいえ、例外も山ほどあった。農業と繊維は事実上、交渉から外されていた。GATTの複数の条項（特にダンピング防止とセーフガードに関するもの）が、輸入によって国内産業が厳しい競争にさらされた国が貿易障壁を設けることを認めていた。発展途上国の貿易政策は事実上、国際的な規律の適用範囲の外側に置かれていた[14]。

おおよそ一九八〇年代まで、こうした緩やかなルールによって、各国には独自の異なる開発の道を歩む余地が残されていた。それで、西ヨーロッパは域内で統合し、広汎な社会保険制度を築くことを選択した。日本は、活力に満ちた輸出のシステムとサービス・農業部門における大いなる非効率を組み合わせた独特の資本主義によって、先進国に追いついた。中国は、手引書にある他のルールはすべて無視したが、個人の自発性が重要だということをいったん認識すると飛躍的に伸びた。残りの東アジアの大半は、のちに世界貿易機関（WTO）によって禁じられた産業政策を基に、経済的奇跡を生みだした。ラテン・アメリカ、中東、アフリカの多くの国は、国の経済を世界経済から隔離するという輸出代替政策に基づいて、一九七〇年代末まで空前の経済成長率を達成した。

ブレトンウッズ体制の妥協は一九八〇年代、いくつかの理由でおおかた断念される。通信と輸送の技術の向上によってグローバル化が容易になったため、古い体制は弱体化した。国際的な貿易協定が、国境の背後にまで迫ってきた。たとえば、従来は国内政治に任されていた独占禁止や保健・安全に関する政策が、今では国際貿易に関する議論で取り上げられるようになった。さらに、途上国の多くが開放政策のほうが国のためになると考えるようになったため、開放を支持するという態度に変わった。結局のところ現在、図16-1に示した拡大版の三極ジレンマにおける三つの結節点のどこか中間にいるということだ。最終的に、どれを諦めることになるのか。

このあと、二つの異なる方向を示していくが、一つは短期から中期に適したもので、もう一つは長期に向いている。一つめは、ブレトンウッズ体制の妥協を再生させるものである。このシナリオでは、国家が中心でありつづけるとし、国際的なルールと基準に、組みこまれた免除の仕組みを組み合わせる。このシステムの理論的根拠と、それがどういうものであるのかを次に見ていく。長期的なほうは、全世界的な連邦主義である。このシナリオは言うまでもなくずっと先の話なので、より自由に想像力をはたらかせられる。

短期向けの一般化された免除の仕組み

国家が決定的に重要なアクターでありつづけるかぎり、安定した国際的な経済管理体制には、各国の選択と合致していることが欠かせない。国の政策決定者には独力で行うという選択肢がつねにあるため、それをさせない何かが体制に備わっている必要がある。したがって、国際的な経済管理には課題が二つある。一方では、政策と基準が「自発的に」さらに収斂するのを促す一連のルールが必要である。これは法域による差違の影響を小さくするのに役立ち、それによっていっそうの経済統合を促す。それと同時に、国際的な経済関係を管理するルールには、多国間統制から選択的離脱ができるように、十分な柔軟性を組み入れなければならない。これは、国の規範や選択が異なることによる例外を認めるのに必要である。

一例として、WTOのセーフガード協定を考えてみよう。この取り決めによって、加盟国は輸入が急増した場合、非常に厳密な条件に基づいて一時的な貿易制限を課すことができる。こうした「免責条項」の適用が当てはまるケースは広く一般的にあり、貿易以外の分野でもさまざまな状況において認められるべきだ。以下に示すように、ルールに免除の仕組みを組みこむことは、ルールが存在しない場合や頻繁に破られる場合より概して効果を上げる。

(1) 一時的な免除の仕組みの解析——政府が主権の一部を放棄して、政府間組織に権限を与えるのはどういうときか。これには、ゲーム理論の用語を使って簡単に答えられる。それは「協力」の長期的利得が、「離反」(つまり一方的な行動)の短期的利得を上回るときである[15]。

より具体的には、一回限りのナッシュ均衡が全般にわたる離反であるという、反復ゲームの状況における二カ国間の協力を考えてみよう。問題になっている政策的措置は、関税であるとしよう(この論理は国際的な経済政策のどの局面にも適用できる)。両国とも低い関税率での均衡を望んでいるが、一回限りのナッシュ均衡は両国において高い関税率を引き起こす(これは囚人のジレンマが貿易政策に適用されたケースである)。協力は、一定の状況で無限に繰り返される環境において持続させられる。特に次のような t 時において、協力がすべてのプレイヤーにとって均衡戦略となる。

離反の短期的利得 < (割引条件) × (協力の将来における純利得)

したがって、協力が持続可能となるには、離反の短期的利得が小さく、割引率が低く、協力による将来の利得が大きくなければならない。こうした協力の一つに、各プレイヤーが「はじめに協力し、前の期間に相手側が協力した場合は協力し、そうでない場合はk期間にわたって離反する」という引き金戦略を用いるケースがある。動きのない状況では、これで話は終わる。基本的なパラメーターが協力を生じさせるか、生じさせないかのどちらかだ。

だが、状況が変わるとどうなるだろう。貿易量に外因性の衝撃がおよぶという、カイル・バグウェルとロバート・スタイガーが分析した関税ゲームについて考えてみよう[16]。貿易量が(当初の予想よりも)多くなると、短期的な日和見主義(交易条件を理由として関税を課す)の利得もやはり多くなる。先ほどの式の左側が増えるのに対し、右側は変わらないままである。その時点で、協力がかつては均衡戦略であったとしても、もはやそうではないかもしれない。したがって、両者とも少なくともk期間にわたって離反することになる(貿易戦争)。

この可能性に備えて、戦略は次のようにしておくべきだ。「はじめに協力し、前の期間に相手側が協力したか、貿易量が一定の限界を超えたので相手側が離反した場合は協力し、そうでない場合はk期間にわたって離反する」。この戦略を用いると、長期にわたる貿易戦争が避けられる。こうすれば、ゲームに「免責条項」がはっきりと示される。政府は、ルールにしたがって行動する見返りが十分ではない場合、ルールから離脱しても罰せられない。このほうが不必要な貿易紛争が起こらないため、すべての関係者にとってより良い結果となる。

この例に示された要点は、貿易量の増大や交易条件を理由とする関税の利用を超えて、一般論として言えることだ。状況が変わって、自由貿易が国内の社会・政治的目標と相容れなくなった場合、「離反」をルール破りとして扱うより許容するほうが体制にとって得策である。このように考えると、免責条項(「セーフガード」や「離脱」など)が持続可能な国際協定に不可欠であることが明らかになる。

(2) 永続的な免除の仕組みの解析——これまでの議論における免除の仕組みは、一時的なものだった。各国の選択が異なる場合、永続的な免除の仕組みが必要なケースもある。たとえば、すべての国の環境基準、労働規定、製品安全基準、税法が同じでなければならない理由はない。そのようなケースでは、国内当局にいくらか自由を与えるのが道理に適っている。とはいえ、無制限の自由は、国境を越えて影響が波及するため、最適なものとは言えない。より緩やかな労働基準や低い資本税を設定することによって、一部の国が貿易や資本の流れを自国に向かわせることがある。一般的に、基準の設定(標準であってもネットワークの類であっても)に外部性が関与している場合、分散的行動は最適ではない結果しかもたらさない。

トマス・ピケティの重要な論文に、こうした状況に有益な指針が展開されている[17]。ピケティは、次のような二段階の手続きが国家間の分散的行動を改善させることを証明している。

1 第一段階では、各国が集団で共通基準を採決する。

2 第二段階では、共通基準から外れたい国が、コストを支払うことによってそれができる。

このスキームでは、ナッシュ均衡をパレート最適が支配し、各国は独自に行動する。小さなモデルを使って、この仕組みを説明する。国内当局の管理下に置かれているある政策(たとえば労働基準、資本税、金融上の規制など)をt_iで表すとしよう。i国の厚生関数は、数式1のように表される。これは、二つの考えを捉えている。第一に、各国に異なる理想的基準(ここではa_iで表されている)があること、第二に、各国の厚生が他国で維持されている「平均的」基準($\bar{t}$で表され

数式1

$$W_i = -\frac{1}{2}(a_i - t_i)^2 + b(\bar{t} - a_i)^{1/2}, \qquad b > 0$$

ている）にも影響されることである。特に第二の条件は、他国がi国にとって最も望ましいレベルを下回る基準を（平均して）維持しているときは、i国の効用にマイナスになるという解釈ができる（具体例としては、資本課税制度や銀行業基準を考えるとよい）。それぞれ理想的政策を示すインデックスをつけた国々の連続体があるとして、a_iが区間[0, 1]において一律に分布しているとしよう。分散化した非協力の均衡では、各国は他国におよぶ外部性を顧慮することなく、それぞれの理想的政策を選択する。これによって非協力（"nc"）の解、すべてのkにとって$t_k=a_k$, $\bar{t}^{nc}=1/2$がもたらされる。

原則的には、最良の結果はピグー税・補助金に基づくスキームを実施して、tの選択における外部性に対抗することによって得られる。だが、それには各国の選択の分布全体についての知識と、国際的な租税専門家が必要だ。ピケティの提案をモデルにした代替案は、非協力のナッシュ均衡をパレート最適において優越し、最小限の情報しか必要としないことを証明しよう。

代替のスキームは、次のような規則で構成されている。第一段階では、各国が多数決で共通t^cを選ぶ（cは協力に用いられる共通基準を表す）。第二段階では、各国は$t_i \geq t^c$としなければならず、そうでないと費用$k \geq 0$を支払わなければならない。この費用kは、どの国も非協力の均衡の場合より状況が悪化することはないという参加制約条件にしたがって選択される。

どの国も少なくとも悪くなることはないというt^cとkがつねにあることを、二

数式2

$$-1/2(a_s-t_s)^2+b(\bar{t}^c-a_s)^{1/2}-k=-1/2(a_s-t^c)^2+b(\bar{t}^c-a_s)^{1/2}$$

［解］（$t_s=a_s$として）$a_s=t^c-\sqrt{2k}$

つの段階に分けて証明しよう。まず、それ以下になるとすべての国がkを支払うことを選んで標準的なt^cから外れるという切り捨てレベルaを導き出し、a_sで表す。このa_sという切り捨て値は、t^cとkの関数であり、数式2の等式によって黙示的に示される。等式の左側は、sというインデックスで示されている国が、最も望むtであるt_sを選んで費用kを支払うときの効用水準である。右側は、この国が共通基準t^cを手放さないときの効用水準である。s国は、二つの選択肢のどちらでもかまわないと仮定する。この等式を解くと、上記のようになる。$a_k>t^c$である国は規則に制約されないので、自国にとって最も望ましい基準である$t_k=a_k$を選ぶ。

一定のt^cとkが与えられたとすると、結果は図16-2に示したようになる。太い線は、aの関数としてtが選べる範囲を示している。aが値域（0, a_s）にある国は、費用kを支払い、自国にとって最も望ましいtを選択する。値域（a_s, t^c）にある国は、t^cを選択する。そして値域（t^c, 1）にある国は、自国にとって最も望ましいtを選択する。このスキームの効果は、二番め（中間）の値域で選ばれる基準を引き上げるところにある。平均的な基準がこれによって、少なくとも$\bar{t}^{nc}=1/2$を下回ることのない$\bar{t}^c=1/2+k$まで上昇する。

第二段階では、t^cとkの均衡水準を導き出す。t^cは多数決によって、kは状況が悪化する国はないという制約によって各国で選ばれているため、解は簡単だ。まず、このスキームにおいて最も困窮している国は、aが最も低い、つまり$a_k=0$の国である。この国が、このスキームでも非協力の場合と同じくらい良い状況になるには、

$k \leq b^2$という基準が満たされなければならない。先ほどの制約にしたがって中位国の厚生を最大化させると、$k=b^2$と$t^c=1/2$という結果が得られる（後者は、aが一様分布であるなら、中央値が平均値と等しくなることによる）。

要するに、kが区間$(0, b^2)$内にあれば、非協力の均衡の場合と比べてパレート最適は向上する。こうしてこのスキームは、わずかなkによって、bについての知識を必要とすることなくつねに機能する。免除の条項（この行使には費用がかかる）を加味して調和をはかることは、標準化に多様性を組み合わせる柔軟な方法である。

(3) 議論——これまでに述べた解析の枠組みは、経済のグローバル化の管理について考えるのに有益である。免除の仕組みの原理は、限定的ではあるがWTOですでに用いられている。前に述べたように、GATTとWTOにはセーフガード措置があり、各国は輸入が急増したのを受けて一時的に関税を課すことができる。こうした保障措置があまり用いられないのは、反ダンピング防止措置を利用するほうがかなり簡単だからである。実際に、アンチ・ダンピング税が保障のメカニズムとして広く用いられてきた。GATTはまた、非貿易や外交政策上の理由による永久的な免除を特定の条件の下で認めている。より具体的には、GATTはかつて、農業、繊維（多国間繊維取り決め）の分野や特定の工業製品（輸出自主規制）において、規律を緩和させたり課さないでおく必要性を認めてきた。これらを、「逸脱」と見なすのではなく、国際協力を成し遂げるのに欠かせないものと見なすべきだと思われる。

図16-2　出口つき調和ゲームの解

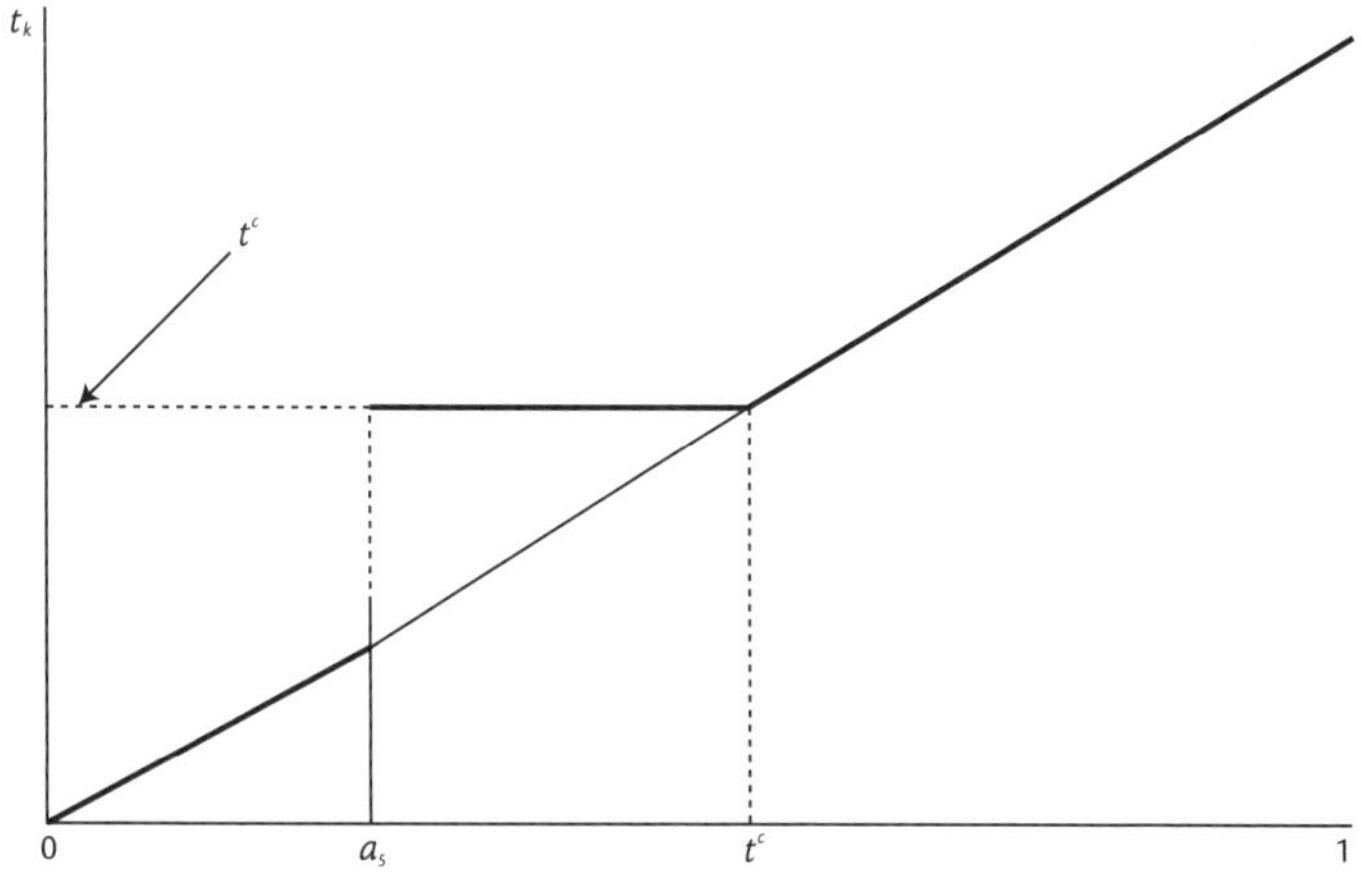

この章の分析は、国際的な貿易・金融体制の統制が新しい分野へ広がるにつれ、再活性化された免除のメカニズムを作ることが並行して必要になることを示している。国家が国際制度の中心にとどまっているかぎり、持続可能性と多様性を考えるなら、多国間統制からの選択的離脱を許容するようなルールが必要である。

貿易の分野では、現行のセーフガード措置がおよぶ範囲を、たとえば労働基準や環境や人権をめぐる懸念によるものなど、さまざまな状況にまで広げることが考えられる。こうした拡張された免責条項のメカニズムが目指すのは、特定の不測の事態が発生したときに国際的に承認された手順にしたがって、各国が貿易と相容れない国内要件を満たすために動ける余地を広げることである。悪用を防ぐために、このメカニズムは国内の手続きが透明で、民主的で、すべての利害関係者（貿易から利益を得る者を含む）に開放されていることと、結果が定期的に審査されることを確実にしなければならない（こうした手続き上の要件は、先ほど論じたモデルにおけるkに当たると解釈できる）。これが世界貿易体制を蝕むダンピング防止ルールの強化に代わって成し遂げられると、かなりの利益をもたらすはずである。

国際金融の分野でも、同じようなメカニズムを考える必要がある。国際機関は、近年の金融危機を受けて、各国がしたがうべき膨大な量の規定や基準を作りだした。これは財政の透明性、通貨および金融政策、銀行行政、データの普及、企業の統治および組織、会計基準などにおよんでいる。こうした規定は概して、発展途上国のニーズには適切ではない。途上国が主として必要としているのは、資源と管理能力への大型投資である。実際問題としての真の論点は、離脱することが非公式に場当たり的に認められるのか、それともはっきりと規則に組みこまれるのかということだ。ここまでの議論は、後者のほうがはるかに望ましい戦略であることを示している。

長期向けの全世界的な連邦主義

長期的に見て、市場、管轄権、政治がおよぶ範囲がそれぞれ本当にしかも同じようにグローバルな世界――地球規模の連邦主義の世界――は考えられるだろうか。

これはありうると思われ、それは次のような理由による。第一に、技術が進歩しつづけることによって、国際的な経済統合が後押しされ、全世界的な政府の障害となっていたもの（距離など）がいくらか取り除かれる。第二に、世界戦争や大規模な自然災害が起こった場合を除き、世界の大半の人びとが統合の進む（したがって効率のよい）世界市場がもたらす利益を放棄したがるとは思えない。第三に、ようやく手に入れた市民の権利（代表権や自治権）も簡単に放棄されそうもなく、政治家に対して有権者の意向に沿わせる圧力となる。

さらに、労働団体や環境保護主義者といった、経済統合の「敗者」だと自認している人たちと、輸出企業、多国籍企業、投資関係者といった「勝者」だと自認している人たちとのあいだで、グローバル・ガバナンスに向けた便宜上の提携が起こることが考えられる。提携を支えるのは、規則、規制、基準が超国家的に発布されることが双方にとって最大の利益となるという互いの認識である。労働運動家と環境保護主義者は、国際的な労働・環境規定を試みることができる。多国籍企業は、世界共通の会計基準に基づいて仕事ができる。投資家は、情報開示、破産、金融に関する共通の規則から恩恵を受ける。全世界的な財政当局が公共財を提供し、全世界的な最後の貸し手が金融システムを安定化させることになる。経済大国の優位にしかるべき配慮をしながら、国際的な政策決定者に民主的な選挙を通して責任を持たせることが、取り決めの一部となる。唯一残っている国民国家の受益者である国内の官僚と政治家は、全世界的な役人に変身するか、隅のほうに押しやられるかのどちらかだ。

全世界的な連邦主義とは、国連がそのまま世界政府になるということではない。可能性が高いのは、伝統的な統治形態（選挙で選ばれた全世界的な立法機関）と、複数の法域にまたがり、おそらく複数の種類の代表機関に対して説明責任を負う管理制度を組み合わせたものである。急速に技術が進歩する時代にあって、ガバナンスの形態そのものにかなりの変化がおよぶと思われる[18]。

このシナリオには、狂いが生じうる点がいくつもある。一つの可能性として、一連の金融危機のために国内の有権者が非常に大きなショックを受けて、不満ながらも進んで「黄金の拘束服」を長期にわたって着用することがある。このシナリオは、国内政治が地球規模でアルゼンチン化することを意味する。さらに別の可能性として、政府が経済統合によってもたらされる分配と統治の問題に対応するために、保護主義に陥ることがある。近い将来については、この二つのシナリオのどちらかのほうが、全世界的な連邦主義より可能性が高い。だが、長期的には、もっと楽観的になれる余地がある。

結論

この章は、経済のグローバル化の管理について考える枠組みを提供している。私たちは現在、完全なる国際的な経済統合とはほど遠いところにおり、残りの道のりを進むには管轄の拡大か政治の縮小のいずれかが必要であることを論じた。長期的には、政治と管轄が拡大して、真に統合されたグローバル経済の範囲と一致することが考えられる。これが、全世界的な連邦主義のシナリオである。だが、短期的には、より現実的な解決策が求められている。

レイモンド・ヴァーノンが述べているように、「私たちは、世界主義者の地球規模の願望、国家に縛られた集団の全国レベルの願望、さらに地域の利害関係者の地元の願望さえも楽に受け入れられるようなガバナンスの方法を考えるという課題に直面している。これら非常に異なる観点をどう調整すればよいのか明らかではない。これらの観点の折りあいをつける考え方や制度も、まだ明らかにされていない」[19]。

私たちの大望は縮小せざるをえない。国際的な経済統合による効率がもたらす利益を増大させるには、多国間制度にもっと力を与え、国際基準にもっと依存することが必要だ。国家が優勢であるかぎり、国際経済のルールに免責条項か離脱のメカニズムがはっきりと組みこまれていないと、どちらも持続させられないだろう。

ジョン・M・ケインズは、金本位制の最盛期に、『平和の経済的帰結』において、統合された世界経済を生き生きと描いている。壊滅的な世界大戦の直後に、経済の混乱と保護主義の台頭を予想して——その予想は的中した——書かれたものだが、ケインズはこれを偉大さの失われた時代だと考えた[20]。二一世紀のはじめの一〇年間、私たちも同じようにグローバル化から後退するのだろうか。その答えは、経済のグローバル主義と混合経済の原則が両立するような国内・国際的制度を考え出す私たちの能力にかかっている。

解説

内田孟男

本書の編者の一人であるジョセフ・ナイ教授はハーバード大学の著名な安全保障問題の専門家であり、米国国防総省の国際安全保障問題担当次官補として実務経験者でもあり、アジアの安全保障に関するナイ報告によっても日本での知名度は高い。ハーバード大学のホームページによるとナイ教授は、同大学から政治学の博士号を取得してから、国際問題研究所所長も務めている。共編者であるジョン・ドナヒュー講師は、ハーバード大学において公共部門の改革および政府と経済部門に共通する公的責任の配分の問題についての教育と研究を行っているとのことである。本書のもととなっている「二一世紀のためのガバナンスの展望」プロジェクトの責任者でもある。

本書の内容については、序論においてかなり詳細な要約がロバート・コヘイン教授とナイ教授によってなされており、目的、鍵となる概念そして各論について論じられている。したがって、ここで改めて本書のこのような諸点について解説する必要はないであろう。「二一世紀のためのガバナンスの展望」プロジェクトはすでに八冊の本といくつかの作業ペーパーと報告書を出版している。最初の出版物である『なぜ政府は信頼されないのか』（原書は一九九七年刊行）の日本語訳は英治出版によって二〇〇一年に刊行されている。

最新のタイトルは『人びとのために――公的サービスを確立することができるか?』(*For the People: Can We Fix Public Service?*, 2003) である。

「グローバル化」という用語は民間セクター、メディアと学界そして実務者レベルにおいて現在あたかも現実の扉を開くパスワードのように使用されている。グローバリゼーションまたはグローバル化は、歴史的に見て決して新しい現象ではないとする主張は根強く、特に国際貿易の国民総生産に対する比率を証拠としてあげる論述も本書において展開されている。しかしながら、経済面だけでなく政治、文化、そして市民社会の役割を総合的に判断したとき、特に冷戦終結以後のグローバル化は、それまでの国際的相互依存関係とは異なる特徴を有していることが明白になる。東西間のイデオロギー的対立の解消は軍事・政治の壁を低くし、全世界を一つの共同体へと近づけたといえる。情報技術を中核とする科学技術の驚くべき進歩は、情報、ヒト、モノ、カネの瞬時移転と大量輸送を可能にした。時空の圧縮と定義されるグローバル化は、単に国家間の依存関係を変質させたのみならず、国境を浸透性のあるものに変え、市民社会、非政府組織(NGO)、そして個人が直接に交流する場を拡大してきた。このような現象は二〇世紀最後の一〇年間に加速されて、現在に至っていると考えられる。

グローバル化は全世界を覆う均一な現象ではない。政治・経済のグローバル化から取り残され、または周辺に追いやられている途上国にとってもグローバル化の影響は免れられない。グローバル化によって利益を得る国と人びと、そしてそれによって不利益を得る国と人びととがあることを忘れてはならない。本書の論考はグローバル化を推進し、そこから最も恩恵を受けている米国の識者によるものである以上、途上国からの視点が相対的に看過されているのは無理からぬことかもしれない。

ナイとコヘインはグローバル化とグローバリズムとを区別している。グローバリズムは「相互依存関係の網の目（ネットワーク）がいくつもの大陸にまたがって広がっている世界の状態」であり、グローバリズムが拡大するのがグローバル化、縮小するのが反グローバル化であるとする。しかし、一般的には、グローバル化は客観的な現象や過程を指し、グローバリズムという場合には、そのような状況を構築するための思想や運動を意味するのがふつうである。グローバリズムは世界を統合しようという思想ないし運動であり、国際主義、地域主義、ナショナリズムといった、「イズム」（主義）と近い概念であると考えられる。

グローバル化の進展は、温暖化やオゾン層の破壊といった地球環境、頻発する紛争、そして深刻な貧困とHIV／AIDSといった疾病の蔓延など「地球規模の諸問題」に対する措置の緊急性を浮き彫りにしてきた。このような諸問題に対する政策と手段として「グローバル・ガバナンス」の概念と理論が提唱され、論じられてきている。ガバナンスの概念が世界銀行によって一九八〇年代末に取り上げられたのは、アフリカにおける開発が公共セクターの効率ある「良い統治（グッド・ガバナンス）」が不可欠であるということで、その後、国連で使用されるガバナンスは市民の参加や民主主義といった別の要素を強調している。グローバル・ガバナンスの概念を普及させるのに貢献したのはグローバル・ガバナンス委員会の報告書『地球リーダーシップ』（一九九五年）である。委員の一人であった緒方貞子氏は日本語版の序文において「ガバナンス」は統治と自治の両側面を持つことを指摘されているが、最近ではガバナンスの概念をそのまま日本語に訳さずに「ガバナンス」と使用するほうがふつうとなっている。それは、「統治」では、政府の強制力や階層的序列が中心となり、中央政府の存在しない現在の世界のガバナンスの状況を反映できないからである。

グローバル・ガバナンス委員会報告にある「ガバナンス」の定義は基本的には多くの論者によっても踏襲されている。それは、公的であれ、私的であれ、共通のものごとを管理する多くの方法の総和であり、応諾を強制する力を持つ正式な制度やレジームとともに、人びとや制度が合意またはそうすることが利益であると考える非公式の取り決めをも含むものである。ガバナンスの参画者は国家や政府といった強制力を有する公的アクターだけでなく、民間セクター、市民社会、NGO、そして個人といった多様なアクターが階層的・垂直的関係ではなく、水平的なネットワークを形成し、問題解決のための策定をし、実施する方法を指すといえる。ナイとコヘインは「ガバナンスとは、ある集団の集合的活動を導きかつ制限する公式・非公式の手順と制度を指している」と述べ、民間部門、公共部門、第三セクターの三者をガバナンスのアクターとして図式化している。

英国のデビッド・ヘルドとアンソニー・マッグルーは『グローバル化と反グローバル化』(中谷義和・柳原克行訳、日本経済評論社、二〇〇三年)において、グローバル化とガバナンスの理論を六つの型に類型化している。国際関係論の理論が多様であるように、グローバル化に対する評価とガバナンスに対するアプローチには大きな差異が見られる。ヘルドの類型はより広い視点から、どのようにグローバル化とガバナンスの問題を位置づけるべきかを知るうえで大変参考になると思われる。それらは、

(1) 新自由主義
(2) リベラル国際主義
(3) 制度改革派
(4) グローバル変容主義
(5) 国家中心主義・保護主義
(6) ラディカル派

である。これら各派の特徴についてここで触れることはできないが、ナイとドナヒューは、(2)のリベラル国際主義と(3)の制度改革派の中間に分類できるであろう。グローバル化が主として市場経済によって牽引されており、そのガバナンスは基本的には自由市場が中心となるべきであるが、市民社会や国際機関の参加への道も開くべきであるとする態度である。ちなみに、ヘルド自身は自己の立場を、(4)のグローバル変容主義と位置づけている。(5)の国家中心主義は現実主義路線で、国家の優位性を堅持することを強調する。(6)のラディカル派は、社会運動やNGOによる下からの社会変革を目指すグループである。

それでは、より普遍的で世界的な視点からグローバル化とガバナンスについて国連はどのように問題を捉えているのであろうか。コフィー・アナン国連事務総長は、二〇〇〇年の国連ミレニアム・サミットに提出した報告書『我ら人民——二一世紀における国連の役割』のなかで、グローバル化の恩恵として経済の拡大と活性化、ヒトの移動の自由、地球市民のアイデンティティの覚醒について触れ、悪影響としては、貧富の差の拡大、伝統的文化的アイデンティティの喪失を指摘している。ミレニアム・サミットで採択された『ミレニアム宣言』はグローバリゼーションの恩恵はきわめて不均等に配分され、そのコストは不均等に配分されているとし、開発途上国と移行期にある経済のニーズに対応するために「世界レベルの政策や手段」の必要性を強調している。途上国にとって、グローバル化は決して歓迎されているのではなく、強い警戒心を持って向かい合わなければならない世界的な潮流なのである。『ミレニアム開発目標』は絶対的貧困に苦しむ人の比率を二〇一五年までに半減することを掲げているが、現在五人に一人という貧困者を減らす努力は十分ではない。

このように、貧困をはじめ、地球環境問題、地域紛争・平和構築に対する取り組みはきわめて鈍く、グローバル・ガバナンスを論じることの意味そのものが問われているといえる。グローバル化は必ずしも不可避な潮流ではなく、それに対する抵抗もあり、反潮流としての地域主義への傾斜も見られる。たとえば、世界貿易機関（WTO）の無差別主義に対して、現在一九〇を超える自由貿易協定（FTA）が締結され、地域経済のみならず社会文化面でのアイデンティティ形成への動きもある。もともと、グローバル化にはその反傾向としての分散化や分権化を伴っていたので、ある意味では自然な動きでもある。グローバル化が加速されるにつれて、地域主義も台頭している。グローバリズムと地域主義との関係も興味ある現象であり、さらなる実証的研究が望まれている。欧州連合（EU）は最も高度に地域統合を達成し、他の地域に対しても地域化への動きを促進しているといえる。ただ、冷戦後の地域主義は、政治・経済のみに限定されない、より包括的な共同体やアイデンティティを求めるものであって、内発的であり、必ずしもグローバリズムとは対立するものではないという言説があり、説得力を持っていると考えられる。アジアにおける地域主義は他の地域に比較するとより大きな問題を抱えているように見える。それは、地理的広がり、人口の大きさ、文化伝統の多様性、共通の歴史認識と体験とが分断的であることに原因がある。同時に、アジアにおける現在の地域的取り決めは、東南アジア諸国連合（ASEAN）のような下位地域機構が、アジア太平洋経済協力会議（APEC）のように二つの地域を抱合する枠組みと共存している。今後、アジアないし東アジアにどのような共同体が生成されるのかは、グローバル化の進展と大きく関わっているといえる。問題は、この二つの傾向が補完的であるのか、対立的であるのかである。少なくとも、グローバル化の恩恵を強化し、不利益を最小限にするようなガバナンスが求められているのは明らかである。

最近では、ユネスコのような国連機関によってもグローバル化をより人間的にする、また人間の顔をしたグローバル化が提唱されている。前国連人権高等弁務官メアリー・ロビンソン氏は、グローバル化は人権を伴わなければならないことを強調し、グローバル化の倫理に関する活動を主催している。これらの主張に共通する理解は、グローバル化の過程に広義の公的な介入をすることによってそれを管理・制御できるし、すべきであるとの信念である。前出のヘルドの分類では、(3)の制度改革派と(4)のグローバル変容主義と見なすことができよう。広義の公的セクターは、国家・政府だけでなく、市民社会が生みだす公共空間をも内包する。

グローバル・ガバナンスの研究においては、国際機構の役割よりも市民社会やNGOの役割に期待し、研究がなされている。国連はその役割が政府間機構としての枠組みに拘束されているとの認識から、むしろ国家と同様なアクターと見なされる傾向がある。一九九二年にロンドン経済政治大学(LSE)に設立されたグローバル・ガバナンス研究所は市民社会の研究を中心に行っており、一九九七年に開設されたウオービック大学のグローバリゼーションと地域化研究所も政治経済問題に焦点を当てて、民間セクターの役割を重視している。イェール大学に置かれているグローバリゼーション研究センターも企業活動を中心にプロジェクトを展開している。

しかしながら、グローバル・ガバナンスにおける国連をはじめとする国際機構の役割は決して小さくはない。国連は第二次世界大戦後の国際秩序の中核を占めており、武力行使を自衛の場合と安全保障理事会の決定に基づく場合以外は違法として、国際の平和と安全の維持に貢献してきた。冷戦中は東西両陣営の対立によって集団安全保障体制よりも、集団的自衛権が優先されてきたが、冷戦終結後の国内紛争に対しては平和維持活動が活発化している。開発分野では国連開発計画(UNDP)、ユニセフその他の専門機関も教育、保健、農業、工業分野で開発協力と援助を展開している。同時に、国際通貨基金(IMF)と世界銀行そして世界貿易機関(WTO)のグローバル化における役割は批判の対象となっている。ブレトンウッズ機関がいわゆる「ワシントン・コンセンサス」に基づく米国をはじめとする先進国の利益を優先させているとの強い批判がある。ＷＴＯに関しては二〇〇三年のカンクンでの閣僚会議における先進国と途上国との対立に見られるように、グローバル化をめぐる利益の対立も鮮明化していることを留意する必要があろう。国際ＮＧＯはブレトンウッズ機関やＷＴＯの政策に警戒心を抱き、抵抗運動をも先導している。このように、国連システムだけを取り上げても、その役割と期待には大きな差異が見られる。

ナイとコヘインはグローバル・ガバナンスのアクターとして、前述したように民間部門、公共部門、第三セクターの三者を特定している。活動のレベルとしては、地方、全国、そして国際レベルの三段階を設定している。そして、国家にグローバル・ガバナンスの中核的地位を付与している。現在と近い将来において、国家の役割は変質しても大幅に弱くなることはないであろう。同時に地球的規模の諸問題が深刻化して、その解決が緊急性を帯びるにしたがって国際レベル（より正確には超国家レベル）でのガバナンスは論理的にもさらに重要となることは明らかである。そのレベルでは、ナイとコヘインが指摘するように、国際機関、多国籍企業、国際ＮＧＯが中心的な役割を担うことになる。国連の普遍性と代表性は国連に国際社会の正統性を与えており、多様なアクターを調整し、活動の調和の中心としてイニシアティブを取ることが期待されている。米国の優れた学者グループによる本書はグローバル化とそれに付随する諸問題を包括的に描写・分析している。グローバル化が引き起こす影響の相互性に注目しながら、また本書は北からの視点と展望であることを留意して、精読する価値は十分にある。

Working Paper W5939 (Cambridge, Mass.: National Bureau of Economic Research, February 1997).

[11] Friedman, *The Lexus and the Olive Tree.*

[12] Friedman, *The Lexus and the Olive Tree,* p. 87.

[13] これに関するラギーの著書は洞察に満ちており、こうして出現したシステムを「埋めこまれたリベラリズム」と称した。John Ruggie, "Trade, Protectionism, and the Future of Welfare Capitalism."

[14] Robert Z. Lawrence, *Regionalism, Multilateralism, and Deeper Integration* (Brookings, 1996) は、ブレトンウッズ・GATT体制に基づく統合モデルを「浅い統合」と称し、国境の背後における規制方針の調整を必要とする「深い統合」と区別している。

[15] この議論は以下によっている。Dani Rodrik, "The Debate over Globalization: How to Move Forward by Looking Backward," in Jeffrey J. Schott, ed., *Launching New Global Trade Talks: An Action Agenda,* Special Report 12 (Washington: Institute for International Economics, 1998).

[16] Kyle Bagwell and Robert Staiger, "A Theory of Managed Trade," *American Economic* Review, vol. 4 (September 1990), pp. 779-95.

[17] Thomas Piketty, "A Federal Voting Mechanism to Solve the Fiscal-Externality Problem," *European Economic Review,* vol. 40 (January 1996), pp. 3-18.

[18] 連邦政治制度の設計に関する興味深い構想については、以下を参照。
Bruno Frey, "FOCJ: Competitive Governments for Europe," *International Review of Law and Economics,* vol. 16 (1996), pp. 315-27.

[19] Raymond Vernon, *In the Hurricane's Eye: The Troubled Prospect of Multinational Enterprises* (Harvard University Press, 1998), p. 28.

[20] John Maynard Keynes, *The Economic Consequences of the Peace* (Harcourt, Brace, and Howe, 1920).

この章の一部は以下を基にしている。Dani Rodrik, "How Far Will International Economic Integration Go?" *Journal of Economic Perspectives,* vol. 14 (Winter 2000), pp.177-86.

［1］グローバル化のさまざまな局面をめぐる議論と、グローバル化、グローバリズム、相互依存、つながっていること、脆弱さといった関連用語の有益な概念上の区別については、本書のコヘインとナイの章を参照。Robert O. Keohane, and Joseph S. Nye, "Power, Interdependence, and Globalism," unpublished paper, November 16, 1999.

［2］引用した用語は以下による。John G. Ruggie "Trade, Protectionism and the Future of Welfare Capitalism," *Journal of International Affairs,* vol. 48 (Summer 1994), pp. 1-11.

［3］William Greider, *One World Ready or Not—The Manic Logic of Global Capitalism* (Simon and Schuster, 1997); Thomas L. Friedman, *The Lexus and the Olive Tree: Understanding Globalization* (Farrar, Straus and Giroux, 1999).

［4］特に以下を参照。Martin S. Feldstein and Charles Horioka, "Domestic Saving and International Capital Flows," *Economic Journal,* vol. 90 (June 1980), pp. 314-29. この結果は、その後の数多くの研究によって確認された。さらに以下も参照。John F. Helliwell, *How Much Do National Borders Matter?* (Brookings, 1998).

［5］契約が適切に実行されないことが貿易に厳しいコストを課すという実証的証拠については、以下を参照。James E. Anderson and Douglas Marcouiller, "Trade, Insecurity, and Home Bias: An Empirical Investigation," Working Paper 7000 (Cambridge, Mass.: National Bureau of Economic Research, March 1999).

［6］Alessandra Casella and James Rauch, "Anonymous Market and Group Ties in International Trade," Working Paper W6186 (Cambridge, Mass.: National Bureau of Economic Research, September 1997) は、差別的製品モデルを用いて国際貿易における集団のきずなの重要性を初めて強調した。

［7］Jean Tirole, *The Theory of Industrial Organization* (MIT Press, 1989), pp. 113-14.

［8］Andrew K. Rose, "One Money, One Market: Estimating the Effect of Common Currencies on Trade," Working Paper 7432 (Cambridge, Mass.: National Bureau of Economic Research, December 1999).

［9］Maurice Obstfeld and Alan Taylor, "The Great Depression as a Watershed: International Capital Mobility over the Long Run," in Michael D. Bordo, Claudia D. Goldin, and Eugene N. White, eds., *The Defining Moment: The Great Depression and the American Economy in the Twentieth Century* (University of Chicago Press, 1998), pp. 353-402.

［10］だが以下において、米国の州の境界も貿易に抑止効果をもたらすことが明らかにされている。Holger C. Wolf, "Patterns of Intra- and Inter-State Trade,"

[15] これらの法律は、個人的なデータ・情報と個人のプライバシーを幅広くカバーし、公的・民間部門に適用され、たいていデータ保護委員会と呼ばれる独立した監視当局を設置し、個人データ・情報の収集・利用・保管に関する規則を作成し、違反行為に対して遡及と償いを提供する。

[16] 過去30年間、信用情報やビデオレンタル記録といった一定の個人情報を個別に保護する法律が国レベルや州レベルで制定され、データ保護法の寄せ集めと称されている。

[17]「安全避難所プライバシー原則がもたらす保護の適切さについての欧州議会と欧州会議の指令95/46/ECによる欧州委員会の決定と、米商務省によって発表された関連するよくある質問」

[18] 類似する例として、地球規模のネットワークが、小規模で合議制の研究ネットワークからあらゆる種類の情報をやりとりするコンピューター、ネットワーク、個人利用者の全世界的な集積へと発展するにつれて、IPプロトコルを変更して安全性を高めたことがあげられる。

[19] この方向で努力されるようになってきている。たとえば、以下を参照。"Design for Values," Princeton University, 1998, and the Workshop on Freedom and Privacy by Design, Toronto, Ontario, Canada, April 2000 (www.cfp2000. org/workshop/materials/ [April 16, 2000]).

[20] たとえば、以下を参照。"Anonymity," Washington, CATO Institute, December 1999. 個人の特定、匿名性、これら両端のあいだの空間に関する概念は、さらなる研究から大いに得るところがある。この空間に含まれるものとして、必要性や望ましさに応じて適切な水準の検証可能性や認証を提供できる、多種類の同定不可能な取引や匿名の取引が考えられる。たとえば現実の世界では、すべての取引が個人を特定できるというものではない。売店で新聞を買ったり、店先でコーヒーを買ったり、地下鉄やバスに乗ったり、図書館で本を読んだり、実際には同定不可能なものがたくさんある。

[21] 情報と通信をどこが管理するかという問題が重要である。たとえば、大半の人がチップや磁気帯を埋めこんだ身分証明証やクレジットカードを所有しており、持ち歩いて大っぴらに見せている。ところが所有者は、そこに暗号化された情報について知らなかったり、影響力をおよぼすことができなかったりする。次第に、情報システムの末端に知能が付加されるようになってきている。それによって入手できる情報が増え、さらに情報を創出・操作・利用できるようになり、末端の利用者がもっと管理できる可能性が出てきた。

[22] Frances Cairncross, *The Death of Distance* (Harvard Business School Press, 1997).

[23] たとえば、以下を参照。Viktor Mayer-Schönberger and Teree Foster, "A Regulatory Web: Free Speech and the Global Information Infrastructure," in Brian Kahin and Charles Nesson, eds., *Borders in Cyberspace* (MIT Press, 1997), pp. 235-54. 別の例が、アジア太平洋経済協力会議(APEC)における好ましくない情報内容に関する討議に見られる。

[24] David Sobel, *Filters and Freedom: Free Speech Perspectives on Internet Content Controls* (Washington: Electronic Privacy Information Center [EPIC] , 1999).

った背景のある場面においてである。

[10] 1980年の「プライバシーと国境を越える個人情報の保護に関するOECDガイドライン」と、1981年の「個人データの自動処理に関して個人を保護するための欧州会議の協定」第108号は、個人情報の保護の問題に対処するために特別に起草・採択された。これら2つの文書は内容が似ており、これらを起草した国際的な専門家集団には両方に参加している人が大勢いた。

[11] Helen Nissenbaum, "Protecting Privacy in an Information Age: The Problem of Privacy in Public," in *Law and Philosophy,* vol. 17, no. 5-6 (November 1998), pp. 559-96.

[12] 地球規模のネットワークは、人びとがコミュニケーションを図るための手段の一つである。このことを念頭において、世界的な情報社会に向けて人間中心のシステムや方針を考えることが重要である。ともすれば、技術革新に圧倒されて、それが何を目的としているのか見失いがちになる。情報システムの成功は、フランスのミニテルの例が示すように、列車の時刻表、電話帳、天気予報といったデータや情報が入手できることではなく、対話に用いられることによる。地球規模のネットワークはさらに、あらゆる手段の場合と同様に、予期されない方法で用いられて予期されない結果をもたらす。

[13] 人はコミュニケーションを図りたいという思いに加えて、コミュニケーションの対象を限定することを同じくらい強く望むことがある。個人がとりたいと思っているコミュニケーションでも、全世界には知られたくないという例はたくさんある。夫・妻との会話、上司との会社の新しい戦略についての話、同僚との上司の話、子供たちを寝かしつけるときの会話などはすべてコミュニケーションであり、本質的に間違っていないし、当惑させられるようなものでもない。とはいえ、こうした話を誰にでも聞かれるのは困る。私たちがとるコミュニケーションを誰でも聞いたり読んだりできるのであれば、それがやりとりの性格を大きく変えることになる。自己を表現する能力が、優しさや競争といった特に心の内側の事柄に関して、制約されるかもしれない。

個人は、1対1で、チームで、群集の一部として、さまざまに共同体に参加している。情報·通信技術は多くの潜在的便益もたらすが、通信システムの透明度が高くなりすぎないようにしたり、相対的に不透明な区域と透明な区域を残すことによって、個人がさまざまな人間的会話に携わることができるようにすることも重要である。

[14] この項では、個人情報保護法の発展の歴史を網羅的に述べるのではなく、重要な画期的な出来事をいくつか取り上げる。

プライバシーと個人情報保護の現代は一般に、1890年のサミュエル・ウォレンとルイス・ブランダイスによる「プライバシーの権利」という論文によって始まったと考えられている。Samuel Warren and Louis Brandeis, "The Right to Privacy," *Harvard Law Review,* vol. 4 (1890), pp. 193-220. ウォレンとブランダイスは、「最近の発明と事業方式」、特に「早撮り写真と新聞事業」と「数多くの機械装置」という当時の新しい技術と発明に呼応して論文を書いた。

米国では20世紀、放っておかれる権利、個人的事実を公開されない権利、誤った見方で描写されない権利、氏名や肖像の不正流用から守られるというプライバシーの4つのカテゴリーが発達した。こうしたカテゴリーに基づく保護は、コモンローとして判決を通して発達した。米国の一部の州では、これらは法律として体系化されている。

第14章　文化、アイデンティティ、正当性

[1] Bernard Williams, *Morality: An Introduction to Ethics* (Harper and Row, 1972), p. 22.
[2] 艦隊の誓いの正式声明については、スターフリート・コマンドを参照。www. sfcommand. com/documents/general_orders. html
[3] 文化的権利については、以下を参照。Will Kymlicka, *Liberalism, Community, and Culture* (Oxford University Press, 1989), and *Multicultural Citizenship* (Oxford University Press, 1995). 正当な権限については、以下を参照。Joseph Raz, *The Authority of Law* (Oxford University Press, 1979), and Joseph Raz, *The Morality of Freedom* (Oxford University Press, 1986). 政治的自由については、以下を参照。John Rawls, *Political Liberalism* (Columbia University Press, 1993). ホーフェルド（Wesley Newcomb Hohfeld）の論文は以下に収められている。*Fundamental Legal Conceptions as Applied to Judicial Reasoning* (Yale University Press, 1919).

●訳注
[1] 原文にはdisabilityとあるが、文脈から考えてliabilityの誤植と判断した。

第15章　情報政策とガバナンス

[1] 本書の第6章を参照。
[2]「データ」の定義は、OECD情報システム安全性ガイドライン（1992年）に採用されたもの。
[3]「情報」の定義は、OECD情報システム安全性ガイドライン（1992年）に採用されたもの。
[4] たとえば、以下を参照。"Web Sites Bloom in China, and Are Weeded," *New York Times,* December 23, 1999, p. 1.
[5] これは、たとえば英国の「クラウン著作権」制度とは対照的である。
[6] たとえば、ジョージア工科大学のグラフィック・視覚化・有用性センターによる第8回WWW利用者調査を参照。http://www.gvu.gatech.edu/user_surveys/survey-1997-10/. 米商務長官ウィリアム・M・デイリーは、デジタル経済の成功にとってプライバシーが「成否を決める問題点」だと述べている。"The Emerging Digital Economy," April 15, 1998. 1994年12月、世界的な情報インフラに関するOECDの会議で、プライバシーが安全性、暗号化、知的財産権とならんで世界的な情報インフラの進行を左右する問題であることを米国の代表団長が認め、これを解決しないと世界的な情報インフラの発展と最大限利用の妨げになると述べた。
[7] 以下のロークとコンピュサーブのケースの説明を参照。
[8] 個人を特定できる情報は、氏名が示されている情報より実際には多い。情報からは、入手可能な情報の蓄積を通して、またはそれが現れる背景によって個人を特定できることがある。全世界の人を対象としている場合は、氏名さらに住所といった追加情報がないと特定の個人を識別するのは困難ないし不可能だと思われる。だが、対象が限られている場合、氏名が示されていなくても個人を特定できることがある。
[9] 通常、後者のようなケースが見られるのは、職場、町内、近所、疫病の研究とい

"Principals and Agents: An Overview," in John Pratt and Richard Zeckhauser, *Principals and Agents: The Structure of Business* (Harvard Business School Press, 1985).

[28] これら4つの特徴を連邦主義との関連において論じたものについては、以下を参照。Cary Coglianese and Kalypso Nicolaïdis, "Securing Subsidiarity: The Institutional Design of Federalism in the U.S. and Europe," in Kalypso Nicolaïdis and Robert Howse, eds., *The Federal Vision: Legitimacy and Levels of Governance in the US and the EU* (Oxford University Press, forthcoming).

[29] 南極と宇宙空間に対する主権の主張を認めないという国際条約は、もともとこれらに対して完全な主権を持つ国がなかったとはいえ、離脱に通じるものがある。The Antarctica Treaty, 12 U.S.T. 794 (Dec. 1, 1959); The Outer Space Treaty, 18 U.S.T. 2410 (Jan. 27, 1967)を参照。

[30] Ronald Mitchell, "Regime Design Matters: Intentional Oil Pollution and Treaty Compliance," *International Organization,* vol. 48 (Summer 1994), p. 425.

[31] コヘインとマーチンが「〈世界のその他の条件〉を不変とすると、制度に違いが見られる場合でも稀にしか見られない」と述べているように、こうした検証は実施が難しい。Robert O. Keohane and Lisa Martin, "The Promise of Institutionalist Theory," p. 47.

[32] Robert Axelrod, *Evolution of Cooperation* (Basic Books, 1984).

[33] Montreal Protocol on Substances That Deplete the Ozone Layer, 1522 U.N.T.S. 3 (Jan. 1, 1989); United Nations Framework Convention on Climate Change, FCCC/CP/7/Add.1 (issued Mar. 25, 1998), reprinted at 37 I.L.M. 22 (1998).

[34] 法令順守に関する論考については、以下を参照。Tom Tyler, *Why People Obey the Law* (Yale University Press, 1990).

[35] 特定された正当性と広汎な正当性の区別は、最高裁判所といった国内政治制度を評価するときにおなじみのものである。最高裁判所の正当性に関する最近の議論については、以下を参照。James Gibson, "Understandings of Justice: Institutional Legitimacy, Procedural Justice, and Political Tolerance," *Law and Society Review,* vol. 23 (August 1989), p. 469; Tom Tyler and Kenneth Rasinski, "Legitimacy, and the Acceptance of Unpopular U.S. Supreme Court Decisions: A Reply to Gibson," *Law and Society Review,* vol. 25 (August 1991), p. 621 ; James Gibson, "Institutional Legitimacy, Procedural Justice, and Compliance with Supreme Court Decisions: A Question of Causality," *Law and Society Review,* vol. 25 (August 1991), p. 631.

[36] World Trade Organization, United States-Import Prohibition of Certain Shrimp and Shrimp Products, Oct. 12, 1998, WT/DS58/AB/R, reprinted in *International Legal Materials,* vol. 38 (January 1999) (adopted Nov. 6, 1998) (appellate body report), pp. 118, 121. WTOはこの決定において、米国が絶滅に瀕したウミガメを保護しようとするのは貿易規定に違反しているとした。

[37] Haas, Keohane, and Levy, *Institutions for the Earth,* p. 417を参照。

[16] Kalypso Nicolaïdis, "Mutual Recognition of Regulatory Regimes: Some Lessons and Prospects," in OECD, *Regulatory Reform and International Market Openness* (Paris: Organization for Economic Cooperation and Development, 1996)を参照。

[17] "Product Standards, Conformity Assessment and Regulatory Reform," in *The OECD Report on Regulatory Reform*; National Research Council, *International Standards, Conformity Assessment, and Trade: Into the 21st Century* (Washington: National Academy Press, 1995)を参照。

[18] もちろん、多国間条約の場合には国家が条約を留保する可能性があるため、条約によって課される義務が国によって少々違ってくることがある。留保によって起こる問題については、以下を参照。David M. Leive, *International Regulatory Regimes* (Lexington Books, 1976), pp. 133-52.

[19] 以下を参照。Abram Chayes and Antonia Handler Chayes, "Compliance without Enforcement: State Behavior under Regulatory Treaties," *Negotiation Journal,* vol. 7 (July 1991), p. 311 ; Abram Chayes and Antonia Handler Chayes, "On Compliance," *International Organization,* vol. 47 (Spring 1993), p. 175.

[20] 世界的な通信の発達のおかげで、国連が管理している全条約のデータベースがオンラインで見られるようになった。(http://untreaty.un.org/English/access.asp [August 5, 2000]).

[21] Robert Keohane, "The Demand for International Regimes," in Stephen Krasner, ed., *International Regimes* (Cornell University Press, 1983), p. 141.

[22] Cary Coglianese, "Is Consensus an Appropriate Basis for Regulatory Policy?" in Eric Orts and Kurt Deketelaere, eds., *Environmental Contracts: Comparative Approaches to Regulatory Innovation in the United States and Europe* (London: Kluwer Law International, 2000)を参照。

[23] この項では国際的な政府機関について述べている。非政府組織は国家から権限を委ねられることに依存していない。

[24] Held and others, *Global Transformations,* p. 53.

[25] 指導者は制度における自らの力を保つものと思われ、そのために強力な国際制度を生みだすのを警戒することが考えられる。また主権や国内における説明責任の欠如を懸念する国民も、国際制度を生みだすにあたって指導者が慎重になるように促すことがある。

[26] たとえば、以下を参照。David Epstein and Sharyn O'Halloran, *Delegating Powers: A Transaction Cost Politics Approach to Policymaking under Separate Powers* (Cambridge University Press, 1999); Matthew McCubbins, Roger Noll, and Barry Weingast, "Administrative Procedures as Instruments of Political Control," *Journal of Law, Economics, and Organization,* vol. 3 (Fall 1987), p. 243; Matthew McCubbins, Roger Noll, and Barry Weingast, "Structure and Process, Politics and Policy: Administrative Agencies and Political Control," *Virginia Law Review,* vol. 75 (March 1989), p. 431.

[27] この点についての概論は、以下を参照。John Pratt and Richard Zeckhauser,

national Security, vol. 20 (Summer 1995), p.82.

[3] これら3つは、グローバル化において生じる主要な問題の多くを捉えていると思われるものの、すべてを網羅しているわけではない。さらに指摘しておかなければならないのは、この章では「規制」の問題について考えており、国際的な安全保障といった他の重要な問題の考察は外している。

[4] 調整の問題の議論については以下を参照。Cass Sunstein, *After the Rights Revolution: Reconceiving the Regulatory State* (Harvard University Press, 1990), p. 53.

[5] "Product Standards, Conformity Assessment and Regulatory Reform," in *The OECD Report on Regulatory Reform* (Paris: Organization for Economic Cooperation and Development, 1997)を参照。

[6] Roger Noll, "Internationalizing Regulatory Reform," in Pietro Nivola, ed., *Comparative Disadvantage? Social Regulations and the Global Economy* (Brookings, 1997).

[7] 気候変動の政治経済学の議論については、以下を参照。Jonathan Wiener, "On the Political Economy of Global Environmental Regulation," *Georgetown Law Journal,* vol. 87 (February 1999), p. 749.

[8] すべての秩序ある国家において重んじられるような基本となる政治的原則をめぐる議論については、以下を参照。John Rawls, *The Law of the Peoples* (Harvard University Press, 1999).

[9] だが、制度がいったん設立されると、こうした費用の一部を減らすのに役立つことがある。Haas, Keohane, and Levy, *Institutions for the Earth.*

[10] David Held and others, *Global Transformations* (Stanford University Press, 1999), pp. 52-57. だが、これらの制度の一部、特に国際的な政府機関の伸び率は、グローバル化の速度と必ずしも直接的に一致していない。たとえば、国際的な政府機関の数は1980年代以降、減少している。以下を参照。James Hawdon, *Emerging Organizational Forms: The Proliferation of Regional Intergovernmental Organizations in the Modern World-System* (Greenwood Press, 1996), p. 13; Cheryl Shanks, Harold Jacobson, and Jeffrey Kaplan, "Inertia and Change in the Constellation of International Governmental Organizations, 1981-1992," *International Organization,* vol. 50 (Autumn 1996), p. 593.

[11] Lawrence Lessig, "The New Chicago School," *Journal of Legal Studies,* vol. 27(June 1998), p. 661を参照。

[12] 社会規範に関する研究は数が多い。法律面における規範の最近の議論については、以下を参照。Robert C. Ellickson, *Order without Law: How Neighbors Settle Disputes* (Harvard University Press, 1991); Cass Sunstein, "Social Norms and Social Roles," *Columbia Law Review,* vol. 96 (May 1996), p. 903.

[13] Joseph S. Nye Jr., "Soft Power," *Foreign Policy,* vol. 80 (Fall 1990), p. 153を参照。

[14] David Vogel, *Trading Up: Consumer and Environmental Regulation in a Global Economy* (Harvard University Press, 1995)を参照。

[15] Haas, Keohane, and Levy, *Institutions for the Earth,* pp. 16-17を参照。

[42] L. David Brown and Jonathan A. Fox, "Accountability within Transnational Coalitions," in Fox and Brown, *The Struggle for Accountability,* pp. 439-84を参照。
[43] Brown and Fox, "Accountability within Transnational Coalitions"; Khagram, *Dams, Democracy, and Development*を参照。
[44] Edwards, "International Development NGOs."
[45] Robert O. Keohane and Joseph S. Nye, *Power and Interdependence: World Politics in Transition* (Little-Brown, 1988); Boli and Thomas, *Constructing World Culture*を参照。
[46] David Korten, *When Corporations Rule the World* (San Francisco, Calif., and Greenwich, Conn.: Berrett-Koehler and Kumarian Press, 1995).
[47] *Economist,* 1999.
[48] これらの区別は、以下において詳しく検討されている。William L. Ury, Jeanne M. Brett, and Stephen B. Goldberg, *Getting Disputes Resolved* (Harvard University Program on Negotiation, 1993).
[49] 例については以下を参照。Barbara Gray, *Collaborating: Finding Common Ground for Multiparty Problems* (Jossey Bass, 1989); Larry Susskind and others, *The Consensus Building Handbook* (Sage Publications, 1999). 以下を参照。Derick Brinkerhoff, "Exploring State-Civil Society Cooperation," *Nonprofit and Voluntary Sector Quarterly,* vol. 28 (Supplement) (1999), pp. 59-86; L. David Brown and Darcy Ashman, "Social Capital, Mutual Influence, and Social Learning in Intersectoral Problem-Solving," in David Cooperrider and Jane Dutton. eds., *Organizational Dimensions of Global Change* (Sage Publications, 1999), pp. 139-67.
[50] Steven Waddell, "Strengthening the Road Network: Madagascar, Technical Report to USAID" (Boston: Institute for Development Research, 1998)を参照。
[51] James Austin, "The Cleveland Turnaround (A): Responding to the Crisis," Harvard Business School Case 796-151 (Harvard Business School)を参照。
[52] Mathews, "Power Shift,"; Keohane and Nye, "Power, Interdependence, and Globalism"; Ann Marie Slaughter, "The Real New World," *Foreign Affairs,* vol. 76 (1997), pp. 183-91; Elaine Kamarck, chap. 10, in this volume.

第13章　グローバル化と国際制度の設計

[1] Peter Haas, Robert Keohane, and Marc Levy, *Institutions for the Earth: Sources of Effective International Environmental Protection* (MIT Press, 1993)（制度には「組織と、国家が正式に受け入れた約束事や協定による一連のルールが含まれる」と定義している）, p. 5を参照。
[2] 国際政治における制度の影響については、以下を参照。John J. Mearsheimer, "The False Promise of International Institutions," *International Security,* vol. 19 (Winter 1994-95), pp. 5-49; Robert O. Keohane and Lisa Martin, "The Promise of Institutionalist Theory," *International Security,* vol. 20 (Summer 1995), pp. 39-51; John J. Mearsheimer, "A Realist Reply," *Inter-*

Experience (MIT Press, 1997).
[26] Lindenberg and Dobel, "The Challenges of Globalization."
[27] 以下を参照。M. Edwards, "International Development NGOs: Agents of Foreign Aid or Vehicles for International Cooperation?" *Nonprofit and Voluntary Sector Quarterly*, vol. 28, supplement (1999), pp. 25-37; T. Dichter, "Appeasing the Gods of Sustainability," in David Hulme and Michael Edwards, eds., *NGOs, States and Donors* (London: Macmillan, 1997).
[28] Keck and Sikkink, *Activists without Borders*を参照。
[29] Kay Treakle, "Ecuador: Structural Adjustment and Indigenous and Environmentalist Resistance," in Fox and Brown, *The Struggle for Accountability*; and Anthony Hall, "From Victims to Victors," in Michael Edwards and David Hulme, eds., *Making a Difference* (London: Earthscan, 1992), pp. 148-58.
[30] Fox and Brown, *The Struggle for Accountability*; Keck and Sikkink, *Activists without Borders*; Boli and Thomas, *Constructing World Culture*; S. Khagram, J. Riker, and K. Sikkink, eds., *Reconstructing World Politics* (Cornell University Press, 2000); J. Smith, C. Chatfield, and R. Pagnucco, *Transnational Social Movements and Global Politics.*
[31] Keck and Sikkink, *Activists without Borders*; and Khagram and others, *Reconstructing World Politics.*
[32] Khagram and Sikkink, "Restructuring World Politics"; Fox and Brown, *The Struggle for Accountability.*
[33] Douglas A. Johnson, "Confronting Coprorate Power: Strategies and Phases of the Nestle Boycott," in L. Preston and J. Post, eds., *Research in Corporate Social Performance and Policy*, vol. 8 (Greenwich, Conn.: JAI Press), pp. 323-44; Udall, "The World Bank and Public Accountability."
[34] Jonathan Fox and L. David Brown, "Assessing the Impact of NGO Advocacy Campaigns on the World Bank," in Fox and Brown, *The Struggle for Accountability*, pp. 485-552.
[35] Udall, "The World Bank and Public Accountability."
[36] Martha Chen, "Engendering World Conferences: The International Women's Movement and the United Nations," *Third World Quarterly*, vol. 16, no. 3 (1995), pp. 477-93.
[37] Robert Rotberg, *Vigilance and Vengeance: NGOs Preventing Ethnic Conflict in Divided Societies* (Brookings, 1996).
[38] Mathews, "Power Shift"; Keohane and Nye, "Power, Interdependence, and Globalism"を参照。
[39] Mark Moore, "Toward a Normative Theory of the Nonprofit Sector," Working Paper (Harvard University, Hauser Center on Nonprofit Organizations, 1999)を参照。
[40] E. C. Fama and M. C. Jensen, "Separation of Ownership and Control, "*Journal of Law and Economics*, vol. 26 (1983), pp. 301-25を参照。
[41] Udall, "The World Bank and Public Accountability."

している組織を国際NGOとしている。

[14] 環境政策、女性の権利、人権をめぐる闘いにおいて中心的役割を演じた「超国家的な権利擁護ネットワーク」に関する記述が以下に見られる。Keck and Sikkink, *Activists without Borders*.

[15] Udall, "The World Bank and Public Accountability."

[16] Sanjeev Khagram and Kathryn Sikkink, "Restructuring World Politics: Transnational Social Movements, Networks, and Coalitions and International Norms," in Sanjeev Khagram, James Riker, and Kathryn Sikkink, eds., *Restructuring World Politics: The Power of Transnational Agency and Norms* (Cornell University Press, forthcoming)を参照。

[17] Lester M. Salamon, "The Rise of the Nonprofit Sector," *Foreign Affairs,* vol. 73, no. 4 (1994), pp. 109-16. ジョンズ・ホプキンズ大学による多くの国の非営利部門に関する研究は、多くの地域にまたがる比較分析の基盤を提供してきた。こうした研究の第一人者の一人であるサラモンは、膨大な量のデータに基づいて評価を下すことができる。以下も参照。Lester Salamon and Helmut Anheier, "Social Origins of Civil Society," *Voluntas,* vol. 9, no. 3 (1998), pp. 17-46.

[18] *Economist,* "Citizen's Groups: The Nongovernmental Order, Will NGOs Democratize or Merely Disrupt Global Governance?" *Economist,* December 11 , 1999; John Boli and George Thomas, *Constructing World Culture: International Nongovernmental Organizations since 1875* (Stanford University Press, 1999), p. 14.

[19] Jackie Smith, Charles Chatfield, and Ron Pagnucco, eds., *Transnational Social Movements and Global Politics: Solidarity beyond the State* (Syracuse University Press, 1997).

[20] カリナ・コンスタンティノ=デビッドが、状況が変化したのを受けてフィリピンに出現したさまざまなNGOについて述べている。K. Constantino-David, "Scaling up Civil Society in the Philippines," in Michael Edwards and David Hulme eds., *Making a Difference* (London: Earthscan, 1992), pp. 137-48. 分析者の大半が、市民社会アクターの定義に多くの競合するアクターを含めるのに賛成している。だが以下のように、寛容、非暴力、互恵主義などの市民社会の中心的価値観を表明していない組織を除外するものもある。Tandon and Naidoo, "The Promise of Civil Society".

[21] Salamon and Anheier, "Social Origins of Civil Society."

[22] ブラジルの草の根の「意識高揚運動」から生まれた成人教育のアプローチとして、貧しい人たちが自らの政治的状況と貧困をもたらしている力を概念化することに焦点を合わせる方法がある。以下を参照。Paolo Freire, *Pedagogy of the Oppressed* (Herder and Herder, 1971). テレビや他の形態の情報·通信技術が遍在するようになって、以前は広い世界で何が起こっているのか知らなかった人たちの政治意識が変化することが考えられる。

[23] Khagram and Sikkink, "Restructuring World Politics."

[24] Boli and Thomas, *Constructing World Culture.* 以下も参照。Keck and Sikkink, *Activists without Borders*; and Fox and Brown, *The Struggle for Accountability.*

[25] O. R. Young, *Global Governance: Drawing Insights from Environmental*

［1］Joseph A. Schumpeter, *Capitalism, Socialism, and Democracy,* 3d ed. (Harper and Row, 1950), p. 84.
［2］Robert Keohane and Joseph Nye, "Power, Interdependence, and Globalism," in *Power and Interdependence* (Addison-Wesley, forthcoming)を参照。
［3］Margaret M. Keck and Kathryn Sikkink, *Activists without Borders* (Cornell University Press, 1998)を参照。
［4］Keohane and Nye, "Power, Interdependence, and Globalism."
［5］Marc Lindenberg and J. Patrick Dobel, "The Challenges of Globalization for Northern International Relief and Development NGOs," *Nonprofit and Voluntary Sector Quarterly,* vol. 28, no. 4, supplement (1999), pp. 4-24; and Jessica Mathews, "Power Shift," *Foreign Affairs,* vol. 76 (1997), pp. 50-61.
［6］たとえば、以下を参照。Jean L. Cohen and Andrew Arato, *Civil Society and Political Theory* (MIT Press, 1997); Michael Walzer, "The Idea of Civil Society," *Dissent* (Spring 1991), pp. 293-304; Michael Bratton, "Beyond the State: Civil Society and Associational Life in Africa," *World Politics,* vol. 41, no. 4 (1989), pp. 407-30.
［7］こうした考え方の概論が、以下において展開されている。Robert Wuthnow, *Between States and Markets: The Voluntary Sector in Comparative Perspective* (Princeton University Press, 1991); Walzer, "The Idea of Civil Society." 以下も参照。Rajesh Tandon and K. Naidoo, "The Promise of Civil Society," in Naidoo ed., *Civil Society at the Millennium* (West Hartford, Conn.: Kumarian Press, 1999), pp. 1-16.
［8］L. David Brown, and David Korten, "Understanding Voluntary Organizations," Public Sector Management and Private Sector Development, Working Paper 258 (Washington: World Bank, 1989); Adil Najam, "Understanding the Third Sector: Revisiting the Prince, the Merchant, and the Citizen," *Nonprofit Management and Leadership,* vol. 7, no. 2 (1996), pp. 203-19.
［9］以下を参照。Anna C. Vakil, "Confronting the Classification Problem," *World Development,* vol. 25 (1997), pp. 2057-70; John Clark, *Democratizing Development: The Role of Voluntary Organizations* (West Hartford, Conn.: Kumarian Press, 1991).
［10］Mohammed Yunus, "The Grameen Bank Story," in Anirudh Krishna, M. Uphoff, and Milton Esman eds., *Reasons for Hope* (West Hartford: Kumarian Press, 1997).
［11］Lori Udall, "The World Bank and Public Accountability: Has Anything Changed?" in Jonathan A. Fox and L. David Brown eds., *The Struggle for Accountability: NGOs, Social Movements, and the World Bank* (MIT Press, 1998).
［12］Elizabeth Rhyne, and M. Otero, "Financial Services for Microenterprises: Principles and Institutions," *World Development,* vol. 20, no. 11 (1992), pp. 1561-71; Udall, "The World Bank and Public Accountability."
［13］*The Yearbook of International Organizations*では、3カ国以上が投票に参加

トが信じていたことが少なくとも理由の一つだと思われる」Vicki C. Jackson and Mark Tushnet, *Comparative Constitutional Law* (Foundation Press, 1999), p. 171. 以下も参照。George P. Fletcher, "Searching for the Rule of Law in the Wake of Communism," *Brigham Young University Law Review* (1992), pp. 145-63.

[27] 南アフリカ共和国憲法、第35(1)項。

[28] 類似現象だと思われるトルコの事例については、以下を参照。Paul J. Magnarella, "The Comparative Constitutional Law Enterprise," *Willamette Law Review*, vol. 30 (1994), pp. 509-32, esp. p. 516.

[29] 注16を参照。

[30] 1965年の差別撤廃宣言(660 U.N.T.S. 195)に見られたように。以下を全体的に参照。Matsuda, "Public Response to Racist Speech," pp. 2320-74, esp. pp. 2345-48.

[31] 注目に値する例として避妊のケースがあり、これは初めに思うほど非典型的なものではない。*McGee* v. *Attorney General* [1974], Irish Reports 284.

[32] Dafna Sharfman, *Living without a Constitution: Civil Rights in Israel* (M. E. Sharpe, 1993)を参照。成文憲法のない先進国は、イスラエル、ニュージーランド、英国だけである。

この10年間に世界中で次々と憲法が制定されたのに、これらの国のモデルに従った国が皆無だったことは興味深い。新たに権力の座についた者としては成文憲法によってもたらされる外的制約を避けたいであろうに、すべての制度転換国が正式の成文憲法を選んだ。この選択が示しているのは、成文憲法が国際基準となっていることと、イスラエルはともかく、英国とニュージーランドの疑う余地のない政治的安定が憲法の概念のグローバル化にほとんど影響しなかったことである。

[33] 国によって引用の仕方がどう違うかについては、以下を参照。Elisabeth Holzleithner and Viktor Mayer-Schönberger, "Das Zitat als grundloser Grund rechtlicher Legitimität," in *Norm und Entscheidung* (Berlin: Springer Verlag, 1999).

[34] それと並んで、同じコンピューター化とデータベースの拡大によって、裁判所が利用できる社会科学データ、新聞記事、他の「法律の範疇外の」情報が劇的に増えた。Frederick Schauer and Virginia J. Wise, "Legal Positivism as Legal Information," *Cornell Law Review*, vol. 82 (1997), pp. 1080-1110; Frederick Schauer and Virginia J. Wise, "Non-Legal Information and the Delegalization of Law," *Journal of Legal Studies*, vol. 29 (January 2000), pp. 495-515を参照。

[35] 同じようなことが、個人間の影響力についてもいえる。弁護士、検事、裁判官、他の法律関係者は、さまざまな国際的な場で同じ立場にある外国人と個人的に交流することが増えている。こうして発展する関係や提携は、法律の国境を越えた展開や移転に影響するだけでなく、それ自体が準法的地位を持つようになる。そういうわけで、本文ではより正式な法律の指標を強調しているが、ここで立てたすべての仮説は個人間の協力のパターンにも、さらに個人間の協力から生じる法律理念の移転にも当てはまると思われる。

[36] 重んじられることが動機となることについては、以下を参照。Richard H. McAdams, "The Origin, Development, and Regulation of Norms," *Michigan Law Review*, vol. 96 (1997), pp. 338-403.

一員であることによる法律移転の影響を受けないと思われる。英米法の国は英米法を用いる別の国のモデルに従い、ローマ法の国はローマ法を用いる別の国のモデル、元フランス植民地は別の元フランス植民地のモデル、スペイン語を話す国はスペイン語を話す他の国のモデル等々に従うものとすると、憲法についてはこうした影響が他の法律の場合と比べて目立たないという仮説が立てられる。

[21] 米国の影響と非影響のパターンに関する総括については、以下を参照。
Jacques de Lisle, "Lex Americana? United States Legal Assistance, American Legal Models, and Legal Change in the Post-Communist World and Beyond," *University of Pennsylvania Journal of International Economic Law*, vol. 20 (1999), pp. 179ff.

[22] この現象は、旧英連邦諸国だけでなく、ベトナムのように英連邦とは文化的に無関係の国でも顕著なようだ。

[23] それ自体が精査に値する現象である米国のジャーナリストの尽力もあって、メディアを専門とする世界中の弁護士がニューヨーク・タイムズ対サリバン（376 U.S. 254（1964））のケースと、これによって公人や有名人に対する事実上すべての批判が、それがたとえ事実に反する批判であっても、法的責任を免除されることを知っている。興味深いことに、カナダ、南アフリカ、オーストラリア、スペイン、インド、ニュージーランド、英国での最近の判決は、この米国の考え方に明示的に言及はしたものの、この考え方に従った例はなかった。
1965年の差別撤廃条約は、署名国が「人種的憎悪の誘因」を禁止することを求めている。ブランデンブルグ対オハイオ（395 U.S. 444（1969））（クー・クラックス・クランの発言を擁護）や、コリン対スミス（578 F.2d 1197（7th Cir. 1978), cert, denied, 439 U.S. 916（1978））（イリノイ州スコーキーにおけるネオ・ナチの発言を擁護）といった米国憲法修正第1条による判決が大きく影響して、米国は首尾一貫してこの規定を留保（署名を拒否）してきた。国際法や国際条約が求めていることは、米国の現在の原則では明らかに違憲だからである。Mari Matsuda, "Public Response to Racist Speech: Considering the Victim's Story," *Michigan Law Review*, vol. 87 (1989), pp. 2320 ffを参照。

米国では、人種に基づくアファーマティブ・アクション計画は、人種に基づく他のケースと同じ厳しい基準に従って評価されるようになっている。*Adarand Constructors, Inc.*, 115 S. Ct. 2097 (1995); Hopwood v. Texas, 78 F.3d 932 (5th Cir. 1996), cert, denied, 116 S. Ct. 2581 (1996)を参照。だが国際的には、カナダの権利と自由の憲章の第15（2）条や、南アフリカ憲法の第8（3）条に見られるように、「不利な条件に置かれた個人や集団の状況を向上させる」（カナダ）ためや、「不当な差別によって不利な条件に置かれた個人や個人の集団・範疇を適切に保護して地位を向上させる」（南アフリカ）ために、人種に基づく分類に憲法上のはっきりした承認を与える方向に向かっている。

[24] ただし、上述の通り、憲法の構造や正確な文言はその限りではない。

[25] Kent Greenawalt, "General Principles of Free Speech Adjudication in the United States and Canada," in *Fighting Words: Individuals, Communities, and Liberties of Speech* (Princeton University Press, 1995), pp. 11-27を参照。

[26]「ハンガリーの憲法裁判所が死刑を違憲としたのは、そうすることが欧州連合とつながりを持つようになるための必須条件だとハンガリーの政界や法曹界のエリー

[12] John J. A. Burke, "The Economic Basis of Law as Demonstrated by the Reformation of NIS Legal Systems," *Loyola International and Comparative Law Journal,* vol. 18 (1996), pp. 207 ffを参照。生粋の経済的目標から「派生した」法律の進展について説明されている。

[13] もっとも、こうした見方が正しいわけではない。きわめて技術的な商法にさえ、イデオロギー的・政治的前提が組みこまれているからである。他の州のきわめて技術的な証券法（や米国連邦証券法）ではなく、カリフォルニア州のきわめて技術的な証券法をモデルとして選ぶという決断は、完全開示のモデルではなく、かなり規制のあるモデルを選ぶということであり、これは州の役割とその権限の限界をめぐる論議の核心に触れる選択である。

[14] 憲法制定の特別な政治性については、以下を参照。Stephen Holmes and Cass R. Sunstein, "The Politics of Constitutional Revision in Eastern Europe," in Sanford Levinson, ed., *Responding to Imperfection: The Theory and Practice of Constitutional Amendment* (Princeton University Press, 1995).

[15] J. Peter Byrne and Philip G. Schrag, "Law Reform in Estonia: The Role of the Georgetown University Law Center," *Law and Policy in International Business,* vol. 25 (1994), pp. 449ff. 同様に、アルメニアの破産法は主としてメリーランド大学によって策定され、ルーマニアの破産法には国際的なコンサルティング会社のデロイト＆トゥーシュが大きな影響をおよぼした。Samuel L. Bufford, "Bankruptcy Law in European Countries Emerging from Communism: The Special Legal and Economic Challenges," *American Bankruptcy Law Journal,* vol. 70 (1996), pp. 459ffを参照。

[16] 映画、書籍、美術といった文化的な産物は違う。多くの国がこうした産物の国内生産（さらに時として文化的意義のある食品の国内生産）を、他の産物の場合よりナショナル・アイデンティティの具体的表現と見なしている。これが最も当てはまるのがおそらくマスメディアであり、マスメディアばかりかそれらを統制する法律も国家の関心事と考えられており、したがって最も移植されにくい。たとえば、以下を参照。"Mass Media Law and Practice: Lithuania, Latvia, and Estonia," in *Post-Soviet Media Law and Policy Newsletter,* vol. 55 (May 1999), pp. 1-8.

[17] ポーランドにおける一見同じような現象については、以下を参照。Wiktor Osiatynski, "The Constitution-Making Process in Poland," *Law and Policy,* vol. 13 (1991), pp. 125-43; Wiktor Osiatynski, "Perspectives on the Current Constitutional Situation in Poland," in Douglas Greenberg and others, eds., *Constitutionalism and Democracy: Transitions in the Contemporary World* (Oxford University Press, 1993), pp. 312-20.

[18] 1992年8月、エストニアのタリンにおけるEerik-Juhan Truuväliとの会話。

[19] 南アフリカの事例は、別の要素も作用しているかもしれないことを示唆している。1787年に米国憲法の55人の立案者が文字通り一部屋に缶詰状態になって秘密厳守を誓ったときとは異なり、今では憲法はきわめて公に制定されることが多い。こうした状況によって、南アフリカやブラジルのように憲法が非常に長くなる（それぞれ114ページと229ページ）だけでなく、憲法が外部からの影響を受けにくくなることが考えられる。公開性と政治の関与が外部からの影響を減らし、秘密主義とプロセスの官僚的・技術的管理が外部からの影響を拡大するという仮説が立てられる。

[20] さらにピストーアが私に示したように、特に憲法は、法律的に同じ「グループ」の

Exogenous Influences (Turku, Finland, Turku Law School, 1994).

[5] 法律の移転の概念については、以下を全体的に参照。Alan Watson, *Legal Transplants* (Edinburgh: Scottish Academic Press, 1974); Alan Watson, "Legal Change: Sources of Law and Legal Culture," *University of Pennsylvania Law Review,* vol. 131 (1983), pp. 1121-46; Alan Watson, "Legal Transplants and Law Reform," *Law Quarterly Review,* vol. 92 (1976), pp. 79-96. 以下も参照。T. B. Smith, "Legal Imperialism and Legal Parochialism," *Juridical Review (New Series),* vol. 10 (1965), pp. 39-54.

[6] この議論では、第二次世界大戦後の日本と西ドイツの憲法のように、完全に強制された場合は除外している。David P. Currie, *The Constitution of the Federal Republic of Germany* (University of Chicago Press, 1994)を参照。

[7] Stephen Cornell and Joseph P. Kalt, "Where Does Economic Development Really Come From? Constitutional Rule among the Contemporary Sioux and Apache," *Economic Inquiry,* vol. 33 (1995), pp. 402-16; Stephen Cornell and Joseph P. Kalt, "Reloading the Dice: Improving the Chances for Economic Development on American Indian Reservations," in *What Can Tribes Do? Strategies and Institutions on American Indian Reservations* (University of California at Los Angeles, 1992). Daniel Berkowitz. Katharina Pistor, and Jean-Francois Richard, "Economic Development, Legality, and the Transplant Effect," Working Paper (Harvard University, Center for International Development, November 1999).

[8] この現象の説明としては、固有法を制定することが協調的な法律制定行動の中心点のような働きをして、それが協調的な経済行動の中心点となるというのが考えられる。また、制度は経済発展に必要であり、移植されたものより固有の制度のほうがよりよく機能するという説明もできる。これらをはじめ関連する問題点については以下を参照。Douglas North, *Institutions, Institutional Change, and Economic Performance: The Political Economy of Institutions and Decisions* (Cambridge: Cambridge University Press, 1990); Robert Barro, "Determinants of Economic Browth: A Cross-Country Empirical Study," Working Paper 5698 (National Bureau of Economic Research, August 1996); Richard A. Posner, "Creating a Legal Framework for Economic Development," *World Bank Research Observer,* vol. 13 (1998), pp. 1-11.

[9] 米国国内のアメリカインディアン国家の場合、固有性に代わるものとして、そのまま移植できるようにパッケージになった米国連邦当局の手による法律、特に米国の内務省が1934年のインディアン再編成法の73 P.L. 383, 48 Stat. 984, ch. 576, 25 U.S.C. 461 (1996) に従って作り上げた包括的憲法がある。

[10] バーコビッツ、ピストーア、リシャールは、他のさまざまな変数を一定とすると、法律厳守は移植の影響のある国が移植の影響のない場合より約3分の1低いと結論づけている。これより実証的な検証件数は少ないが同様の指摘があるものとしては、以下を参照。A. E. Dick Howard, "The Indeterminacy of Constitutions," *Wake Forest Law Review,* vol. 31 (1996), pp. 383-406, esp. pp. 402-04.

[11] 憲法の制定が通常の法律の制定とは異なるものとなりうる数多くの要因については、以下を参照。Jon Elster, "Forces and Mechanisms in the Constitution-Making Process," *Duke Law Journal,* vol. 45 (1995), pp. 364-81.

vard University Press, 1997), pp. 55-75.
[14] Arthur Miller and Ola Listhaug, "Political Performance and Institutional Trust," in Pippa Norris, ed., *Critical Citizens: Global Support for Democratic Governance* (Oxford University Press, 1999), p. 216.
[15] Franz and Strehl, *Public Sector Management in Europe,* p. 140を参照。
[16] http://www.info.USAID.gov/democracy/ee/nis.html.
[17] Grindle, "Getting Good Government"を参照。
[18] Flynn and Strehl, *Public Sector Management in Euope,* p. 99を参照。
[19] John Haltiwanger and Manisha Singh, "Cross Country Evidence on Public Sector Retrenchment," *World Bank Economic Review,* vol. 13 (1999), 23-66.
[20] Andres W. Marinakis, "Public Sector Employment in Developing Countries: An Overview of Past and Present Trends," *International Journal of Public Sector Management,* vol. 7 (1994), pp. 50-68.
[21] Haltiwanger and Singh, "Cross Country Evidence," p. 31.
[22] Ibid., table A1.
[23] Kettl, "Management Reform," p. 42
[24] Vice President Al Gore, *The Best Kept Secrets in Washington* (Government Printing Office, 1996).
[25] Flynn and Strehl, *Public Sector Management in Europe,* p. 37.

第11章　法律とグローバル化

この論文の以前の版は、ケネディ行政大学院の「ガバナンスの展望」プロジェクトのグローバル化とガバナンスに関する会議（ニューハンプシャー州ブレトンウッズ）、世界銀行の法の原則セミナー・シリーズ、さらに研究セミナー論文としてやはり研究を支援してくれたハーバード大学国際開発センターに提出したものである。

[1] これは、特に以下に示されているジョン・オースティンの考え方にきわめて近い。H. L. A. Hart ed., *The Province of Jurisprudence Determined and the Uses of the Study of Jurisprudence* (London: Noonday Press, 1954) 以下も参照。Jeremy Bentham, *Of Laws in General* (London: Athlone Press, 1970); A.V. Dicey, *Introduction to the Study of the Law of the Constitution,* 10th ed. (London: Macmillan, 1959), pp. 39-85; Thomas Hobbes, *Leviathan* (1651); W. J. Rees, "The Theory of Sovereignty Restated," in Peter Laslett, ed., *Philosophy, Politics and Society* (Oxford: Basil Blackwell, 1956).
[2] H. L. A. Hart, *The Concept of Law,* 2d ed. (Oxford: Clarendon Press, 1994), pp. 213-37; R. W. M. Dias, "Mechanism of Definition as Applied to International Law," *Cambridge Law Journal* (1954), pp. 226-31; Glanville Ll. Williams, "International Law and the Controversy concerning the Word 'Law,'" *British Yearbook of International Law,* vol. 22 (1945).
[3] Hart, *The Concept of Law,* pp. 236-37を参照。
[4] こうした問題のいくつかに取り組んだ、残念ながら稀にしかないが称賛に値する試みについては、以下における諸論文を参照。Markku Suksi, ed., *Law under*

lished manuscript, May 1998, p. 12.

[46] これらの交渉に関わった外国企業の代表から聴取。

[47] 最近の例が、2000年3月の全国人民代表会議で見られた。政府報告書の最初の草稿では政治改革の必要性に言及されていたが、朱鎔基首相が読み上げた最終版では削除されていた。"Political Reform Not on the Agenda," in *South China Morning Post,* March 7, 2000を参照。

●訳注

[1] 原文にはCCNとあるが、CNNの誤植と判断した。

第10章　グローバル化と行政改革

この章で取り上げた調査で各国について調べてくれたリサーチ・アシスタントのロブ・タリエルシオに感謝する。

[1] たとえば、フリンとストレールによると、強力な中央政府、政治家、高級官僚が権力の維持に関して利益を共有しているフランスは、こうした古くからの実態を改革の修辞が覆い隠している好例である。Norman Flynn and Franz Strehl, eds., *Public Sector Management in Europe* (Hempstead, Prentice Hall Europe, 1996), p. 123.

[2] Flynn and Strehl, *Public Sector Management in Europe,* p. 1.

[3] Donald F. Kettl, "Management Reform for the 21st Century: Challenges for Governance, a Report of the Brookings Institution" (Brookings, 1999), p. 9.

[4] Ann Marie Slaughter, "The Real New World Order," *Foreign Affairs,* vol. 76 (September-October 1997), pp. 183-97を参照。

[5] Jeff Garten, "A Glass Half Full," *Foreign Affairs,* vol. 78 (July-August 1999), pp. 112-15.

[6] Thomas Friedman, *The Lexus and the Olive Tree* (Farrar, Straus, Giroux, 1999). p. 201.

[7] 1999年1月にワシントンで開催された「政府機構改革に関するグローバル・フォーラム」の開会式におけるジェニー・シップリー首相の演説。

[8] Shipley, Global Forum.

[9] Governing Treasury Board of Canada for Canadians, "Getting Government Right" (Ottawa, 1997), p. 1.

[10] Mary E. Hilderbrand and Marilee S. Grindle, "Building Sustainable Capacity in the Public Sector: What Can Be Done?" in *Getting Good Government, Capacity Building in the Public Sectors of Developing Countries* (Harvard University Press, 1997), pp. 31-62を参照。

[11] Global Forum, Washington.

[12] Flynn and Strehl, *Public Sector Management in Europe,* p. 3.

[13] 政府がうまく機能した数多くの例については、以下を参照。Derek Bok, "Measuring the Performance of Government," in Joseph S. Nye, Philip D. Zelikow, and David C. King, eds., *Why People Don't Trust Government* (Har-

[31] 農村部の世帯の1人当たり年間純所得は、上海が5406.87元、北京は3952.32元、江蘇が3376.78元、四川が1789.17元、貴州が1334.46元、チベットが1231.50元、新疆が1600.14元、甘粛が1424.79元だった。都市部の住民の1人当たり実質所得は、上海が8825.26元、北京が8520.61元、江蘇が6064.45元だった。四川は5159.97元、貴州は4580.48元、新疆は5041.67元、甘粛は4034.26元、青海は4257.50元だった。*Zhongguo tongji nianjian 1999,* pp. 339 and 325を参照。

[32] Xiang Biao, "How to Create a Visible 'Non-State Space' through Migration and Marketized Traditional Networks: An Account of a Migrant Community in China," paper delivered to the International Conference on Chinese Rural Labor Force Migration, Beijing, June 1996を参照。

[33] 中国人がこうした不平等に懸念を表明し、格差を早く是正することを提案しているものとしては、以下を参照。Wang Shaoguang and Hu Angang, *The Political Economy of Uneven Development: The Case of China* (M. E. Sharpe Inc., 1999).

[34] 国有企業の活動の幅広さを示すものとして、中国の全医師の3分の1と、約60万人の教師や管理者を雇用していることがあげられる。Neil C. Hughes, "Smashing the Iron Rice Bowl," *Foreign Affairs,* vol. 77 (July-August 1998), p. 78.

[35] World Bank, *China's Management of Enterprise Assets: The State as Shareholder* (Washington: World Bank, 1997), p. 1.

[36] 社会保険・福祉の基金の費用が賃金総額に占める割合は、1978年は13.7%だったのが、1995年には34%に拡大した。UNDP, *China Human Development Report. Human Development and Poverty Alleviation 1997* (Beijing: UNDP, 1998), p. 65.

[37] Tony Saich, "Negotiating the State: The Development of Social Organizations in China," *China Quarterly,* no. 161 (March 2000), forthcomingを参照。

[38] "Quarterly Chronicle and Documentation," *China Quarterly,* no. 158 (June 1999), p.535.

[39] John Pomfret, "China Gives Broad Rein to Economy's Private Sector," *Washington Post,* January 5, 2000, p. A1.

[40] たとえば、銀行制度、特に地方レベルのものは、商業ベースの貸付の経験がない。地元の党指導者に従うのに慣れており、確実に回収できそうな国営企業に貸し付けるほうが安心だと思っている。

[41] 目下の方針に対する批判については、以下に転載されている4つの「1万字のマニフェスト」を参照。Ma Licheng and Ling Zhijun, *Jiaofeng: Dangdai Zhongguo Sanci Sixiang Jiefang Shilu* (Crossing Swords: An Account of the Three Thought Liberations in Contemporary China) (Beijing: Today Publishers, 1998).

[42] 1999年5月に無錫にて面談。

[43] この点に関しては以下を参照。Tony Saich, "Writing or Rewriting History? The Construction of the Maoist Resolution on Party History," in Tony Saich and Hans van de Ven, eds., *New Perspectives on the Chinese Communist Revolution* (M. E. Sharpe Inc., 1995), pp. 299-38.

[44] Apter and Saich, *Revolutionary Discourse in Mao's Republic,* chap. 9を参照。

[45] Shao Wenguang, "China: Reforms and Impact of Globalization," unpub-

[17] 中国共産党は、党の姿勢に異議を唱えかねない極端なナショナリズムが問題を引き起こすのを慎重に制限してきた。そういうわけで中国は、民族主義的な「ノーと言える中国」の出版には、著者が政治体制の民族主義的な実績を批判しているために曖昧な態度をとり、中国の一般市民が日本に戦時賠償を求めるのを阻止し、1999年5月の反米デモについては、最初は支持したものの政府の対応が不適切だと批判されはじめると直ちに抑えた。

[18~19] Ma Shikun and Zhang Yong, "What Is the Meaning of the Seattle Meeting?" in *Renmin ribao,* December 6, 1999, p. 7.

[20] この点については、以下を参照。Oksenberg and Economy, "Introduction," p. 21; Michael D. Swaine and Alastair Iain Johnston, "China and Arms Control Institutions," ibid., pp. 90-135.

[21] Kim, "China and the United Nations," p. 56を参照。中国の関与についてより全般的には、以下の論文を参照。Alastair Iain Johnston and Robert S. Ross, eds., *Engaging China: The Management of an Emerging Power* (New York: Routledge, 1999).

[22] 中国は1980年代初めから、拒否権の行使は覇権的行為だとして用いなくなり、棄権を選んでいる。それ以降で中国が拒否権を行使したのは1997年1月、やはり台湾と外交関係があることに抗議して、グアテマラへの国連派遣団を阻止したときだけである。初期の拒否権の行使は、ほとんど全部が事務総長への勧告に対するものだった。注目すべき例外は1972年、戦争後に建国されたバングラデシュの加盟をめぐるときである。この動きは明らかに、分離を求める戦争によって新しい国が建国されるのを支持したくないという中国の主権の考え方と関連していた。

[23] 中国は1998年10月27日、メアリー・ロビンソン国連人権高等弁務官の訪中直後に市民的および政治的権利に関する国際規約に署名し、また1997年10月5日、江沢民国家主席の訪米直前に経済・社会・文化的権利に関する国際規約に署名した。

[24] 1999年6月に北京の法律の専門家や研究者と面談。

[25] グローバル化と社会基盤が対立する可能性の明晰な全体的分析については、以下を参照。Dani Rodrik, *Has Globalization Gone Too Far?* (Washington: Institute for International Economics, 1997).

[26] この過程については以下を参照。Jude Howell, *China Opens Its Doors: The Politics of Economic Transition* (Boulder: Lynne Rienner, 1993); Margaret Pearson, *Joint Ventures in the People's Republic of China: The Control of Foreign Capital under Socialism* (Princeton University Press, 1991); Susan Shirk, *How China Opened Its Door: The Political Success of the PRC's Foreign Trade and Investment Reforms* (Brookings, 1994).

[27] 実際に中国は、すべての貿易法を公開することと、公にされていない規制は強制しないことを記した米国との覚書に署名した。履行は完了していない。

[28] Margaret Pearson, "China's Integration into the International Trade and Investment Regime," in Economy and Oksenberg, eds., *China Joins the World,* p. 188.

[29] 以下に示されている数字から計算した。*Zhongguo tongji nianjian 1999,* p. 599.

[30] Azizur R. Khan, *Poverty in China in the Period of Globalization: New Evidence on Trends and Patterns* (Geneva: International Labor Organization, n.d.), p. 36を参照。

ン以降、すべての大統領の考え方であった。

[2] 中国共産党中央委員会の翻訳局が発行しているシリーズは、最も参考になるものの一つである。これまでに7冊発行されており、グローバル化とマルクス主義、グローバル化と社会主義、グローバル化と中国といったテーマが取り上げられている。

[3] Yu Keping, "Chinese Views on Research on Globalization, " in *Zhanlue yu guanli* (Strategy and Management), no. 3, 1999, p. 96を参照。

[4] たとえば、以下を参照。Guo Shuqing, "Economic Globalization and China's Opening Up," in *Guoji jingji pinglun* (Review of International Economics), nos. 5-6, 1999, pp. 21-26; Liu Li, "Economic Globalization," ibid., nos. 11-12, 1997, pp. 32-34.

[5] Liu Junning, "Globalization and Democratic Politics," in Hu Yuanzi and Xue Xiaoyuan, eds., *Quanqiuhua yu Zhongguo* (Globalization and China) (Beijing: Central Compilation and Translation Press, 1998), pp. 67-71.

[6] Xu Yong and Zeng Jun, "Globalization, Contracts, and Political Development," ibid., pp. 72-81.

[7] 中国が二国間貿易において1928年のレベルを超えたのは1993年のことで、世界全体の2.6%を占めた。1977年には、わずか0.6%にまで低下していた。*Economist,* November 20, 1999, p. 25. 中国がルクセンブルクに代わって世界第10位の貿易国となったのは最近のことで、まだベルギーやオランダより下位にある。

[8] これらの数字は、以下の情報に基づいて計算された。*Zhongguo tongji nianjian, 1999* (State Statistical Yearbook, 1999) (Beijing: State Statistical Publishing House, 1999).

[9] "China: Jiang Zemin Praises HKSAR Government," Xinhua, March 9, 1998. この引用を見つけ、他の参考文献についても手伝ってくれたナンシー・ハーストに感謝する。

[10] 一般的な原則は、「本質面は中国から学び、実用面は西洋から学ぶ」というもの。

[11] 1977～96年までに、中国の国際的な政府機関への加盟は21から51へと増え、国際的な非政府組織への参加は71から1079へと増えた。Samuel S. Kim, "China and the United Nations," in Economy and Oksenberg, eds., *China Joins the World,* pp. 46-47を参照。

[12] 自主的追放の時代から脱した中国には、国際機関で中国の利益を効率的に推進できる人材が不足していた。

[13] Ma Shikun and Zhang Yong, "What Is the Meaning of the Seattle Meeting?" in *Renmin ribao* (People's Daily), December 6, 1999, p. 7.

[14] その例として、西暦2000年を迎えるにあたっての江沢民の所感があげられる。中国は毛沢東と中国共産党によって解放に導かれるまで、「世界列強に痛めつけられ屈辱を与えられてきた」と述べている。全文については、以下を参照。Xinhua in English, December 31, 1999. 談話の果たす役割と、中国共産党における権力との関連については、以下を参照。David E. Apter and Tony Saich, *Revolutionary Discourse in Mao's Republic* (Harvard University Press, 1994).

[15] これは以下に引用されている。Stephen White and others, *Communist and Postcommunist Political Systems* (Basingstoke: Macmillan Press, 1990), p. 73.

[16] 1999年4月、中国のWTO加盟条件について朱鎔基首相が同意したとして、米国が詳細を公表したときも、同様の非難が朱首相に向けられた。

Press, 1981)を参照。

[66] たとえば、以下を参照。Grindle, *Challenging the State*, chap. 2.

[67] たとえば、以下を参照。Felipe Agüero and Jeffrey Stark, eds., *Fault Lines of Democracy in Post-Transition Latin America* (Coral Gables, Fla.: North-South Center Press).

[68] たとえば、以下を参照。World Bank, *The East Asian Miracle: Economic Growth and Public Policy* (Washington: World Bank, 1993); Robert Wade, *Governing the Market: Economic Theory and the Role of Government in East Asian Industrialization* (Princeton University Press, 1990); Alice Amsden, *Asia's Next Giant: South Korea and Late Industrialization* (New York: Oxford University Press, 1989).

[69] 世界銀行の「総合開発の枠組み」によると、開発の過程で重要ではないものはほとんどない。*World Development Report, 1999/2000*, p. 21を参照。

[70] 注58を参照。

[71] たとえば、以下を参照。David Lindauer and Barbara Nunberg, *Rehabilitating Government: Pay and Employment Reform in Africa* (Washington: World Bank, 1994).

[72] このアプローチは、Barbara Geddes, *Politician's Dilemma: Building State Capacity in Latin America* (University of California Press, 1994) において論じられている。世界銀行は、各国が通常の行政事務の枠を越えて特に重要な公共部門の仕事にあたる、より専門的な組織を目指す「行政機関」の設置を支援してきた。

[73] たとえば、以下を参照。Judith Tendler, *Good Government in the Tropics* (Johns Hopkins University Press, 1997); and Murray Horn, *The Political Economy of Public Administration: Institutional Choice in the Public Sector* (Cambridge: Cambridge University Press, 1995).

●訳注

[1] 原文では、文章は1998年、表は1993年と食い違っているが、1998年が正しいので訂正した。

[2] テレビの数値は、表には示されていない。

[3] 原文の表では、日刊新聞～パソコンの数値の単位が示されていなかったので、調べて補った。また、電話の数値に2カ所、誤植があったので訂正した。

第9章　中国はグローバル社会へどう統合するか

[1] 衝突説が強く表明されているのは、Richard Bernstein and Ross H. Munro, *The Coming Conflict with China* (Knopf, 1997)。よりバランスのとれた評価が示されているのは、Andrew J. Nathan and Robert S. Ross, *The Great Wall and the Empty Fortress* (W. W. Norton, 1997)。和解派か対決派かに基づいた、中国と対応するための異なる政策の選択肢の洞察に満ちた概観については、以下を参照。Michel Oksenberg and Elizabeth Economy, "Introduction: China Joins the World," in Economy and Oksenberg, eds., *China Joins the World: Progress and Prospects* (New York: Council on Foreign Relations, 1999), pp. 7-15. 中国が国際社会に関与すればするほど良いというのは、ニクソ

下を参照。Barbara Geddes, "The Politics of Economic Liberalization," *Latin American Research Review,* vol. 30, no. 2 (1995), pp. 195-214.

[58] たとえば、1980年代末～90年代初めのメキシコの劇的な政策変更におけるテクノクラートの役割については、以下を参照。Grindle, *Challenging the State,* chap. 5. より全般的には、前の注で示した事例研究および以下を参照。Jorge I. Domínguez, ed., *Technopols: Freeing Politics and Markets in Latin America in the 1990s* (Pennsylvania State University Press); John Williamson, "In Search of a Manual for Technopols," in John Williamson, ed., *The Political Economy of Policy Reform* (Washington: Institute for International Economics, 1994).

[59] 第一世代の改革は通常、早期安定化と構造調整プログラムに関連するものである。こうした政策変更の大半は「ひと筆」改革、つまり実施するのに行政のメカニズムはあまり必要なかった。第二世代の改革は、実施するのに制度や組織を必要とするもので、たとえば教育や医療政策の改革がある。

[60] たとえば、以下を参照。Catherine M. Conaghan and James M. Malloy, *Unsettling Statecraft: Democracy and Neoliberalism in the Central Andes* (University of Pittsburgh Press, 1994).

[61] たとえば、以下を参照。Guillermo O'Donnell, Philippe C. Schmitter, and Laurence Whitehead, eds., *Transitions from Authoritarian Rule: Comparative Perspectives* (Johns Hopkins University Press, 1986).

[62] 以下を参照。Manuel Castells, *The City and the Grassroots* (London: Edward Arnold, 1983); Jean L. Cohen, "Strategy or Identity: New Theoretical Paradigms and Contemporary Social Movements," *Social Research,* vol. 52 (Winter 1985), pp. 663-716; Arturo Escobar and Sonia E. Alvarez, eds., *The Making of Social Movements in Latin America: Identity, Strategy and Democracy* (Westview Press, 1992); Claus Offe, "New Social Movements: Challenging the Boundaries of Institutional Politics," *Social Research,* vol. 52 (Winter 1985), pp. 817-68; Alain Touraine, "An Introduction to the Study of Social Movements," *Social Research,* vol. 52 (Winter 1985), pp. 749-88.

[63] たとえば、以下を参照。Julie Fisher, *Non-Governments: NGOs and the Political Development of the Third World* (Kumaria Press, 1998).

[64] 現在の非政府組織の総数は明らかにされていない。だが、部分的な情報からは非常に急速に増えていることがうかがえる。たとえば、レスター・サラモンは中国で行った演説で、フランスでは1960年代には年平均1万件の新たな連合が設立されていたのが、1980～90年代には5万～6万件であったと述べている。イタリアでは、既存のNGOの半数が1985年以降に設立されている。ハンガリーでは、2万3000のNGOが1989～93年に誕生している。ロシアでは、1990年代初め以降に10万以上のNGOが設立された。Lester Salamon, "Toward Civil Society: The Global Associational Revolution and the New Era in Public Problem-Solving," keynote speech, Beijing, July 1999. I am grateful to Marty Chen for bringing this to my attention.

[65] Albert O. Hirschman, "Policymaking and Policy Analysis in Latin America—A Return Journey," in Albert O. Hirschman, *Essays in Trespassing: Economics to Politics and Beyond* (Cambridge: Cambridge University

ereignty? The Politics of a Shrinking and Fragmenting World (Elgar, 1992).

[49] これが、国家空洞化論への反論として支配的な見解であった。たとえば、以下を参照。Paul Hirst and Grahame Thompson, *Globalization in Question: The International Economy and the Possibilities of Governance* (Cambridge: Polity, 1996); Jan Aart Scholte, "Global Capitalism and the State," *International Affairs,* vol. 73 (July), pp. 427-52; Evans, "The Eclipse of the State?"; Linda Weiss, *The Myth of the Powerless State* (Cornell University Press, 1998).

[50] 国内では、市場経済につきものの経済の脆さから国民を隔離するのに、強力な国家の制度が不可欠である。つまりは先進国の国民が長らく享受してきた「埋めこまれた自由主義」である。John Ruggie, "International Regimes, Transactions and Change: Embedded Liberalism in the Postwar Economic Order," *International Organization,* vol. 36 (Spring 1982), pp. 379-416を参照。

[51] 先に述べたように、成長を促して持続させるには、効率的なマクロ経済的管理、国家経済を多様化させる政策、制度と能力の構築、教育や社会的生産基盤への投資、研究開発を奨励する措置などが必要だ。貧困を緩和するには、特に生産的職務を生みだすように成長を促す方法を見つけ、教育・医療・その他の社会サービスに投資し、さまざまな——政策を生みだし、紛争を管理し、生産を調整して促進する——制度を強化し、農業や工業の生産性を高めるために社会的生産基盤と新技術に投資することである。政治的·経済的交流を管理する制度の能力を拡大させるには、教育、訓練、技術への投資とならんで、規制の方策と説明責任のメカニズムを発達させなければならない。技術格差をなくすには、社会的生産基盤、教育、訓練へ幅広く投資する必要があり、こうした投資は成長によって政府の収入が増えることに依存している。

[52] Scholte, "Global Capitalism and the State"を参照。

[53] Stephan Haggard, *Developing Nations and the Politics of Global Integration* (Brookings, 1995)を参照。

[54] たとえば、以下を参照。Margaret E. Keck and Kathryn Sikkink, *Activists beyond Borders: Advocacy Networks in International Politics* (Cornell University Press, 1998); Sanjeev Khagram, *Dams, Democracy, and Development: Transnational Struggles for Power and Water,* forthcoming.

[55] 世界の国で「何らかの形の民主政治」が行われていたのは、1974年には28％だったのに対し、1998年は61％だった。World Bank, *World Development Report, 1999/2000,* p. 43.

[56] 民主主義国家でさえ、貧困、文盲、低開発の状況によって、国民の大部分、特に農村部の住民が政府の意思決定から隔てられている。Merilee S. Grindle and John W. Thomas, *Public Choices and Policy Change: The Political Economy of Reform in Developing Countries* (Johns Hopkins University Press, 1991), chap. 3を参照。

[57] たとえば、以下の各国に関する章を参照。Robert H. Bates and Anne O. Krueger, eds., *Political and Economic Interactions in Economic Policy Reform* (Basil Blackwell, 1993); Stephan Haggard and Robert R. Kaufman, eds., *The Politics of Economic Adjustment* (Princeton University Press, 1992); Grindle, *Challenging the State.* この文献の論評と要約については、以

off: Efficient Growth via More Equal Human Capital Accumulation," in Birdsall, Graham, and Sabot, *No Tradeoffs.*

[31] たとえば、以下を参照。James S. Wunsch and Dele Olowu, eds., *The Failure of the Centralized State: Institutions and Self-Governance in Africa* (Westview Press, 1990); Richard Sandbrook, "The State and Economic Stagnation in Tropical Africa," *World Development,* vol. 14 (March 1986); Joel S. Migdal, *Strong Societies and Weak States: State-Society Relations in the Third World* (Princeton University Press, 1988). これらの研究は、独裁主義でも民主主義でも行政機関が中央集権を進め、多くの場合、その過程で立法・司法機関の独立性を損ない、地方政府の可能性を失わせたことを浮き彫りにしている。一方、これらの中央政府は、非効率、腐敗、国家の大盤振る舞いの分配をめぐる紛争などによって弱体化しがちであった。

[32] たとえば、以下を参照。Grindle, *Challenging the State.*

[33] Peter Evans, "The Eclipse of the State? Reflections on Stateness in an Era of Globalization," *World Politics,* vol. 50 (October 1997), p. 85.

[34] 多くの途上国で国家活動の規模と範囲を縮小させるのに主として用いられた手段は、民営化、自由化、緊縮財政、規模縮小であった。

[35] Evans, "The Eclipse of the State?" pp. 73-74.

[36] UNDP, *Human Development Report, 1999,* pp. 34-35.

[37] World Bank, *World Development Report, 1999/2000,* p. 55.

[38] World Bank, *World Development Report, 1999/2000,* p. 57.

[39] 世界銀行の統計によると、南アジアでは大都市の住民の電話所有数は、小都市、町、農村部の住民の7倍であった。この比率は、東アジア・太平洋地域では約5.5対1、サハラ以南のアフリカでは3対1、ラテンアメリカ・カリブ海地域では約2.5対1である。World Bank, *World Development Report, 1998/1999,* p. 69.

[40] たとえば、途上国は無線通信技術を選択して、旧来の技術に必要だった固定資本投資を減らすことができる。1993年、OECD諸国が旧来のアナログ技術に縛られることが多かったのに対し、一部の途上国は完全にデジタル化されていた。World Bank, *World Development Report, 1998/1999,* pp. 57, 59.

[41] D. Ernst, "Globalization and the Changing Geography of Innovation Systems: A Policy Perspective on Global Production Networks," prepared for a workshop on the political economy of technology in developing countries, Brighton, U.K., October 1999を参照。

[42~43] UNDP, *Human Development Report, 1999,* p. 3.

[44] Ibid., p. 6.

[45] World Bank, *World Development Report, 1999/2000,* pp. 266-167.

[46] UNDP, *Human Development Report, 1999,* p. 178.

[47] World Bank, *World Development Report, 1998/1999,* p. 2.

[48]「国家の空洞化」という考え方は、*Daedalus,* vol. 124 (Spring 1995) における論文の主題であった。以下を参照。R. A. W. Rhodes, "The Hollowing Out of the State: The Changing Nature of the Public Service in Britain," *Political Quarterly,* vol. 65 (April-June, 1994); Susan Strange, *The Retreat of the State: The Diffusion of World Power in the World Economy* (Cambridge University Press, 1996); Joseph Camillieri and Jim Falk, *The End of Sov-*

[13] 多くの人が開発における貿易の中心性を主張しつづけたが、ロドリックによる研究には、これが最適戦略ではなかったことが示唆されている。「戦後期に成功を収めた国は、国内投資戦略を策定して成長に弾みをつけた国や、不都合な外的衝撃に対処するのに適切な制度があった国であり、貿易や資本移動の障壁が低くなるのに頼っていた国ではない……政策決定者はしたがって、経済成長の基本──投資、マクロ経済の安定、人的資源、良い統治──に注力するべきであり、開発に関する考え方が国際的な経済統合中心になってはならない」Dani Rodrik, *The New Global Economy and Developing Countries: Making Openness Work* (Washington: Overseas Development Council, 1999).

[14] World Bank, *World Development Report, 1999/2000,* p. 13.

[15] この段落のデータは、すべて以下より引用。World Bank, *World Development Report, 1999/2000,* pp. 5, 33, 271.

[16] UNDP, *Human Development Report, 1999,* pp. 3-4.

[17] たとえば、以下を参照。Michael Gavin and Ricardo Hausmann, "Growth with Equity: The Volatility Connection," in Birdsall, Graham, and Sabot, *Beyond Tradeoffs.*

[18] World Bank, *Global Economic Prospects and the Developing Countries, 2000,* p. 29. 一方、以下の報告書では、1日1ドル以下で暮らしている人の数が1998年には15億人に増えたと推定している。*World Development Report, 1999/2000,* p. 25. この報告書によると（p. 26）、「大ざっぱな経験則では、1人当たり成長率が3％以上でないと貧困を急速に減らすことはできないとされている。だが、発展途上国の長期的な平均成長率は、その水準に達していない。1995～97年、この基準となる率に達したか上回った途上国は21カ国（そのうち12カ国がアジア）しかなかった。後発開発途上国48カ国のうち、この率を上回ったのは6カ国だけだった」。

[19] World Bank, *Prospects for Growth and the Developing Countries, 2000,* p. 33.

[20] UNDP, *Human Development Report, 1999,* p. 22. これらの数字は、貧困の特徴の発生を世界全体で捉えたものだが、これらはほぼ全面的に発展途上国と移行国に集中して発生している。

[21] World Bank, *World Development Report, 1999/2000,* p. 26.

[22] たとえば、以下を参照。Birdsall, Graham, and Sabot, *Beyond Tradeoffs.*

[23] UNDP, *Human Development Report 1999,* pp. 35-43を参照。

[24～25] Ibid., p.33, p. 40.

[26] World Bank, *World Development Report, 1999/2000,* p. 14. UNDP's *Human Development Report, 1999,* p. 3によると、先進国の世界の最富裕層20％と最貧国の20％の人たちの所得格差は、1960年の30対1から、1990年には60対1へ、1997年には74対1へと拡大している。

[27] UNDP, *Human Development Report, 1999,* pp. 2-3.

[28] World Bank, *World Development Report, 1998/1999,* p. 30. 途上国が受け取った総額は、10億4000万ドルで、これは世界全体の額の30％に相当する。World Bank, *World Development Report, 1999/2000,* p. 37.

[29] UNDP, *Human Development Report, 1999,* p. 196.

[30] たとえば、以下を参照。Nancy Birdsall and Juan Luis Londoño, "No Trade-

[5] この文および次の5つの文における成長率の統計は、以下から引用。World Bank, *World Development Report, 1999/2000,* p. 251.

[6] これらの国の大半は、サハラ以南のアフリカ、東欧、CISの国だった。United Nations Development Programme (UNDP), *Human Development Report, 1999* (Oxford University Press, 1999), p. 2. UNDPは、1人当たりGNPの総合指数に基づいた人間開発の水準、平均寿命、成人の識字率、総合就学率によって国を分類している。それによるカテゴリーは、世界銀行による国の格付けと似ているが必ずしも同じではない。たとえば、コスタリカは人間開発(UNDP)は進んでいるが、発展途上の下層中所得国(世界銀行)である。UNDPのランク付けでは、人間開発が進んでいるのが45カ国、中位が94カ国、遅れているのが35カ国となっている。

[7] World Bank, *Global Economic Prospects and the Developing Countries, 2000,* p. 3.

[8]「ワシントン・コンセンサス」は、財政赤字、公共支出の優先順位、税制改革、金利、為替レート、貿易政策、外国直接投資、民営化、規制撤廃、所有権という10の政策分野で成果を求めるという内容である。これは、ジョン・ウィリアムソンが以下において最初に要約(および命名)したものである。"What Washington Means by Policy Reform," in John Williamson, ed., *Latin American Adjustment: How Much Has Happened?* (Washington: Institute for International Economics, 1990).

[9] この見方は、ロシア経済の急速な自由化によって痛感された。市場システムのための基本的な制度がないために、自由化によって10年におよぶ経済的下降がもたらされ、それによって大半の国民にさまざまな苦難がおよび、公的・民間部門で汚職が広がった。経済改革の拡大する政治課題をめぐる初期の議論については、以下を参照。Joan Nelson, "The Politics of Long Haul Economic Reform," in Joan Nelson and Collaborators, *Fragile Coalitions: The Politics of Economic Adjustment* (Transaction Books, 1989).

[10] アフリカに関する世界銀行の1984年の報告書、*Towards Sustained Development in Sub-Saharan Africa* (Washington: World Bank, 1984) で国家がかなり攻撃されたことには、国家が経済開発に大々的に介入することがもたらす害についての主流を占める考え方が反映されていた。1991年の「世界開発報告」で国家に1章が割かれ、1997年の同報告書は開発における国家の役割に関するもので、国家は開発の重要な手段として「正式に」復権した。Merilee S. Grindle, *Challenging the State: Crisis and Innovation in Latin America and Africa* (Cambridge University Press, 1996), especially chap. 1を参照。

[11] Grindle, *Challenging the State,* chaps. 1 and 4 for a discussion.

[12] 開発専門家が人材育成を開発に必要な条件に付け加えるようになったのは、多くの要因による。東アジアの奇跡の経済が学者によって評価されたこと、UNDPの「人間開発報告」が世界銀行や他の機関に対して開発をより広い視点で見るように挑んで成功したこと、NGOと世界に広がるそのネットワークが世界の大半に見られる貧困と欠乏の状態を指摘しつづけたことなどがあげられる。人的資本の開発への寄与の評価については、以下を参照。Nancy Birdsall, David Ross, and Richard Sabot, "Inequality and Growth Reconsidered: Lessons from East Asia," *World Bank Economic Review,* vol. 9 (September 1995), pp. 477-508. 以下も参照。Birdsall, Graham, and Sabot, *Beyond Tradeoffs.*

[28] Inglehart, *Modernization and Post-Modernization.*
[29] この分析は、ここでは報告していない因子分析に基づいている。
[30] Inglehart, *The Silent Revolution.*
[31] Joseph S. Nye Jr., Philip Zelikow, and David C. King, eds., *Why People Don't Trust Government* (Harvard University Press, 1997); Pippa Norris, ed., *Critical Citizens: Global Support for Democratic Governance* (Oxford: Oxford University Press, 1999).
[32] たとえば、NAFTA(米国、カナダ)、メルスコル(アルゼンチン、ブラジル、ウルグアイ)、アフリカ統一機構(南アフリカ、ナイジェリア)、南アジア地域協力連合(インド、バングラデシュ)、自由貿易条約(メキシコ)、ASEAN(フィリピン)、米州機構(ドミニカ共和国)、アンデス協定(ベネズエラ)など。
[33] Norris, *Critical Citizens.*
[34] David McCrone and Paula Surridge, "National Identity and National Pride," in Roger Jowell and others, eds., *British and European Social Attitudes, the 15th Report* (Aldershot: Ashgate, 1998).

第8章　発展途上国とグローバル化

[1] 発展途上国の数は、1999年に世界銀行が1人当たりGNPによって低~中所得国に分類したものに基づいている。このリストには、世界銀行の加盟国で人口が30万人以上の国がすべて含まれている。1人当たりGNPが760ドル以下の場合が低所得国、761~9360ドルの場合が中所得国である。後者のグループは、さらに下層中所得国(1人当たりGNPが761~3030ドルの57カ国)と、上層中所得国(1人当たりGNPが3031~9360ドルの37カ国)に分けられる。World Bank, *World Development Report, 1999/2000* (Oxford University Press and World Bank, 1999), pp. 290-91を参照。
[2] 定義、カテゴリー、データは、以下による。*World Bank, World Development Report, 1999/2000,* pp. 227, 231, and 290.
[3] 世界銀行によると、1998年にはさらに16億人が1日2ドル以下で生活していたと推定されている。World Bank, *Global Economic Prospects and the Developing Countries, 2000* (Washington: World Bank, 2000), p. 29を参照。
[4] 特に経済開発の制度と能力強化に関する論文については、以下を参照。Carol Graham and Moisés Naím, "The Political Economy of Institutional Reform in Latin America," in Nancy Birdsall, Carol Graham, and Richard Sabot, eds., *Beyond Tradeoffs: Market Reform and Equitable Growth in Latin America* (Washington: Brookings and the Inter-American Development Bank, 1998); Merilee Grindle, ed., *Getting Good Government: Capacity Building in the Public Sector of Developing Countries* (Harvard University Press for the Harvard Institute for International Development, 1997); Silvio Borner, Aymo Brunetti, and Beatrice Weder, *Political Credibility and Economic Development* (St. Martin's Press, 1995); Douglass C. North, *Institutions, Institutional Change and Economic Performance* (Cambridge University Press, 1990); Torsten Persson and Guido Tabellini, eds., *Monetary and Fiscal Policy* (MIT Press, 1994).

in Oskar Niedermayer and Richard Sinnott, eds., *Public Opinion and Internationalized Governance* (Oxford: Oxford University Press, 1995).

[15] ナショナリズムとナショナル・アイデンティティの概念については、数多くの文献がある。たとえば、以下を参照。Michael Ignatieff, *Blood and Belonging* (London: Chatto and Windus, 1993); Benedict Anderson, *Imagined Communities: Reflections on the Origin and Spread of Nationalism* (London: Verso); Anderson, *Banal Nationalism* (London: Sage, 1995); Ernest Gellner, *Nations and Nationalism* (Oxford: Blackwell, 1983).

[16] Anthony D. Smith, *National Identity* (London: Penguin, 1991), chap. 7. こうした問題をめぐる議論については、以下を参照。Pippa Norris, "Ballots not Bullets: Testing Consociational Theories of Ethnic Conflict, Electoral Systems and Democratization," in Andrew Reynolds, ed., *Institutional Design, Conflict Management and Democracy,* forthcoming.

[17] Bridget Taylor and Katarina Thomson eds., *Scotland and Wales: Nations Again?* (University of Wales Press, 1999).

[18] この特徴に関するより詳しい議論については、以下を参照。Pippa Norris, "Towards a More Cosmopolitan Political Science?" *European Journal of Political Research,* vol. 30, no. 1 (1997).

[19] Michael Featherstone, ed., *Global Culture* (London: Sage, 1995)を参照。

[20] 国際社会調査プログラムの測定基準に基づいて行われたナショナリズムに関する以前の調査については、たとえば以下を参照。Pippa Norris, "Global Communications and Cultural Identities," *Harvard International Journal of Press/Politics,* vol. 4, no. 4 (1999), pp. 1-7. 1973～90年のヨーロッパにおける方向性について、ユーロバロメーター調査を用いた最も完全な実証的研究が以下に見られる。Oskar Niedermayer and Richard Sinnott, *Public Opinion and Internationalized Governance* (Oxford: Oxford University Press, 1995).

[21] このデータセットを公表してくれた世界価値観調査の研究責任者ロナルド・イングルハートと他の協力者に非常に感謝している。

[22] David Easton, *A Framework for Political Analysis* (Prentice Hall, 1965); Easton, "A Reassessment of the Concept of Political Support, " *British Journal of Political Science,* vol. 5 (1975), pp. 435-57.

[23] Ronald Inglehart, *The Silent Revolution: Changing Values and Political Styles among Western Nations* (Princeton University Press, 1977); Sophie Duchesne and André-Paul Frognier, "Is There a European Identity?" in Oskar Niedermayer and Richard Sinnott, eds., *Public Opinion and Internationalized Governance* (Oxford: Oxford University Press, 1995).

[24] 組み合わせたデータセットの規模（14万7000以上の事例）のため、グループ間のすべての差異が、分散分析といった通常の検定では統計的に有意となる。そのため、分析の発表では統計的有意性の検定については報告していない。

[25] UNDP, *Human Development Report 1999,* p. 99.

[26] Ronald Inglehart, *Modernization and Post-Modernization* (Princeton University Press, 1997), pp. 303-05.

[27] 発展途上国は、1997年の人間開発指数では「中」ないし「低」に分類されていた。UNDP, *Human Development Report 1999,* table 1, pp. 134-37を参照。

[38] Stan Davis, *Future Perfect* (Addison-Wesley, 1987); Joseph Pine, *Mass Customization* (ARS Press, 1993).
[39] もっとも、文化的な境界線には直面するかもしれない。
[40] Howard Rheingold, *Virtual Community* (Addison-Wesley, 1993).

第7章 グローバル・ガバナンスと世界市民

[1] Pippa Norris, *A Virtuous Circle: Political Communications in Post-Industrial Democracies* (Cambridge University Press, 2000).
[2] United Nations Development Program (UNDP), *Human Development Report 1999* (New York, 1999), p. 30.
[3] この議論については、以下を参照。David Held and others, *Global Transformations: Politics, Economics and Culture* (Stanford University Press, 1999).
[4] K. Ohmae, *The End of the Nation State* (Free Press, 1995).
[5] Anthony Giddens, *The Consequences of Modernity* (Polity Press, 1990).
[6] Held and others, *Global Transformations,* pp. 444-46.
[7] Anthony Smith, "Towards a Global Culture?" in Michael Featherstone, ed., *Global Culture* (London: Sage, 1995).
[8] M. Mann, "Has Globalization Ended the Rise and Rise of the Nation-State?" *Review of International Political Economy,* vol. 4 (1997).
[9] P. Hirst and G. Thompson, *Globalization in Question: The International Economy and the Possibilities of Governance* (Polity, 1996).
[10] Sophie Duchesne and Andre-Paul Frognier, "Is There a European Identity?" in Oskar Niedermayer and Richard Sinnott, eds., *Public Opinion and Internationalized Governance* (Oxford: Oxford University Press, 1995); Angelika Scheuer, "A Political Community?" in Hermann Schmitt and Jacques Thomassen, eds., *Political Representation and Legitimacy in the European Union* (Oxford: Oxford University Press, 1999); B. Nelson, D. Roberts and W. Veit, eds., *The Idea of Europe: Problems of National and Transnational Identity* (Oxford: Berg).
[11] Pippa Norris, "The Political Regime," in *Political Representation and Legitimacy in the European Union.* 以下も参照。Mattei Dogan, "The Decline of Nationalism within Western Europe," *Comparative Politics,* vol. 20 (1994), pp. 281-05.
[12] Geoffrey Evans, "Europe: A New Electoral Cleavage?" in Geoffrey Evans and Pippa Norris eds., *Critical Elections: British Parties and Voters in Long- Term Perspective* (London: Sage, 1999); Geoffrey Evans, "How Britain Views the EU," in Roger Jowell and others, *British Social Attitudes: The 15th Report* (Aldershot: Dartmouth/SCPR, 1998).
[13] NAFTAの影響については、以下に詳しい事例研究が見られる。Ronald Inglehart, Neil Nevitte, and Migual Basanez, *Cultural Change in North America? Closer Economic, Political and Cultural Ties between the United States, Canada and Mexico* (De Gruyter, 1996).
[14] Philip Evert, "NATO, the European Community, and the United Nations,"

vey, p. 6.
[19] 韓国では、携帯電話の加入者数が1997年だけで100万人増えた。"Testing Times for the Tigers," *Economist*, October 31, 1998. 携帯電話の普及率は、イスラエルが100人当たり28台で、携帯電話の分野で先行していたデンマークを上回っており、レバノンは100人当たり16台で、英国とほぼ同率である。"A Toy for Middle Eastern Times," *Economist*, April 10, 1999, p. 45.
[20] "At the Back Beyond," *Economist*, October 9, 1999, *Survey Telecommunications*, p.18.
[21] "Das Handy als Briefträger," ORF ON, December 20, 1999. 以下も参照。"In Search of Smart Phones," *Economist*, October 9, 1999, *Survey Telecommunications*, pp. 12, 16.
[22] "The World in Your Pocket," p. 5.
[23] 統計は次のウェブサイトで閲覧可能。www.nua.ie.(2000年8月15日現在)
[24] Evans and Wurster, "Blown to Bits," *Wired* 8.04, p. 14. 同p. 82には、「2000年には北米の長距離通信事業会社だけで1997年の4倍にのぼる680万マイルの光ファイバーを敷設する」というKMIコーポレーションの研究調査結果が報告されている。
[25] www.mit.edu/people/mkgray/net/internet-growth-summary.html (2000年8月15日現在)
[26] Philip Mutooni and David Tennenhouse, "Modeling the Communication Network's Transition to a Data-Centric Model," presented at a conference on the Impact of the Internet on Communications Policy, Harvard Information Infrastructure Project, Harvard University, 1997.
[27] Intelliquest Survey at www.intelliquest.com/press/release78.asp.
[28] The Kaiser Family Foundation, *Kids and Media, at the New Millennium* (November 1999).
[29~30] ITU, *World Telecommunication Indicators Database*, 4th ed.
[31] たとえば、電気通信部門のフルタイム従業員数は、英国では1988年の24万4000人から96年には14万1000人に減っており、米国では88年の90万1000人から96年には89万7000人に、日本では88年の28万6000人から96年には21万3000人に、ドイツでは93年の23万3000人(統一後)から96年の21万4000人に減っている。ITU, *World Telecommunication Indicators Database*, 4th ed.
[32] 航空券やホテルの部屋などの逆オークション・サイト、Priceline.comは、新規株式公開直後の市場評価が米三大航空会社の市場評価の合計を上回った。
[33] アーンスト&ヤングの2000年1月3日付プレスリリース、"Post-Holiday Survey Uncovers Where Online Shoppers Spent Their Money"。
[34] フォレスター・リサーチの2000年2月23日付プレスリリース、"Young Net Shoppers Soar Ahead of Online Adults"による。
[35] Joshua Casper Reno, "The Fast Moving Internet Economy Has a Couple of Competitors... and Here's the King: Jeffrey Preston Bezos—-1999 Person of the Year," *Time Magazine*, December 27, 1999, pp. 50-55.
[36] "The New Economy: Work in Progress," *Economist*, July 24, 1999, pp. 21-24.
[37] この問題に関する見事な総括と分析については、以下を参照。Peter Neumann, Computer-Related Risks (ACTI Press, 1995).

は戦争をしない」というものである。以下も参照。James Watson, ed., *Golden Arches East: McDonald's in East Asia* (Stanford University Press, 1997); Tom O'Regan, "Too Popular by Far: On Hollywood's International Reputation," *Continuum,* vol. 5, no. 2 (1992); Pells, *Not Like Us*; Richard Kuisel, *Seducing the French: The Dilemma of Americanization* (University of California Press, 1993).

第6章　通信のグローバル化

[1] Karl Popper, *Alles Leben ist Problemlösen* (Riper, 1994), p. 22.
[2] Elizabeth Eisenstein, *The Printing Revolution in Early Modern Europe* (Canto, 1983).
[3] Benedict Anderson, *Imagined Communities* (London: Verso, 1983).
[4] Marshall McLuhan, *Understanding Media* (McGraw-Hill, 1964).
[5] Nicholas Negroponte, *Being Digital* (Knopf, 1995).
[6] Gordon Moore, *Cramming More Components onto Integrated Circuits,* Electronics Serial (1965).
[7] George Gilder, "Fiber Keeps Its Promise," *Forbes* ASAP, April 7, 1997, pp. 90-94.
[8] Philips Evans and Thomas Wurster, *Blown to Bits* (Harvard Business School Press, 1999), p. 14.
[9] "Apple Computer Announces Internet Strategy," January 4, 2000, www.apple.com.
[10] DVDの世界標準規格にさえ、地理的な「リージョナルコード」が組みこまれており、米国のDVDソフトは著作権のためにヨーロッパのDVDプレイヤーでは再生できない。
[11] インターネット・プロトコルver. 6 (Ipv6) の規格、1998年12月 (RTC 2460) ならびにIP ver. 6 Addressing Architecture, 1998年7月 (RTC 2373)。
[12] メトカーフはイーサネットのプロトコルを考案した1人で、それによってネットワークの流行の下地ができた。メトカーフの「法則」とは、ネットワークの価値は、参加者の数を二乗したペースで高まるというものだ。以下を全体的に参照。Robert Metcalfe, *Packet Communication* (Thomson, 1996).
[13] こうした成功はアジア諸国にとどまらず、たとえば中東諸国にまで広がっている。1995年にはすでに、アルジェリアにおける衛星放送の家庭用受信器の数 (60万) は、イタリア (47万9000) を上回っていた。International Telecommunications Union, *World Telecommunication Indicators Database,* 4th ed. (Geneva).
[14] ITU, World *Telecommunication Indicators Database,* 4th ed.
[15] "Digital DTH Subscribers to Outnumber Digital Cable Subscribers through 2003, according to 'Cahners In-Stat Group,'" *Business Wire,* October 19, 1999, online, Lexis Nexis Academic Universe, August 16, 2000.
[16] ITU, *World Telecommunication Indicators Database,* 4th ed.
[17] "The World in Your Pocket," *Economist,* October 9, 1999, *Telecommunications Survey,* p. 5.
[18] "Cutting the Cord," *Economist,* October 9, 1999, *Telecommunications Sur-*

[52] 1996年の大ヒットSF映画「インデペンデンス・デイ」では、米空軍のF-16ジェット戦闘機が異星人の宇宙船を駆逐して人類を救う。地球上で米国に勝てる国があるだろうか。むろん、こうした無限に近い力を持っているというイメージは、逆効果となりかねない。たとえば、中国人の多くは、米国によるベオグラードの中国大使館爆撃は、米国の高度な技術から考えて事故であるはずがないと信じている。

[53] たとえば1955年、米国の駐イタリア大使クレア・ブース・ルースは、「暴力教室」に都市の少年非行が描かれていたため、ベニス映画祭に参加できないようにしようとした(この試みは失敗に終わる)。

[54] "When Its Customers Fell Ill, a Master Marketer Faltered," *New York Times,* June 30, 1999, p. Al.

[55] Bernard Bailyn, *The Origins of American Politics* (Vintage Books, 1968), chap. 1.

[56] "Net of Fame: Who Rules the Web? Pamela Anderson Lee, The B-Movie Actress," *Wall Street Journal,* April 13, 1999, p. Al.

[57] ヨーゼフ・ゲッベルスは1940年、こう述べた。「世界征服に用いられるように、[ドイツ] 映画に任務と使命を与えなければならない。そうして初めて、我々はアメリカ映画にも勝つことができる」。以下より引用。Eric Rentschler, *The Ministry of Illusion: Nazi Cinema and Its Afterlife* (Harvard University Press, 1996), p. 215. イオシフ・スターリンは、こう断言した。「私がアメリカ映画という媒体を支配できたなら、他に何もなくても全世界を共産主義に転向させることができる」。以下より引用。Trumpbour, "Death to Hollywood," p. 4. より最近では、中国国家主席の江沢民が共産党の最高政策決定機関に向かって、中国で大ヒットした映画「タイタニック」の収益性を賞賛してこう述べた。「資本主義から学ぶものがないと決めこまないようにしよう」*Guardian,* April 27, 1998, p. 10.

[58] むろん、この件に関するディズニーの内部文書に接することなしに、「ムーラン」の制作が感情を害した中国支配層をなだめるためだったと確信することはできない。だが、「クンドゥン」をめぐる中国政府の怒りと、次のアニメ映画のテーマに関するディズニーの選択には、状況的に強力な相関関係が認められる。

[59] Neal M. Rosendorf, "A Study in the International Character and Influence of Hollywood: The Life and Times of Samuel Bronston, Epic Film Producer," Ph.D. dissertation, Harvard University, 2000, chaps. 6-9.

[60] その結果が、ハリソン・フォードとロバート・ショーが主演する「ナバロンの嵐」(1979年)などのハリウッド映画である。この映画には、ユーゴスラビアの反共主義の民族主義団体が第二次世界大戦中はナチスの真の協力者だったという正確さを欠く描写があった。ここにはっきりと反映されていたのは、かつてパルチザンのリーダーであったチトーの戦時中の敵に対する長年におよぶ宣伝攻勢だ。

[61] Joseph S. Nye Jr., "The Power We Must Not Squander," *New York Times,* January 3, 2000, p. 19. 概念としてのソフト・パワーのより詳しい説明については、以下を参照。Joseph S. Nye Jr., *Bound to Lead: The Changing Nature of American Power* (Basic Books, 1990), pp. 31-33; 190-95.

[62] たとえば、以下を参照。Thomas L. Friedman, *The Lexus and the Olive Tree: Understanding Globalization* (Farrar, Straus, Giroux, 1999), chap. 10. ここで著者は、冗談めかして1996年に初めて提起した「黄金のM型アーチ理論」を真面目に再び唱えている。これは、「マクドナルドが進出している国同士

Not Like Us, pp. 320-21. マードックが米国の市民権を取得したことや、ベルテルスマン社の最高経営責任者トマス・ミッデルホフが（1999年にハーバード大学ケネディ行政大学院に登場した折に）自分は「ドイツ旅券を持つ米国人」だと言ったことは、外国人による米国のメディア企業の所有が主客転倒という結果になったのかどうかという問題を提起して注目に値する。

[46] それに加えて、たいへん興味深いことに、古くからこのジャンルをこよなく愛好するロシア人。(Ismail Merchant, "Kitschy as Ever, Bollywood Is Branching Out," *New York Times,* November 22, 1998, sec. 2, p. 15.) 海外のインド人社会は、多数の観客を擁している。たとえば、1998年には「ボリウッド」映画の*Dil Se*が、インド映画として初めて英国でベストテンに入った。それにつづいて、スコットランドで撮影した場面もある*Kuch Kuch Hota Hai*も成功した。"Planet Bollywood," *Marketing Week,* London, March 18, 1999, p. 35.

[47] 英語について、メディア・アナリストのジェレミー・タンストールはこう述べている。「英語は、(たとえばフランス語と比べて) 多種多様の簡潔な言いまわしや簡単な言葉から選ぶことができる言語であり、英語版は他の言語版より短いのがふつうである。英語は他の広く普及している言語より文法が単純だ。たとえば、スペイン語は時制が14あるのに対して、英語は6つしかない。タンストールは、こう断言する。「英語は、漫画、見出し、面白い書き出し、写真の説明文、吹き替え、字幕、ポピュラーソング、広告板、ディスクジョッキー、ニュース速報、コマーシャルソングに最適の言語である」 Jeremy Tunstall, *The Media Are American: Anglo-American Media in the World* (London: Constable, 1977), p. 128; Christopher Kendris, *501 Spanish Verbs,* 3d ed. (Barron's, 1990), p. xx.

[48] Tunstall, *The Media Are American,* p. 127.

[49] カリフォルニアは昔から、外国人観察者を面白がらせ当惑させてきた。イタリア人ジャーナリストのルイジ・バルツィニは、カリフォルニアについてこう言っている。「あらゆることが容易で容認され、やっかいな伝統や過去の過ちは忘れられ、まだ何も書かれていない真っ白なノートのようにきれいな新世界」。クリストファー・イシャウッドは、こう記している。「太平洋の朝は永遠に気だるく、彼の地では数日と思っているうちにたちまち数カ月がたち、数カ月が数年に……小麦色に日焼けして裸で砂浜に横たわり、あくびとあくびのあいだに……一生が過ぎてしまうかもしれない」。双方とも以下から引用。Pells, *Not Like Us,* pp. 165-66. 「ベイウォッチ」は当初の計画では制作をオーストラリアに移すことになっていたが、それでも世界の視聴者を同じように魅了できたかどうかは興味深いところだ。"Its Economy Ailing, Hawaii Hangs Some Hopes on Hollywood," *New York Times,* May 17, 1999, p. Al.

[50] たとえば、以下を参照。C. W. E. Bigsby, *Superculture: American Popular Culture and Europe* (London: Elek, 1975), pp. 12-13; Costigliola, *Awkward Dominion,* p. 167; Pells, *Not Like Us,* pp. 163-68.

[51] たとえば、1992年のコメディ映画「いとこのビニー」の例がある。革の上着を愛用する明らかにアイビーリーグとは縁のないブルックリン出身の弁護士ビニーが、イエール大学出の判事が仕切っている伝統的な南部の町で渡世術を駆使しながら殺人容疑者を弁護するというこの映画は、低俗だが利口な弁護士ビニーを田舎の方言で、尊大な判事を標準北京語で吹き替えて大ヒットした。

参照。Jarvie, *Hollywood's Overseas Campaign*; Trumpbour, "Death to Hollywood," chap. 3; Paul Swann, "The Little State Department: Washington and Hollywood's Rhetoric of the Postwar Audience," in David Ellwood and Rob Kroes, eds., *Hollywood in Europe: Experiences of a Cultural Hegemony* (Amsterdam: VU University Press, 1994).

[39] Nestor Garcia Canclini, "North Americans or Latin Americans? The Redefinition of Mexican Identity and the Free Trade Agreements," in Emile G. McAnany and Kenton T. Wilkinson, eds., *Mass Media and Free Trade: NAFTA and the Culture Industries* (University of Texas Press, 1996), pp. 149-50.

[40] 第二次世界大戦直後、当時、軍務に服していた米国の映画産業の関係者は、イデオロギー上の理由という名目で、枢軸国の映画産業、特にドイツのウファ撮影所が立ちなおるのを防ごうと陣頭指揮をとっていた。だが、この計画の全面的実施は事実上、米国政府によって制限された。たとえば、以下を参照。Ian Jarvie, "Free Trade as Cultural Threat: American Film and TV Exports in the Post-War Period," in Geoffery Nowell-Smith and Steven Ricci, eds., *Hollywood and Europe: Economics, Culture, National Identity 1945-95* (London: BFI Publishing, 1998), pp. 36-38.

[41] McAnany and Wilkinson, "Introduction," in McAnany and Wilkinson, *Mass Media and Free Trade,* pp. 3, 7; Garcia Canclini, also in McAnany and Wilkinson, pp. 149-54; Richard Pells, *Not Like Us: How Europeans Have Loved, Hated, and Transformed American Culture since World War II* (Basic Books, 1997), pp. 273-77. カンターは米国の文化製品をGATT加盟国に無制限に輸出できるようにする交渉に結局は失敗したとはいえ、激戦を繰り広げた。

[42] Geoffery Nowell-Smith, "Introduction," in Nowell-Smith and Ricci, eds., *Hollywood and Europe,* p. 6.

[43] Pells, *Not Like Us,* pp. 210-11, 227.

[44] Rosenberg, *Spreading the American Dream,* p. 100. ローゼンバーグの分析は、アメリカ映画が国際的に無類の成功を収めている理由について米国映画協会が述べていることと大きく違わない。筆者の米国映画協会副会長S・フレデリック・グロニクとのインタビュー（1995年11月7日）。

[45] 文化史家ビクトリア・デグラツィアが、両大戦間の期間における米国とヨーロッパの映画制作の様式を比較している。「アメリカ映画は、大きな規模の経済、資本集約的技術、標準化を標榜していた。スター中心主義でアクション満載の映画を選び、階級を超えた観客を対象とした。興行主は、伝統的な文化の中心とは関係なく組織されたプロであり、商品のマーケティングの問題に非常にうまく順応した。それに対してヨーロッパのほうは、分散型の職人の仕事場といった考え方で、対象を定めた観客に合わせる舞台や演劇のやり方を連想させるものだった」De Grazia, "Mass Culture and Sovereignty," *Journal of Modern History* (March 1989), p. 61. デグラツィアが指摘している点は、戦後の大半についても当てはまる。だが1980～90年代になると、英国を本拠地とするオーストラリア人のルパート・マードックがフォックスのさまざまな部門を買い取り、英国のEMIがキャピトル・レコードを買収し、ドイツのベルテルスマン社がバンタム、ダブルデー、デルなどの出版社とリテラリーギルド・ブッククラブを取得した。Pells,

Macmillan, 1991), pp. 19-31.

[27] フランスは、主にフランス語を話す国や圏（ケベックのような）において、世界的に重要な文化的存在感を維持している。だが、フランス語圏以外での影響は限られており、フランス文化によって提供されるものの多くは後述のように、エリートではない大衆に必ずしもアピールするものではない。

[28] Martin W. Laforce and James A. Drake, *Popular Culture and American Life: Selected Topics in the Study of Popular American Culture* (Nelson-Hall, 1981), p. viii.

[29] Bernard Bailyn, *The Peopling of British North America: An Introduction* (Vintage, 1985), pp. 95-97.

[30] "Questions of Cultural Exchange: The NIAS Statement on the European Reception of American Mass Culture," in Rob Kroes and others, eds., *Cultural Transmissions and Receptions: American Mass Culture in Europe* (Amsterdam: VU University Press, 1993), p.323.

[31] Bernard Bailyn and others, *The Great Republic: A History of the American People,* 4th ed. (DC Heath, 1992), p. 229.

[32] たとえば、以下を参照。Madison Grant, *The Passing of the Great Race: Or, the Racial Basis of European History* (Charles Scribner, 1916).

[33] たとえば、映画界の大御所サミュエル・ゴールドウィンは、またの名をワルシャワのシュムエル・ゲルブフィシといい、ユダヤ教のハシディズムを信奉するユダヤ人を両親とし、米国で最初は手袋の販売に携わっていたが、のちに未発達の映画産業に入る。ゴールドウィンには高尚な芸術に対する眼識はなかったが、彼とその仲間は直感的に平均的米国人の嗜好を理解し、それを満足させることによって儲けるという限りない欲望を持っていた。たとえば、以下を参照。A. Scott Berg, Goldwyn (Knopf, 1989); Neal Gabler, *An Empire of Their Own: How the Jews Invented Hollywood* (Crown, 1988).

[34] Will Hays Papers, II, reel 19, frame 1167 ff., quoted in John Trumpbour, "Death to Hollywood: The Politics of Film in the United States, Great Britain, Belgium, and France, 1920-1960," Ph.D. dissertation, Harvard University, 1996, p. 25.

[35] William Read, *America's Mass Media Merchants* (Johns Hopkins University Press, 1976), p. 9.

[36] Emily Rosenberg, *Spreading the American Dream: American Economic and Cultural Expansion, 1890-1945* (Hill and Wang, 1982), chap. 5.

[37] フランス政府は1883年にアリアンス・フランセーズを創設し、イタリアは1889年にダンテ協会を設立し、ドイツは皮肉にもナチス支配の数カ月前の1932年にゲーテ・インスティテュートを組織し、英国は1934年にブリティッシュ・カウンシルを設立した。

[38] 両大戦間の期間については、たとえば以下を参照。Rosenberg, *Spreading the American Dream,* chap. 5; Costigliola, *Awkward Dominion: American Political, Economic and Cultural Relations with Europe, 1919-1933* (Cornell University Press, 1984), chaps. 5-6; *Ian Jarvie, Hollywood's Overseas Campaign: The North Atlantic Movie Trade, 1920-1950* (Cambridge, U.K.: Cambridge University Press, 1992). 第二次世界大戦後については、たとえば以下を

[16] いわゆるシルクロード（ドイツ人地理学者・地質学者のフェルディナント・リヒトホーフェンによる19世紀末の造語）は、「道は一つではなく、たくさんあった。実際には道路網であり、だいたいは東西に走っていたが、イラン南部、ユーラシア大草原の北部、さらに南にヒンズークシ山脈を越えてインド亜大陸へと分岐する道があった」。Richard C. Foltz, *Religions of the Silk Road: Overland Trade and Cultural Exchange from Antiquity to the Fifteenth Century* (St. Martin's, 1999), pp. 1-2 and passim.

[17] Foltz, *Religions of the Silk Road,* pp. 6-7.

[18] Harold Lasswell, David Lerner, and Hans Speir, eds., *Propaganda and Communication in World History, vol. 1: The Symbolic Instrument in Early Times* (University Press of Hawaii, 1979), p. 10-11.

[19] ローマの視点からすると、エジプトはギリシャ人やユダヤ人の住む世界的なアレクサンドリアと、エジプト原住民の住む広大で謎めいた未開地に分けられた。Balsdon, *Romans and Aliens,* pp. 68-69.

[20] Hourani, *A History of the Arab Peoples,* pp. 26-29.

[21] 西暦5世紀以前のローマ世界におけるユダヤ教の競争状況については、たとえば以下を参照。Kenan T. Erim, Joyce Reynolds, and Robert Tannenbaum, eds., *Jews and God-Fearers at Aphrodisias: Greek Inscriptions with Commentary—Texts from the Excavations at Aphrodisias* (Cambridge, U.K.: Cambridge Philological Society, 1987); and Judith Lieu, John North, and Tessa Rajak, eds., *The Jews among Pagans and Christians in the Roman Empire* (London: Routledge, 1994).

[22] 通信アナリストのラスウェル、ラーナー、シュパイアは、グーテンベルクの発明についてこう断定している。「人類の歴史上、コロンブスによる偶然の地理的発見より重要な出来事であった。なぜなら可動式の活字によって読み書きが広まった結果、reading（読むこと）、riting（書くこと）、rithmetic（算数）という3つのRがもたらされ、それが西洋文明の際立った特徴となり、さらには地球上での人類生存の根拠となるかもしれないからだ」Lasswell, Lerner, and Speir, *Propaganda and Communication,* p. 16.

[23] Diamond, *Guns, Germs, and Steel,* pp. 372-73. もちろん造船技術は、それ自体が世界をまたにかけるという衝動を起こさせるのに十分な決定因ではなかった。15世紀初めの中国では、大陸間を行き来する船の開発が進んでいた。1405～33年の10回の航海において、チェン・ホー提督の率いる艦隊はザンジバルにまで到達していた。だが中国は、長距離用の船の建造を禁止し、探検や積極的な外国貿易の追求をやめた。歴史学者のポール・ケネディが指摘しているように、チェン・ホーの艦隊には「アフリカ大陸を回って、エンリケ航海王がセウタ以南に探検隊を送り出す何世紀も前にポルトガルを〈発見〉する可能性があった」。Paul Kennedy, *The Rise and Fall of the Great Powers: Economic Change and Military Conflict from 1500 to 2000* (Random House, 1987), pp. 6-7.

[24] Stephen Kern, *The Culture of Time and Space, 1880-1918* (Harvard University Press, 1983).

[25] Ibid., chap. 3.

[26] Stuart Hall, "The Local and the Global: Globalization and Ethnicities," in A. D. King, ed., *Culture, Globalization and the World System* (London:

疑惑を引き起こし、新たな武器が対抗する武器を生みだす……いま争いを終わらせられないとしても、少なくともさまざまな面で安全な世界にするのに手を貸すことはできる。何と言っても結局のところ、我々が共有する最も基本的なつながりは、この小さな惑星に住んでいるということだ。我々は皆、同じ空気を吸っている。子供たちの未来を大事にしている。そして誰もがいつかは死ぬ運命にある」。以下より引用。Bernard A. Weisberger, *Cold War, Cold Peace: The United States and Russia since 1945* (American Heritage Press, 1985), p. 227.

[3] Max Weber, *The Protestant Ethic and the Spirit of Capitalism,* trans. Talcott Parsons, revised introduction by Randall Collins, 2d Roxbury ed. (Roxbury, 1998).

[4] Yogesh Atal, "One World, Multiple Cultures," in Jan Servaes and Rico Lie, eds., *Media and Politics in Transition: Cultural Identity in the Age of Globalization* (Leuven, Belgium: Acco, 1997), p. 20.

[5] Ray Laurence and Joan Berry, eds., *Cultural Identity in the Roman Empire* (London: Routledge, 1998), chap. 1 and passim. たしかに、英国のロンディニウムやガリアのルグドゥナム（リヨン）のように、完全にローマ風となった都市もあった。また、紀元前2～1世紀の一連の残虐な戦争後にスペイン中部が徹底的にローマ化されたのは、ローマが支配への脅威と見なした場合には現地文化の属性を根絶させることを示す劇的な例である。J.P.V.D. Balsdon, *Romans and Aliens* (London: Gerald Duckworth and Co., 1979), pp. 60, 64-65; Donald R. Dudley, *The Romans,* 850 B. C.-A.D. 337 (Alfred Knopf, 1970), pp. 61-62.

[6] Jan Nederveen Pieterse, "Globalization as Hybridisation," *International Sociology* (June 1994), p. 169.

[7] Arjun Appuradai, *Modernity at Large: Cultural Dimensions of Globalization* (University of Minnesota Press, 1996), p. 11.

[8] Roland Robertson, *Globalization: Social Theory and Global Culture* (London: Sage Publications, 1992), p. 6.

[9] Marwan M. Kraidy, "The Global, the Local, and the Hybrid: A Native Ethnography of Glocalization," *Critical Studies in Mass Communication* (December 1999), p. 472.

[10] Atal, "One World," p. 22.

[11] Albert Hourani, *A History of the Arab Peoples* (Harvard Belknap Press, 1991), pp. 7-9, 201-02.

[12] Jared Diamond, *Guns, Germs, and Steel: The Fate of Human Societies* (Norton, 1997), pp. 35-41.

[13] コロンブス以前の南北アメリカ大陸における東西の接触をめぐる目下の論議では、幻想と事実の境界がますますはっきりしなくなっているが、最近の概観については以下を参照。Mark K. Stengel, "The Diffusionists Have Landed," *Atlantic Monthly,* January 2000, pp. 35-48.

[14] John H. Marks, *Visions of One World: Legacy of Alexander* (Four Quarters Publishing Co., 1985), p. 69. 以下も参照。Erich S. Gruen, *The Hellenistic World and the Coming of Rome,* vol. 2 (University of California Press, 1984).

[15] Marks, *Visons of One World*; and Gruen, *The Hellenistic World.*

cies in the United States and Sweden (University of Michigan Press, 1980); Ronald Brickman and others, *Controlling Chemicals: The Politics of Regulation in Europe and the United States* (Cornell University Press, 1985); David Vogel, *National Styles of Regulation: Environmental Policy in Great Britain and the United States* (Cornell University Press, 1986); Sonia Boehmer-Christainsen and Jim Skea, *Acid Politics: Environmental and Energy Policies in Britain and Germany* (Belhaven Press, 1991).
[39] 協定の詳細とそれらの状況の説明については、以下を参照。Helge O. Bergesson and Georg Parmann, *Green Globe Year Book of International Co-operation on Environment and Development* (Oxford University Press, 1997, and other years).
[40] Oran R Young, ed., *The Effectiveness of International Environmental Regimes: Causal Connections and Behavioral Mechanisms* (MIT Press, 1999); David Victor and others, eds., *The Implementation and Effectiveness of International Environmental Commitments: Theory and Practice* (MIT Press, 1998); Robert O. Keohane and Mark A. Levy, eds., *Institutions for Environmental Aid* (MIT Press, 1996); Peter M. Haas and others, eds., *Institutions for the Earth: Sources of Effective International Environmental Protection* (MIT Press, 1993)を参照。
[41] Wendy Franz, "Appendix," in Keohane and Levy, *Institutions for Environmental Aid.*
[42] Caldwell, *International Environmental Policy*を参照。
[43] 注40を参照。
[44] http://www.uia.org/ (January 14, 2000).
[45] Margaret E. Keck and Kathryn Sikkink, *Activists beyond Borders: Advocacy Networks in International Politics* (Cornell University Press, 1998).
[46] Lipschutz, *Global Civil Society.*
[47] Pezzoli, *Human Settlements*; and Karen Litfin, *The Greening of Sovereignty in World Politics* (MIT Press, 1998).
[48] Kofi Annan, secretary general of the United Nations, statement to the General Assembly on presentation of his Millennium Report, *We the Peoples: The Role of the United Nations in the 21st Century, 3 April, 2000,* UN Doc. SG/SM/7343, GA/9705 (April 3, 2000).
[49] Held, *Global Transformations.*
[50] 注2を参照。
[51] UNEP, *Global Environmental Outlook—2000.*

第5章　社会と文化のグローバル化

[1] John Tomlinson, *Globalization and Culture* (University of Chicago Press, 1999), p. 1.
[2] この懸念と解決への期待が表されていることで有名なのが、キューバ・ミサイル危機後の1963年6月にケネディ大統領がアメリカン・ユニバーシティで行った演説である。「我々[米国とソ連]は危険な悪循環に陥っている。一方の疑惑が他方の

[24] National Research Council, Board on Sustainable Development, *Our Common Journey: A Transition toward Sustainability* (National Academy Press, 1999), p. 8.

[25] Richard Benedick, *Ozone Diplomacy* (Harvard University Press, 1991), p. 4.

[26] German Advisory Council on Global Change, *World in Transition: The Research Challenge* (Springer Verlag, 1997).

[27] Lynton K. Caldwell, *International Environmental Policy: From the Twentieth to the Twenty-First Century*, 3d ed. (Duke University Press, 1996).

[28] Miranda A. Schreurs and others, "Issue Attention, Framing and Actors: An Analysis of Patterns across Arenas," in Social Learning Group, *Learning to Manage Global Environmental Risks* (MIT Press, 2001), chap. 14.

[29] Richard N. Cooper, "International Cooperation in Public Health as a Prologue to Macroeconomic Cooperation," in *Can Nations Agree? Issues in International Economic Cooperation* (Brookings, 1989).

[30] Mary Douglas and Aaron Wildavsky, *Risk and Culture: An Essay on the Selection of Technical and Environmental Dangers* (University of California Press, 1982).

[31] 説明は以下による。William Adams, *Green Development* (Routledge, 1992). 類似するテーマを現代の政治経済学の観点から取り上げたものとして、以下がある。Keith Pezzoli, *Human Settlements and Planning for Ecological Sustainability: The Case of Mexico City* (MIT Press, 1998).

[32] World Commission on Environment and Development, *Our Common Future* (Oxford University Press, 1987), p. 1.

[33] National Research Council, *Our Common Journey*.

[34] たとえば、以下を参照。Pezzoli, *Human Settlements*; and Ronnie Lipschutz, *Global Civil Society and Global Environmental Governance* (SUNY Press, 1996); Suparb Pas-ong and Louis Lebel, "Implications of Political Transformation in Southeast Asia for Environmental Governance," *Environment* (forthcoming).

[35] 暗示的なことに、米国科学アカデミーの地球環境変化に関する最新の報告書は、持続可能な開発の考え方の観点から構成されていた（注31を参照）。国連環境計画の「2000年——地球環境の展望」には、人間開発と環境の状況について述べられており、どちらか一方のみではない。UNEP, *Global Environmental Outlook—2000* (Earthscan, 1999).

[36]「制度」ではなくガバナンスに焦点を合わせるのは、アクター間の関係に照準を合わせた概念的枠組みを維持するためである。地球環境問題に関与している組織は、変化の行為主体、つまりアクターとして作用する。アクター間で共有される規範——制度の数多い概念の別の要素——は考え方に関するこの前の項で取り上げている。あるアクターが別のアクターの行動を制約したり起こさせたりする関係やつながりに注意を向けさせるために、「ガバナンス」を用いている。Pas-ong and Lebel, "Implications of Political Transformation"も参照。

[37] 化学製造業者協会のウェブサイトの説明を参照。http://www.cmahq.com/ (January 14, 2000).

[38] たとえば、Lennart J. Lundvist, *The Hare and the Tortoise: Clean Air Poli-*

Environment-Development Interactions," in William C. Clark and R. E. Munn, eds., *Sustainable Development of the Biosphere* (Cambridge University Press, 1986), pp. 213-51; Peter Vitousek and others, "Human Alteration of the Global Nitrogen Cycle: Causes and Consequences," *Issues in Ecology,* vol. 1 (1997) (http://esa.sdsc.edu/issues.htm [January 14, 2000]). 影響がグローバル化することはさらに、メタンなどの物質の排出によって起こることがある。これらは他の化学物質と反応することによって、ヒドロキシル・ラジカル（OH）といったふつうは「浄化剤」の役目を果たす化学物質を水溶性ないし大気から除去されやすい状態にして、それらの大気中の濃度を激減させる。

[12] Robert Kates and William Clark, "Expecting the Unexpected?" Environment, vol. 38, no. 2 (1996), pp. 6-11, 28-34.

[13] Scott Weidensaul, *Living on the Wind: Across the Hemisphere with Migratory Birds* (North Point Press, 1999); Douglas Stotz and others, Neotropical Birds: Ecology and Conservation (University of Chicago Press, 1996). ワイデンソールは、北米で見られる温帯鳥類の約25％が、非繁殖期を中米などの熱帯で過ごしているという。これらの鳥がさらにアマゾン盆地にまで南下するような長距離の渡りは比較的稀だったという。

[14] William McNeill, *Plagues and Peoples* (Doubleday, 1976); Alfred Crosby, *Ecological Imperialism: The Biological Expansion of Europe, 900-1900* (Cambridge University Press, 1986); Jared Diamond, *Guns, Germs and Steel: The Fates of Human Societies* (Norton, 1997).

[15] M. Rejmanek and J. Randall, *Madrono,* vol. 41(1994), p. 161.

[16] Peter Vitousek and others, "Human Domination of the Earth's Ecosystems," *Science,* vol. 277 (1997), pp. 494-99, esp. p. 498.

[17] Richard N. Mack and others, "Biotic Invasions: Causes, Epidemiology, Global Consequences and Control," *Issues in Ecology,* no. 5 (2000) (http://esa.sdsc.edu/issues5.htm [January 14, 2000]); J. A. Drake and H. A. Mooney, eds., *Biological Invasions: A Global Perspective* (Wiley, 1986); V. H. Heywood, ed., Global Biodiversity Assessment (Cambridge University Press, 1995).

[18] Vitousek and others, "Human Domination," p. 498.

[19] その例として、国際捕鯨取締条約（ICRW, Washington, 1946）や、大西洋マグロ類保存国際条約（ICCAT, Rio de Janeiro, 1966）がある。

[20] たとえば、渡りをする野生動物の保全条約（CMS, Bonn, 1979）や国際的に重要な湿地に関する条約（Ramsar, 1971）。

[21] Scott K. Robinson, "The Case of the Missing Songbirds," *Consequences,* vol. 3 (1997), (http://www.gcrio.org/Consequences/vol3no1/toc.html [January 14, 2000]); Brian A. Maurer and Marc-Andre Villard, "Continental Scale Ecology and Neotropical Migratory Birds: How to Detect Declines amid the Noise," *Ecology,* vol. 77 (1996), pp. 1-2.

[22] Heywood, *Global Biodiversity Assessment.*

[23] Eville Gorham, "Lakes under a Three-Pronged Attack," *Nature,* vol. 381 (1996), pp. 109-10; N. D. Yan and others, "Increased UV-B Penetration in a Lake owing to Drought-Induced Acidification," *Nature,* vol. 381 (1996), pp. 141-43.

たとえば、気候変動をめぐる現今の論議がそうである。高くつくという認識をめぐる議論の過程は、高くつくという「事実」そのものより、環境の「グローバリズム」や「グローバル化」を理解するのに参考になるかもしれない。

伝統的な権力を持っていないアクターが、他者によって課された環境的圧力に対抗するのに「相補的な」影響力をいかに獲得するかという問題もまた、環境の政治学の大きな部分である。環境のグローバル化に見られる行動は、汚染をこうむる側が生みだす側に代償のコストを示す、課す、脅す方法を模索しているものが大半である。これが、たとえば1970～80年代の国境を越える酸性雨をめぐるヨーロッパでの論議の本質だった。地球的規模で見るとアクター間の資源に大きな開きがあることから考えて、代償のコストを課すこうした努力が長らく実を結ばないのは珍しくない。それらが成功するのは多くの場合、環境以外のグローバル化の側面（たとえば貿易）を通して課されるときなので、環境面のつながりを分析するのに環境における代償に限定すると見落としてしまう。

こうした理由によって、「高くついて相補的」であることが明白な関係に限定するのは、コヘインとナイが複雑な相互依存の研究に取りかかるときには役立ったとしても、ここで環境のグローバル化を検証していくには役に立たないと考えた。グローバル化をより広く理解するのに、「高くついて相補的な」複雑な相互依存の長距離版に限定した概念の枠組みが最も役立つものなのかどうかは議論の余地がある。

[3] National Research Council (NRC), Committee on Global Change Research, *Global Environmental Change: Research Pathways for the Next Decade* (National Academy Press, 1999), chap. 3.

[4] National Research Council, *Global Environmental Change,* pp. 141-47.

[5] Ibid., p. 151.

[6] この段落は以下による。K. Krummer, *International Management of Hazardous Wastes: The Basel Convention and Related Legal Rules* (Clarendon Press, 1995); Jonathan Krueger, "What's to Become of Trade in Hazardous Wastes? The Basel Convention One Decade Later," *Environment,* vol. 41, no. 9 (1999), pp.11-21; William Clark, "Learning to Manage Hazardous Materials," *Environment,* vol. 41, no. 9 (1999), p. i.

[7] 対流圏オゾンの長距離移送の重要性は、ようやく最近になって広く認識されるようになった。たとえば、以下を参照。Daniel J. Jacob, Jennifer A. Logan, and Prashant P. Murti, "Effect of Rising Asian Emissions on Surface Ozone in the United States," *Geophysical Research Letters,* vol. 26 (1999), pp. 2175-78.

[8] United Nations Environment Program (UNEP), *Report of the Second Session of the Criteria Expert Group for Persistent Organic Pollutants,* UNEP/POPS/INC/CEG/2/3 (Vienna, June 1999).

[9] Robert W. Kates and others, "The Great Transformation," in B. L. Turner and others, *The Earth as Transformed by Human Action* (Cambridge University Press, 1990), chap.1.

[10] William C. Clark and others, "Acid Rain, Ozone Depletion and Climate Change: An Historical Overview," in Social Learning Group, *Learning to Manage Global Environmental Risks* (MIT Press, 2001), chap. 2.

[11] National Research Council, *Global Environmental Change*; Paul J. Crutzen and Thomas E. Graedel, "The Role of Atmospheric Chemistry in

●訳注

［1］原文には…throughout the late and early twentieth centuriesとあるが、文脈から考えて19thが抜けていると判断した。

第3章　国家および国際安全保障のグローバル化

この章の準備を手伝ってくれたベン・ダンラップに感謝する。

［1］The Commission on America's National Interests, *America's National Interests* (Cambridge, Mass.: Belfer Center for Science and International Affairs, 2000), p. 15.
［2］Center for Science and International Affairs, *International Security* (MIT Press, 1976).
［3］David Held and others, *Global Transformations: Politics, Economics, and Culture* (Stanford University Press, 1999).
［4］Held and others, *Global Transformations,* p. 104.
［5］Ibid., p. 138.［6~8］Ibid.［9］Ibid., p. 102.
［10］Thomas Friedman, *The Lexus and the Olive Tree* (Farrar, Strauss, and Giroux, 1999).
［11～15］Ibid., p. 196, p. 197, p. 201, p. 204, p. 211.
［16］Kofi Annan, "Human Rights and Humanitarian Intervention in the Twenty-First Century," in Samantha Power and Graham Allison, eds., *Realizing Human Rights: Moving from Inspiration to Impact* (St. Martin's Press, forthcoming)を参照。
［17］U.S. Department of Defense, *Report of the Secretary of Defense to the President and the Congress* (1999).

第4章　環境のグローバル化

［1］David Held and others, *Global Transformations: Politics, Economics and Culture* (Stanford University Press, 1999), pp. 21-22.
［2］だが、グローバリズムをコヘインとナイのいう「複雑な相互依存」の長距離版として扱うことはしない。それだとグローバリズムの範囲を、「相互に高くつく」長距離のつながりのネットワークに限定することになるからだ。Robert O. Keohane and Joseph S. Nye, *Power and Interdependence,* 2d ed. (Scott, Foresman and Co., 1989)を参照。あとで示すように、現代の環境問題の多元的で不確実で複雑な世界では、多くの場合、「誰にどのくらい高くつくか」という問題が政治討論の中心となる。たとえば、最終的には大半のアクターが高くつくと認めるようになるものが、最初は少数によってのみ高くつくと見なされる。1970年代のオゾン層破壊の場合が示しているように、グローバル化の最も興味深い原動力の一つは、こうした問題点を地球規模の政治課題に引き上げるところにある。また、その逆に、多くのアクターが「高くつく」と一様に思っていたものが、そうではなかったというケースもある。たとえば、1980年代半ばに世界的に心配された「核の冬」がその例だ。同様に、一部のアクターが高くつくと思っている問題でも、他者にはそのように見えないものがある。

Mass.: National Bureau of Economic Research, May 1998) also forthcoming in the *Journal of Economic Perspectives,* and Jeffrey Frankel, "Proposals Regarding Restrictions on Capital Flows," *African Finance Journal,* vol. 1 (1999), pp. 92-104.

[37] 最も重要な貿易賛成論の一つも経済以外のもので、それは貿易が平和と理解を促し、民主主義や自由市場といった米国人が尊重する価値観を広めるのに役立つというものだ。ここには、この主張について議論するのに十分なスペースがないが、かえって好都合かもしれない。なぜなら反対派の多くは、米国が他国の利益のために恩恵を施しているのが自由貿易だと思い違いをしているからである。その恩恵とは、たとえば冷戦時代には地政学的に必要だったが、もはや米国には与える余裕のないものを指している。

[38] O'Rourke and Williamson, "The Heckscher-Olin Model"は、ヘクシャー・オリーンの理論が説明の対象としている19世紀の労働、土地、資本の収益には、貿易が均等化に大いに効果があったと思われるとしている。

[39] たとえば、以下を参照されたい。Paul Krugman and Robert Lawrence, "Trade, Jobs and Wages," *Scientific American,* April 1994.

[40] もっとも、これは不均等をもたらす力全体の6%でしかない。事態を複雑にしているのは、技能労働者の供給が大幅に増えたことによって、彼らの相対賃金が低下したことである。そのために不均等をもたらす力全体というものが、技能労働者と非熟練労働者の賃金格差における増大分の100%以上となった。William Cline, *Trade, Jobs, and Income Distribution* (Washington: Institute for International Economics, 1997).

[41] Avik Chakrabarti, "Do Nations That Trade Have a More Unequal Distribution of Income?" (University of Wisconsin, 2000).

[42] Robert Barro, "Inequality, Growth, and Investment," Working Paper 7038 (Cambridge, Mass.: March 1999)に、多くの国の関係について参考文献や最新の統計資料が示されている。

[43] Gene Grossman and Alan Krueger, "Economic Growth and the Environment," *Quarterly Journal of Economics,* vol. 110 (1995), pp. 353-77.

[44] 修正されたデータの一部は、以前ほど所得と汚染の逆U字型の関係を支えるものとなっていない。William Harbaugh, Arik Levinsohn, and David Wilson, "Reexamining the Empirical Evidence for an Environmental Kuznets Curve," NBER Working Paper 7711 (Cambridge, Mass.: National Bureau of Economic Research, May 2000). だが、これらの著者はまた、所得を一定とすると、貿易自体は有益な効果があるとしている。

[45] 多国籍企業が進出先を決めるときは、現地の環境規制の厳しさより、まず労働コストや市場アクセスといった点を顧慮する。J. A. Tobey, "The Effects of Domestic Environmental Policies on Patterns of World Trade: An Empirical Test," *Kyklos,* vol. 43 (1990), pp. 191-209; Adam Jaffe and others, "Environmental Regulation and the Competitiveness of U.S. Manufacturing: What Does the Evidence Tell Us?" *Journal of Economic Literature,* vol. 33 (1995), pp. 132-63.

[46] Werner Antweiler, Brian Copeland, and M. Scott Taylor, "Is Free Trade Good for the Environment?" Working Paper 6707 (Cambridge, Mass.: National Bureau of Economic Research, August 1998).

[28] Alan Taylor, "International Capital Mobility in History: The Saving-Investment Relationship," Working Paper 5743 (Cambridge, Mass.: National Bureau of Economic Research, 1996).

[29] Martin Feldstein and Charles Horioka, "Domestic Saving and International Capital Flows," *Economic Journal,* vol. 90 (1980): 314-29; Jeffrey Frankel, "Measuring International Capital Mobility: A Review, " *American Economic Review,* vol. 82 (May 1992), pp. 197-202には、金融統合の貯蓄・投資と金利の平衡を簡単に検証したものが示されている。

[30] Karen Lewis, "Puzzles in International Financial Markets," in Gene Grossman and Kenneth Rogoff, eds., *Handbook of International Economics,* vol. 3 (North Holland, 1995).

[31] 異なる国に住んでいる投資家は、国ごとの感情によって隔てられているようだ。ニューヨークで取引されているクローズドエンド型のカントリーファンドの価格は、その国で取引されている株式バスケットの価格である「純資産価値」と同じであるはずなのに、大きくかけ離れている。Kenneth Froot and Emil Dabora, "How Are Stock Prices Affected by the Location of Trade," *Journal of Financial Economics,* vol. 53 (August 1999), pp. 182-216. 事実上同じ会社の場合でさえ、シャム双生児のようなロイヤルダッチ・シェルのロイヤルダッチがニューヨーク市場の一部であって、シェルがロンドン市場の一部であるかのような動きを見せるというように、統合が不完全であることをフルートとダボラは示している。

[32] Gene Grossman and Elhanan Helpman, *Innovation and Growth in the Global Economy* (MIT Press, 1991); Elhanan Helpman and Paul Krugman, *Market Structure and Foreign Trade* (MIT Press, 1985).

[33] Jeffrey Frankel and David Romer, "Does Trade Cause Growth?" *American Economic Review,* vol. 89 (June 1999), pp. 379-99.

[34] 貿易が所得におよぼす直接的影響を見つけるために、投資、人的資本、当初（1960年）所得といった所得の決定因を一定とする場合は、低いほうの推定値がより適切である。だがそうするとたとえば、高いほうの推定値に含まれている、投資がもたらす開放性の影響を除外することになる。貿易が所得におよぼす中期的な直接的影響を見つけるために、投資、人的資本、当初（1960年）所得といった所得の決定因を一定とする場合は、低いほうの推定値がより適切である。だが、収斂の推定速度から考えて、25年間における0.3の影響は、長期定常状態における1.2の影響に相当する。Douglas Irwin and Marko Tervio, "Does Trade Raise Income? Evidence from the Twentieth Century," preliminary draft (March 2000)では、1913年まで遡っており、やはり大きな影響を見出している。

[35] 貿易と成長のあいだに関連があるとした実証的論文は、以下において批判されている。Dani Rodrik and Francisco Rodriguez, "Trade Policy and Economic Growth: A Skeptic's Guide to the Cross-National Evidence" (Harvard University, Kennedy School of Government, 2000); National Bureau of Economic Research, *Macroeconomics Annual 2000* (Cambridge, Mass., forthcoming).

[36] いくつもの参考文献が考えられるが、次の二つには国際資本移動をめぐる賛成論と反対論が簡潔に述べられている。Maurice Obstfeld, "The Global Capital Market: Benefactor or Menace?" Working Paper 6559 (Cambridge,

小傾向にあったことが以下に示されている。O'Rourke and Williamson, "The Heckscher-Ohlin Model".

[14] Hans Linnemann, *An Econometric Study of International Trade Flows* (Amsterdam: North-Holland, 1960); Peter Drysdale and Ross Garnaut, "Trade Intensities and the Analysis of Bilateral Trade Flows in a Many-Country World," *Hitotsubashi Journal of Economics,* vol. 22 (1982), pp. 62-84.

[15] Charles Engel and John Rogers, "How Wide Is the Border?" *American Economic Review,* vol. 86 (December 1996), pp. 11 12-25.

[16] ここに引用した引力の推定値の出典は、特記されている場合を除き以下による。Frankel, *Regional Trading Blocs*; Andrew Rose, "One Money, One Market: Estimating the Effect of Common Currencies on Trade," *Economic Policy,* vol. 30 (April 2000), pp. 7-46; Jeffrey Frankel and Andrew Rose, "An Estimate of the Effect of Currency Unions on Trade and Growth," conference on Currency Unions, organized by Alberto Alesina and Robert Barro, Hoover Institution, Stanford University, May 2000; an early reference on the gravity model is Linnemann, *An Econometric Study.*

[17] Ephraim Kleiman, "Trade and the Decline of Colonialism," *Economic Journal,* vol. 86 (September 1976), pp. 459-80.

[18] 植民地関係は1945年時点のものとする（この指数を考慮に入れる以前の推定値は、1990年が1.75、1970～90年は2.2）。

[19] Edward Mansfield, "Effects of International Politics on Regionalism in International Trade," in Kym Anderson and Richard Blackhurst, eds., *Regional Integration and the Global Trading System* (Harvester Wheatsheaf, 1993); Edward Mansfield and Rachel Bronson, "The Political Economy of Major-Power Trade Flows," in Edward Mansfield and Helen Milner, eds., *The Political Economy of Regionalism* (Columbia University Press 1997); Joanne Gowa and Edward Mansfield, "Power Politics and International Trade," *American Political Science Review,* vol. 87 (June 1993), pp. 408-20.

[20] Frankel, *Regional Trading Blocs*; Rose, "One Money."

[21] Shang-Jin Wei, "How Stubborn Are Nation States in Globalization?" Working Paper 5331 (Cambridge, Mass.: National Bureau of Economic Research, April 1996).

[22] John McCallum, "National Borders Matter: Canada-U.S. Regional Trade Patterns," *American Economic Review,* vol. 85 (June 1995), pp. 615-23.

[23] John Helliwell, *How Much Do National Borders Matter?* (Brookings, 1998).

[24] Engel and Rogers, "How Wide Is the Border?"

[25] John Helliwell and John McCallum, "National Borders Still Matter for Trade," *Policy Options/Options Politiques,* vol. 16 July-August 1995), pp. 44-48.

[26] Frankel, *Regional Trading Blocs,* pp. 135-39; Jeffrey Frankel and Shang-Jin Wei, "Regionalization of World Trade and Currencies: Economics and Politics," in J. Frankel ed., *The Regionalization of the World Economy* (University of Chicago Press, 1997); Rose, "One Money."

[27] Rose, "One Money."

世紀の経済のグローバル化は、たとえば探検の時代といったそれ以前の世紀のものと比べて、質的に異なっていた。Kevin O'Rourke and Jeffrey Williamson, "The Heckscher-Ohlin Model between 1400 and 2000: Why It Explained Factor Price Convergence, When It Did Not, and Why," Working Paper 7411 (Cambridge, Mass.: National Bureau of Economic Research, November 1999) には、該当する経済基準によってグローバル化の「ビッグバン」の時期が正しく19世紀とされていることが示されている。

[4] John Maynard Keynes, *The Economic Consequences of the Peace* (Harcourt, Brace, and Howe, 1920).

[5] 1944年のニューハンプシャー州ブレトンウッズでの会議では、自由貿易を促進するための国際貿易機関を三番めの機関として設立することが提案された。だが、これについて米国議会が25年前に大統領が国際連盟を拒否したときと同じ行動をとったため、国際貿易機関は構想の段階で命運が決まった。ジュネーブに置かれた一時しのぎのGATTが、真の国際機関である世界貿易機関（WTO）になったのは1995年のことである。

[6] Richard Baldwin and Philippe Martin, "Two Waves of Globalization: Superficial Similarities, Fundamental Differences," NBER Working Paper 6904 (January 1999) に、戦後のグローバル化を、それ以前の1820～1914年の高まりと比較したデータが豊富に示されている。

[7] 平均的な国は、世界の生産高の約0.5％を占めている（IMF加盟国は約180カ国）。したがって、完全にグローバル化した世界では、平均的な国は生産高の99.5％を海外で売買することになる。だが大半の国･地域は、このレベルの国際統合とはほど遠い。シンガポールと香港だけが例外である。これらの国･地域の輸出と輸入はそれぞれGDPの100％以上であり、これによって、比率を示すときの測定基準はGDPのような付加価値ではなく、総売上でなければならないことが明らかになる。換言すれば、グローバル化が完了するには6倍増しなければならないという統計値は、低く見積られている。

[8] Lant Pritchett and Geeta Sethi, "Tariff Rates, Tariff Revenue, and Tariff Reform: Some New Facts," *World Bank Economic Review*, vol. 8 (January 1994), pp. 1-16.

[9] 商品間では、米国貿易のFAS・FOBに対するCIFの割合は真珠の0.7％や航空機の0.8％といった低いものから、塩、硫黄、土、石、漆喰塗装材の25.1％という高いものまである。米国の貿易相手国間では、CIFの割合は、メキシコの1.7％からギニアの25.8％まである。これら統計値についての詳細は、以下を参照。Frankel, *Regional Trading Blocs*, pp. 40-45.

[10] 資料の調査は以下による。Kenneth Rogoff, "The Purchasing Power Parity Puzzle," *Journal of Economic Literature*, vol. 34 (June 1996), pp. 647-68.

[11] Charles Engel, "Real Exchange Rates and Relative Prices: An Empirical Investigation," *Journal of Monetary Economics*, vol. 32 (August 1993), pp. 35-50.

[12] Kenneth Froot, Michael Kim, and Kenneth Rogoff, "The Law of One Price over 700 Years," Working Paper 5132 (Cambridge, Mass.: National Bureau of Economic Research, May 1995).

[13] ただし、1870～1913年は貿易の結果、ヨーロッパ・米国間の小麦の価格差が縮

[81] Slaughter, "Governing the Global Economy through Government Networks"; Reinicke, "The Other World Wide Web."
[82] Wolfgang H. Reinicke, *Global Public Policy: Governing without Government* (Brookings, 1998).

●訳注
[1] 原文にはBlack Mondayとあるが、1929年の株式大暴落はBlack Thursdayなので改めた。
[2] 原文にはWorld Development Reportとあるが、正しくは Human Development Report。
[3] 原文には1998年とあるが、正しくは1999年なので改めた。
[4] 原文にはInternational Convention on the Protection of Civil and Political Rightsとあるが、正しくはInternational Covenant on Civil and Political Rights。

第2章　経済のグローバル化

コメントを寄せてくれたジャグディシュ・バグワティ、アッシュ・カーター、ファラド・ラセク、ダニ・ロドリック、ピエール・ソーブ、アイラ・シャピロ、ロブ・スタビンズ、アルビンド・スブラマニアン、ダニエル・タルロ、アラン・ウィンターズに感謝する。

[1] Jeffrey Frankel, *Regional Trading Blocs in the World Trading System* (Washington: Institute for International Economics, 1997), chap. 3; Paul Krugman, "Growing World Trade: Causes and Consequences," *Brookings Papers on Economic Activity,* no. 1 (1995), pp. 327-62. クルーグマンは、鋼船、スクリュープロペラ、大西洋横断電信など、最も重要な技術の進歩の多くが1870年以前のものであることを強調している。Cooper, "Comments" on Paul Krugman, "Growing World Trade: Causes and Consequences," *Brookings Papers on Economic Activity,* no. 1 (1995), pp. 363-68 と Michael Bordo, Barry Eichengreen, and Douglas Irwin, "Is Globalization Today Really Different Than Globalization a Hundred Years Ago?" *Brookings Trade Forum* (Brookings, 1999), pp. 1-65は、20世紀の技術的進歩は、クルーグマンが認めている以上の影響をおよぼしたと主張している。
[2] Alberto Alesina, Enrico Spolaore, and Romain Wacziarg, "Economic Integration and Political Disintegration," Working Paper 6163 (Cambridge, Mass.: National Bureau of Economic Research, September 1997), and *American Economic Review,* forthcoming. アレシナたちは、貿易統合（貿易の対GDP比に表れている）と政治的分離主義（世界の国の数に表れている）のあいだの相関関係には、歴史的に見て規模の経済の必要性に起因する規則的なパターンが見られると論じる。各国が、開放的なグローバル・システムにおいて国際貿易を通じてこうした規模の経済を達成できるのであれば、他国との政治的な連合を通じて達成する必要がない。
[3] だが、「この世にはまったく新しいものはない」というケースばかりではない。19

[59] Chaim D. Kaufmann and Robert A. Pape, "Explaining Costly International Moral Action: Britain's Sixty-Year Campaign against the Atlantic Slave Trade," *International Organization* (Autumn 1999), pp. 631-68.
[60] Miles Kahler, "Multilateralism with Small and Large Numbers," *International Organization* (Summer 1992), pp. 681-709.
[61] Thomas Oatley and Robert Nabors, "Redistributive Cooperation: Market Failure, Wealth Transfers, and the Basle Accord," *International Organization* (Winter 1998), pp. 35-54.
[62] Gary Gereffi and Miguel Korzeniewicz, eds., *Commodity Chains and Global Capitalism* (Greenwood Press, 1994).
[63] Ronie Garcia-Johnson, *Exporting Environmentalism: US Multinational Chemical Corporations in Brazil and Mexico* (MIT Press, 2000).
[64] Lessig, *Code and Other Laws of Cyberspace,* p. 197.
[65] "After Seattle: The Nongovernmental Order," *Economist,* December 11, 1999, p. 21.
[66] Margaret Keck and Kathryn Sikkink, *Activists beyond Borders: Advocacy Networks in International Politics* (Cornell University Press, 1998).
[67] Wolfgang H. Reinicke, "The Other World Wide Web: Global Public Policy Networks," *Foreign Policy* (Winter 1999-2000), pp. 44-57.
[68] Sheila Jasanoff, 筆者宛の私信, January 2000.
[69] Keck and Sikkink, *Activists beyond Borders*; Kaufmann and Pape, "Explaining Costly International Moral Action. "
[70] Sassen, *Cities in a World Economy,* p. 96.
[71] "Lively Debate at First G-20 Talks," *Financial Times,* December 17, 1999, p. 11.
[72] "Head of OAU Opposes Call by Annan," *Financial Times,* September 21, 1999, p. 5; "Kofi Annan Unsettles People as He Believes U.N. Should Do," *New York Times,* December 31, 1999, p. A l.
[73] Keck and Sikkink, *Activists beyond Borders,* n. 70.
[74] Michael Zurn, "Democratic Governance beyond the Nation State: The EU and Other International Institutions," unpublished paper, 2000, pp. 16-17.
[75] Zurn, "Democratic Governance."
[76] Herbert A. Simon, *The Sciences of the Artificial,* 3d ed. (MIT Press, 1996).
[77] Keohane and Nye, *Transnational Relations.*
[78] Daniel C. Esty, "Non-Governmental Organizations at the World Trade Organization: Cooperation, Competition, or Exclusion," *Journal of International Economic Law,* vol. 123 (Fall 1998), pp. 709-30.
[79] "After Seattle," p. 21.
[80] Karen J. Alter, "Who Are the 'Masters of the Treaty?' European Governments and the European Court of Justice," *International Organization* (Winter 1998), pp. 121-48; Anne-Marie Slaughter, "Governing the Global Economy through Government Networks," in Michael Byers, ed., *The Role of Law in International Politics* (Oxford: Oxford University Press, 2000).

[38] Williamson, *Globalization and the Labor Market,* p. 168.
[39] Ibid., p. 142.
[40] Adrian Wood, *North-South Trade, Employment and Inequality* (Oxford: Clarendon Press, 1994).
[41] Williamson, "Globalization and the Labor Market," p. 168.
[42] George Borjas, *Heaven's Door: Immigration Policy and the American Economy* (Princeton University Press, 1999).
[43] Dani Rodrik, *Has Globalization Gone Too Far?* (Washington: Institute for International Economics, 1997); and Robert Lawrence, *Single World, Divided Nations* (Brookings, 1996).
[44] Robert O. Keohane and Helen V. Milner, *Internationalization and Domestic Politics* (Cambridge University Press, 1996); Suzanne Berger and Ronald Dore, eds., *National Diversity and Global Capitalism* (Cornell University Press, 1996).
[45] Amartya Sen, *Development as Freedom* (Knopf, 1999).
[46] Linda Weiss, *The Myth of the Powerless State* (Cornell University Press, 1998); Garrett, *Partisan Politics*; Rodrik, *Has Globalization Gone Too Far?* を参照。
[47] Weiss, *The Myth of the Powerless State.*
[48] John G. Ruggie, "International Regimes, Transactions and Change: Embedded Liberalism in the Postwar Economic Order," in Stephen D. Krasner, ed., *International Regimes* (Cornell University Press, 1983).
[49] Keohane and Nye, *Power and Interdependence,* 3d ed., chaps. 9, 10.
[50] Kenneth N. Waltz, "Globalization and Governance," *PS, Political Science & Politics* (December 1999), p. 697.
[51] Wolfgang Reinicke, "Global Public Policy," *Foreign Affairs* (November-December 1997), in Waltz, "Globalization and Governance," p. 697.
[52] Lessig, *Code and Other Laws,* chap. 4.
[53] Saskia Sassen, *Cities in a World Economy,* 2d ed. (Thousand Oaks: Pine Forge Press, 2000).
[54] Robert O. Keohane and Joseph S. Nye Jr., *Transnational Relations and World Politics* (Harvard University Press, 1974); Anne-Marie Slaughter, "The Real New World Order," *Foreign Affairs* (September-October 1997), pp. 183-97 を参照。
[55] Kenneth N. Waltz, *Theory of International Politics* (Addison-Wesley, 1979).
[56] Robert O. Keohane, *After Hegemony: Cooperation and Discord in the World Political Economy* (Princeton University Press, 1984).
[57] Robert O. Keohane, "The Demand for International Regimes," in Stephen D. Krasner, ed., *International Regimes* (Cornell University Press, 1983), pp. 141-71.
[58] Meyer and others, "World Society and the Nation-State"; Martha Finnemore, *National Interests in International Society* (Cornell University Press, 1996); Martha Finnemore, "Sovereign Default and Military Intervention," unpublished paper, 2000.

August 29, 1999, sec.4, p.1.

[17] 情報の内容を「アップロードする」「ダウンロードする」という表現は、ハーバード大学ロースクールのAnne-Marie Slaughter教授が、ジョン・F・ケネディ行政大学院の「ガバナンスの展望」プロジェクトのグローバル化に関する会議（ニューハンプシャー州ブレトンウッズ、1999年）で用いた。

[18] Richard Storry, *A History of Modern Japan* (Harmondsworth, UK: Penguin, 1960), pp. 115-16; and Hioaki Sato, "The Meiji Government's Remarkable Mission to Learn from Europe and Japan," *Japan Times,* October 14, 1999.

[19] Frederick Schauer, "The Politics and Incentives of Legal Transplantation," paper presented at John F. Kennedy School of Government Visions Project Conference on Globalization, 1999.

[20] Joseph S. Nye Jr., *Bound to Lead: The Changing Nature of American Power* (Basic Books, 1990), pp. 31-32.

[21] Thomas Friedman, *The Lexus and the Olive Tree: Understanding Globalization* (Farrar Straus Giroux, 1999), pp. 7-8.

[22] "A Semi-Integrated World," *Economist,* September 11, 1999, p. 42.

[23] Joseph Stiglitz, "Weightless Concerns," *Financial Times* (London), February 3, 1999, op-ed page.

[24] Robert Jervis, *System Effects: Complexity in Political and Social Life* (Princeton University Press, 1997).

[25] "One World?" *Economist,* October 18 1997, p. 80.

[26] Greenspan quoted in Friedman, *The Lexus and the Olive Tree,* p. 368.

[27] Held and others, *Global Transformations,* p. 235.

[28] "China Ponders New Rules of 'Unrestricted War,'" *Washington Post,* August 8, 1999, p. 1.

[29] M. Mitchell Waldrop, *Complexity: The Emerging Science at the Edge of Order and Chaos* (Touchstone Books, 1992).

[30] Lawrence Lessig, *Code and Other Laws of Cyberspace* (Basic Books, 1999), pp. 88, 207.

[31] Hedley Bull, *The Anarchical Society : A Study of Order in World Politics* (Columbia University Press, 1977), p. 46.

[32] Michael J. Sandel, *Democracy's Discontents* (Harvard University Press, 1996), pp. 338 ff.

[33] UNDP (United Nations Development Program), *Human Development Report 1999* (Oxford University Press, 1999).

[34] Karl Polanyi, *The Great Transformation* (Rinehart, 1944).

[35] Jeffrey G. Williamson, "Globalization and the Labor Market: Using History to Inform Policy," in Philippe Aghion and Jeffrey G. Williamson, eds., *Growth, Inequality and Globalization* (Cambridge University Press, 1998), p. 193.

[36] Polanyi, *The Great Transformation,* p. 73.

[37] Geoffrey Garrett, *Partisan Politics in the Global Economy* (Cambridge University Press, 1998), p. 183.

原注・訳注

第1章 序論

[1] この項で述べたことの多くは、Robert O. Keohane and Joseph S. Nye, *Power and Interdependence,* 3d ed. (Addison-Wesley, 2000) の第10章を基にしている。

[2] Robert O. Keohane and Joseph S. Nye, *Power and Interdependence: World Politics in Transition* (Little, Brown, 1977; Harper Collins, 2d ed., 1989).

[3] United Nations Development Program (UNDP), *Human Development Report* (Oxford University Press, 1999).

[4] Keith Griffin, "Globalization and the Shape of Things to Come," *Macalester International: Globalization and Economic Space,* vol. 7, Spring 1999, p. 3; "One World?" *Economist,* October 18, 1997, pp. 79-80.

[5] Samuel P. Huntington, *The Clash of Civilizations and the Remaking of World Order* (Simon and Schuster, 1996).

[6] Nicolo Barquet and Pere Domingo, "Smallpox: The Triumph over the Most Terrible of the Ministers of Death," *Annals of Internal Medicine,* October 15, 1997, pp. 636-38.

[7] Jared Diamond, *Guns, Germs and Steel: The Fates of Human Societies* (W.W. Norton, 1998), pp. 202, 210; William H. McNeill, *Plagues and Peoples* (London: Scientific Book Club, 1979), p. 168. 以下も参照。 Alfred W. Crosby, *Ecological Imperialism: The Biological Expansion of Europe, 900-1900* (Cambridge: Cambridge University Press, 1986).

[8] Alfred Crosby, *The Columbian Exchange: Biological and Cultural Consequences of 1492* (Greenwood Press, 1972).

[9] John P. McKay and others, *A History of Western Society,* 4th ed. (Houghton Mifflin, 1991), pp. 106-07.

[10] Arjun Appuradai, *Modernity at Large* (University of Minnesota Press, 1996).

[11] Paul Krugman, *The Return of Depression Economics* (Norton, 1999), p. 16.

[12] John W. Meyer and others, "World Society and the Nation-State," *American Journal of Sociology,* vol. 103 (July 1997), pp. 144-81.

[13] "U.N. Oratory: Pleas for Help, Pride in Democracy," *New York Times,* September 21, 1999, p. A12; "U.N. Chief Wants Faster Action to Avoid Slaughter in Civil Wars," *New York Times,* September 21, 1999, p. A12; and "General Assembly U.N. Chief Champions Security Council-Backed Humanitarian Intervention," *Financial Times* (London), September 21, 1999, p. 1.

[14] Diamond, *Guns, Germs and Steel,* p. 202.

[15] David Held and others, *Global Transformations: Politics, Economics and Culture* (Stanford University Press 1999), pp. 21-22.

[16] "Fearful over the Future, Europe Seizes on Food," *New York Times,*

ロバート・O・コヘイン
デューク大学の「ジェームズ・B・デューク」教授（政治学）

サンジーブ・カグラム
助教授（公共政策）

ビクター・マイヤシェーンバーガー
助教授（公共政策）

マーク・H・ムーア
「ダニエル＆フローレンス・グッゲンハイム」教授（刑事裁判の方針および管理）
ハウザー非営利組織センターのディレクター

ピパ・ノリス
ジョーン・ショレンスタイン報道・政治・公共政策センターのアソシエイト・ディレクター兼講師

ジョセフ・S・ナイ Jr.
ハーバード大学ジョン・F・ケネディ行政大学院長
「ドン・K・プライス」教授（公共政策）
国際安全保障担当の国防次官補を務めたのち、1995年にハーバードに戻り、「21世紀のためのガバナンスの展望」プロジェクトを始めた

ダニ・ロドリック
「ラフィク・ハリリ」教授（国際政治経済学）
国際開発センターのディレクター

ニール・M・ローゼンドルフ
非常勤講師（国際関係）
行政大学院長のリサーチ・スペシャリスト

トニー・サイク
「大宇」教授（国際情勢）

フレデリック・シャウアー
「フランク・スタントン」教授（米国憲法修正第一項）
ケネディ行政大学院の学部長

（以上は、2000年現在のデーター一編集部）

●執筆者紹介

（ロバート・コヘイン以外の執筆者はすべて、ハーバード大学ジョン・F・ケネディ行政大学院に所属）

グレアム・アリソン
ハーバード大学の「ダグラス・ディロン」教授（政治）
ベルファー科学国際情勢センターのディレクター

アーサー・アイザック・アプルバウム
教授（倫理学と公共政策）

L・デビッド・ブラウン
客員教授（公共政策）
ハウザー非営利組織センターの国際プログラム担当アソシエイト・ディレクター

ウィリアム・C・クラーク
「ハーベイ・ブルックス」教授（国際科学、公共政策、人間開発）

ケイリー・コグリアニーズ
準教授（公共政策）

ジョン・D・ドナヒュー
「レイモンド・ヴァーノン」講師（公共政策）
「21世紀のためのガバナンスの展望」プロジェクトのディレクター

ジェフリー・フランケル
「ジェームズ・W・ハーペル」教授（資本形成および増大）

ピーター・フラムキン
助教授（公共政策）

メリリー・S・グリンドル
「エドワード・S・メイソン」教授（国際開発）

デボラ・ハーリー
ハーバード情報基盤プロジェクトのディレクター

エレーヌ・シウラ・カマーク
「アメリカ政府の改革」のディレクター
大統領選挙戦のゴア陣営の特別顧問

●解説者・翻訳者紹介

内田孟男（うちだ・たけお）
中央大学教授。国際基督教大学卒業。フレッチャー法律外交大学院にて博士号取得。ユネスコ本部社会科学局プログラム・スペシャリスト、および国連大学学術審議官として勤務ののち、中央大学に移り、現在に至る。専門は、国際公共政策、国際機構、国際政治。

［著書］
「国際機構と知的協力」『国際機構と国際協力』三省堂、2001年
「国連事務総長の紛争解決における役割の変遷」『国連の紛争予防・解決機能』中央大学出版会、2002年
「国際テロリズムと国連」『法学新報』2003年　など

嶋本恵美（しまもと・えみ）
翻訳者。同志社大学卒業。ロンドン大学にて図書館情報学修士号取得。

［訳書］
『なぜ政府は信頼されないのか』ジョセフ・S・ナイJr.他編著、英治出版、2002年
『マッキンゼー式 世界最強の問題解決テクニック』イーサン・M・ラジエル他著、共訳、英治出版、2002年
『マッキンゼー式 世界最強の仕事術』イーサン・M・ラジエル著、共訳、英治出版、2001年　など

● 英治出版からのお知らせ

本書に関するご意見・ご感想を E-mail（editor@eijipress.co.jp）で受け付けています。また、英治出版ではメールマガジン、ブログ、ツイッターなどで新刊情報やイベント情報を配信しております。ぜひ一度、アクセスしてみて下さい。

メールマガジン：会員登録はホームページにて
ブログ　　　　：www.eijipress.co.jp/blog/
ツイッター ID　：@eijipress

＜英治出版 MPA シリーズ＞

グローバル化で世界はどう変わるか

――ガバナンスへの挑戦と展望

発行日　2004 年　9 月 14 日　第 1 版　第 1 刷
　　　　2010 年　12 月 15 日　第 1 版　第 2 刷

編著者　ジョセフ・S・ナイ Jr.、ジョン・D・ドナヒュー
訳者　嶋本恵美（しまもと・えみ）
発行人　原田英治
発行　英治出版株式会社
〒 150-0022 東京都渋谷区恵比寿南 1-9-12 ピトレスクビル 4F
電話　03-5773-0193　　FAX　03-5773-0194
http://www.eijipress.co.jp/
プロデューサー　秋元麻希
スタッフ　原田涼子　高野達成　岩田大志　藤竹賢一郎　山下智也
杉崎真名　鈴木美穂　下田理　渡邉美紀　山本有子　牧島琳
印刷・製本　Eiji 21, Inc., Korea
装丁　荒川伸生
校正　阿部由美子
図表作成　土屋和人
編集協力　ガイア・オペレーションズ

ISBN978-4-901234-51-1　C0031　Printed in Korea

なぜ政府は信頼されないのか *Why People Don't Trust Government*

ジョセフ・S・ナイ他 編著　嶋本恵美 訳

クリントン政権で国務次官補を務めたジョセフ・ナイを中心とした、ハーバード大学ケネディ行政大学院精鋭教授陣からの提言。小さな政府、それとも大きな政府——21 世紀に求められる政府のあり方とは何か。

定価：本体 2,800 円＋税　ISBN978-4-901234-18-4

ハーバード・ケネディスクールでは、何をどう教えているか

杉村太郎他 編著

世界中のあらゆる分野で数多くのキーパーソンを輩出しつづけているハーバード大学。そのなかで、特に政治・行政などの公共分野、さらには近年、ビジネス界にも多くのリーダーを輩出するケネディスクールの注目すべきユニークな授業の内容を、日本人留学生が臨場感あふれるレポートで紹介する。

定価：本体 1,600 円＋税　ISBN978-4-901234-59-7

ハーバード・ケネディスクールからのメッセージ

世界を変えてみたくなる留学

池田洋一郎 著

世界中から多種多様な人材が集まり、「世の中を良くする」ために切磋琢磨する世界最高峰のリーダー養成所「ケネディスクール」。財務省の若手官僚がブログでつづった同校での体験記を単行本化。

定価：本体 1,900 円＋税　ISBN978-4-86276-047-0

勇気ある人々 *Profiles in Courage*

ジョン・F・ケネディ 著　宮本喜一 訳

「政治は一つの舞台に過ぎない。どんな人生であろうと、われわれは皆、自分の勇気を問われる瞬間を迎えるのだ」——1950 年代の全米大ベストセラー、ピュリッツァー賞受賞作が待望の復刊！ ケネディが自らの理想とし、心の支えとしていたアメリカ史に残る偉人たちの逸話を語りながら、自分の信じる生き方を描く。

定価：本体 2,200 円＋税　ISBN978-4-86276-023-4

世界で生きる力 *Global Citizens*

自分を本当にグローバル化する 4 つのステップ

マーク・ガーゾン 著　松本裕 訳

どうすれば偏見を乗り越え、歪んだ情報に流されず、適切な判断と行動ができるようになるだろう？ 世界経済フォーラムや国連で活躍するトップ・ファシリテーターが示す、「自分と世界の関わり方」。世界観を広げる豊富なストーリーと核心に迫るメッセージ！

定価：本体 1,900 円＋税　ISBN978-4-86276-090-6